中國古代物質文化

孫機 著

目錄

一　農業與膳食

現在跟大家談談中國古代物質文化方面的情況。但它的範圍太廣、問題太多，既關係到生產，又關係到生活；千頭萬緒，很難細說。這本小書只能介紹一個大致的輪廓。

民以食為天。我們先說吃，先談農業。

世界上有三個農業起源的中心地，一個是兩河流域，一個是中美洲，還有一個就是咱們中國。中國是粟和稻，也就是小米和大米的故鄉。這兩種穀物都在考古工作中發現過，都在一萬年以上。一萬多年前的粟是在北京發現的，地點是門頭溝區的東胡林，是北京大學和北京市文物考古研究所一同挖的。一萬多年前的稻，發現於湖南道縣玉蟾岩。這個地方是一個積水的山洞，本名蛤蟆坑；考古學家嫌名字不雅，愣給改了，所以你到當地向老鄉是打聽不到玉蟾岩這個地方的。一萬多年，這個數字好記，因為大致就在這個時候，中國從舊石器時代發展到新石器時代，原始農業開始興起。

原始農業是從採集經濟發展來的。這時地曠人稀，對土地不是那麼珍惜，沒有必要也沒有能力精耕細作，基本上是一種播種—收穫農業。跟南、北方的稻作和粟作相適應，南方主要是平田，用耜；北方如果不是撒播的話，主要是點種，用耒。耒就是尖木棒，後來又在下部綁上短橫木，以便用腳踏（圖1-1：1）。甲文男字作 （《京津》2122），即操耒治田之形。耜則在木柄下裝耜冠。耜冠有木製的，也有骨製的（圖1-1：2、3）。浙江餘姚河姆渡遺址出土了大量用動物肩胛骨製作的耜冠，有的經長期使用，磨損得只剩下骨臼那一小段了。原始農業在播種和收穫之間，頂多加一個守望，其他程序是沒有的。所以有一些被認為是原始社會中用的農具，其實很可疑。比如一種所謂的

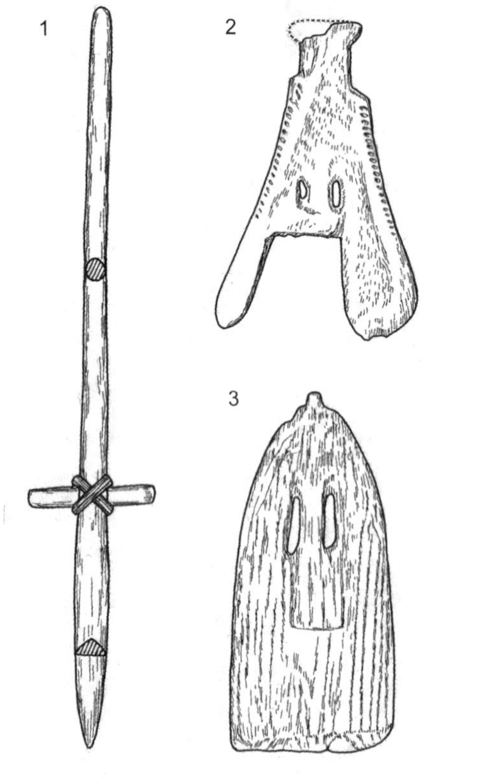

圖1-1　耒與耜
1. 現代門巴族的木耒（用作古木耒的參照）
2、3.河姆渡出土的骨耜（上）和木耜（下）

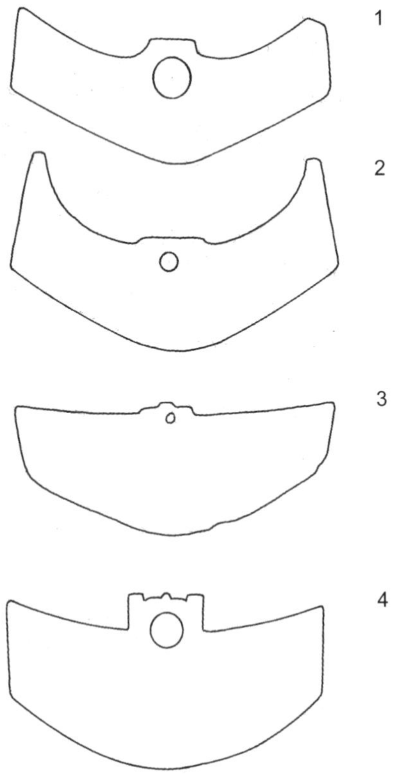

圖1-2　「耘田器」和「鉞」
1. 石「耘田器」，江蘇吳興錢山漾出土
2. 石「鉞」，江蘇無錫鴻山出土
3. 玉「耘田器」，浙江桐鄉姚家山出土
4. 玉「耘田器」，臺北故宮博物院藏

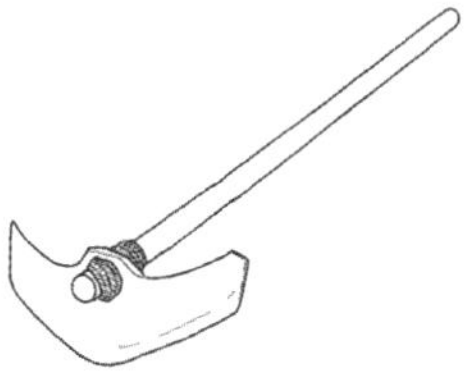

圖1-3　「耘田器」裝柄方式的設想

大石犁，長約半米，在杭州水田畈良渚文化地層中出過。當時並沒有牛耕，這麼大的石犁得多少人拉？而且這時還沒有出現深耕的概念，拉它做什麼？所以它大概不是犁。再如在江蘇吳興錢山漾良渚文化遺址中出土的所謂石耘田器，很有名，但也不可能是用來耘田的。首先從造型上看，用它在水田除草會很不方便。其上部之大孔離邊緣很近，真的裝上木柄，一用力很容易折斷（圖1-3）。江蘇無錫鴻山所出石器的造型與之略近，但兩肩上翹，也不便用於耘田；發表時乃稱為「石鉞」。浙江桐鄉姚家山所出與台北故宮所藏之「耘田器」，均繫玉質。在原始社會，琢製這樣一件玉器極其費工，當時的人不會拿這種寶貝來耘田。其頂部的曲線，則與良渚的玉梳背（舊稱冠狀玉飾）相近，這是一種很高貴的紋樣，也不會用在耘田器上。而且姚家山出的那件上部的孔很小，只能穿過一根細繩，無法裝柄。因此所謂用於耘田之說，也就不攻自破了（圖1-2）。

上面我們說到犁，犁大概是從耒或耜發展出來的。以耒的演進為例，一人把住耒，另一人在前面拉，將原先紮出一個個小洞的工作變成劃一條溝。再往後耒柄從直的變成彎的，就成為犁。原始社會中大概沒有犁。商代是否有犁，也在疑似之間。郭沫若認為甲骨文中的字代表牛拉犁，下的小點，就代表翻起的土塊。但也有人認為這是在用刀殺牛，那些小點代表牛流出來的血。還有人認為物指雜色牛，和上面兩種說法都沒有關係。此外，在江西新干大洋洲出土了兩件所謂商代的銅犁。但它們比較小，上緣的寬度只有13-15釐米，而且面上還鑄出花紋。犁頭唯恐不光滑，應無鑄花紋之理。儘管輪廓上有點像，但仍然難以確定它們就一定是犁（圖1-4）。

圖1-4　銅「犁鏵」，江西新干大洋洲出土

不過無論如何，周代肯定有犁。因為到了春秋時期已有用牛拉犁耕地的。《國語・晉語九》說：「夫范、中行氏不恤庶難，欲擅晉國。今其子孫將耕于齊，宗廟之犧為畎畝之勤。」《論語・雍也》中出現了「犁牛」一詞。孔子弟子冉耕字伯牛，司馬耕字子牛。古人名字相應，故均可為證。戰國時牛耕增多。《戰國策・趙策》中說到「秦以牛田」。云夢睡虎地秦簡《廄苑律》中則將牛耕稱為「牛田」。戰國文物中還出現了一些原應裝在木犁鏵上的V字形鐵鏵冠。

當犁壁未發明之前，犁的作用就是破土開溝，被稱為作條犁。犁過之後，還要用來培土起壟。這跟當時的土地制度是密切相關的。周代一夫受田百畝。今天一說到畝，就認為是一個土地面積的單位。但在起初，畝指的是壟。《國語・周語》韋昭注：「下曰畎，高曰畝。」畝是高起的壟，畎是壟間的溝。但這條壟又有一定的尺度。《穀梁傳・文公十一年》范寧注：「廣一步，長百步為一畝。」

六尺為一步，一步為1.38米，長百步為138米，故一畝的面積為190.44平方米（今市畝為666.67平方米）。西漢時畝制增大，以二百四十步為一畝。但趙過推行「一畝三甽」的代田（《漢書・食貨志》），仍是指在一步之間做三條溝，起兩條壟。用作條犁從兩側發土，正是起壟的第一道程序。

到了西漢後期，一種更進步的耕作理論被提出來了。《氾勝之書》說：「春地氣通，可耕堅硬強地黑壚土，輒平摩其塊以生草。草生復耕之。天有小雨，復耕和之，勿令有塊以待時。」在這裏，不僅要求反覆耕摩和土，而且要求在地中生草後再耕，這就包含了壓綠肥的用意。但作條犁卻不能勝任這一要求。為了達到這個目的，西漢時發明了犁壁（又名犁鏡、鐴土），由犁鏵和犁壁形成的連續彎曲面能將耕起的土垡破碎並翻轉過去。陝西長安、禮泉、咸陽等屬於漢代的三輔地區中，出土了好幾種犁壁，有向一側翻土的鞍形壁和向兩側翻土的菱形壁（圖1-5）。

圖1-5　西漢的犁鏵和犁壁

1. 鐵犁鏵與菱形犁壁，陝西長安出土

2. 鐵犁鏵與鞍形犁壁，陝西禮泉出土

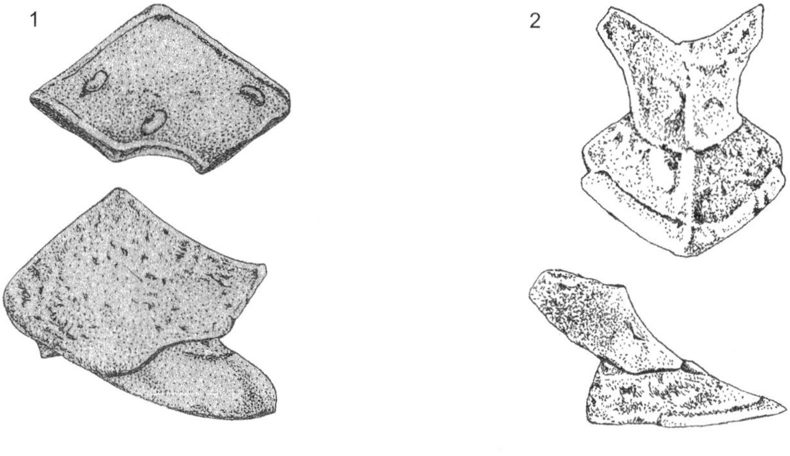

三輔之外，犁壁在山東安丘及河南中牟、鶴壁等地也曾發現。犁壁的發明是中國步犁在結構上的重大改進。土垡被翻轉過去，接觸到陽光空氣，生土會變成熟土。再加耰摩，可使土壤鬆軟，田面平整，遂形成了與壟作法不同的平作法。而在西方，羅馬的犁上沒有犁壁這個部件。後來歐洲農民在犁上安裝了木質的「泥土翻板」，其作用接近犁壁，但遠不如漢代的鐵犁壁光滑適用。儘管如此，11世紀之前在西方此物還不為人所知，現在能看到的反映裝「泥土翻板」之犁的圖像，大都是13世紀以後的作品了。

不過，牛耕雖在春秋時已經出現，但推廣的速度相當緩慢，直到東漢才成為占主要地位的耕作方式。西漢史書中不記牛疫，而東漢卻對牛疫很看重，官方文告中也明確指出牛疫與農業減產的關係。在東漢的畫像石上多次出現牛耕的圖像，其中所見之犁多為二牛抬槓式的長轅犁，裝有向上斜伸的長而直的單轅，轅端設衡，左右共駕二牛（圖1-6：1）。這些犁上還裝有單獨的犁底，它能使犁鏵入土平穩，便於掌握犁的走向。犁箭上則裝有犁評，可用於控制犁鏵入土的深淺。總之，漢代的犁之主體構件已較完備（圖1-6：2）。缺點是犁架太大，調頭轉彎相當不便。

耕犁之再一次重要的改進是在唐代，這時出現了曲轅犁，陝西三原唐・李壽墓的壁畫中已有它的形象，但畫得不太準確（圖1-7：1）；敦煌莫高窟445窟壁畫中所繪者要好一些。而唐・陸龜蒙《耒耜經》中的記載就很詳盡了，它是由十一個部件構成的（圖1-7：2）。這種犁改直轅為曲轅；直轅前及牛肩，曲轅只要連接到牛身後的犁盤上就行了。它可以回轉自如，而且只用一頭牛牽引，不僅節省

圖1-6　漢代的犁

1. 犁耕圖，山東棗莊出土東漢畫像石
2. 漢代長轅犁復原圖

1

2

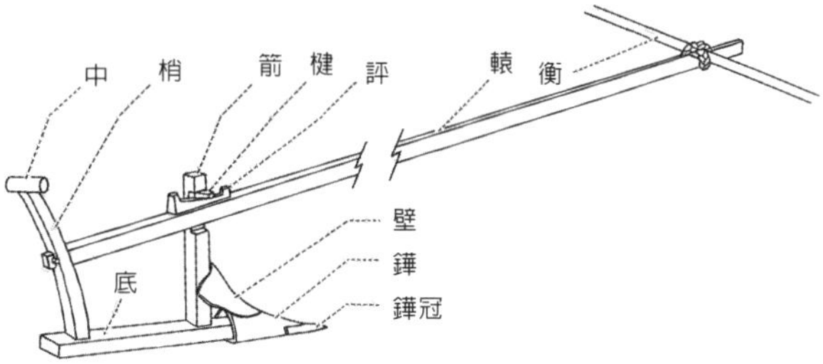

圖1-7　唐代的犁

1. 犁耕圖，陝西三原唐・李壽墓壁畫
2. 曲轅犁，據《耒耜經》復原

1

2

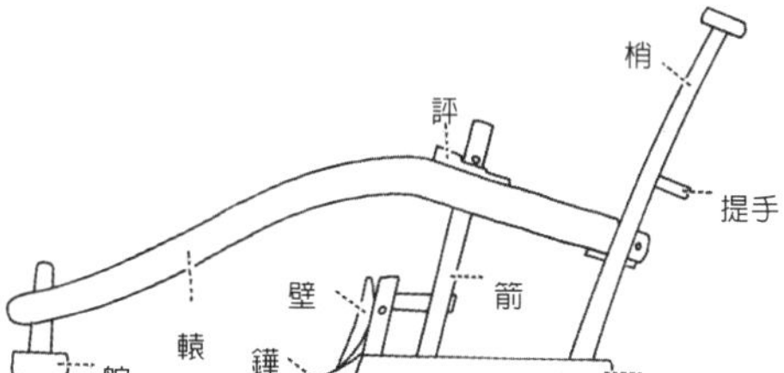

了畜力，還提高了耕地的效率。唐代的曲轅犁奠定了中國後來長期使用的舊式步犁的基本形制。

耕田是為了種糧食。到了漢代，中國主要的糧食作物是所謂五穀（《禮記・月令》、《漢書・食貨志》）或九穀（《周禮・天官・大宰》）。五穀是麻、黍、稷、麥、豆。九穀依鄭眾的說法是黍、稷、秫、稻、麻、大小豆、大小麥；比起五穀來，這裏面最重要的是增加了稻。先秦時，北方種的水稻不多。《周禮・天官・膳夫》說到「凡王之饋」時，所用的糧食第一種是稌；稌就是稻。西周銅簠的銘文中常說：「用盛稻粱。」《論語・陽貨》記孔子的話說：「食夫稻，衣夫錦，于女安乎？」可見當時對稻的珍視。漢代在江南各地已廣泛種植水稻。湖北江陵鳳凰山漢墓所出簡牘中記有粢米、白稻米、精米、稻糲米、稻粺米等各種稻米，反映出它是當地的主食。晉代出現早稻，見陶淵明《庚戌歲九月中于西田獲早稻》詩。不過農曆九月中旬才收割的稻，還不能算是真正意義上的早稻。宋・周去非《嶺外代答》說欽州有「正、二月種」、「四、五月收」的早稻，這就是真正的早熟品種了。早稻的育成，為一年之中收穫兩季的雙季稻創造了條件。雙季稻有連作和間作兩種：前者是早稻收穫後再種晚稻。後者是早稻先插秧，晚稻隨後插入早稻行間；早稻收穫後，隔一段時間再收晚稻。後一種雙季稻要求的技術條件高，應出現在連作稻之後。間作雙季稻在文獻中最早見於明代的《農田餘話》（14世紀）。如果把雙季稻種在麥田裏，那就成為一年三熟（麥、早稻、晚稻）。三熟的記載最早見於明・謝肇淛《五雜組》（17世紀上半葉）。水稻栽培技術的不斷改進，遂使它成為中國最重要的糧食作物之一。

但鄭玄對九穀的說法與鄭眾不同，他認為，「九穀無秫、大麥而有粱、苽」（《周禮・天官・大宰》注）。粱是一種優質的黃小米。苽又作菰，這種糧食現在沒有了。它是水生的，又叫蔣，在秋天開黃花，結出黑色的籽粒，碾米甚白，叫雕胡米，滑膩芳香，是一種高級食品。直到唐代，王睿在《炙轂子》中還認為它是九穀之一。李白詩「跪進雕胡飯」，杜甫詩「波飄菰米沉雲黑」，說的都是它。但作為糧食的雕胡米為什麼消失了呢？一方面是因為它的產量低，而且成熟的時間不一致，不易收穫。另一個主要的原因是：菰在夏末秋初自葉鞘所抱合的中心抽出的薹，如為一種黑粉菌所侵，便不能開花結籽，卻形成膨大的菌癭，潔白脆嫩，甘爽可口，就是蔬菜中的茭白。宋以後，對茭白日益重視，種菰轉以培育茭白為目的。不染菌能結籽的植株反被認為是「公株」，一見即除去。其實菰並非雄雌異株；在上述幾種作物中，只有麻即大麻是雄雌異株的。枲是雄株，纖維的品質好；苴是雌株，結麻籽，可用它煮粥。此外熱帶品種的大麻能製成大麻煙（Marijuana），但中國古代人不知有此物。

上述五穀或九穀中還應當特別注意的是小麥和大豆。小麥是世界上普遍種植的糧食作物，原產地為兩河流域。伊拉克北部的賈爾木遺址出土了距今八千多年的小麥。中國甘肅民樂東灰山發現的炭化小麥顆粒，為馬家窯文化遺存，距今約五千年。到了距今約四千年時，黃河下游若干龍山文化遺址，如山東茌平教場鋪、日照兩城鎮、膠州趙家莊等地出土的標本增多，且均屬栽培型。商代已有食麥的習俗，卜辭裏說：「月一正，曰食麥」（《後下》1. 5）。《禮記・月令》：「孟春之月，食麥與羊。」則周代仍沿襲此風。這時種麥比較普遍，許多周代聚落中已呈現出粟麥並重的農業格局。再看大豆，這是中國的特產，原產東北地區，黑龍江寧安大牡丹屯發現過四千年前的大豆。《管子》說齊桓公北伐山戎，得其「戎菽」，布之天下。菽指豆類，戎菽即大豆。《史記・天官書》索隱引韋昭曰：「戎菽，大豆也。」1873年，中國大豆在維也納萬國博覽會上展出，轟動一時。之後，大豆才在歐美各國大量種植。在中國的烹飪藝術中，醬油是不可或缺的佐料之一，而醬油正是用大豆發酵釀製的。湖南沅陵虎溪山西漢沅陵侯墓出土竹簡《美食方》中所記「菽醬汁」就是醬油。沒有醬油，許多中國佳餚將難以烹調，用西餐的鹽和白醬油是做不出地道的中國菜的口味來的。

還有一種備受關注的糧食作物是高粱。中國古代是否種植高粱，曾引起過爭論。但山西萬榮荊村、河南鄭州大何莊、陝西長武碾子坡、江蘇新沂三裏墩等地，發現過新石器時代、先周和西周的高粱。遼寧遼陽三道壕西漢村落遺址和廣州先烈路龍生崗東漢墓中出土過漢代的高粱。在西安西郊西漢建築遺址中，還發現土牆上印有高粱稈紮成的排架的痕跡。可見中國古代已種植高粱當無可置疑。《周禮・考工記》所稱「染羽以朱湛丹秫」的丹秫，應即高粱。《本草綱目》說高粱的「穀殼浸水色紅，可以紅酒」，其他穀物是沒有這種性質的。高粱又名木稷，見曹魏時張揖的《廣雅》。在《廣雅疏證》中，王引之說高粱「謂之木稷，言其高大如木矣」。所以過去認為唐以前的文獻中沒有關於高粱的可靠記載的說法不確。至於高粱之名，則要到元代王禎的《農書》中才見於著錄。

從商、周直到明代前期，糧食作物的品種大體穩定。

但到了明代後期，由於新大陸的發現，美洲作物傳入中國，才使糧食作物中增加了新的成員，進而改變了中國糧食生產的結構。其中特別重要的是玉米和白薯。中國關於玉米的記載，最早見於明正德《潁州志》（1511年）。潁州在今安徽省北部；玉米傳到潁州之前，肯定在沿海地區已有栽培，而且記進《潁州志》時，也不會是傳入的第一年，所以很可能在西元1500年前後就傳到中國。哥倫布發現美洲是在1492年，玉米的傳入距此只不過十年左右，快得驚人。白薯的傳入則要曲折些。明萬曆二十一年（1593年）福建長樂人陳振龍到呂宋（今菲律賓）經商，看到白薯，想把它帶回祖國。但呂宋不准薯種出口，他於是「取藷（薯）藤，絞入汲水繩中，遂得渡海」（《農政全書・甘藷條》）。萬曆二十二年福建遇到大荒年，陳振龍的兒子陳經綸向福建巡撫金學曾推薦白薯的許多好處，於是命各縣如法栽種，大有成效，渡過了災荒。後來陳經綸的孫子陳以桂將白薯傳入浙江鄞縣。又由陳以桂的兒子陳世元傳入山東膠州。膠州比較冷，不容易種活，還每年從福建補運薯種，並傳授藏種方法。陳世元又叫他的長子陳雲、次子陳燮傳種到河南朱仙鎮和黃河以北的一些縣；三子陳樹傳種到北京朝陽門外、通州一帶。陳世元並著有《金薯傳習錄》（金薯之名係用以紀念金學曾）一書，介紹白薯的栽培方法。陳氏一門六代，對白薯的推廣作了不懈的努力，後來有人在福建建立「先薯祠」，表彰他們的勞績。歷史是不應該忘記陳振龍的名字的。白薯是高產作物，畝產量為穀子的十餘倍。明末福建已經成為著名的薯產區，正如清・周亮工《閩小記》所說：「泉（泉州）人鬻之，斤不值一錢，二斤而可飽矣。於是耄耆、童孺、行道鬻乞之人，皆可以食。饑焉得充，多焉而不傷，下至雞犬皆食之。」白薯的推廣在一定程度上緩解了中國的糧食問題。中國的人口在西漢時已達六千萬，然而直到明末還只有一億人。可是到乾隆時就猛增到兩億，清末就是四萬萬同胞了；其中新大陸傳入的玉米、白薯及其他高產作物的作用不可低估。在北大上學的時候，張政烺老師常強調這一點；愛開玩笑的人還給這種看法送了個「唯薯史觀」的雅號。

再說蔬菜。古人早就知道蔬菜的重要性，饑饉的「饉」，就是指蔬菜歉收而言。但上古時代物質生活水準低，蔬菜的種類很少。《詩經》裏提到了一百三十二種植物，其中只有二十餘種用作蔬菜。而且像荇、荼、苕、莜、萊、芑之類，均早已退出蔬菜領域。《左傳· 隱公三年》稱：「蘋、蘩、薀、藻之菜，可薦於鬼神，可羞於王公。」今天看起來，這裏說的不過是些浮萍、水草及白蒿之類，而當時卻拿來充祭品、辦宴會；蔬菜之貧乏可以想見。戰國、秦、漢時，情況稍有改觀，但仍無法與後世相比。這時最重要的蔬菜即《素問》中說的「五菜」：葵、藿、薤、蔥、韭。這五種菜和《急就篇》舉出的十三種菜都以葵為首，有的文獻中甚至將葵尊為「百菜之主」。漢代的詩歌裏描寫菜園，有的劈頭就是「青青園中葵」；魏晉時人提起蔬菜，不是說「霜蒿露葵」（曹植），就是說「綠葵含露」（潘岳）；《齊民要術》中還辟出專章講葵的栽培技術；其重要性可以想見。唐以後，蔬菜中增加了一些新品種，動搖了葵的地位。從植物分類學上說，葵屬於錦葵科錦葵屬，現代稱為冬葵（圖1-8）。它「性太滑利，不益人」，「動風氣，發宿疾」（王象晉《群芳譜》）；播種面積因而逐漸減少。明代植物學家王世懋甚至說，「古人食菜必曰葵，乃今竟無

圖1-8　葵菜（冬葵）

稱葵，不知何菜當之」《蔬疏》，16世紀中葉）？李時珍也以「今人不復食之」《本草綱目》，1578年）為理由，把它列入草部，不再作為蔬菜看待。《素問》「五菜」中排在第二位的藿，也是先秦時重要的蔬菜。《戰國策・韓策》說：「民之所食，大抵豆飯藿羹。」可是它只不過是大豆苗的嫩葉，今天也很少拿它當菜吃了。

至於薤、蔥、韭、蒜等葷辛類的蔬菜，在古代形成另一大門類。居延簡中記某亭共種十二畦菜，其中七畦種葵，另外五畦種的是蔥和韭（506.10A）。韭是中國原產，《急就篇》中的蔬菜部分首舉葵，其次就是韭。早春嫩韭，溫而宜人，久已為世所珍。《漢書・召信臣傳》記有太官園在冬天用溫室生產蔥、韭的情況。這樣培育出來的韭黃，尤其鮮美，不過它在漢代還是罕見之品。至宋代，此物已相當多了。蘇軾的詩中就提到「漸覺東風料峭寒，青蒿黃韭試春盤」。至於蒜，雖早已見於《夏小正》，但那時的蒜叫卵蒜或小蒜，即不分瓣的獨頭蒜，產量低。現在常見的大蒜是東漢時引進的，又名葫或胡蒜，最早著錄於東漢・崔寔的《四民月令》。

此外，像蘿蔔、蔓菁等根菜類，在中國也種植得很早。《詩經》裏說「采葑采菲」，葑、菲就是蔓菁和蘿蔔。甘肅涇川水泉寺東漢墓出土的陶灶面上塑有蘿蔔，新疆民豐尼雅遺址中出過不少干蔓菁。洛陽五女塚267號新莽墓出土的陶倉上寫著所貯之糧食的名字，與「粱粟」等並列的有一倉「無清」，即蕪菁籽亦即蔓菁籽。現代雖多以蔓菁為蔬類，但古代亦可充主食。《後漢書・桓帝紀》載，永興二年（154年）鬧蝗災時，詔令「所傷郡國種蕪菁以助人食」。到了唐代，杜甫仍說：「冬菁飯之半。」至於蘿蔔，中國各地盛產，有許多優良品種。歐洲雖然也有蘿蔔，但都是小型的四季種，單位面積的產量也小，不好同中國相比。

魏晉至唐宋時期，一些國外傳來的蔬菜新品種被廣泛種植。如茄子原產印度和泰國，在中國古文獻中最早見於晉代嵇含的《南方草木狀》；北魏的《齊民要術》裏，記載得就更詳細了。黃瓜原產印度。江蘇揚州西漢「妾莫書」墓中曾出黃瓜籽，但當時的文獻沒有提到它。《齊民要術》中有「種胡瓜法」，雖然說的就是黃瓜，卻仍冠以作為外來物之標誌的「胡」字。唐代始將它改名為黃瓜，成為南北常見的蔬菜。菠菜籽也在江蘇邗江西漢墓中發現過，但《冊府元龜》、《唐會要》、《北戶錄》、《封氏聞見記》等書都認為它是貞觀二十一年（647年）由尼波羅國（尼泊爾）引進的。最初名菠棱菜，後簡稱菠菜。大約在漢、六朝時這種菜尚未推廣開，唐、宋時就很多了。此菜色味俱佳，而且耐寒，從早春一直供應到夏秋。蘇軾詩「雪底菠棱如鐵甲」，「霜葉露牙寒更茁」，對菠菜的耐寒特點備致讚賞。萵苣原產地中海沿岸，在中國古文獻中最早見於初唐・孟詵《食療本草》，之後杜甫也有《種萵苣》詩。它的引種不會晚於唐代。

這一時期中，中國還自行培育出了一些蔬菜的新品種，其中最主要的是白菜。白菜原名菘，見於東漢・張機《傷寒論》，但漢代的菘和現代的白菜在品質上還差得遠。經過勞動人民辛勤培育，南北朝時它開始見重於世。《南齊書・周顒傳》說：「文惠太子問顒：『菜食何味最勝？』曰：『春初早韭，秋末晚菘。』」到了宋代，白菜的優良品種已經培育成功，它不同於葉子鬆散的黑葉白菜之類，而是結實、肥大、高產、耐寒，並且滋味鮮美。蘇軾用「白菘類羔豚，冒土出熊蹯」之句來讚美它，幾乎把它當成有如熊掌一般的珍味了。王世懋的《蔬疏》中也把黃芽白菜譽為菜中「神品」。白菜是中國北方冬春季節的當家菜，供應的時間長達五六個月。

元、明、清時期，又有一些外來新品種增加到中國的菜譜中來。元代由波斯引入了原產北歐的胡蘿蔔。它起初多種植在雲南地區，後來遍及全國。16世紀以降傳來了一些原產美洲的蔬菜。比如辣椒，在明代的《蔬譜》、《本草綱目》等著作中均未提到。清初陳淏子的《花鏡》中才有「番椒，叢生白花，子儼如禿筆頭倒垂，初綠後朱紅，其味最辣」的記載。不過辣椒傳入後推廣得很快，特別在西南和西北地方，更成為主要的香辛類蔬菜。番茄更晚，它最早見於《佩文齋廣群芳譜》（18世紀初）一書中，稱之為「番柿」，供觀賞用。19世紀中葉才作為蔬菜栽培。但由於番茄柔軟多汁，甘酸適度，既可佐餐，又可生吃，所以受到廣泛歡迎。

中國古代也重視果木栽培。《爾雅・釋天》中將「果不熟為荒」和「穀不熟為饑」、「蔬不熟為饉」並列。像櫻桃、桃、杏、梨、李、棗、栗、山楂、柿子等中原地區習見的果類，其栽培的歷史一般都可以追溯到先秦時代。比如櫻桃，因為它「最先百果而熟」（《圖經本草》），所以特別受到重視。《禮記・月令》說，仲夏之月「以含桃先薦寢廟」，就是因為「此果先成，異於餘物」的緣故。含桃就是櫻桃。桃原產於中國雨量較少而陽光充足的山地。在陝、甘、西藏等省區海拔1200—2000米的高原地帶曾發現過野生桃樹。在河北藁城商代遺址中出土過桃核，在《詩經》、《爾雅》等古籍中對它均不乏記載。桃是水果中品質極高的一種，適於生食和加工，所以受到廣泛歡迎。桃約在西元2世紀傳入印度，梵文中稱桃為cīnanī（「秦地持來」，秦地即中國），這個名稱到現在仍然使用。桃從印度又傳入波斯，再傳到歐洲大陸，15世紀時傳入英國。杏也是中國古老的果樹。《管子》說：「五沃之土，其木宜杏。」《山海經》說：「靈山之下，其木多杏。」湖北光化五座墳西漢墓曾出土杏核，這時杏已是常見的果類。從世界範圍看，盡管出產野杏的地域很廣，但中國最先栽培這種果樹卻已經得到公認。波斯的杏是從中國引入的。又從波斯傳到亞美尼亞，再從亞美尼亞傳到希臘。所以在希臘語中，杏便被叫作「亞美尼亞蘋果」了。再如《韓非子》所說：「夫樹柤、梨、橘、柚者，食之則甘，嗅之則香。」橘、柚是南方的果品，而在北方果品中，韓非子信手舉出的便有梨。梨的實物曾在長沙馬王堆西漢墓中出土，這時中國已有規模可觀的梨園。《史記》說，在淮北、滎陽、河濟之間經營種一千棵梨樹的果園，其收入可「與千戶侯等」。這時還培育出了梨的一些優良品種，如曹丕所說「大如拳，甘如蜜，脆如菱」的真定御梨，和《西京雜記》中所說上林苑中的紫梨、青梨、大谷梨、細葉梨等。中國的梨於2世紀時傳入印度，梵文稱為cīnarājaputra（「秦地王子」），清楚地表明了其來源所自。至近代，則有幾種歐洲梨東傳。如巴梨（bartlett，中國亦稱之為「洋梨」），英國於1770年育成，約於1871年引入中國，最先栽植在山東煙台一帶。又有三季梨（precoce），原產法國，19世紀末引入，主要分布在旅大地區。而中國種植的李主要是中國李，少量的美洲李和歐洲李是近代引入的。再如棗、栗，也是中國最古老的果樹品種。《戰國策・燕策》說，燕國「北有棗、栗之利，民雖不由田作，棗、栗之實，足食於民」。簡直把這兩種果樹當成木本的糧食作物來看待了。至於山楂，古名朹，見於《爾雅》；柿則見於《禮記・內則》。山楂屬植物廣泛分佈在新、舊大陸，但作為果樹栽培的，只有中國山楂一種。柿屬植物也廣泛分佈在熱帶和亞熱帶，但也只有中國柿是著名的溫帶果樹。柿的鮮果味甜多汁，乾燥後含糖達62%。19世紀後半葉，中國柿才傳入歐洲。

上面說的都是中原地區所產，戰國、秦、漢時，南方的果品也嶄露頭角。「後皇嘉樹，橘來服兮。」戰國大詩人屈原曾對橘樹作出熱情的謳歌，不過當時在北方要吃到橘子是不容易的。東漢時，崔寔《政論》還說：「橘柚之實，堯舜所不常御。」可是漢末曹植的《橘賦》中稱：「播萬里而遙植，列銅雀之園庭。」這時連河北南部都有種橘子的，中原人士對之亦漸不陌生了。而南方果樹中之最負盛名的還推荔枝，它是中國特有的果樹，至今在廣東廉江謝鞭山及海南島雷虎嶺仍保存著縱橫十餘里的野生荔枝林。廣西合浦堂排2號漢墓出土的一口銅鍋裏盛滿了稻穀和荔枝。在漢代此果並傳到北方。《三輔黃圖》說：「漢武帝破南越，得龍眼、荔枝、菖蒲，植上林苑中，因起扶荔宮。」此宮在今陝西韓城芝川鎮，已作過考古發掘，出土的方磚上有「夏陽挾荔宮令壁，與天地無極」十二字。古夏陽就在韓城，令壁就是磚。但磚文不作「扶荔」而作「挾荔」（圖1-9）。「挾」字與「扶」字本義相近。《說文》：「挾，俾持也。」《玉篇》：「扶，扶持也。」這兩個字有時互訛。《莊子・齊物論》「挾宇宙」，陸德明釋文：「『挾』，崔（譔）本作『扶』。」不過如劉向《九嘆》「懷芳香而挾蕙」句中的「挾」，則不宜改用「扶」字。挾蕙為得香草；同樣，挾

圖1-9　漢磚（磚文：夏陽挾荔宮令壁，與天地無極）陝西韓城出土

荔為得佳果。此宮之名原應作「挾荔」。出土的磚為當時所製，不容連宮名都弄錯。只是後來「挾」字常帶貶義，如言「挾邪亂政」（《通鑒》唐永貞元年）之類。甚至連現代漢語裏的「要脅」、「裹挾」，也不是什麼好話。故此宮遂以扶荔之名行世。再者據《扶南記》說，荔枝「結實時，枝弱而蒂牢，不可摘取，以刀斧劙取其枝，故以為名耳」（《本草圖經》引）。故荔枝本應作「劦枝」。劦音ㄌㄧˊ，劙割之意；清・朱駿聲認為荔即劙的假借字。而劦音ㄒㄧㄝˊ，訓同力。寫作「荔枝」，則音義全失。但漢代已經弄錯了，通行既久，今遂不改。韓城一帶冬天太冷，荔枝樹難以在露天成活。若干帝王（如西漢武帝、東漢和帝、唐明皇等）乃用驛馬晝夜兼程於盛暑中將南方的荔枝果運來。陝西乾縣唐永泰公主墓石槨上的線刻畫中，有一侍女雙手捧著一盤荔枝，這是目前已知之最早的荔枝圖像；它大概就是用驛馬運到的（圖1-10）。荔枝「味特甘滋」（張九齡《荔枝賦》），產量又高，「一樹下子百斛」（《南方草木狀》），因此還被人譽為果類中的「壓枝天子」（宋・陶穀《清異錄》）。它又是最長壽的果樹之一。福建福州西禪寺生長著一棵樹齡已達一千三百年的唐荔，莆田的「宋香」古荔，樹齡也在千年以上。經過復壯措施，它們至今仍能開花結實。荔枝直到19世紀中才由中國傳到泰國、印度。1904年才傳入美國。英語中稱之為litchi，就是漢語荔枝的對音。通常一說起荔枝，就會想到龍眼。蘇頌說：「荔枝才過，龍眼即熟，故南人目為荔枝奴。」其產地與荔枝大體相重，但果型比荔枝小，味亦稍淡。再如枇杷，原產中國中部，四川高山區尚有野生枇杷。古文獻中最早見於司馬相如的《上林賦》。枇杷在溫暖地帶容易成活。宋・楊

圖1-10　捧荔枝的侍者，陝西乾縣唐永泰公主墓石槨線刻畫

萬里說它：「大葉聳長耳，一枝堪滿盤。」十分形象。枇杷在18世紀傳入西方，英語稱為loguat，乃是枇杷之別名盧橘的對音。

除了這些原產於中國南方的果品外，自漢代以來還先後從國外引進了一些新品種。其中首先應該舉出的是葡萄。《史記》說大宛（在今烏茲別克斯坦的費爾幹納盆地）以葡萄為酒，「漢使取其實來」。葡萄應是大宛語budaw的對音，與伊蘭語budwa對應。早年西方漢學家在言必稱希臘的觀念的支配下，認為葡萄是希臘語βδγρνs（一嘟嚕〔葡萄〕）的對音。但大宛並不流行希臘語，此說連伯希和也不相信。在漢代引入大宛葡萄之前，中國原有一些本地的野生葡萄品種，如《詩・豳風・七月》「六月食鬱及薁」，薁即蘡薁，又名嬰舌、山葡萄，在周代已採以供食。此外，如山東有「燕磊」、「水葫蘆塔」，東北有「阿木魯」，甘肅有「瑣瑣」，雲南彝族地區有「蔻枇瑪」，各地稱為野葡萄的品種還有很多。它們的生命力一般較強，或能耐寒，或能耐旱、耐濕、耐高原上的低氣壓，有的也相當甜（如瑣瑣）。它們成為重要的種質資源，使外來品種與本地品種通過雜交培育出適合中國水土條件的優良品種，如龍眼、馬乳、雞心等，從而形成了中國葡萄的獨特風味。早在東漢末年，曹丕就認為葡萄是「中國珍果」（《與吳監書》）。到了南北朝時，庾信說長安一帶的葡萄已是「園種戶植，接蔭連架」（《酉陽雜俎》）了。石榴和核桃也是重要的外來果類，有些古書上習慣性地把它們說成是張騫引進的，其實傳入的時間要晚些。石榴原產波斯及印度西北部，中國又稱之為安石榴、丹若，關於它的記載最早見於東漢中葉李尤的《德陽殿賦》。賦中說德陽殿的庭院中「蒲桃安若，曼延蒙籠」。漢末就更多了，曹植的《棄妻》詩說：「石榴植前庭，綠葉搖縹青。」則這時它已進入尋常百姓家。至晉代，潘岳的《石榴賦》中甚至稱之為「天下之奇樹，九州之名果」。北魏時更培育出了優質石榴。《洛陽伽藍記》說當時洛陽白馬寺所產「白馬甜榴，一實直牛」，其名貴可知。核桃又名胡桃，原產波斯北部和俾路支一帶，傳入中國的時間比石榴可能還要晚一步。孔融《與諸鄉書》說：「先日多惠胡桃，深知篤意。」已為東漢末年之事。

遼、宋、金時期傳入的果類中，最重要的是西瓜。前些年傳說漢代已有西瓜。但江蘇邗江胡場5號西漢墓出土的所謂西瓜籽，原存揚州博物館，今已成粉末，既未作科學鑑定，也未留下清晰的照片。廣西貴縣羅泊灣西漢墓出土的所謂西瓜籽，經南京農業大學鑒定，乃是粉皮冬瓜籽。故漢代已有西瓜之說難以成立。在古文獻中，它最早見於五代·胡嶠的《陷虜記》，書中說西瓜是「契丹破回紇得瓜種」。此說可信。在內蒙古赤峰市敖漢旗1號遼墓的壁畫中，主人面前桌上的果盤裏就擺著西瓜（圖1-11）。其後，關於西瓜的記事又見於南宋初洪皓的《松漠紀聞》，他是出使金國被扣留，在陰山一帶見到西瓜的；這時中國南方仍罕見此瓜。然而到了南宋末，文天祥已有詠西瓜的詩：「拔出金佩刀，切破蒼玉瓶；千點紅櫻桃，一團黃水晶。」元時此瓜更在南北推廣。王禎《農書》說，西瓜「北方種者甚多，以供歲計。今南方江淮閩浙間亦效種，比北方差小，味頗減爾」。雖然如此，西瓜這時仍是一種新鮮的珍味，所以王禎仍然用了「醍醐灌頂，甘露灑心」這樣不平常的詞句來形容吃西瓜時的感覺。

明代晚期以來，若干美洲果類先後傳入中國，如巴西的鳳梨、花生，北美的草莓、向日葵等，它們都在中國得到廣泛種植。進入19世紀，最後傳入中國的重要果類是蘋

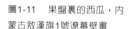

圖1-11　果盤裏的西瓜，內蒙古敖漢旗1號遼墓壁畫

果。中國現代各蘋果產區所栽培的大都是19世紀後期引進的歐洲蘋果。古文獻中常見一種叫作柰的水果，《千字文》中就說：「果珍李柰。」但柰只是現代所稱沙果。古書中還記有林檎果，又名來禽、頻婆。晉・郭義恭《廣志》說：「林檎似赤柰子。」即現代所稱綿蘋果。此果「未熟者食如棉絮，過熟又沙爛不堪食」（《群芳譜》），品質不如歐洲蘋果。後者原產高加索南部和小亞細亞一帶，16世紀在英國培育成大果型的品種，風味佳，且耐貯藏。歐洲蘋果於1871年引入山東煙台，1898年引入山東青島，1905年引入遼寧旅大。至今膠東和遼東半島仍是中國主要的蘋果產區。

糧食和蔬菜一般都要加工成熟食才便於進餐，這裏談談主食和菜肴的情況。中國古代多將穀物做成米飯，即所謂粒食；商、周時的甗和漢代的釜—甑都是蒸飯用的。旅行時攜帶的則是曬乾或炒乾了的米飯，叫糒或糗，多盛在竹器裏。食用時須和以水漿，水則裝在瓦壺裏。二者可統稱為「簞食壺漿」。餅字最早見於《墨子・耕柱篇》，磨麵製餅戰國時逐漸推廣，西漢時城鎮裏賣麵餅的已經常見。漢初劉邦將其父接到皇宮當太上皇，但這位老人「悽愴不樂」，因為他的愛好是與「屠販少年，沽酒賣餅，鬥雞蹴鞠，以此為歡」，所以嫌宮廷生活太冷清了。《漢書・宣帝紀》說宣帝在民間時，每買餅，「所從買家輒大售」。皆可為證。磨麵須用石磨，其實物最早見於秦代，再往後的例子就很多了。漢、唐時將麵食皆稱為餅，烤製的叫爐餅或燒餅，加芝麻的叫胡餅，用水煮食的叫湯餅，蒸食的叫蒸餅或籠餅。河南密縣打虎亭1號東漢墓的畫像石中，就刻出了一個由十層矮屜疊合而成的大蒸籠（圖1-12）。但蒸餅起初並不發酵；古代蒸製發酵的麵食，須掌握酵母菌

圖1-12　都灶上的大蒸籠，河南密縣打虎亭東漢墓出土畫像石

生化反應的特性才能做到。生活於3世紀上半葉的何曾，「性奢豪」，「蒸餅上不坼作十字不食」。他要求蒸餅上面得裂開一個「十」字，看來和現代北京地區說的「開花饅頭」差不多。這時的發酵麵食已如此講究，則它的出現或當不晚於東漢末。《齊書》說西晉永平九年（299年）規定：「太廟四時祭，薦宣皇帝麵起餅。」宋・程大昌《演繁露》對此作出的解釋是：「起者，入酵麵中，令鬆鬆然也。」更無疑是發酵的麵食了。現代蒸製的發酵麵食中最普通的是饅頭。但饅頭起初指的卻是全然不同的另一種東西。宋・高承《事物紀原》說，三國時諸葛亮征孟獲，改革了當地以人頭祭神的惡習，用麵包著牛、羊、豬肉來代替，「後人由此為饅頭」。饅頭應為「蠻頭」的諧音（見明・郎瑛《七修類稿》），有點像一種特別大的包子。饅頭也有無餡的。為了使有餡的和無餡的相區別，或稱有餡的為包子。南宋・耐得翁《都城紀勝》中說，臨安（今杭州）的酒店分茶飯酒店、包子酒店、花園酒店三種，包子酒店專賣鵝鴨肉餡的包子。進而饅頭與包子遂逐漸分道揚鑣。湖北襄陽檀溪南宋墓出土的壁畫中畫出了包

圖1-13　包包子，湖北襄陽檀溪南宋墓出土壁畫

包子的情形（圖1-13）。旁邊的灶上還安放著大籠屜，準備蒸食。包子又和餃子為類，餃子出現得比包子早，但起初統稱之為餛飩。漢・揚雄《方言》說：「餅謂之飩」，「或謂之餛」；表明漢代已有類似餛飩的食品。《齊民要術》中記有「水引餺飩法」，清楚地指出此種食品是用水煮食的。山東滕州官橋鎮1號春秋薛國墓出土的一件銅簠中，「排放著滿滿一盒三角形食物」，「內包有屑狀餡」；應是已知之最早的餛飩的實例（圖1-14：1）。將餛飩做成半月形，則是餃子；最早見於重慶市忠縣塗井5號蜀漢墓所出庖廚俑的陶案上（圖1-14：2）。隋初顏之推《顏氏家訓》說：「今之餛飩，形如偃月，天下通食也。」可見這時餃子已開始推廣。新疆吐魯番阿斯塔那一

哈拉和卓唐墓出土木碗中的餃子，是遺留至今之最早的實物（圖1-14：3）。談到餃子，又不能不說說麵條。麵條起初就是上面提過的湯餅，湯餅又叫煮餅，此名稱見於東漢的《四民月令》。不過宋以前的湯餅，實際上是一種片兒湯，麵不是用刀切，而是用手撕。晉・束晳《餅賦》描寫做湯餅的情形是：「火成湯湧，猛氣蒸作。攘衣振掌，握搦拊搏。麵彌離於指端，手縈回而交錯。紛紛級級，星分雹落。」製做時要用一隻手托著和好的麵，另一隻手往鍋裏撕片。所以湯餅又叫托或餺飥，漢代的《方言》和北魏的《齊民要術》都說起過飥。至唐代則使用案板切麵，不用手托，故改稱不托或餺飥。唐・李涪《刊誤》說：「舊未就刀砧時，皆掌托烹之。刀砧既具，乃云不托，言不以掌托也。」但餺飥起初還是切成片狀。五代・孫光憲《北夢瑣言》說：「王文公凝日食餺飥麵不過十八片。」仍以「片」為單位。切成細條的麵叫索麵，到北宋後期才流行開來。至元代，又將麵條加工成掛麵。《水滸全傳》第四十五回記一位送禮者的話說：「無甚罕物相送，些少掛麵，幾包京棗。」可見此時掛麵已不被視作「罕物」了。

圖1-14　餛飩和餃子
1. 銅簠中的餛飩，山東滕州春秋薛國墓出土
2. 蜀漢庖廚陶俑之俎上所見餃子（在圖中最左端），重慶市忠縣出土
3. 唐代餃子，新疆吐魯番唐墓出土

1

2

3

以上舉出的主食品種儘管挂一漏萬，但主食畢竟只是有限的幾種，而菜肴的烹調卻是千變萬化，說不勝說。提起做菜的方法，常概括為煎、烤、烹、炸。現代的煎和炸要過油，出現得晚些，而烤和烹（即煮）早在原始社會中已經有了。古代管烤肉叫炙。《孟子》中曾說「膾炙」好吃，從而在日後演變出「膾炙人口」的成語。長沙馬王堆1號西漢墓的遣冊中記有牛炙、牛肋炙、犬肝炙、豖炙、鹿炙和炙雞等炙品，前頭說的幾種應是將肉或肋骨等剁碎了烤，而炙雞應是烤整隻的。炙肉有用鐵簽穿著在小圓爐子上烤的，也有在火槽上烤的，這兩種情況都在畫像石上出現過。畫像石中的西王母和東王公，其身側的侍者常舉起炙好的肉串請他們吃（圖1-15）。烹肉可用鑊，但也見過用大鼎烹煮食物的圖像，這種大鼎應即所謂「函牛之鼎」（《後漢書・劉陶傳》）。如果不動用這類大傢伙，小規模煮肉則叫濡。濡亦作臑。《鹽鐵論・散不足篇》：「臑鱉膾鯉。」但濡不像現代的燉肉，不在煮的同時加調料。《禮記・內則》鄭玄注：「凡濡，謂亨（烹）之又以汁和之也。其第一步即「烹之」，這時「不致五味」（《周禮・亨人》鄭眾注），類似現代的白煮肉。但第二步還要「以汁和」，此「汁」即《內則》所稱「欲濡肉，則釋而煎之以醢」的醢。醢指肉醬，亦可泛指一般的醬。《說文・酉部》段玉裁注：「醬，醢也。」也就是說，煮好了的白肉要再放進熱醬汁中濡染加味，即所謂「煎」；之後方才進食。濡肉時蘸調味品的用具叫染器，是由一個染杯和一個染爐組成的，講究的在染爐底下還加一個接炭火灰燼的承盤。上世紀60年代，有人看到染器銘文中的「染」字，就斷定它是為絲帛染色用的；未免望文生義。國家博物館

圖1-15 漢畫像石上的西王母和東王公，均為山東嘉祥宋山出土

圖1-16 「清河食官」銅染器

所藏「清河食官」銅染器，器歸典膳的食官掌管，其非染色用具自明（圖1-16）。河北鹿泉高莊西漢常山王墓出土的染爐上刻銘「常食中般」。「常食」即「常山食官」，也是由食官掌管染器之證。《呂氏春秋・當務篇》中記載了一個故事，說齊國有二「好勇者」忽然相遇，「曰：『姑相飲乎？』觴數行。曰：『姑求肉乎？』一人曰：『子肉也，我肉也，尚胡革求肉而為？』於是具染而已（高誘注：「染，豉、醬也」）。因抽刀相啖，至死而止」。但從這兩個殘酷而愚蠢的假勇士那裏卻可以看到，肉食須具染。存世之銅染器不下一二十件，絕大部分是西漢的。最有意思的是河北南和左村西漢墓出土的一例，其承盤兩側裝拉手，盤底下還裝著小輪子。在宴席上吃濡肉時，染器大家共用，可以拖來拉去。染杯中盛的主要是醬。《急就篇》唐・顏師古注：「醬，以豆合面而為之也。」用一種通稱醬曲的菌類分解大豆蛋白，能生成可溶性氨基酸及一部分穀氨醯胺，從而產生鮮味。漢・應劭《風俗通義》說：「醬成於鹽而鹹於鹽。」所謂「鹹於鹽」，意思是說它的鹹味比鹽的鹹味還有味道；也就是「青出於藍」的意思。顏師古更認為：「食之有醬，如軍之須將，取其率領進導之也。」好像如果沒有醬的提味，這頓飯就吃不下去了。布膳時，如《禮記・曲禮》說：「醯醬處內。」《管子・弟子職》說：「左酒右醬。」表明古人進食時旁邊常擺著醬。與豆醬的味道相近的是豉。《說文》：「豉，配鹽幽菽也。」《急就篇》顏注：「豉者，幽豆而為之也。」用意完全相同，而且都強調一個「幽」字。《說文》徐傳：「幽，謂造之幽暗也。」《廣雅》：「鬱辟，幽也。」實際上指的就是將大豆煮熟加鹽後封閉起來發酵之意。有的《飲食史》上認為「『幽豆』指出產於幽州地區的

圖1-17　盛鹽、豉器
1. 鹽、豉甀，河南洛陽新莽墓出土
2. 鹽、豉雙連器，陝西西安徵集

1

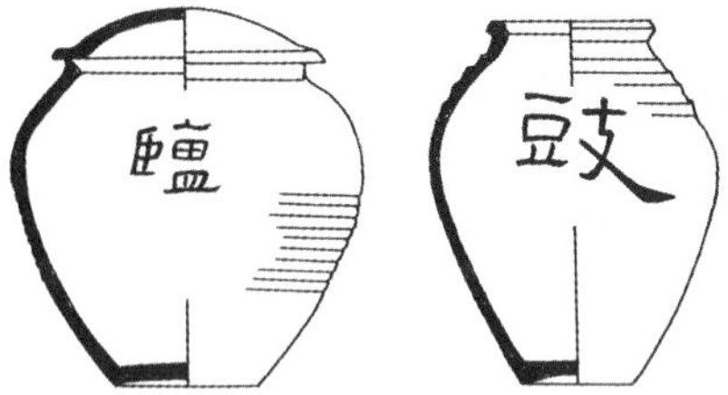

2

大豆」，可謂失之遠矣；我們讀書的時候要注意分辨。用餐時蘸醬用耳杯，即江陵鳳凰山167號漢墓遣冊所記「醬杯卅枚」之醬杯。非進食的場合，醬多半盛在小罐裏，當時的專名叫「醬甀」（《戰國策・東周策》）。《說文》：「甀，小口罌也。」洛陽五女塚新莽墓出土之書有「辯（瓣）醬」字樣的陶罐正是它。如果只為了貯藏，醬和豉都可以放在坻裏。《漢書・貨殖傳》：「醯醬千坻。」馬王堆1號墓的遣冊中記有「豉一坻」。對照出土物，坻應指一種較大的長頸罐。在食案上用的則是小型佐料壺，而且豉還常與鹽搭配。謝承《後漢書》：「羊續為南陽太守，鹽豉共一壺」（此據《御覽》卷八五五引文。《事物紀原》卷九引作「共一器」）。西安徵集的漢代方形陶雙連器，器壁分兩欄刻出「齊鹽」、「魯豉」四字。漢詩：

「白鹽海東來，美豉出魯門，」可見齊鹽、魯豉是當時的名品（圖1-17）。

在烹、濡的影響下，羹也是中國古代主要的菜品。上古時代的「大羹」是不加調料的肉湯。周代人祭祀時要用大羹，以示不忘本初。但隨後出現的「和羹」，乃變得有些滋味。《尚書・說命》：「若作和羹，爾唯鹽梅。」鹽代表鹹味，梅代表酸味。而在馬王堆1號墓的遣冊裏，所記之羹的種類就很多了，其中大部分為各種肉羹，也有肉與菜、肉與糧食混合烹製的羹。但普通百姓日常很少吃到肉羹。《急就篇》顏注：「麥飯豆羹（即上引《戰國策》說的藿羹），皆野人農夫之食耳。」由於農民的副食只是菜，為了蓄菜禦冬，進而發明了加工泡菜的方法。泡菜是利用乳酸菌將蔬菜中的可溶性糖及澱粉水解成單糖，再在絕氧或半絕氧的條件下把它分解成乳酸。當食品中乳酸的濃度達到0.7%以上時，就能抑制大多數微生物的活動，使食品不致腐敗；同時並產生特殊的香氣和酸味。這種方法中國古代叫菹。《詩・小雅・信南山》：「疆埸有瓜，是剝是菹。」詩中雖然提到菹，但是不是指泡菜而言尚難斷定，因為它也有可能如《周禮・醢人》鄭玄注所說：「凡醯醬所和，細切為齏，全物若牒為菹。」只是把瓜菜囫圇個拿調料泡起來而已。不過並不是說這時不可能出現這種副食品。因為做泡菜時須隔絕空氣，而這一點是用在雙領罐的雙領間儲水加蓋的方式做到的。廣東博羅園洲梅花墩春秋窯址中曾出土頸部造型接近雙領的陶罐，有可能就是原始的菹罌，即現代所稱泡菜罎子。到了漢代，雙領的菹罌在各地漢墓中多次出土，對製菹的要領也說得比較清楚了（圖1-18）。《釋名》：「菹，阻也。生釀之，遂使阻於

1

2

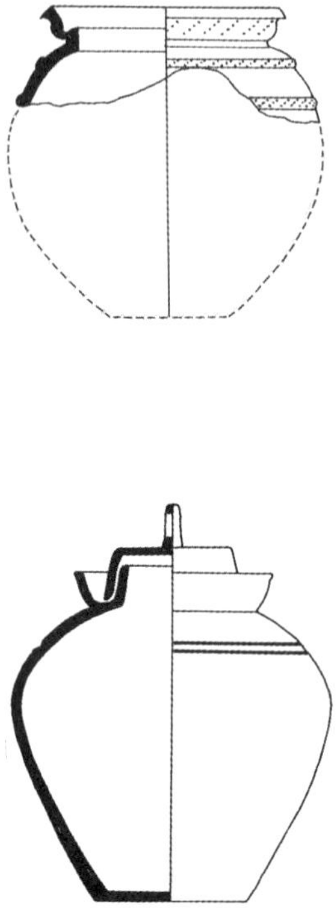

圖1-18　菹罌（泡菜罎子）
1. 春秋時代的原始菹罌，廣東博羅出土
2. 東漢菹罌，湖南資興出土

圖1-19　商代銅鉞上的「饗」字，陝西綏德墕頭村出土

寒溫之間，不得爛也。」《說文》：「菹，酢菜也。」酢菜就是酸菜。杜甫詩「長安冬菹酸且綠」，同樣在強調它的酸味。漢代以後，製泡菜的雙領罐在湖南衡陽東吳墓、江西瑞昌西晉墓、廣西恭城南朝墓、湖北武漢測繪學院隋墓、貴州平壩唐墓、湖南衡陽五代水井、江蘇揚州宋船、廣西合浦明窯址中均出，而且一直沿用至今。

南北朝以前，烤和烹仍然是菜肴的主要做法。由於這時的食用油取自動物脂肪，溫度稍降就會凝滯，所以不流行炒菜。即便是最油膩的食品，如《禮記・內則》所記「八珍」中的「淳熬」，不過是將大米飯拌上肉醬再淋上脂油；「淳母」則將大米飯換成黍米飯，其他做法不變。《內則》中所記「糝食」，不過是煎肉餅。「酏食」，不過是炒飯。直到4—5世紀，由於植物油料的使用，滾油快炒的技法才發展起來，在《齊民要術》中才有明確的反映。而炒菜的流行又使箸即筷子的用途進一步擴大。河南安陽1005號商代大墓中曾出銅箸頭，當時還應接以木柄；因為它較粗碩，可能是從鼎、釜中撈取食物用的，不見得直接夾菜入口。陝西綏德墕頭村出土的商代銅鉞上有一個「饗」字，像二人對坐進食之形，其中一人正用手抓食物（圖1-19）。至周代，《禮記・曲禮》鄭玄注仍說：「飯以手。」又說，乾肉「堅宜用手」。正義：「古之禮，飯不用箸但用手。」可是吃菜就不一樣了。《曲禮》說：「羹之有菜者用梜。其無菜者不用梜。」梜即箸，在熱湯菜裏，要用箸才能把菜夾起來。至漢代，儘管在體面的飲宴上都用箸，但《曲禮》裏反映出的那些飲食習慣不會立即完全喪失。漢景帝賜周亞夫食，「不置箸。亞夫心不平，顧謂尚席取箸」（《漢書・周亞夫傳》）。景帝此舉的確是想殺殺周亞夫的傲氣，卻不見得打算立刻要他的命。但亞夫軟硬不吃，不肯放下架子用手進食；事態於是沿著悲劇的方向發展了。在西漢前期，不用箸而用手不一定是十分丟臉的事。1651年奧地利宮廷中仍然用手抓食，可以作為參照。然而吃炒菜時，要夾起油汪汪的滾燙的菜肴，不用箸是很不方便的。所以隋唐以降，其出土的數量大增。浙江長興下莘橋出唐代銀箸三十支，江蘇丹徒丁卯橋出土唐代銀箸三十六支，四川閬中出土宋代銅箸二百四十四支。更不用說實際生活中數不清的竹木筷了。筷子的大普及延續至今。現代拿筷子吃飯的，除了中、日、韓、朝、越、新加坡的十六億人以外，還有海外華人五千萬，以及十六萬家中餐館；加在一起，每天在餐桌上大約會舉起十七億雙筷子。中國筷子的影響面之大可以想見。

二 酒、茶、糖、煙

餐與飲相配合，飲品中最受重視的是酒。

酒的種類繁多，風味各殊，其最本質的成分是都含有酒精即乙醇。酒精是大自然的賜予，含糖分的水果只要經過酵母菌的分解作用就能生成酒精。唐・蘇敬《新修本草》說，作酒用曲，「而蒲桃、蜜等酒獨不用曲」。不用曲的自然發酵之果酒在原始社會中已經出現，人類只有通過它才第一次接觸到酒精，所以這個階段必不可少。《淮南子・說林》中有「清醠之美，始於耒耜」的說法，以為最初的酒就是糧食酒；這在認識上是不全面的。

進而，古人又將穀芽—櫱用於釀酒。甲骨文中記有櫱粟、櫱來。櫱來即麥芽，它含有豐富的澱粉酶。將麥芽與穀物一同浸水，可使澱粉糖化、酒化，再過濾而得醴酒。不過它的酒精度很低。《呂氏春秋・重己》高誘注：「醴者，以櫱與黍相體，不以曲也。」《釋名・釋飲食》：「醴，體也。釀之一宿而成，體有酒味而已。」這是一種味道淡薄的甜酒。雖然，當時的人對酶不可能有清楚的認識，但在釀造過程中總會感覺到它的存在。於是進而在蒸煮過（即已糊化）的穀物上培養出能產生酶的真菌—曲霉，製出酒母，也就是蘇敬所說的曲。晉・江統《酒誥》：「有飯不盡，委之空桑。鬱積成味，久蓄氣芳。本出於此，不由奇方。」幾句話已道出了製曲的由來。有了曲，糧食酒遂正式問世。《尚書・說命》：「若作酒醴，爾惟曲糵。」就是對這項新技術的讚揚和肯定。糧食酒不僅打破了自然發酵的果酒之季節性的限制，而且味道比原始的果酒和醴更加醇厚。不過用穀物造酒，須先經過酒曲的糖化作用，使澱粉分解為簡單的糖，再經過酵母作用產生酒精。這一微生物發酵的機制是相當複雜的。而且酒的香味在很大程度上取決於此過程中所產生之適量的醛和酯；這些東西多了不行，少了則乏味。如果不是利用在自然發酵製果酒的階段中積累起的經驗，要一下子發明用糧食造酒的技術，恐怕是難以想像的。

在商代，醴是淡酒，鬯是香酒。鬯酒又名秬鬯；秬是黑黍，鬯是香草。《說文》：「鬯，以秬釀香草，芬芳條暢以降神也。」從古器物學的角度講，以鬯酒為指標，使我們意識到這時最高級的酒器乃是卣。甲骨刻辭中有「鬯一卣」（《滬寧》3.232）、「鬯三卣」（《甲編》1139）、「鬯五卣」（《戩壽》25 .9）等記載，這和古籍中的提法如「秬鬯一卣」（《尚書・文侯之命》，《詩・江漢》）、「秬鬯二卣」（《尚書・洛誥》）相一致。故《左傳・僖公二十八年》孔穎達疏引李巡曰：「卣，鬯之尊也。」鬯是當時的頂級美酒，其專用的酒器自應有較高的身價。但問題是，通常被稱為卣的壺狀容器，乃由宋人定名；存世之所謂卣，銘文中從無自名為「卣」者。所以卣究係何物，仍是一個未解之謎，今後尚須加意探研。此外，爵也特別值得注意。河南偃師二里頭所出夏代銅爵，前面的流平直伸出，特別長；甚至還有帶管狀流的（圖2-1：1、3）。在一般印象中，爵用於喝酒；其實不然。拿嘴對著這麼長的流喝酒，其不便自不待言；更不聞古人有口銜管狀流喝酒的習慣。況且爵本用於盛鬯酒。《說文》說，爵「中有鬯酒」。 鬯酒是拿來敬神的。所以《禮記・禮器》稱：「宗廟之祭，貴者獻以爵。」祭祀中行禮時，爵裏的鬯酒要澆灌到地上，即所謂「先酌鬯酒，灌地以求神」（《禮記・郊特牲》正義）；「使酒味滲入淵泉以降神也」（《論語・八佾》皇疏）。灌地用帶流之器自然比較方便。並且爵還有三條細高的足，係用於加溫。二里頭出土的銅爵，有的器身瘦長，下接向外膨起的假腹，呈覆盂狀，上面開有四個出煙孔（圖2-1：2）。加溫時，這種構造便於攏聚熱量，吸引火勢，使爵中的鬯酒迅速沸騰，冒出蒸氣。一般銅爵上雖將這一部分簡單化；但裝有細高之三足的銅酒器，大抵均可用於加溫。古人認為神雖不飲食，然而喜歡嗅香味。《尚書・君陳》孔傳：「芬芳香氣，動於神明。」以香氣享神稱為歆。《左傳・

圖2-1　夏代的爵
（1、2. 銅爵 3. 陶爵）
均為河南偃師二里頭出土

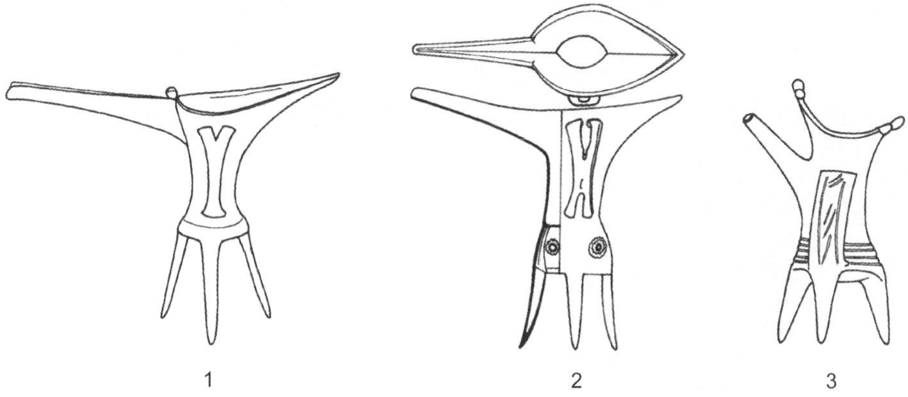

襄公二十七年》杜預注：「歆，享也，使鬼神享其祭。」《說文》：「歆，神食氣也。」《詩・大雅・皇矣》孔疏：「鬼神食氣謂之歆。」特別是鬯酒，蒸發出來的味道更濃烈，鬼神更樂於享用其「芬芳條暢」之氣。升歆灌地，上下交泰，所以盛鬯酒的爵是祭祀中重要的禮器，不是飲器。但《禮記・玉藻》中曾說，「君子之飲酒也」，「受一爵」後表現如何，「受二爵」、「受三爵」後表現如何等等，會使人誤以為君子是在用爵飲酒；其實不然。因為這裏強調的乃是量的概念，而爵正有這方面的含義。《考工記・梓人》：「爵，一升。」《儀禮・士昏禮》鄭玄注：「一升曰爵。」所以「受一爵」即飲一升的酒量，只是換了個說法而已。不過古文獻在描述飲宴時也曾提到用爵，這是因為爵乃「酒器之大名」（《詩・大雅・行葦》孔疏）。上古時執以就飲之器多為圓口深腹的觚，它和爵的形制本相去甚遠。但《儀禮・大射儀》胡培翬正義引韋氏曰：「爵者，觚、觶之通稱。」所以儘管有時字面上說用爵，其實指的是別的器皿。然而在這種語境下，爵終於成了飲酒器的代表。後世乃將爵口改造成近橢圓形，出現了真正當作飲器用的爵杯（圖2-2）。但它和先秦的爵已經完全不是一碼事。

關於銅爵的起源，中國學者多認為是從河南龍山文化的陶爵發展出來的。但美國哈佛大學的L.G.胡博以伊朗南部沙赫達德出土的帶流器為據，認為雖然不能找到它和中國銅器的關聯，卻可能是中國爵的「原型」（圖2-3）。然而由於社會習俗大不相同，古代西亞不曾有先秦之歆灌的觀念，完全不具備製出這類禮器的前提。何況沙赫達德之帶流器是紅銅錘鍱成型，與二里頭鑄造的青銅爵判然有別。用途迥異，形制不侔、工藝懸殊且全無關聯之萬里雲霄以

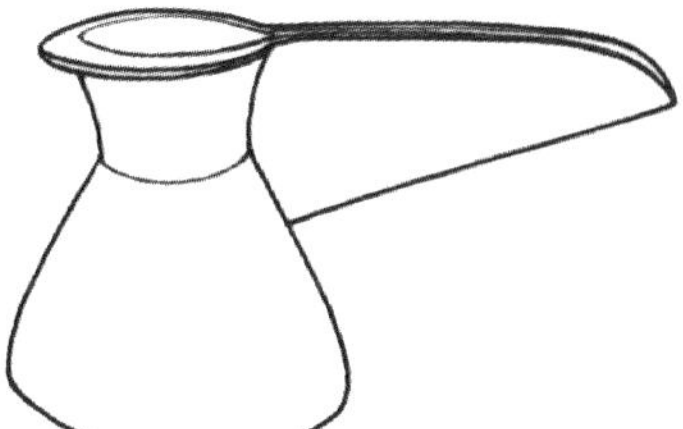

圖2-2　爵杯

1. 元代藍釉瓷爵杯，杭州市考古所藏
2. 明代白釉瓷爵杯，英國維多利亞博物館藏
3. 清代黃釉瓷爵杯，瀋陽故宮藏
4. 用爵杯飲酒，明萬曆刻本《元曲選・金線池》插圖，國家圖書館藏

圖2-3　伊朗沙赫達德出土的紅銅帶流器

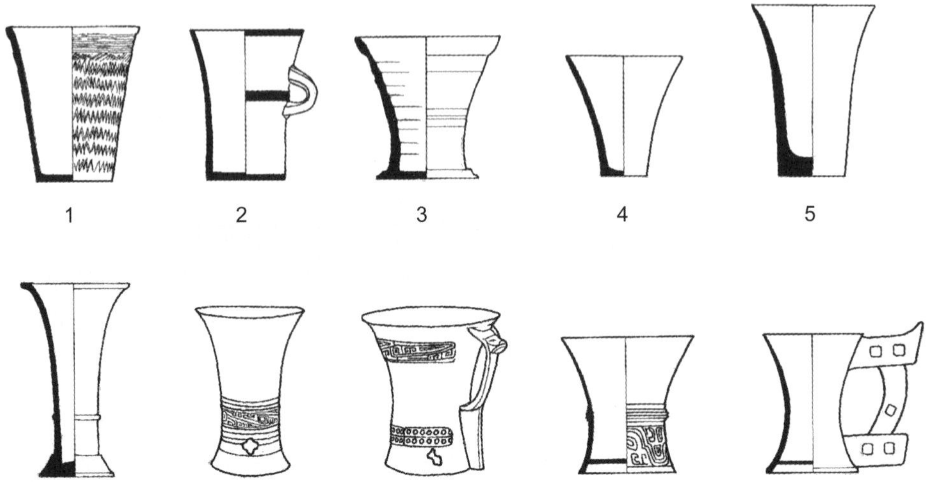

外的一件器物，怎麼能成為中國銅爵的「原型」呢！其說也未免太不講邏輯了。

既然爵不是飲器，商周時又用哪種器物飲酒呢？看來正是上面說的觚。《大戴禮記・曾子事父母》稱：「執觴觚杯豆而不醉。」即用觚飲酒。故《通鑒・晉紀四十》胡三省注遂徑稱：「觚，飲器。」觚有細高型的和粗矮型的；細高型的雖然顯得典雅尊貴，但粗矮型的用起來似乎更方便。基本造型與後一類相近者，在七千年前興隆窪文化的陶器中已經出現，在五千年前的大汶口文化中也有，並為王灣三期文化及二里頭文化所沿襲；甚至遠在江漢平原之四千年前的石家河文化中也能看到它的蹤跡。說明在中國從北到南之新石器時代諸文化中，此類器物頗不罕見，所以為繼起的商周青銅矮觚所取法（圖2-4）。但英國牛津大學的J.羅森卻認為西周矮觚和西方的「聯繫十分明顯」，說

圖2-4　觚形杯（1-4、6.陶器 5.木器 7-10.銅器）

1. 興隆窪文化，內蒙古敖漢旗興隆窪出土
2. 大汶口文化，山東泰安大汶口出土
3. 王灣三期文化，河南臨汝煤山出土
4. 石家河文化，湖北天門鄧家灣出土
5. 陶寺文化，山西襄汾陶寺出土
6. 二里頭文化，河南偃師二里頭出土
7. 商代早期，河南新鄭望京樓出土
8. 商代中期，上海博物館藏
9、10. 西周，陝西長安張家坡出土

圖2-5　銀盃，高加索出土，前二千年代

「這種器物的原型發現於高加索地區的馬里克」（《祖先與永恆》第437頁）（圖2-5）。高加索地區的晚出之物，竟成了此前行世已逾數千年之久的中國觚的「原型」；亦令人不知所云。

冒著蒸氣的熱酒用於敬神，那麼通常飲用的是不是涼酒呢？看來正是如此。《楚辭・大招》：「清馨凍飲，不啜役只。」王逸注：「凍猶寒也。醇釀之酒，清而且香，宜於寒飲。」湖北隨州戰國曾侯乙墓出土的大冰鑒中固定著貯酒的方壺，說明喝的是涼酒。清・皮錫瑞《經學通論・論古宮室、衣冠、飲食不與今同》指出，古酒「新釀冷飲」。自是其讀書有得之見。

及至漢代，貯酒用甕、用壺，盛酒則用桶形或盆形的尊。山西右玉出土的兩件漢代銅醞酒尊，盆形的在銘文中自名為「酒尊」，桶形的自名為「溫酒尊」（圖2-6）。此「溫」是「醞」的借字，指反覆重釀多次的酒。它是用連續投料法重釀而成，釀造過程歷時較長，澱粉的糖化和酒化較充分，酒味釅冽，為世所珍；因此桶形尊也往往做得很精美。北京故宮博物院所藏東漢建武二十一年（45年）鎏金銅醞酒尊，其底座下有三熊足，鑲嵌綠松石和襯以朱色的水晶石，與鎏金的尊體相輝映，非常華麗。但盆形尊的器型大，用得更廣泛，不僅在漢畫像磚、石上經常見到，到了唐代仍頻頻出現；而這時桶形尊卻比較少見了。洛陽澗西唐乾元二年（759年）墓出土的高士飲宴圖螺鈿鏡、陝西長安南里王村唐墓壁畫、唐・孫位《高逸圖》、宋摹唐畫《宮樂圖》中都有它的身影（圖2-7）。唐詩中也不乏「相見有尊酒，不用惜花飛」；「何時一尊酒，重與細論文」之句。但幾位飲者圍著一個大盆舀酒

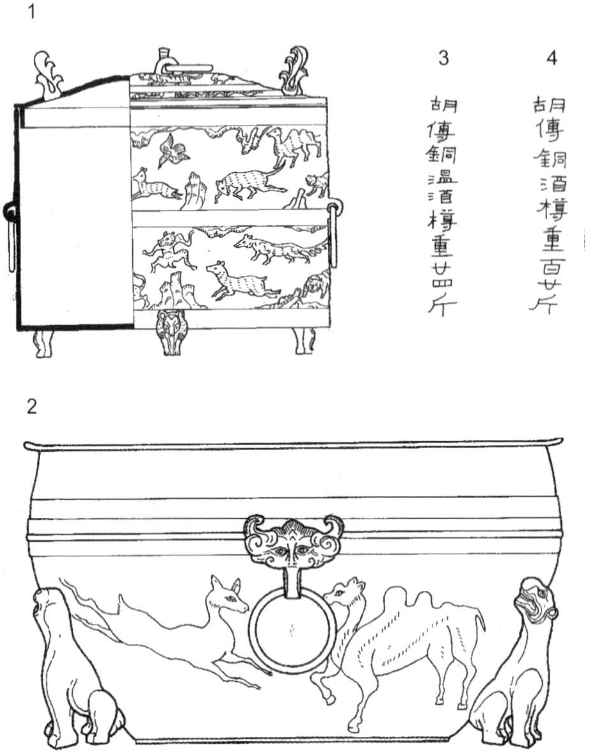

圖2-6　西漢的兩種酒尊，山西右玉出土

1. 桶形溫（醞）酒尊
2. 盆形酒尊
3. 溫酒尊的銘文
4. 酒尊的銘文

喝，說明喝的不是烈性酒。漢代文獻中常說有人飲幾石酒而不亂，正反映出這種情況。另外也說明先秦時喝涼酒的風習到了唐代仍未完全消失。

漢代喝酒不用觚而用杯。但漢代的杯與現代漢語中所說的杯，指的是很不相同的兩種器物。漢杯源於手掬之杯。《禮記・禮運》曾云「抔飲」，鄭玄注：「抔飲，手掬之也。」從手掬發展出來的杯，平面接近雙手合掬所形成的橢圓形。《淮南子・齊俗》：「鬩（窺）面於盤水則員（圓），於杯則隨（橢）。」此說正是基於盤子和耳杯

1

2

圖2-7　唐代的盆形酒尊
1. 高士飲宴圖螺鈿鏡
2. 《宮樂圖》

之器口的特徵而發。合掬時位於左右的拇指則相當杯耳；所謂耳杯，即由杯耳得名。在漢代，「杯」僅指耳杯。耳杯常用於飲酒。浙江寧波西南郊西漢墓所出漆耳杯，內書「宜酒」。長沙馬王堆1號墓出土的漆耳杯，內書「君幸酒」（圖2-8）。長沙湯家嶺西漢墓所出銅耳杯，刻銘「張端君酒杯」。說明漢代有許多耳杯是飲酒用的。而商和西周時的觚到這時已轉化成卮，它有點像現代的筒形杯，其胎骨用木片卷屈而成。《禮記・玉藻》鄭玄注：「圈，屈木所為，謂卮、匜之屬。」安徽阜陽西漢汝陰侯墓出土的圓筒形漆器自名為卮。卮也用於飲酒。《莊子・寓言》陸德明釋文引《字略》明確說：「卮，圓酒器也。」《史記・高祖本紀》謂：「未央宮成，高祖大朝諸侯群臣，置酒未央殿前。高祖奉玉卮，起為太上皇壽。」玉卮極珍貴，《韓非子・外儲說右上》稱之為「千金之玉卮」。在如此盛大的宴會上，以玉卮進酒更顯得分外隆重。秦阿房宮遺址出土雲紋高足玉卮的時代和它接近，漢高祖當年奉觴上壽所用者大約與之相仿（圖2-9）。

中唐時，酒具的形制發生了較大變化。唐・李匡乂《資暇集》說：「元和初，酌酒猶用尊、勺，所以丞相高公有斟酌之譽。雖數十人，一尊一勺，挹酒而散，了無遺滴。居無何，稍用注子，其形若罃，而蓋、嘴、柄皆具。」在唐代瓷器中注子是常見之物，雖然這裏面有些是點茶用的湯瓶。然而如銅官窯出土的注子上，有的題寫「陳家美春酒」、「酒溫香濃」、「浮花泛蟻」等句，自應是酒注。上文說過，中國古代曾長期飲涼酒。魏晉以降，名士流行服五石散。孫思邈《千金翼方》卷二二：「凡是五石散、先名寒食者，言此散宜寒食，冷水洗取寒。唯酒欲清熱飲之，不爾，即百病生焉。《世說新語・任誕篇》說：「王大（王

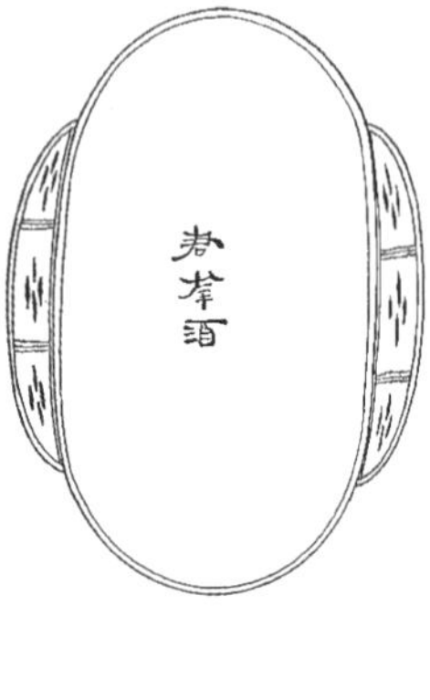

圖2-8　漆酒杯，長沙馬王堆1號墓出土

圖2-9　高足玉卮，西安東張村秦阿房宮遺址出土

忱）服散後已小醉，往看桓（桓玄）。桓為設酒，不能冷飲，頻語左右，令溫酒來！」王忱正是因為服散之後，必須飲溫酒，所以不憚犯人家讀（桓玄父為桓溫）。自此，遂有改飲溫酒的。至唐代，如李白《襄陽歌》「舒州勺，力士鐺，李白與爾同死生」句中之鐺，也是用來溫酒的。中唐時，「燒柴為溫酒」（元結），「林間暖酒燒紅葉」（白居易）等句一再出現，說明飲溫酒之風漸盛。盆形尊散熱太快，對此不適用，故進而將溫過的酒盛在酒注裏。為了保溫，後來還在酒注之外套上貯熱水的溫碗；不過這樣配置的實例要到宋代才能見到。更由於這時漆器的使用範圍縮小了，漆耳杯已隱沒不見，日常喝茶飲酒都用瓷碗即盞。茶盞和酒盞的器形相似（圖2-10）；但二者之托盤的式樣卻大不相同。承茶盞的叫茶托或盞托，承酒盞的叫酒台子；後者在托盤中心突起小圓台，酒盞放在圓台上。一套完整的酒具組合即由酒注、溫碗、酒盞、酒台子等四種器物構成（圖2-11）。杭州西湖出水的蓮花式銀酒台，是這類酒具中的精品（圖2-12）。成套的酒盞與酒台子合稱台盞。《遼史・禮志》記「冬至朝賀儀」中，親王「搢笏，執台盞進酒」。元代仍沿襲這種叫法。《事林廣記・拜見

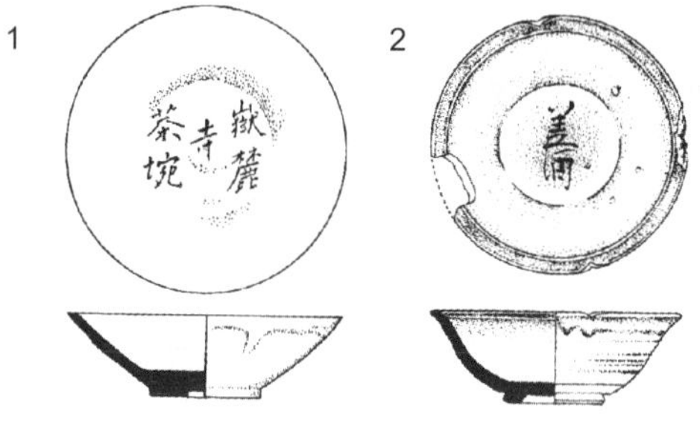

圖2-10　長沙窯出土的唐代茶盞（1）與酒盞（2）

圖2-12　銀酒台，五代—北宋，浙江杭州西湖出水

（左頁上）
圖2-11　酒注、溫碗與台盞
1、2.《韓熙載夜宴圖》
3-5. 江西南城宋墓出土
6. 江西鉛山宋墓出土
7、8. 河南禹州白沙2號宋墓壁畫
9. 山西忻縣宋墓出土

新禮》說：「主人持台盞，左右執壺瓶。」關漢卿《玉鏡台》中，溫倩英給溫嶠敬酒：「旦奉酒科，云：『哥哥滿飲一杯。』做遞酒科。正末唱：『雖是副輕台盞無斤兩，則他這手纖細怎擎將！』」但溫倩英如果端上這件西湖出水的銀酒台，上承銀酒盞，再斟滿酒，分量可就不輕了。

以上提到的都是飲酒、盛酒之器，此外還有貯酒之器。唐宋以降，貯酒用長瓶。此物初見於陝西三原唐貞觀五年（631年）李壽墓石槨內壁的線刻畫中。長瓶也叫經瓶，常出現在宋墓壁畫「開芳宴」的桌前。民初許之衡在《飲流齋說瓷》一書中，將長瓶稱為「梅瓶」，言其口徑之小僅與梅之瘦骨相稱。雖然許氏又說，這類名稱皆「市人象形臆造」；但儘管是臆造、是誤解、是無根之游談，這個名稱卻叫開了。實際上，長瓶本是酒瓶，瓶上的題字亦足為證。上海博物館所藏長瓶有題「醉鄉酒海」的，還有題「清沽美酒」的（圖2-13：1、2）。安徽六安出土的長瓶上有「內酒」二字。錦州博物館所藏者書「三杯和萬事，一醉解千愁」。西安曲江池出土者題有「風吹十里透瓶香」詩句。廣東佛山瀾石鎮宋墓出土長瓶的四個開光內，繪出飲酒者從舉杯品嘗到酩酊大醉的過程，更將其用途作出了形象化的說明（圖2-13：3）。山東鄒縣明・朱檀墓出土的長瓶裏盛的也是酒。而宋元人在書齋中插梅花則多用膽瓶。如王十朋《元賓贈紅梅數枝》詩中所說「膽瓶分贈兩三枝」，楊萬里詩中所說「膽樣銀瓶玉樣梅，北枝折得未全開」；以之與韓淲「詩案自應留筆研，書窗誰不對梅瓶」之句相比照，則後一處所稱「梅瓶」，指的就是插了梅花的花瓶或膽瓶。明・袁宏道《瓶史》說：「書齋插花，瓶宜短小。」他認為膽瓶、紙槌瓶、鵝頸瓶等之「形制減小者，方入清供」。在

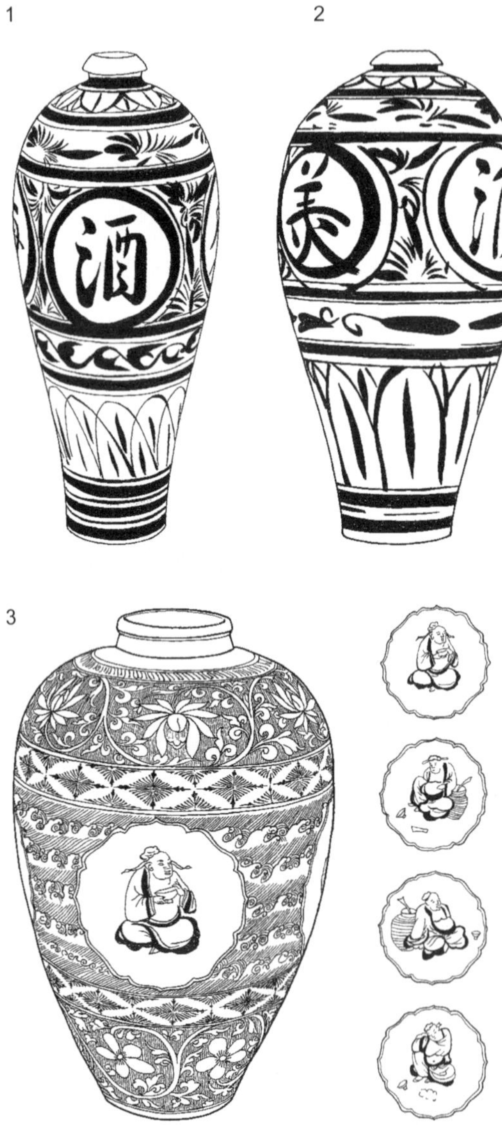

圖2-13　宋代盛酒的長瓶

1.「醉鄉酒海」長瓶

2.「清沽美酒」長瓶（二器均為上海博物館藏品）

3. 飲酒人物紋長瓶，廣東佛山出土

圖2-14　明人將梅花插在花瓶或膽瓶裏
1. 明螺鈿三撞漆奩蓋上的折梅圖
2. 明・青陽子《九九消寒瓶梅圖》

明代螺鈿漆奩蓋上的「折梅圖」及青陽子《九九消寒瓶梅圖》中之所見，這時插梅花用的仍是花瓶和膽瓶，絕非被一些人稱為梅瓶的長瓶（圖2–14）。

至於葡萄酒，漢通西域後才傳入中國。漢・張衡《七辯》中提到過「玄酒白醴，葡萄竹葉」。在唐代，葡萄酒已廣為人知。這時涼州是葡萄酒的主要產區。王翰《涼州詞》中開篇就說「葡萄美酒夜光杯」。但今山西一帶卻有後來居上之勢。《新唐書・地理志》稱太原土貢有葡萄酒。在中國北方民族建立的遼、金、元各朝中，葡萄酒更為流行。遼寧法庫葉茂台遼墓主室中有木桌，桌下的瓷瓶中封貯紅色液體，經檢驗即葡萄酒。《馬可波羅遊記》說：「從太原府出發，一路南下，約三十里處，出現成片的葡萄園和釀酒作坊。」《元史・世祖本紀》說，至元二十八年（1291年）「宮城中建葡萄酒室」。這時連官方都在進行葡萄酒的釀造了。內蒙古烏蘭察布盟土城子出土的元代黑釉長瓶，刻有「葡萄酒瓶」四字（圖2-15）。直接標明了它是貯葡萄酒的專用之器。

由於酒醪中酒精濃度達到20%以後，酵母菌就不再發

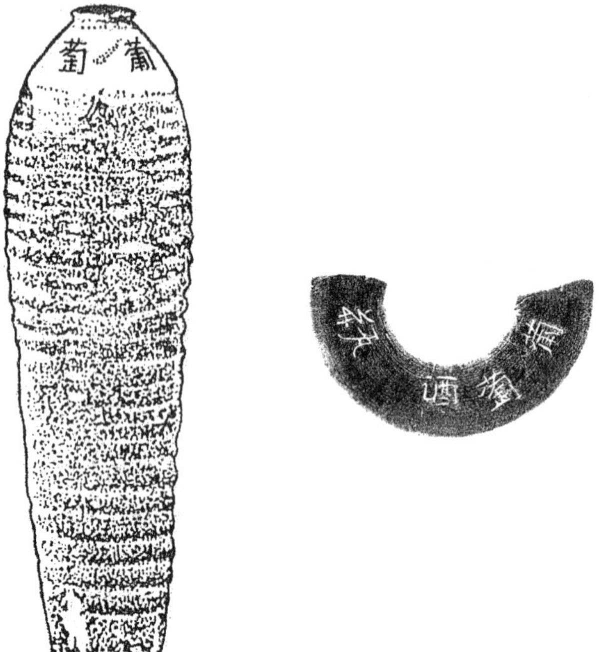

圖2-15　元代黑釉長瓶，肩部刻「葡萄酒瓶」四字，內蒙古烏蘭察布盟察右前旗土城子出土

酵，因此釀造酒的酒精含量一般在18%左右。但經過蒸餾提純，酒精含量可達60%以上。蒸餾酒到元代才從西方傳來，當時的人說得很明白。如勿思慧《飲膳正要》（1330年）說：「用好酒蒸熬取露成阿剌吉。」許有壬（卒於1364年）《至正集》說：「世以水火鼎煉酒取露，氣烈而清，秋空沆瀣不過也。其法出西域，由尚方達貴家，今汗漫天下矣。譯曰阿剌吉雲。」由元入明的葉子奇在《草木子》中說：「法酒，用器燒酒之精液取之，名曰哈剌基。酒極醲烈，其清如水，蓋酒露也。……此皆元朝之法酒，古無有也。」此說在明代亦無異議。李時珍《本草綱目》說：「燒酒非古法也，自元時始創其法。」明末清初方以智的《物理小識》中也說「燒酒元時始創其法，名阿剌吉」。這些知識界的精英們談論的是當時或近世之事，而且眾口一詞，是不能忽視其權威性的。阿剌吉或哈剌基（亦作軋賴機、阿里乞、阿浪氣）為阿拉伯語『araq的對音。因為它的酒度高，早期的記載中甚至說它「大熱，有大毒」（《飲膳正要》）；「哈剌吉尤毒人」（《析津志》）；「飲之則令人透液而死」（《草木子》）。反映出當人們飲用這種烈性酒之初，還不很習慣，還存在著一些思想障礙。但也有人以河北承德市青龍縣西山嘴出土的一套青銅蒸酒器為據，認為它是金代的，從而提出宋、金時中國已有蒸餾酒之說。可是與此器同出的還有一件飾花草紋的滴水瓦，其圖案與北京西直門內後英房胡同元代居住址發現的同類瓦件頗相似；故蒸酒器也應是元代的（圖2-16）。因此這一發現仍無以動搖元代始有蒸餾酒的成說。

中國的這種酒是用糧食酒醪蒸餾的，萃取了釀造糧食酒的歷程中獲得的那些可人的成分，在世界上獨樹一幟。

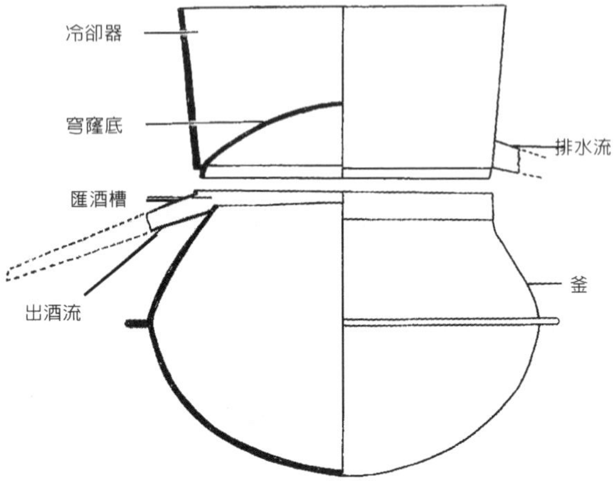

圖2-16 元代的青銅蒸酒器，河北青龍出土

與用葡萄酒醪蒸餾的白蘭地、用甘蔗酒醪蒸餾的朗姆酒的風味各殊。烈性酒在中國行世後，喝低度酒就顯得不夠勁、不盡興了。當前已是蒸餾酒的天下，依香型分類，有醬香型、濃香型、清香型、鳳香型、兼香型、馥郁香型等，各擅其勝。而佳釀之所以為眾口稱道，除了其選料、曲種、水質乃至釀造工藝、勾兌技術、儲存方式等諸因素外，往往還具有得天獨厚的條件。如若干老窖中之芳香的窯泥，富含複雜的微生物群落，就不是他處容易得到的。2005年，一塊宜賓明代老窯的窯泥還成為中國國家博物館的藏品。名酒或峻拔勁爽，或醇正甘洌，或軟滑綿厚，或狠酷辛烈，空杯留香，回味無窮。其中有些微妙的口感頗難言傳，更無法用化學分析的方法一一指證。個別現代酒家或將其產品的源頭遠溯漢唐，但彼時尚無蒸餾酒，攀親無處投靠，也就難以為酒史所認可了。

圖2-17　墨書「楕笥」的簽牌，長沙馬王堆3號墓出土

堪與酒相提並論的飲品是茶。茶之行世雖比酒晚，但《爾雅》中已有關於茶的記載，《釋木》稱：「檟，苦荼。」表明它的被認識不晚於戰國時期。這裏說的荼即茶。荼字有兩種讀音。《漢書・地理志》唐・顏師古注稱，荼陵之「荼」音弋奢反，又音丈加反。後一音和現代一樣，讀作ㄔㄚˊ。而且《衡州圖經》說：「荼陵者，所謂山谷生荼茗也。」則古之荼陵（今湖南茶陵縣）本以產茶得名。因此西漢・王褒《僮約》中之「烹荼盡具」、「武陽買荼」就是烹茶和買茶；可見這時已興起飲茶的風氣。但也有沿襲傳統的叫法稱茶為檟的。長沙馬王堆3號墓出土的一枚竹笥的簽牌上墨書「楕笥」（圖2-17）。楕字或釋櫝，或釋檟。如從後說，則這件竹笥中盛的就是茶葉。至今藏語仍稱茶為「檟」。

與中國的酒可分為自然發酵的果酒、釀造的糧食酒和蒸餾酒等三個階段相仿，中國的飲茶法也可以分為三個階段。第一階段是西漢至六朝的粥茶法，第二階段是唐至元代前期的末茶法，第三階段是元代後期以來的散茶法。在粥茶階段中，煮茶和煮菜湯差不多，也就是唐・皮日休《茶中雜詠・序》所云：「季疵以前，稱茗飲者必渾以烹之，與夫瀹蔬而啜者無異也。」唐・楊華《膳夫經手錄》也說：「晉宋以降，吳人採其葉煮，是為茗粥。」陸羽對粥茶很不滿意，他認為烹茶時「用蔥、薑、棗、橘皮、茱萸、薄荷等煮之百沸，或揚令滑，或煮去沫，斯溝渠間棄水耳」。看來把茶葉和各種佐料、有的甚至是帶刺激性的調味品煮在一起，那種湯的味道肯定和後世的茶相去甚遠。不過皮日休以《茶經》成書作為粥茶法與末茶法的分界線，或嫌稍遲。因為在晉代，一種較精緻的飲茶法已經出現。晉・杜育《荈賦》中有「沫沉華浮，煥如積雪」等句，則這時不僅將茶碾末，且已知救沸育華。《神農本草經》「苦菜」條梁・陶弘景注：「茗皆有餑，飲之宜人。」均表明他們喝的茶和早期叫作粥茶的那種菜湯已有所不同。於是飲茶之風逐漸進入上層社會，這時的許多名人如孫晧、韋曜、桓溫、劉琨、左思等，都有若干與茶相關的逸事。

南北朝時飲茶雖在南朝流行，北朝地區卻不好此道。喜歡飲茶的南朝人在北魏首都洛陽遭到嘲笑的情況，於《洛陽伽藍記》一書中有生動的記述。此風之廣被於南北，應是盛唐時的事。8世紀後期，封演在《封氏聞見記》中說：茶「南人好飲之，北人初不飲。開元中，泰山靈岩寺有降魔禪師大興禪教。學禪務於不寐，又不夕食，皆許其飲茶。人自懷挾，到處煮飲。從此轉相仿效，遂成風俗」。《膳夫經手錄》也認為：「開元、天寶之間，稍稍有茶，至德、大曆遂多，建中以後盛矣。」此說可信。因為長慶年間的左拾遺李玨稱：「茶為食物，無異米鹽。」這話後來被王安石接過來，他在《議茶法》中也說：「夫茶之為民用，等於米鹽。」可見盛唐、特別是中唐以後，茶已經成為平民日常的飲品。

在這個時間段的開頭，出現了陸羽和他的《茶經》。《茶經》定稿成書大約在764年之後不久，他是得風氣之先的一位開拓者。《茶經》三卷十門，詳細記述了茶的生產、加工、烹煮、飲用、器具及有關的典故傳說等。由於此書的內容既豐富，條理又明晰，對飲茶的傳播是一個有力的推動。宋代梅堯臣的詩中甚至說：「自從陸羽生人間，人間相事學春茶。」可謂推崇備至。《茶經》成書後

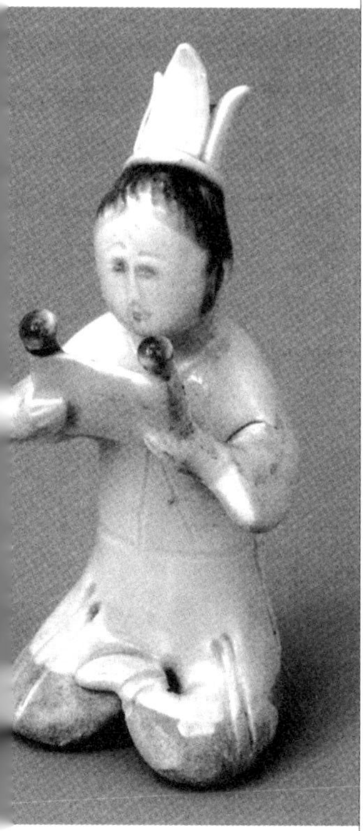

圖2-18　茶神陸羽像

只經過半個多世紀，李肇在《唐國史補》（成書於825年前後）中就說江南某郡的茶庫裏供奉陸羽為茶神。關於奉陸羽為茶神的記載，又見唐・趙璘《因話錄》、北宋・歐陽修《集古錄跋尾》、《新唐書・陸羽傳》、北宋・李上交《近事會元》、南宋・韓淲《澗泉日記》、南宋・費衮《梁溪漫志》等書。這些書上還說，賣茶的人將瓷做的陸羽即茶神像供在茶灶旁，生意好的時候用茶祭祀，生意不好就用熱開水澆灌。這種瓷像的製作前後延續了三個世紀，數量不會太少。中國國家博物館藏有上世紀50年代出土於河北唐縣的一套白釉瓷器，包括風爐、茶鍑、茶瓶、茶臼、渣斗和一件瓷人像。此像上身著交領衣，下身著裳，戴高冠，雙手展卷，盤腿趺坐，儀態端莊。其裝束姿容不類常人，但也並不是佛教或道教造像。根據它和多種茶具共出的情況判斷，應即上述茶神像（圖2-18）。雖然它不是寫實的雕塑，已經被茶商所神化；但從茶史的角度講，這尊碩果僅存之唯一一件代表陸羽的形象的文物，亦彌足珍貴。

陸羽在茶史上曾起重大的作用。但也必須看到，他是處在粗放式飲茶法向精緻式飲茶法過渡的時期。因此他提出的模式不可能一下子就非常考究。《茶經》中討論的是飲用以茶餅碾成的末茶，但只說：「末之上者，其屑如細米。」又說：「碧粉縹塵非末也。」可見這時還不習慣用很細的茶末。而且，《茶經》中提倡的煎茶法，是先在風爐上的茶釜中煮水，俟水微沸，量出茶末往釜心投下，隨即用竹攪動，待沫餑漲滿釜面，便酌入碗中飲用。此法要求在第二沸、即釜中之水「如湧泉連珠」時下末，但茶末經過這樣一煮，勢必熟爛，以致奪香減韻，失其真味了。書中還說煎茶時要「調之以鹽」；可見陸羽的飲法仍未能完全擺脫唐以前之舊俗的樊籬。

至晚唐時，又興起了一種在茶瓶（湯瓶）中煮水，置茶末於茶盞，再持瓶向盞中注沸水沖茶的「點茶法」。此法最早見於唐· 蘇廙《十六湯品》，它本是蘇氏所撰《仙芽傳》卷九的「作湯十六法」，但該書其他部分已佚，僅這一部分以上述名稱保存在宋初陶穀的《清異錄》中。此法特別重視點湯的技巧，強調水流要順通，水量要適度，落水點要準確，同時要不停地擊拂，以生出宜人的沫餑。由於它更能發揮出末茶的特點，故成為宋元時飲茶方式的主流。

隨著點茶的普及，茶末愈來愈細，被宋人譽為「瑟瑟塵」（林逋）、「飛雪輕」（蘇軾），和《茶經》所稱的細米狀已大不相同。從而茶餅的製作也日益精工。這時最受推崇的名茶已由唐代所尚之湖州顧渚紫筍與常州宜興紫筍即所謂「陽羨茶」，改為福建建安鳳凰山所產「北苑茶」。北苑本是南唐的一處宮苑，監製建州地方的茶葉生產以供御用。入宋後就把鳳凰山一帶產茶區都叫「北苑」。其中品質最

圖2-19 茶餅
1. 龍團
2. 鳳團
據《宣和北苑貢茶錄》

1

2

好的茶出產在該地區的婺源一帶，叫「婺源茶」。近年在福建建甌縣東北十五公里的裴橋村發現了標出「北苑」的南宋石刻，得以確知北苑之所在。宋太宗時，以北苑茶製成龍、鳳團（圖2-19）。仁宗時蔡襄製成「小龍團」，一斤值黃金二兩。時稱：「黃金可有，而茶不可得。」神宗時賈青製成「密雲龍」。徽宗時鄭可聞更以「銀絲水芽」製成「龍團勝雪」，每餅值四萬錢，珍貴無比。這種茶餅對原料的要求極高，它將揀出之茶只取當心一縷，以清泉漬之，光瑩如銀絲。加工時又增加了「搾」和「研」兩道程序。南宋・趙汝礪《北苑別錄》說，將茶芽蒸過之後「入小搾以去其水，又入大搾以去其膏」。「至中夜取出揉勻，復如前入搾，謂之翻搾。徹曉奮擊，必至於乾淨而後已」。這種做法是非常獨特的。一般認為，茶汁去盡則茶之精英已竭；但當時並不這麼看。這時對極品茶之風味的要求是宋徽宗在《大觀茶論》裏提出的「香甘重滑」四字，茶汁不盡則微澀、微苦之味勢難盡除。而且這時要求茶色「以純白為上真」，「壓膏不盡，則色青暗」（《大觀茶論》）。總之，情況正如趙汝礪所說：「膏不盡，則色味重濁矣。」搾過之後，還要放在盆裏研磨。細色上品之茶每團要研一整天，直到盆中的糊狀物「蕩之欲其勻，揉之欲其膩」，再「微以龍腦和膏」（蔡襄《茶錄》）。除少量龍腦及其他香料外，茶糊中還要和入澱粉。《太平御覽》卷八六七引《廣雅》說：「荊、巴間採茶作餅成，以米膏出之。」雖然這段話是否出自魏・張揖的《廣雅》，尚存疑問，但或可據以推測早期製茶餅時和過「米膏」。南宋・陸游《入蜀記》說：「建茶舊雜以米粉，復更以薯蕷。」南宋・陸元靚《事林廣記・別集》說，「蒙頂新茶」是用「細嫩白茶」、「枸杞英」、「綠豆」、

「米」一起「焙乾碾羅合細」而成。《飲膳正要·諸般湯煎》說，宮廷中有「香茶」，是以白茶、龍腦、百藥煎、麝香，按一定比例「同研細，用香粳米熬成粥，和成劑，印作餅」。茶餅裏澱粉的含量到底有多大，目前尚未確知。但用加入澱粉的茶餅碾末沖點的茶，肯定是乳濁狀的，同時由於摻有香料，所以味道甘芳。也就是說，漢、六朝之茶基本上是鹹湯型的，唐、宋之茶基本上是甘乳型的。

高級茶餅不僅製作時工藝繁複，沖點時也有許多講究。第一步，先要將茶餅炙乾、捶碎，再用茶磨或茶碾研末。傳南宋·蘇漢臣筆《羅漢圖》中，有童子備茶，其中一童子踞長凳用茶磨在磨茶末（圖2-20：1）。不過更多見的是用茶碾（圖2-20：2）。《茶經》裏說茶碾用木製，西安出土的西明寺茶碾則是石製的。茶碾貴小。明·朱權《臞仙神隱》說，茶碾「愈小愈佳」。扶風法門寺塔地宮出土的茶碾，槽面之長僅合唐小尺八寸許，像西明寺茶碾那麼大的器物，可供僧眾聚飲時使用，卻難以充當高人雅士的清供之具了。出土物中常常見到的是一種瓷質的小茶碾，它和《茶具圖贊》中的「金法曹」（指茶碾）及宋代圖像中的碾茶人所用者基本相同。如果茶末的需求量不多，也可以用茶臼來研。唐·柳宗元詩「山童隔竹敲茶臼」，已提到此物。茶臼多為瓷質，淺缽狀，內壁無釉，刻滿斜線，線間且往往戳剔鱗紋，常被稱為擂缽或研磨器。內蒙古赤峰元寶山元墓壁畫中清楚地畫出了持杵與茶臼的研茶者（圖2-20：3）。茶末還要過羅。羅多以木片捲曲為圈、底張紗羅而成。《茶具圖贊》中的「羅樞密」畫的就是這種羅。古代茶羅的實物只在法門寺塔地宮中出過一例（圖2-21）。此羅下附抽屜。宋·岳珂《寶真齋法書贊》

圖2-20　研茶末

1. 用磨，傳南宋·蘇漢臣《羅漢圖》
2. 用碾，河北宣化下八里10號遼墓壁畫
3. 用臼，內蒙古赤峰元寶山元墓壁畫

1

2

3

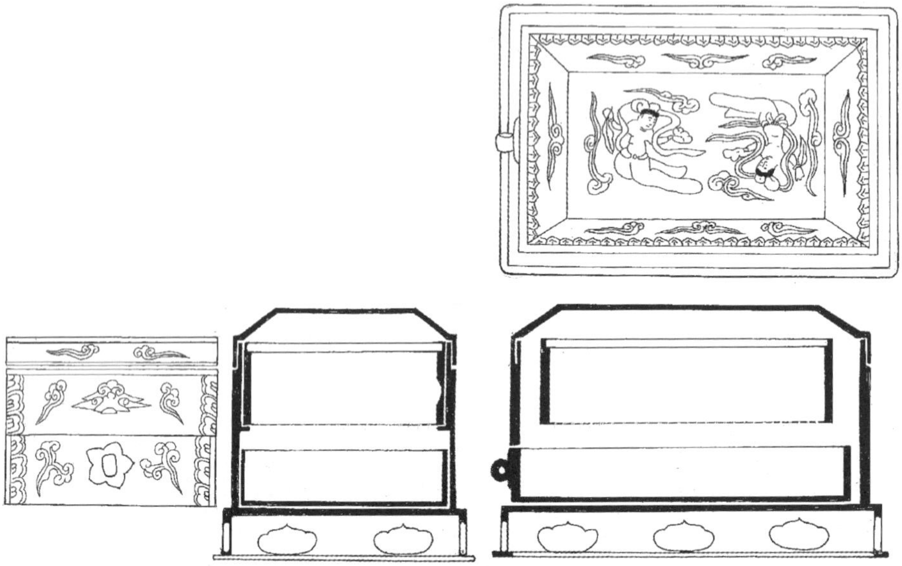

1
2

（左頁上）
圖2-21　唐代銀抽屜茶羅，陝西扶風法門寺塔地宮出土

（左頁下）
圖2-22　拭茶具與進茶
1. 北宋潔盞圖畫像磚，傳河南偃師出土，中國國家博物館藏
2. 童子進茶圖，山西大同元．馮道真墓壁畫

所收「黃魯直書簡帖」中說：「彼有木工，為作一抽替藥羅。」准其例，則此羅應名「抽屜茶羅」。羅在《茶經》中雖曾提及，但一筆帶過，對它的作用未曾細說。這是因為陸羽提倡的煎茶法乃以鍑烹茶，再以杓酌入碗中，茶末粗些無妨。而晚唐以來多採用點茶法，在點茶的基礎上又興起了鬥茶的風氣。對於鬥茶的勝負來講，茶末的粗細是很關鍵的，所以細茶末受到重視。過羅以後的茶末常裝在小瓷罐裏。山西大同元．馮道真墓墓室東壁繪有「備茶圖」，方桌上放著一個帶蓋的小罐，斜貼一紙條，墨書二字「茶末」。中國國家博物館所藏宋畫像磚「潔盞圖」中，一廚娘在桌前擦拭茶具，桌上有一荷葉蓋罐，與上述大同元墓壁畫中所見者造型基本相同，其中盛的也應是茶末（圖2-22）。

備好了茶末，燒開了水，可開始沖點。但先要「熁盞令熱」，以避免注入的開水在冷茶盞中降溫。然後用長柄小勺（正式名稱叫「茶則」）自罐中舀出茶末，也就是「潔盞圖」中擺在茶末罐前面的那一種。一勺茶末的標準重量約一錢七分，將它傾入盞內，並倒一點點水進去，「調令極勻」，叫「調膏」。再持茶瓶向盞中注水，同時以箸、匙或筅（圓形竹刷）在盞中擊拂（圖2-23）。筅晚出，但最便操作。宋．韓駒《謝人寄茶筅》詩稱：「看君眉宇真龍種，尤解橫身戰雪濤。」稱賞備至。擊拂過程中對沖點的水溫有嚴格要求，偏涼則茶末浮起，偏熱則茶末下沉。擊拂的手法更有講究，「先須攪動茶膏，漸加擊拂，手輕筅重，指繞腕旋，上下透徹，如酵蘗之起面。疏星皎月，燦然而生。則茶之根本立矣」（《大觀茶論》）。也就是說，只有當茶末極細，調膏極勻，湯候適宜，水溫不高不低，水與茶末的比例不多不少，茶盞預熱好，沖點時水流緊湊，

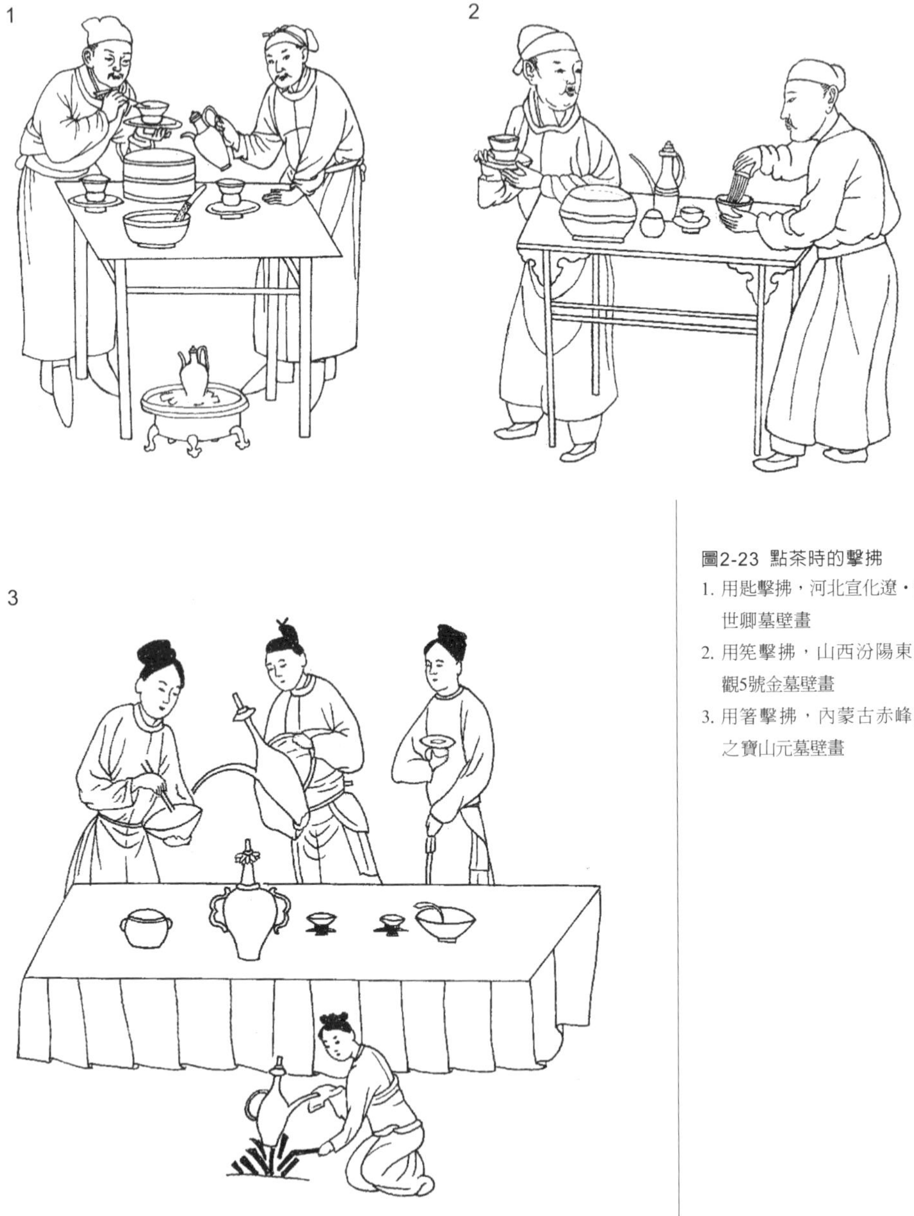

圖2-23 點茶時的擊拂

1. 用匙擊拂，河北宣化遼・張世卿墓壁畫
2. 用筅擊拂，山西汾陽東龍觀5號金墓壁畫
3. 用箸擊拂，內蒙古赤峰元之寶山元墓壁畫

擊拂時攪得極透，盞中的茶才能呈懸浮的膠體狀態。這時茶面上銀粟翻光，沫餑洶湧；一盞茶就算點成了。

不過這盞茶沖點得到底如何，還可以通過「鬥試」來檢驗。基本要領是看盞中的茶和水是否已經充分融合，是否已經產生出較強的內聚力，「周迴旋而不動」。從而「著盞無水痕」，也就是說茶色不沾染碗幫。如果烹點不得法，茶懈末沉，湯花散褪，雲腳渙亂，在盞壁上留下水痕，茶就鬥輸了。

由於這種鬥茶法要驗水痕；上面說過，這時茶色貴「純白」，而白色的痕跡在黑瓷盞上顯得最分明，即宋・祝穆《方輿勝覽》所稱：「茶色白，入黑盞，其痕易驗。」故蔡襄指出：「建安鬥試，以水痕先者為負，耐久者為勝。」可是到了明代以後，全社會普遍飲散茶；何謂鬥茶，講茶史者已不甚了了。如明・王象晉在《群芳譜》中竟把蔡襄的話改成「建安鬥試，以水痕先沒者為負」。「先粘上水痕」變成「先沒了水痕」；真是差之一字，謬以千里了。宋之黑盞以遺址在今福建建陽水吉鎮的建窯所產者最負盛名。《茶錄》說：「建安所造者紺黑，紋如兔毫，其坯微厚，熁之久熱難冷，最為要用。」除兔毫盞外，建窯的油滴盞俗稱「一碗珠」；油滴在黑釉面上呈銀白色晶斑者，稱「銀油滴」，呈赭黃色晶斑者，稱「金油滴」。如果釉料中含有錳和鈷的成分，使晶斑周圍出現一圈藍綠色光暈者，更為名貴，日人稱之為「曜變天目」。此外，遺址在今江西吉安永和墟的吉州窯也是宋代黑瓷的著名產地，這裏燒製的黑瓷盞上以鷓鴣斑著稱。鷓鴣斑黑盞是在黑色的底釉上再灑一道含鈦的淺色釉，燒成後釉面呈現出羽狀斑條，如同鷓鴣鳥頸部的毛色。吉州窯的鷓鴣盞和建窯的兔毫盞在詩人筆下常相提並論。楊萬里的「鷓鴣碗面雲縈字，兔毫甌心雪作泓」，是廣泛流傳的詩句。為鬥茶所需，黑瓷盞不脛而走，不僅南方地區的許多瓷窯生產黑盞，北方有些燒白瓷的窯口也兼燒黑盞。但是如此精美的黑茶盞，儘管盞心這一面做得很考究，但其外壁之腹部以下卻往往做得不甚經意，比如釉不到底、圈足露胎，或盞底之釉堆疊流淌等（圖2-24）。其所以出現這種狀況，是因為這時的茶盞都要和茶托配套，盞腹下部嵌入茶托的托圈之內，則上述缺點均隱沒不見。

關於茶托的起源，李匡乂《資暇集》中有一說，謂：「始建中，蜀相崔寧之女以茶杯無襯，病其熨指，取碟子承之。既啜而杯傾，乃以蠟環碟子之央，其杯遂定。即命匠以漆環代蠟，進於蜀相。蜀相奇之，為製名而話於賓親，人人稱便，用於代。是後傳者更環其底，愈新其製，以至百狀焉。」後來茶托幾乎成為茶盞之固定的附件，而且托圈逐漸增高，猶如在盤子上摞了一只小碗，有斂口的，也有侈口的（圖2-25）；有些托圈內且中空透底，難以移作他用。

圖2-24　宋代的兔毫盞，腹外下部淌釉

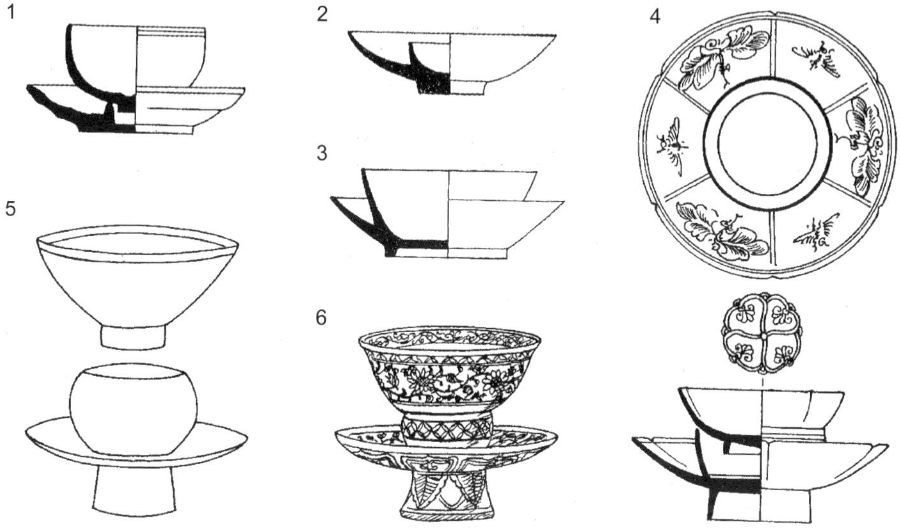

圖2-25　茶盞與盞托
1. 江蘇江寧東善橋南朝墓出土
2、3. 湖南長沙唐銅官窯址出土
4. 北京八寶山遼・韓佚墓出土
5. 江蘇鎮江北宋・章岷墓出土
6. 北京舊鼓樓大街元代窖藏出土

出土物中除瓷製品和金屬製品外，江蘇常州北環新村宋墓曾出土銀釦朱漆茶托。南宋・吳自牧《夢粱錄》說杭州的茶店用「瓷盞、漆托供賣」。《茶具圖贊》中也稱茶托為「漆雕秘閣」。因為茶末用沸湯沖點，茶盞很燙，且無把手，所以擱在托子上，以便持舉。由於漆木製品的隔熱性好，實際生活中飲茶多用漆托。不過漆托不易保存，在出土物中反倒比瓷托與金屬托少見。可是遼、宋時的繪畫中仍多將托子畫成漆製品，如河南禹州白沙2號宋墓壁畫中的送茶者端著朱紅漆茶托，上承瓷茶盞。河北宣化遼・張世卿墓的壁畫中，在桌上擺著黑漆茶托，亦承瓷茶盞。茶托和承酒盞的酒台子，粗看起來有點類似，但從形制上加以分辨，區別還是很明顯的；上面談酒器時特別指出了這一點。遼、宋人對這兩類器物的用途從不混淆，壁畫中

「進茶圖」裏出現的都是茶具，「進茶圖」裏出現的都是酒具。現今有些書刊甚至展陳中或將「茶托子」、「酒台子」張冠李戴；似應以名從主人為是。

到了元代後期，飲散茶之風興起。這時將茶芽或茶葉採下，曬乾或焙乾後，直接在壺或碗中沏著喝，一般不摻香料，也不壓餅、碾末。及至明代，散茶完全排斥了末茶。洪武二十四年（1391年）且明文規定禁止碾揉高級茶餅。這樣一來，連普通茶餅亦隨之消失。從而茶具也大幅改弦更張，以前的磨、碾、羅、筅等均廢而不用；原先只盛或煮開水的茶瓶一變而為沏茶的茶壺。後二者之間雖然存在著演嬗的關係，但不僅用法不同，而且裏面的開水也不一樣。點茶因為要求沫餑均勻，以便鬥試，所以《大觀茶論》說：「用湯以魚目蟹眼、連繹迸躍為度，過老則以少新水投之。」也就是讓水達到剛剛接近沸騰，如蘇軾詩所稱「蟹眼已過魚眼生，颼颼欲作松風鳴」的程度。三沸以上，便認為「水老不可食也」。而在茶壺中沏茶，「湯不足則茶神不透，茶色不明」（明·陳繼儒《太平清話》），所以要用「五沸」之水，才能使「旗（初展之嫩葉）、槍（針狀之嫩芽）舒暢，清翠鮮明」（明·田藝蘅《煮泉小品》）。

當茶藝發生了如此巨大的、全局性的改觀之後，未曾親歷兩宋飲茶之盛的明朝人，有時甚至對前代茶書中的若干提法表示不以為然。比如蔡襄《茶錄》中說：「茶色白，宜黑盞。」《大觀茶論》也說：「盞色貴青黑，玉毫條達者為上，取其煥發茶色也。」金、元人筆下仍稱道白色的茶，如金·蔡松年詞：「午碗春風纖手，看一時如雪。」金·高士談詞：「晴日小窗活火，響一壺春雪。」元初耶律楚材仍有「雪花灩灩浮金蕊，玉屑紛紛碎白芽」之句，均著意於此。明人僅就散茶立論，反而加以詰難，「茶色自宜帶綠，豈有純白者」（明・謝肇淛《五雜組》）？「茶色貴白，然白亦不難，泉清、瓶潔、葉少、水洗，旋烹旋啜，其色自白。然真味抑鬱，徒為日食耳」（明・熊明遇《羅岕茶記》）。還有人說：「宣廟時有茶盞，料精式雅，質厚難冷，瑩白如玉，可試茶色，最為要用。蔡君謨取建盞，其色紺黑，似不宜用。」（明・屠隆《考槃餘事》）就散茶而言，上面這些說法雖不無道理，然而據以討論宋代末茶之茶色、用器，則全無是處。實際上黑色的建盞元末已停燒，明代文獻說的「建窯」，一般指德化窯的白瓷，而不再指水吉窯的黑瓷；也有稱前者為「白建」，後者為「黑建」的。建盞的由尚黑轉為尚白，正折射出中國茶藝之由點末茶轉成泡散茶的變化。

到了今天，無論大家喝的是綠茶、紅茶、花茶或烏龍茶，已經統統屬於散茶，遵循的也都是喝散茶的套路了。

再說糖。

中國上古並無蔗糖，《禮記・內則》提到甜食時，舉出的只是「棗、栗、飴、蜜」。飴（又稱餳、餔、餦餭）一般指現代說的麥芽糖。植物種子在發芽過程中會產生酵素，能將澱粉水解成麥芽糖。但其中以穀物、特別是大麥的芽效果最好，所以「麥芽糖」乃獨擅其名。北魏時，《齊民要術》中記載了「白餳」、「黑餳」、「琥珀餳」等品種的製作方法，表明製糵、殺米和熬飴的技術此時已經成熟。之後又有蔗飴，用蔗漿製成。中國古代曾長期單獨使用蔗漿調味。《楚辭・招魂》：「胹鱉炮羔，有柘漿些。」漢代的《郊祀歌》中也說：「柘漿析朝酲。」

但蔗漿不僅可以加工成蔗飴，還可以進一步加工成蔗糖。西漢時，南越人楊孚的《異物志》說，甘蔗「搾取汁如飴餳，名之曰糖，益復珍也。又煎而曝之，即凝如冰，破如磚，食之入口消釋，時人謂之石蜜者也」。但此物當時尚不多見，楊孚說的可能是舶來品。因為東漢・張衡在《七辯》中仍說：「沙餳石蜜，遠國儲珍。」《續漢書》則說：「天竺國出石蜜」（《御覽》卷八五七引）。可見它起初被認為是印度的特產。及至初唐，如《新唐書・西域列傳》所記，貞觀二十一年（647年）唐太宗遣使到印度摩揭陀國學習製糖法。學成後，太宗乃「詔揚州上諸蔗，拃瀋如其劑，色味逾西域遠甚」。從此中國開始製造紅糖。唐代的《元和郡縣圖志》載蜀州貢沙糖，青州貢糖，表明製糖技術逐步在全國傳佈。大歷年間，鄒和尚創製糖霜，品質又有所提高。當時以四川遂寧出產的最有名，見北宋・王灼《糖霜譜》。但宋代的糖霜以色「紫為上」，「淺白為下」，可見仍屬紅糖。白糖要到明代才有。《天工開物》說，將熬好了的糖漿（這時仍是黃黑色）倒入瓦溜（一種像大漏斗形的陶器）裏，然後再用「黃泥水淋下，其中黑滓入缸內，溜內盡成白霜。最上一層厚五寸許，潔白異常」。這是利用泥土的吸附性使糖漿脫色（圖2-26）。傳說此法是嘉靖年間製糖時由於其旁之土牆傾圮，泥土落入糖漿中而偶然發現。其實「瓦溜與黏土水」脫色法，早已在地中海地區的製糖業中廣泛應用。所以中國之製白糖的技術，亦應來自西方。

此外，甜菜也可以製糖。中國久已栽培這種植物，名菾菜或莙薘，見載於南朝陶弘景的《名醫別錄》；但只作為蔬菜或供藥用。1747年德國化學家馬格拉夫發現甜菜根中

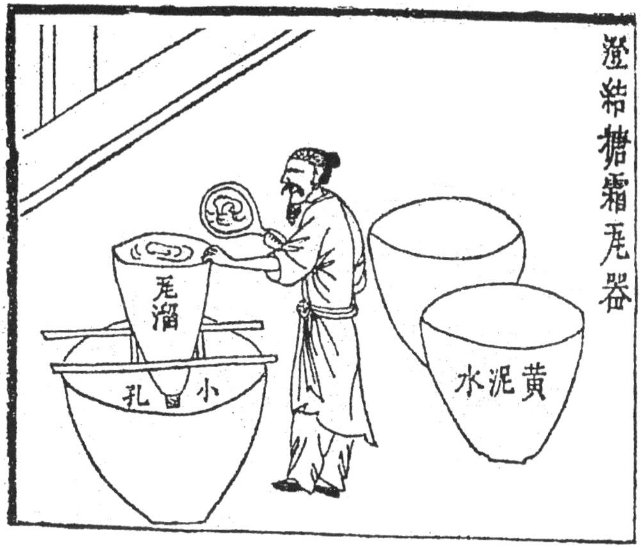

圖2-26　《天工開物》中的製糖圖

的糖分可以製糖。1800年在俄國建立了世界上最早的甜菜糖廠。當時甜菜的含糖率只有6%—7%，由於定向選育的結果，到了20世紀初含糖率便增加到18%左右；現在有的品種含糖率已達24%（蔗漿的含糖率為14%—26%）。中國栽培糖用甜菜的歷史較短，從1906年開始引進，到現在才一個多世紀。由於甜菜不喜歡濕熱的氣候，中國東北、內蒙古一帶種植較多。

最後說說煙草。

煙草原產於美洲，中國原先沒有這種植物，17世紀時陸續傳入。途徑有南北兩條：南路由菲律賓傳到福建、廣東；北路由日本傳到朝鮮，再傳到中國東北。

最早將煙草帶入中國的是17世紀初年的福建水手，他們從菲律賓帶回煙草的種子，再南傳至廣東，北傳至江、浙。明末名醫張介賓的《景岳全書》中最先記載了煙草傳入的情況：「煙草自古未聞。近自我萬曆時出於閩、廣之間，自後吳、楚地土皆種植之。」煙草的傳入稍遲於李時珍撰寫《本草綱目》之時，所以這部權威的藥典中還沒有來得及把煙草收錄進去。稍後，方以智在《物理小識》中，對煙草的來源和流傳經過就介紹得比較詳細了。他稱煙草為「淡肉果」，說是萬曆末年傳入福建漳州和泉州的，後來逐漸向北傳到長城九邊。人們口銜長管點上火來吸，甚至有嗆暈了的。與方以智同時的姚旅所著《露書》中，稱煙草為「淡芭菰」，並明確說是產於呂宋（菲律賓）。淡肉果或淡芭菰都是tabacco的譯音。這個詞原是美洲阿拉瓦克族印第安人稱呼他們用鼻孔吸的捲煙的，後為各種歐洲語言所借用。當亞、美兩洲通航時，許多東傳的美洲作物首先到達的地點就是菲律賓，煙草、白薯等均不例外。及至明末，吸煙之風已盛。崇禎十二年（1639年）一度禁止。方文《都下竹枝詞》中所云：「金絲煙是草中妖，天下何人喙不焦。聞說內廷新有禁，微醺不敢廁官僚。」即言此事。但這時明祚將傾，距清兵進關只剩下五年，禁令自然未能產生多少效果。

也在萬曆年間，煙草由日本傳入朝鮮。朝鮮稱煙草為「南靈草」或「南草」。《李朝仁宗實錄》說，南靈草雖然號稱治痰消食，但實際上損害健康，「久服者知其有害無利，欲罷而終不能焉，世稱妖草」。當朝鮮商人將煙草輸入沈陽時，清太宗皇太極因為這不是本地土產，下令禁止。不過皇太極的政策是「禁眾人，不禁諸貝勒」，大貴族多爾袞、代善等都有煙癮。由於禁下不禁上，禁令無法貫徹。崇德六年（1641年）清統治區煙草開禁，但只限於自種自用。這樣，東北一些地方開始種植煙草，從而繁育出後來的「關東煙」。

入關以後，清人吸煙之風更熾。董潮《東皋雜鈔》說當時吸煙已習以為常，「大廷廣眾中以此為待客之具」，甚至婦女也有吸煙的。由於需求量增加，種煙的規模也更擴大。乾隆時陸燿撰《煙譜》，這是中國最早記載煙草的專書。嘉慶時，陳琮撰《煙草譜》，書中說福建中部種煙的情況是：「以百里所產，常供數省之用。」又說：「衡煙出湖南，蒲城煙出陝西，油絲煙出北京，青煙出山西，蘭花煙出雲南，……水煙出甘肅酒泉，又名西尖。」可見這時中國出產的煙草已有不少品種，但它們還都是用日光曬製的曬煙。1890年紙煙傳入後，適宜製紙煙的烤煙，也開始在中國栽種。

煙草中含有六十九種致癌物和二百多種有害物。吸煙不利於健康，已成為人們的共識。但一下子禁絕似乎很難做到。退而求其次，那就先控煙吧。然而現實情況是，控亦不易。中國控煙辦公室主任楊功煥說，「從做控煙以後，我覺得確實是非常難。」「實際上就是有利益集團，會使它很難做」（《2011語錄》第8頁）。此外，「煙民」的心態也是一堵牆。曾定居紐約的美術家陳丹青說，「我總被問到為什麼回國，說句老實話，很簡單：回國能抽煙」《退步集續編》第366頁）。所以，控歸控，抽歸抽；這兩條平行線不知何時才能交叉起來，由前者把後者管住。

三　紡織與服裝

談到紡織，得先介紹原材料。

中國最早採用的紡織原料應為葛和麻。葛是豆科植物，有很長的藤蔓，可達8米（圖3-1：1）。一根未經加工的葛藤能夠直接用來捆東西，所以很早就被發現和利用。江蘇吳縣草鞋山曾出土葛織物。這裏是陽澄湖南岸的一處新石器時代遺址，1972—1973年進行發掘時發現了三塊已炭化的紡織物殘片。經鑒定為葛纖維所織，年代距今已超過六千年（圖3-1：2）。《韓非子・五蠹》說堯「冬日麑裘，夏日葛衣」，也把穿葛衣的時代推得很早。不過堯的身分雖然高貴，卻並不意味著只有他這種地位的人才能穿葛；因為在《五蠹》中是把「夏日葛衣」和「糲粢之食，藜藿之羹」相提並論的。葛的單纖維比較短，所以只能用水煮的方法半脫膠後，再剝皮績線上機。《詩・周南・葛覃》：「是刈是濩，為絺為綌。」描寫的就是這些工序。葛可以織成很薄的織物，精曰絺，粗曰綌。漢以來，織葛業在中國南方很興盛，吳越地區生產的細葛織物和苧麻織物並稱「葛子升越」（漢・王符《潛夫論・浮侈》），是當地的特產；而北方卻越來越少了。明清以後，產葛區更

1

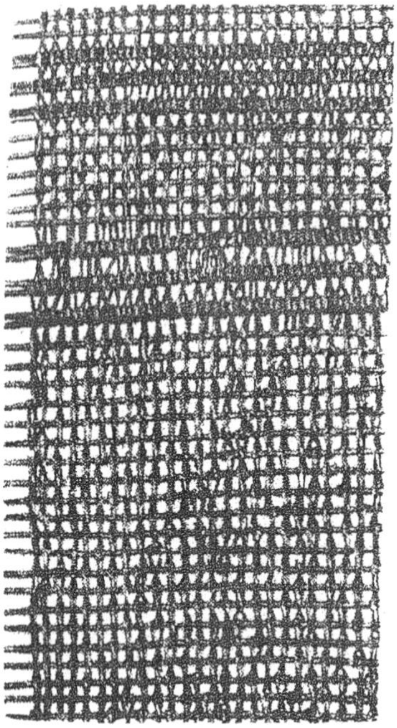

2

圖3-1　葛與葛織物
1. 葛
2. 葛織物，南京博物院據江蘇吳縣草鞋山出土標本複製

向南移，廣東雷州半島所產「雷葛」成為有名的葛織物。

中國原產的麻，主要有三種：大麻、苧麻、苘麻。其中苘麻屬於硬質纖維，古書中雖偶有提到將它「績以為布」的（南宋・羅願《爾雅翼》），但由於它較粗硬，所以多半拿來做「牛衣、雨衣」之類（元・王禎《農書》）。然而苘麻耐水浸，船上用的纜索、漁網曾長期用苘麻製做。至於苧麻，它屬於蕁麻科。這一科的麻類植物常帶點毒性，只有苧麻是優良的紡織原料。它的纖維細長堅韌，平滑而有絲光，質輕拉力強，吸濕後容易起乾又易散熱，且染色容易而褪色困難。它是中國的特產，歐洲人稱苧麻為

「中國草」（China grass）。苧麻織物潔白輕爽，清涼離汗，受人歡迎。1958年在浙江吳興錢山漾新石器時代遺址中，出土了一批四千七百餘年前的苧麻平紋織物殘片，足證中國使用苧麻纖維的歷史之悠遠。漢代已將苧麻精細加工。漢・揚雄《蜀都賦》中曾提到「筩中黃潤」，這是西南地區生產的高級苧織物。宋・周去非《嶺外代答》說廣西左右江一帶用苧麻織的花練，「一端長四丈餘，而重止數十錢，卷而入之小竹筒，尚有餘地」。可見精細到何種程度。苧麻現在主要產於華南和西南，但在魏晉以前，黃河流域種植的也不少。晉・左思在描寫鄴城（今河北臨漳）風物的《魏都賦》中，還說當地生長著「黝黝桑柘，油油麻苧」。但由於苧麻畏寒，更適宜於南方的水土氣候，在那裏苧麻一年可以收割三到五次；所以唐宋以後，北方種苧麻的已不多見。元・王禎《農書》甚至說：「南人不解刈麻（指大麻），北人不解治苧。」把苧麻完全看成是南方的作物了。

但中國古代普遍種植的麻還推大麻。大麻織物叫布，上述苧麻織物叫紵，平紋絲織物則叫帛。古代管老百姓叫「布衣」，可見他們穿的多為大麻布。大麻莖之表面的韌皮是由纖維素、膠質及其他雜質構成的，要取得大麻纖維，須先脫膠。浙江餘姚河姆渡出土的麻繩頭，經檢驗尚未脫膠，使用的是直接剝下的麻皮。而錢山漾出土的麻布片，已經有脫膠的跡象了。《詩・陳風・東門之池》說：「東門之池，可以漚麻。」可見周代已利用微生物發酵的原理為麻皮脫膠。西方古代最常用的麻類是亞麻，埃及人穿的就是亞麻，直到18世紀以前，亞麻是歐洲最重要的纖維作物。中國則到了清代才有亞麻。剝亞麻皮也得漚。但亞麻稈的芯兒接近木質，漚完了之後還要將木芯拍碎，才好剝麻。大麻則不用這麼處理，它的芯接近高粱稈裏的瓤，古代叫蒸。《說文・艸部》，「蒸，析麻中榦也。」蒸是充當油燈的燈芯使用的。有時只點麻蒸也能照明，如武氏祠畫像石「顏淑」部分的榜題稱「燃蒸自燭」。蒸又名菆。漢代渭城裏叫「菆井」的地方就是「賣麻蒸之市」（《文選・西征賦》唐・李周翰注）；可見城市居民對麻蒸的需求量很大。麻蒸是剝麻的下腳料；而麻纖維剝下後，則要撚成線。不論中外，起初都是用紡錘來完成這道工序。紡錘由紡輪和拈杆構成。陶紡輪在新石器時代的遺址中常見。甲骨文中的（專）字代表撚紡錘，其上部表示軸杆帶動纖維，中部表示線團，底部表示紡輪，左側的一隻手表示用左手撚動軸杆。這項工作叫績。《詩・豳風・七月》孔疏：「績，緝麻之名。」《詩・小雅・斯干》說，生了男孩「載弄之璋」。璋肯定是一種玉器；但現代文物界通稱之璋，是否就是古代的璋，尚難斷言。這首詩又說，生了女孩「載弄之瓦」。瓦不是指普通瓦片，而是指陶紡輪。因為當時女孩長大後要績麻，所以從小就讓她養成習慣。

還應當說明的是，紡輪主要用於績葛、麻，後來紡棉花、紡毛線偶爾也用它，但絕不用於紡絲。絲是自然界的超長纖維，長度可達1000米，只要並絲，就成為絲線。不過用紡錘績葛、麻，效率不高，紗線的拈度也不夠均勻。後來發明了單錠紡車。這種紡車是從絡絲和並絲的箰車演變出來的，只是將箰管換成紡錠。甘肅武威磨嘴子22號東漢前期墓中曾出木紡錠，可見紡車的發明當不晚於西漢末。不過單錠紡車的效率仍不太高，一晝夜只能紡三兩到五兩紗。後經不斷改進，單錠改為多錠，手搖改成腳踏，效率大為提高。已知之最早的腳踏三錠紡車的圖像，見於南宋・蔡驥《新編古列女傳・魯寡陶嬰》插圖。從紡紗人雙手的動作看，她是在將麻縷「績條成緊」，而不是手握棉筒（粗棉條）「牽引漸長」，所以是在績麻線而不是紡棉花（圖3-2）。回過來看古代西方，古希臘、羅馬將羊毛或植物纖維撚線，要先在腿上搓成粗紗。為了防止將腿搓傷，他們發明了一種扣在腿上的、有點像筒瓦那樣的陶器，名紗軸（圖3-3）。它的底面與自大腿到膝蓋處的曲線相適合；表面則有魚鱗紋，以便搓粗紗。搓好之後再用紡錘加拈，以便取得更緊密的細線。單錠紡車在歐洲的出現不早於13世紀，其最早的圖像見於一部1338年前後出版的詩集中（《牛津技術史》卷二引），比中國的紡車晚了

圖3-2　腳踏三錠紡車，南宋《新編古列女傳》插圖

1

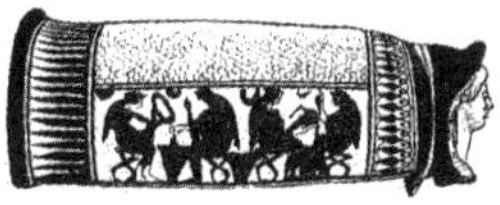

2

圖3-3　古代西方搓毛線的情況與用具
1. 在腿上搓毛線，古希臘瓶畫
2. 羅馬紗軸

一千多年。

至於絲，這是中國的特產，這一點盡人皆知，中國是世界上最早養蠶和生產絲織物的國家，並且在長時期中是唯一一個這樣的國家。中國在新石器時代已知養蠶繅絲，北方的河南滎陽青台村仰韶文化遺址、南方的浙江吳興錢山漾良渚文化遺址，均曾出土絲織物。但問題是，有些被舉出來當作早期養蠶業之證據的例子，卻不盡可靠。先說山西夏縣西陰村的蠶繭（圖3-4：1）。這個遺址是1926年由考古學家李濟先生主持發掘的，出土的繭已被割開，切口平直。李先生在發掘報告中說，此繭的埋藏位置不深，現場周圍的土有被攪亂的跡象，不排除後來混入的可能（《西陰村史前遺存》，載《清華學校研究院叢書・3》，1927年）。夏鼐先生認為就夏縣這裏的土壤性質而論，新石器

圖3-4　蠶繭與「蠶紋」

1. 蠶繭，山西夏縣西陰村灰土嶺出土
2. 「蠶紋」，江蘇吳縣梅堰出土黑陶器
3. 商代「玉蠶」，河南安陽大司空村出土
4. 山西侯馬出土的西周「玉蠶」（口中有利齒）
5. 商代銅器上的「蠶紋」（身上有鱗甲）

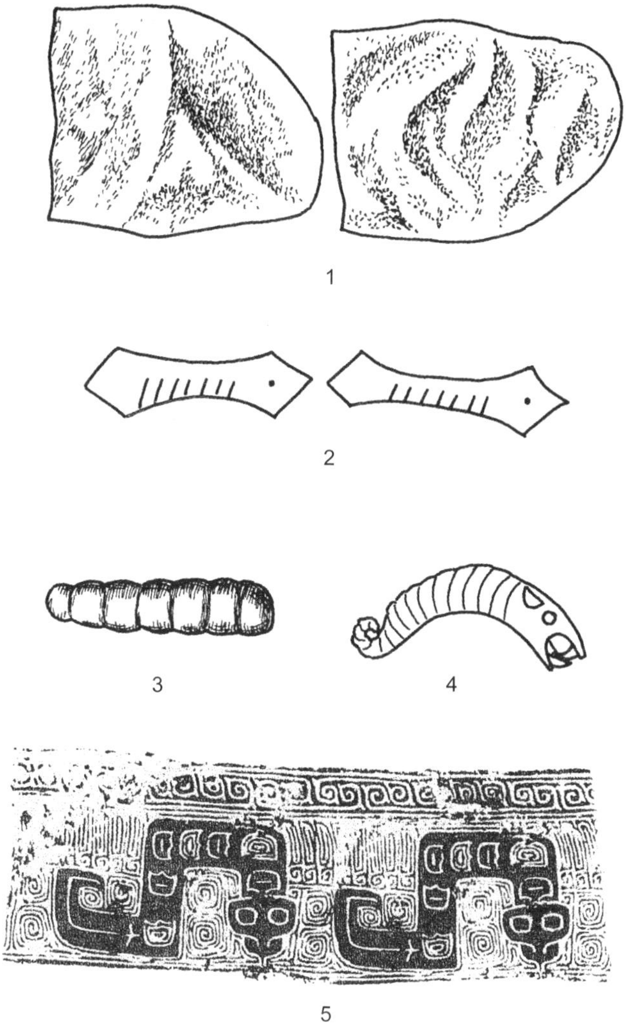

時代的蠶繭在土中不太可能這麼完整地保存下來。加以切口如此平直，不像是用石刀，而像是用金屬刀切的。但這兩位考古大家的意見卻常被忽視，許多書上仍然把它當作中國最古老的蠶繭的實物來介紹。後來日本的紡織學家布目順郎認為此繭屬於一種叫作倫多西亞種的野生蠶。言下之意似乎仍然認為它是上古時代的遺物。但他對切口平直的現象未作解釋，所以他的傾向性的意見不足以成為定論。再如江蘇吳縣梅堰出土陶器上的所謂蠶紋，商代銅器上的所謂蠶紋，以及山西侯馬出土的所謂西周玉蠶等，和蠶的形象都差得太遠（圖3-4：2-5）。那個「西周玉蠶」不僅長著耳朵，口中還有利齒；世上哪兒有這樣的蠶！再如胡厚宣先生在一篇很有影響的文章《殷代的蠶桑和絲織》中，舉出祖庚、祖甲時的卜辭，認為其中有「蠶示三」（《後上》28.6），「蠶示三牛」（《續補》9999）等語，謂「殷代蠶有蠶神，稱蠶示」，「祭蠶示或用三牛，或用三牢」，「典禮十分隆重」。然而被胡先生釋作蠶的這個字其實是「它」字。張政烺先生認為此字本義指蛇，在卜辭中假作「池」，「池示」指直系先王以外的旁系先王。張先生明確說：「把它字釋成蠶是錯誤的。」中國自新石器時代以至商周，蠶桑絲織業在逐步發展本來是不爭的史實；但如果用這類不靠譜的例子為它作證明，反而幫了倒忙，把本來清楚的事情給攪糊塗了。

下面再講棉花。一般說，棉花（草棉）有粗絨棉和細絨棉兩類。粗絨棉有非洲棉和亞洲棉；細絨棉有美洲的陸地棉和海島棉。它們均非中國原產。但我國古代另有一種木棉布。《史記》說張騫在大夏見過蜀桐華布。左思《蜀都賦》也說蜀地「布有橦華」。《華陽國志》中更明確指

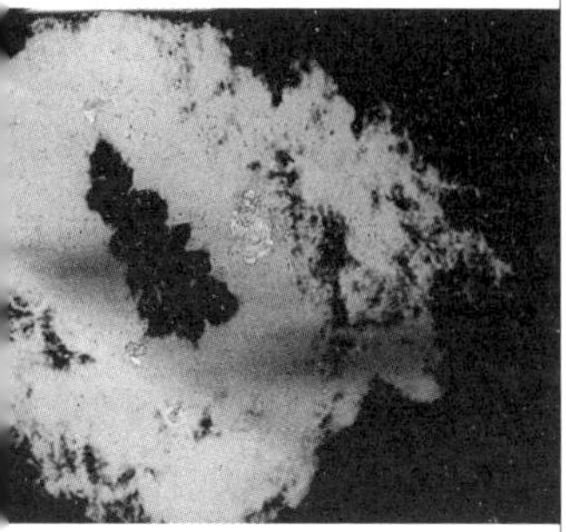

圖3-5　海南島產聯核木棉

出：「益州有梧桐木，其花采如絲，人績以為布，名曰桐華布。」在《後漢書・哀牢夷傳》中，是把罽毲（毛織物）、帛疊（棉織物）、闌干細布（苧麻織物）和「有梧桐木，華績以為布」的桐華布分別列舉的，故桐華布絕不是草棉織物。它是中國古代西南地區的特產，遺憾的是至今尚未找到可靠的標本。又1979年福建博物館在崇安武夷山的崖墓裏發現了距今三千二百年以上的一具船棺，其中出土的紡織物殘片經上海紡織科學院作過鑒定。有幾塊呈青灰色的平紋棉布，經、緯密均為每釐米十四根。對棉纖維的切面作顯微分析的結果證明，其特點與海南島等地所產多年生灌木型的聯核木棉（即在一顆棉鈴中，棉籽聯結成一整塊）基本一致（圖3-5）。這種木棉既不同於喬木型的木棉樹（攀枝花以及橦華木等），也不同於一年生草棉。雖然它們在近代栽培棉中均已被淘汰，但考察中國植棉的歷史時，對這兩種棉布還是應該給予注意的。

至於草棉，最先進入中國的是其中的非洲棉，時間大抵不晚於西漢中期。在新疆羅布淖爾西漢末至東漢的樓蘭遺址中發現過棉布殘片。在民豐縣北沙漠裏的墓葬中也發現過東漢時的棉織物。至南北朝時，新疆地區的棉紡織業已經具有一定的規模。吐魯番高昌時期（6世紀）的墓葬中出土了絲、棉混織的錦和白棉布。在於田縣屋於來克遺址的北朝墓葬中出土了「褡褳布」和「藍白印花布」。而在吐魯番阿斯塔那發現的高昌和平元年（西魏大統十七年，551年）的契約中還提到一次大量借「疊布」（棉布）達六十匹的事。這些情況均反映出當時新疆地區棉紡織業發達的情況。同時期的文獻中，如《梁書・高昌傳》也說，其地有草，「實如繭，繭中絲如細，名為白疊子，國人多取織為布」。從所記其「實如繭」的情況推知，這時新疆地區種的是小棉鈴的非洲棉（俗稱小棉）。特別是在新疆巴楚縣脫庫孜沙來遺址晚唐地層中出土了非洲棉棉籽，更直接證明了這一點。白疊（也寫作白氎、白褻或帛疊，其布稱疊布、氎布或緤布）的古音是bak-dip，bak這個音素可能代表中古波斯語pambak（棉花），dip則相當於中古波斯語dib或dēp（絲綿），故白疊一詞可能由波斯語pambak-dib迻譯而來，從而表示它是由西亞方面傳來的。非洲棉產量低，品質也差，絨長不到19毫米，只能紡12—16支的粗紗。但由於它的生長期短，成熟早，適合新疆的氣候特點，所以直到19世紀前期，這裏一直在種植非洲棉。

亞洲棉（俗稱中棉）品質優於非洲棉，它的原產地是印度，傳入中國的時間應不晚於南北朝。這種棉花古代叫古貝（也作吉貝、劫貝，其布稱吉布或斑布），古代雲南一帶讀貝若貝八，故古貝可能是馬來語kāpas的對音；有人認為是梵語karpāsa的對音，也有可能。總之它是由東南亞一帶傳來的。從南北朝到唐、宋的長時期中，雖然關於棉布的記載史不絕書，但實物少見。1966年在浙江蘭溪高氏墓中出土了一條南宋中期以前的棉毯，今藏中國國家博物館。此毯長2.51、寬1.16米，純棉織品，經緯條干一致，兩面拉毛均勻，細密柔軟，品質相當好。它的出土，證明中國長江流域的棉紡織業在宋代已打下基礎。到了宋末元初，棉花由東南和西北兩路向長江中下游和渭水流域一帶傳播。至元二十六年（1289年）元政府在浙東、江東、江西、湖廣、福建各地設木棉提舉司，每年徵收棉布十萬匹（《元史・世祖紀》），產量已相當可觀了。只是當時紡棉的技術還沒有跟上去。

在紡棉技術方面作出重大貢獻的是松江烏泥涇（今上海華涇鎮）的一位勞動婦女黃道婆。她於元貞年間（1295—1297年）自海南島將黎族人民的紡織技術帶回家鄉。經她推廣的軋棉車，改變了過去「率用手剖去籽，線弦竹弧置案間，振掉成劑，厥功甚艱」（《輟耕錄》卷二四）的狀況。18世紀後期，盛產棉花的美國南部還是由奴隸用手摘除棉籽。1793年，維特尼才發明了軋棉籽用的cottongin。在出現這項發明之前，一個黑人緊張地勞動一整天，未必能清揀出1磅棉花。而黃道婆使用的這類軋棉車應與王禎《農書》所記之「攪車」相近（圖3-6）。它在旋轉方向相反的兩軸之間餵入棉花，使之互相擠軋。二人搖軸，一人餵棉，則「籽落於內，棉出於外」，效率大為提高。再經過改進，明代出現了「太倉式攪車」，使用它，一人一日可出花三十多斤。松江地區遂發展成全國棉織業的中心，以致形成了如《梧潯雜佩》所說「吾松以棉布衣被天下」的盛況。

圖3-6　元代《農書》中的軋棉車

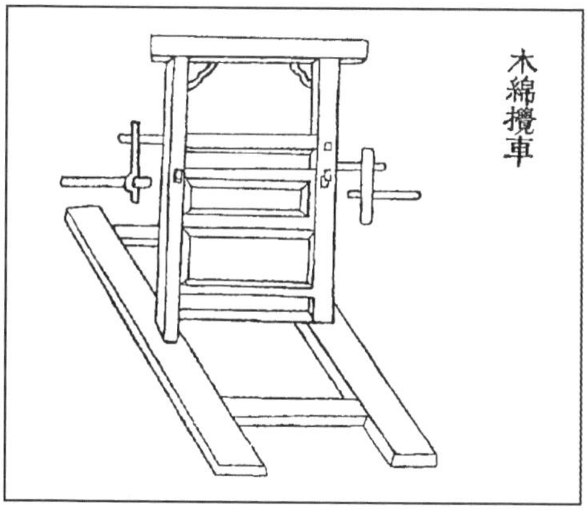

原產美洲的棉花，要到19世紀末才進入中國。這類棉花的絨長可達28—30毫米，能紡32支以上的細紗。其中陸地棉於1892年引入湖北武昌一帶，於1896年引入江蘇南通一帶。海島棉於1919年引入雲南開遠一帶。而現代中國各產棉區所種植的，則多為纖維品質更優的海陸雜交棉了。

不論何種纖維，在紡成線以後，最終都要織成布、帛等各類紡織品。遠古時代，起初是用「手經指掛」（《淮南子・氾論》），像結網那種方式來編結織物的。之後發明了踞織機。在浙江餘姚河姆渡遺址曾出土踞織機零件，有打緯刀、梭形器，均為骨製；絞紗棒、經軸，均為木製。用踞織機織布的情形，在雲南晉寧石寨山出土的漢代銅貯貝器上的踞織人像中可以看到（圖3-7）。織作者皆席地而坐，有的用雙足蹬住卷經軸，以腰、腿的力量控制經線張力，使經線平齊。有的用分經棍挑開梭口，並投緯引線。這種織機雖然簡單，但已具備上下開口、左右引緯、前後打緊等基本功能。

經過多方改進，中國創製出腳踏提綜的斜織機。它的圖像在漢畫像石上多次出現，發明的時間或早於漢代（圖3-8）。它有平置的機台和斜置的機架，二者成50°—60°角。這樣，織者可以坐著，又可以一目了然地看到開口後經面的張力是否均勻，經線有無斷頭。張在機架上的經線則用豁絲木分成底經、面經兩層，並形成一個梭口。然後用綜提起底經，又形成另一個梭口。如此不斷升降，緯線輪流穿過兩個梭口，便和經線交織成織物。提綜的動作最初是用手提，後來發明了腳踏裝置，即用腳踏躡（踏板）以槓桿原理帶動馬頭上下俯仰而提綜。這樣，可以騰出一

圖3-7　銅貯貝器上的踞織者，雲南晉寧出土

圖3-8　東漢畫像石上所見織機，江蘇泗洪出土

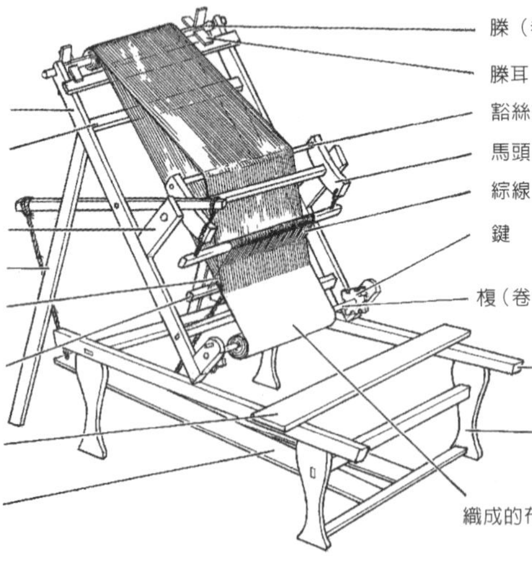

圖3-9　漢代單綜織機復原圖（仿夏鼐，加注部件名稱）

隻手來打筘，或兩手輪流投梭，從而使工作的速度大為提高（圖3-9）。踏躡提綜是織機發展史上一個突破性的創造；歐洲要到6世紀才出現這種裝置，到13世紀才廣泛應用。但如圖3-9所示之單綜織機，只能織平紋織物；用絲織成就是帛，用麻織成就是布。由於布在古代可以作為等價物參與交易，所以有固定規格。二尺二寸為幅，四丈為匹，二丈為端。一幅中有經線八十根稱為一升（緵）。七至九升為粗布，十至十二升為細布。特細之布可達三十升，用於製冕。

要織出帶有複雜花紋的織物須用提花機，它除了用腳踏躡控制的地經外，還有許多花經也需要根據織物圖案的要求控制其運動。但這麼多經線如果都用躡來管理升降是無法操作的，於是就另設一名提花工坐在花樓上用手操縱提花綜束來控制，上拉一束，下投一梭，「一往一來，匪勞匪疲」（漢・王逸《織婦賦》），兩人合作進行織造。但中國早期提花機的實物和形象資料尚未發現，目前所知之最早的提花機的圖像見於黑龍江省博物館所藏南宋佚名作者的《蠶織圖》（圖3-10：1）。此圖有人說是樓璹畫的，恐不確。這台提花機設雙經軸和十片綜，提花工坐在花樓上提花，綜束歷歷在目，下面連著衢腳。在地上還挖了一個小坑，以便衢腳升降。織工坐在機台板上，左手打筘，右手拿著梭子，準備投梭引緯。至於更具體完整的提花機形制，則見於元・薛景石《梓人遺制》（載《永樂大典》卷一八二四五）和明・宋應星《天工開物・乃服》中（圖3-10：2）。

古代多彩織物的代表是錦，它不是用織物之組織結構的差異去分別地紋和花紋，而是依靠經線或緯線之不同的

圖3-10　提花機

1. 南宋《蠶織圖》

2. 明《天工開物》插圖

1

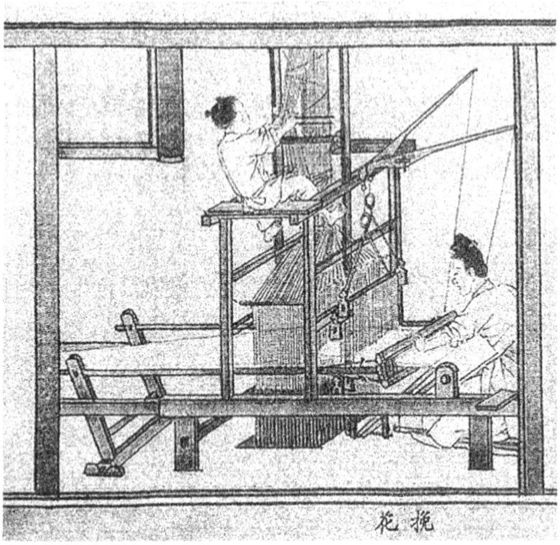

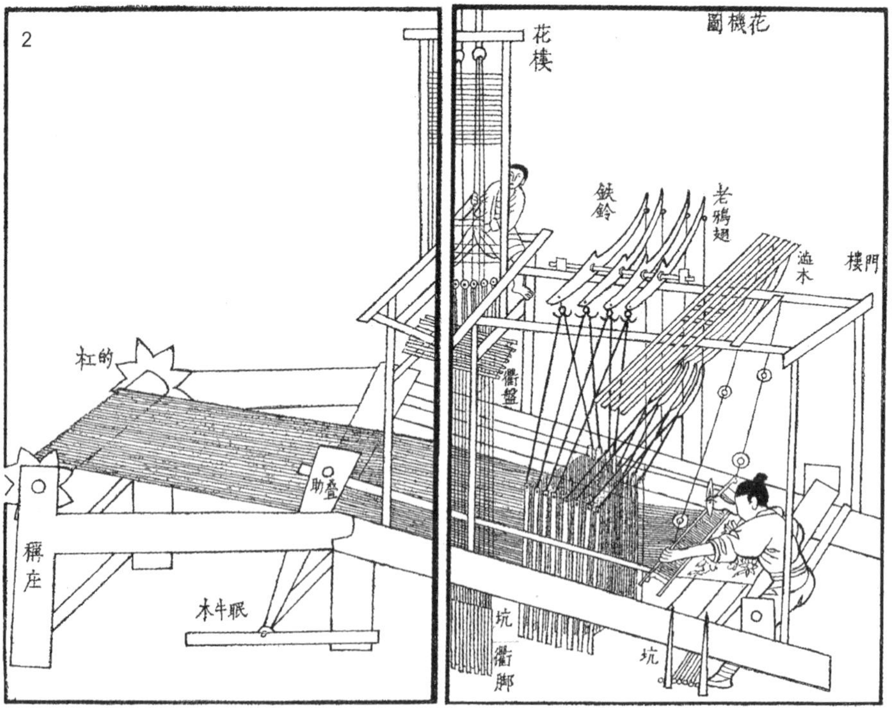

色彩用重經或重緯的變化組織起花。如果將織成之錦再加浸染，它的圖案花紋就不容易看出了。錦的織造很費工，所以相當昂貴。《釋名》中說：「錦，金也，作之用功重，其價如金。」

錦分經錦和緯錦兩種，前者用經線起花，後者用緯線起花。漢錦絕大多數是經錦。經錦一般是用兩層或兩層以上的經線和一組緯線交織。幾層經線的顏色雖不同，但都穿過同一筘齒，成為一個單位，叫作一枚或一副。緯線則有明緯和夾緯。織時根據花紋的需要，用提壓經線改換表經的顏色來顯花。為了使色彩更加絢爛，漢錦還採用分區的方法，將幅面分成若干區，各區可以使用顏色不同的二色或三色經線。如羅布淖爾出土的「韓仁」錦，幅面分為二十一區，每區除兩個基本色以外，第三色交替出現，並有寬窄變化，使色調的搭配得到調劑，因而看上去感覺層次豐富，五色繽紛。但分區換色有時破壞了圖案的完整性。東漢中晚期的錦，有的色經不再分區，改用增加經密的方法，各色經線均覆蓋整個幅面，從而使織物的圖案更加清晰，是漢錦之最高水準的代表。1995年新疆尼雅出土的「五星」錦，經密每釐米達二百二十根，不分色區，在深藍色的地子上織出代表日、月的紅、白二圖形，其間雲氣禽獸起伏升騰，渾渾灝灝，十分美觀（圖3-11）。

漢代之所以流行用經線起花的經錦，其中的一個原因是由於絲線強韌光滑；用作經線，即使排得很緊也不會糾纏起來。可以織成一種經線較密、緯線較疏而不顯露的織物。而古代中亞、西亞的紋織物多用羊毛作原料。毛線易於糾纏和鬆散，用它作經線，密度要疏朗，並且必須拉緊，所以難以用經線起花，只能用緯線起花；這是紡織

圖3-11　東漢「五星」錦，新疆尼雅出土

技術上的兩種傳統。中國古代西北地方少數民族織造毛織物時，也採用了以緯線起花的技法。新疆民豐東漢居住址中，就出土了這種毛織物。漢通西域後，絲織業在新疆逐漸發展起來，兩種傳統在這裏直接相接觸。6世紀中葉，吐魯番等地遂出現了以緯線起花的緯錦。其中固然受到了外來的影響，但也並非完全沒有中國本土的因素。阿勒泰地區巴澤雷克古墓所出中國戰國時代的絲織物中，就有用紅、綠二色緯線起花的緯錦。

緯錦的工藝效果較勝於經錦。首先，經錦因為靠經線起花，而經線固定於織機上之後，便難以改動。緯錦靠緯線起花，織的過程中可以隨時添改不同顏色的緯線。其次，經錦的一幅表、裏經如果包括的不同顏色的線過多，那麼，在織機上排得太密時，常會引起糾纏；排得較疏時，則表經只有一根，而裏經占地過廣，不但會使織物太鬆，花紋的輪廓也會受到影響。緯錦則不同，其每幅表、裏緯雖然可以包括多種不同顏色的線，但因為它不必先安排在織機上，可以逐一穿入梭口，穿入後又可以用筘打緊；所以織的時候既不會糾纏，織成的錦面又不會疏鬆。因而自初唐開始，中國遂逐漸放棄經線起花法，改成織緯錦。吐魯番發現的7世紀的絲織物，如聯珠對馬紋錦、聯珠對孔雀紋錦等，都是美麗的斜紋緯錦（圖3-12）。在這裏出土的8世紀的絲織物中，有一條暈繝（多層色階的暈色）提花錦裙，用黃、白、綠、粉紅、淺褐五色經線織出條紋，然後再於斜紋暈色彩條地上，以金黃色緯線織出小團花。

圖3-12　唐聯珠對馬紋錦

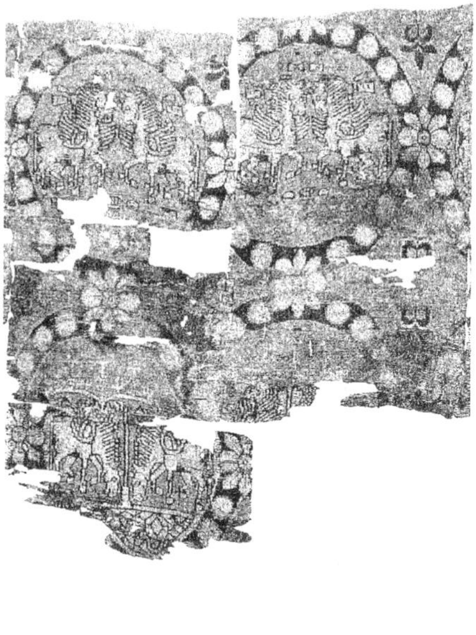

這種色彩鮮明、圖案繁複、組織緊密的緯斜紋暈繝錦，代表了唐代絲織物的最高水準。宋錦則接受了這一傳統而又有所發展。宋錦的重要成就之一就是生產出在緞紋地上起緯浮花的織錦緞。緞紋的特點是織物的各個單獨浮點比較遠，並且被它兩旁的長浮線所遮蔽，這樣不僅使整個幅面具有平滑的光澤，而且可以防止地色渾濁。用這種地子再配上各色絲線織出的花紋圖案，乃更加光彩奪目。明初，織錦緞進一步發展，吸收了緙絲通經斷緯、分段挖花的技法，創造出以短梭回緯換色的妝花緞，尤為富麗。

大部分織物均用於穿著，下面就談談服裝。

舊石器時代晚期周口店山頂洞人的文化遺存中出現骨針，表明居住在中國土地上的古人類此時已知縫衣。到了新石器時代晚期，在地區和族別不同的人們中間，已採用不同的服飾款式。以髮型為例，大地灣文化中有剪短的披髮，馬家窯文化中有後垂的編髮，大汶口文化中有用豬獠牙製成的髮箍，龍山文化中則用骨笄束髮。在相當於夏代的二里頭文化之二里頭類型與東下馮類型諸遺址中均出土骨笄，其形制與商代的同類器物相同。因知束髮為髻是華夏族傳統的髮型。而根據安陽侯家莊大墓及婦好墓出土的玉、石人像，又可知商代人上身穿交領衣、腰間束帶、下身著裳、腹前繫市（蔽膝）（圖3-13）。西周時遺留下來的人像材料很少，但從洛陽出土的玉人及銅製的人形車轄看來，衣、裳、帶、市仍是男子服裝的基本構成。所以上古時代華夏族的服裝是以「上衣下裳，束髮右衽」為特點。

這種上衣下裳式的服裝褒博寬鬆，和當時的生活條件是互相適應的。商周時的室內陳設簡單，人們在居室內通常跣足席地跪坐，貴族出行時也乘車而不騎馬。這時的內衣

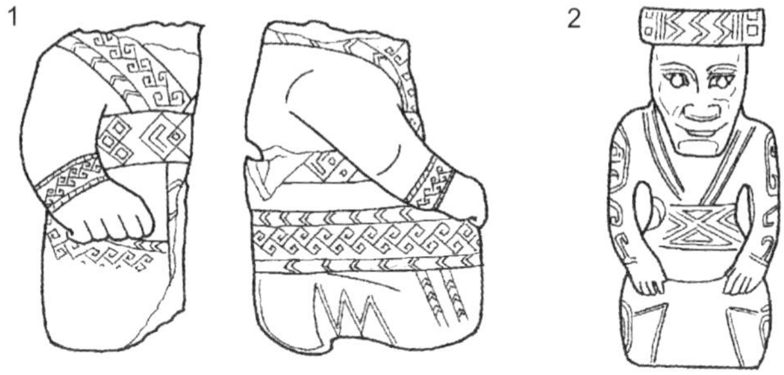

圖3-13　商代石人像
1. 安陽侯家莊出土
2. 安陽婦好墓出土

除中單外，只在股間纏褌（兜襠布）；所以箕踞而坐或撩起下裳，都被認為是不禮貌的行為。當時貴族衣用正色，裳用間色，並特別重視裳前所繫之市。西周銅器銘文記載周王在冊命典禮上頒賜的服裝中，除衮衣、玄衣等不同等級的上衣外，經常還有「朱市、蔥黃」（《毛公鼎》）、「赤市、朱黃」（《輔師嫠簋》）等物。在古文獻中，「市」、「黃」亦作「韍」、「衡」，如《禮記・玉藻》中之「赤韍蔥衡」。市、韍指蔽膝，從無異說。但衡卻曾被認為是繫韍的帶子，似不確。因為《玉藻》鄭玄注：「衡，佩玉之衡也。」而「蔥衡」又即《詩・小雅・采芑》之「蔥珩」。它應指包括繫玉之帶子和玉件在內的整套佩飾而言。貴族將市與玉佩組合起來垂在身前，很引人矚目，從而成為代表身分地位的一種標誌。

春秋、戰國時在服裝方面之最重要的變化是深衣和胡服的出現。深衣將過去上下不相連接的衣和裳連在一起，「被體深邃」，故名深衣。它的下擺不開衩口，而是將衣襟接長，向後擁掩，即所謂「曲裾」。將曲裾向身後斜裹，既不礙舉步，又不致使其頗不完備的內衣外露，在當時不失為一種合用的服裝（圖3-14）。《禮記・深衣》甚至稱讚它「可以為文，可以為武，可以擯相，可以治軍旅」；所以在戰國時廣泛流行，周王室及趙、中山、秦、齊、楚等國的遺物中，均曾發現過穿深衣的人物形象。但由於穿深衣時不便繫巿，所以貴族「朝玄端，夕深衣」，還不把它用作正式的禮服。

胡服則指北方草原民族的服裝，他們為了遊牧時騎馬的需要，多以窄袖上衣與長褲、靴子相搭配。據《史記・趙世家》說，是趙武靈王首先採用這種服裝來裝備趙國的軍隊的，這和當時開始重視騎兵的戰術有關。但胡服究竟是

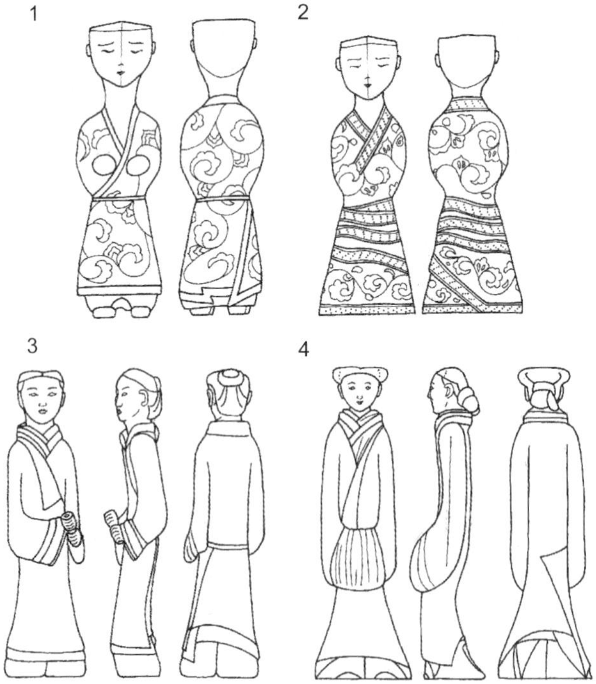

圖3-14　深衣俑（左：男子　右：婦女）
1. 湖南長沙406號楚墓出土
2. 長沙仰天湖25號楚墓出土
3.、4. 湖北雲夢大墳頭1號西漢墓出土

圖3-15　著胡服的男俑，山西長治分水嶺戰國墓出土

何種式樣，過去並未說清楚。其實，胡服即衣褲式服裝，尤以著長褲為特點。如山西長治分水嶺所出銅武士像，上身著矩領直襟窄袖上衣，下身著長褲，腰繫條帶，佩劍，這就是穿胡服的戰國戰士的形象（圖3-15）。值得注意的是，此像的腰帶上未用帶鈎。過去曾認為帶鈎是和胡服一同傳入的；通過近年的發掘，已知帶鈎在黃河流域最早見於山東蓬萊村里集7號西周晚期墓，到了春秋時期，各地所出銅、金、玉帶鈎之例已為數不少。而北方草原地區的帶鈎的出現不早於春秋末，所以帶鈎北來說不確。從戰國晚期到西漢，穿直裾或曲裾式上衣，長褲，腰繫施鈎的革帶，乃是武士常服，秦始皇陵兵馬俑坑中所出陶武士像可以為例。

深衣在西漢時仍然流行，長褲也從武士那裏向全社會推廣。特別應當提到的是，對於古代冠制的認識，目前只能追溯到漢代。上古時，華夏族之冠主要從屬於禮制，男子成年時皆行冠禮。雖然社會地位不同的人所戴的冠有別，但文獻中所記之章甫、委貌等冠，由於缺乏實物或圖像以資印證，形制不清楚。漢代的冠主要從屬於服制，是身分、官階以至官職的表徵。而「卑賤執事」即身分低微的人，卻只能戴幘而不能戴冠。冠本是「貫韜髮」之具，即加在髻上的一個髮罩，並不覆蓋整個頭頂。幘則像一頂便帽。冠和幘原來互不相關。到了王莽時，據說因為他的頭禿，所以先戴幘，幘上再加冠。以後這種戴法普及開來，在東漢畫像石上刻的當代人物所戴的冠，都在下面襯著幘；而其中出現的古代人的冠下則無幘，以示區別。不過冠和幘並不能隨便搭配，文官戴的進賢冠要配上屋頂狀的介幘，武官戴的武弁大冠則要配平頂的平上幘。進賢冠前部高聳，後部傾側，外觀若斜俎形。冠前有「梁」，可根據梁數的多寡來區別身分的高低（圖3-16）。

皇帝戴的通天冠和諸侯王戴的遠遊冠也都是在進賢冠的基礎上增益華飾而成。武弁大冠又名惠文冠。惠通繐，指薄麻布。起初只是頭戴用薄麻布做的下垂雙耳之弁，後來在弁下襯以平上幘。進一步又將麻布弁塗上漆，使它看起來像在幘上加了一個漆籠，故又名籠冠。此外，武士也戴鶡冠（圖3-17）。執法的官員則戴獬豸冠。

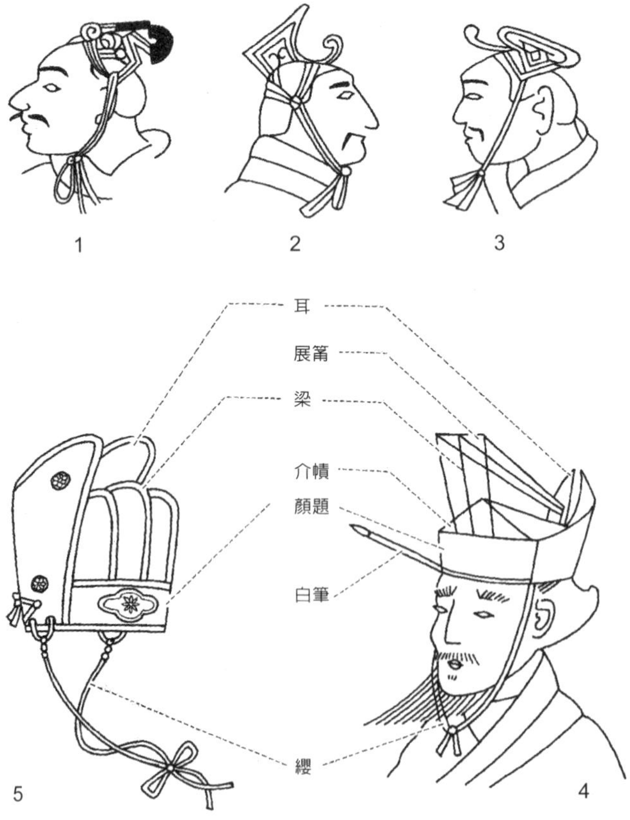

圖3-16　冠
1、2、3. 無幘之冠，河南洛陽出土漢代空心磚
4. 有幘之冠，山東沂南出土漢代畫像石
5. 明代的三梁冠，冠與幘已合二為一，據《三才圖會》

圖3-17　鶡冠
1. 鶡羽裝在武弁上，河南洛陽金村出土戰國銅鏡
2. 鶡羽裝在籠冠上，河南鄧縣出土東漢畫像磚

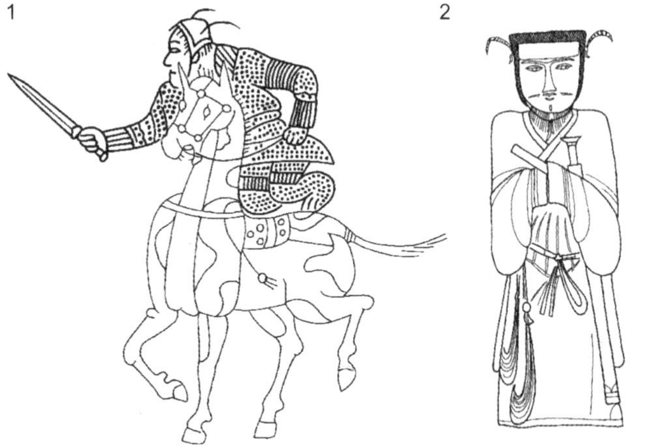

在區分尊卑方面，進賢冠的梁數雖然能起一定的識別作用，但梁數只從一梁到三梁，等級的跨度太大。所以漢代官員又用綬作為官階的標誌，不同等級的官員之綬的顏色、密度和織法都不相同（圖3-18）。這時的綬是繫在官印上的帶子，它和西周時的佩玉之組是一脈相通的。

漢代婦女一般將頭髮向後梳成下垂之圓髻，像倒置的槌子，故名椎髻。以「舉案齊眉」的故事著稱的孟光，《後漢書》就說她「為椎髻，著布衣」。漢代陶女俑作這種髻式的經常見到。而且這時深衣逐漸成為貴婦人的禮服。不僅兩漢，直到魏晉時此式服裝仍盛行不衰。華麗的女式深衣之曲裾在下身要纏繞好些層，並且在衣裾的斜緣上飾以許多三角形物及長飄帶，即古文獻中所稱之「襳」與「髾」。司馬相如《子虛賦》：「蜚襳垂髾。」傅毅《舞賦》：「華帶飛髾而雜襳羅。」描寫的都是這種服裝（圖3-19）。

十六國、南北朝時代是中國服裝史上的大變革時期，

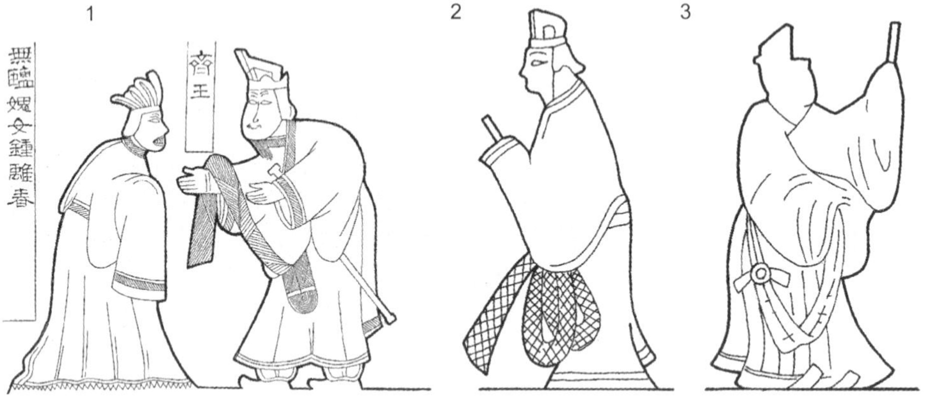
1
無鹽醜女鍾離春
齊王
2
3

1
2

（左頁上）
圖3-18 綬
1. 山東嘉祥武氏祠畫像石中齊王向鐘離春授王后印、綬（印小，畫面上未予表現）
2. 山東汶上孫家村出土東漢畫像石上的佩綬者
3. 江蘇睢寧雙溝出土東漢畫像石上所見施玉環的綬

（左頁下）
圖3-19　飾襳、髾的女式深衣
1. 莫高窟285窟西魏壁畫
2. 東晉・顧愷之《列女傳圖》

服裝的更新和民族的融合在同步進行。南下的鮮卑族本著鮮卑裝，其男裝包括圓領或交領的褊衣、長袴、長靴及施帶扣的革帶，頭戴後垂披幅的鮮卑帽。當各民族長期雜居之後，這種服裝在華北逐漸流行，漢族勞動人民也有人穿。而另一方面，北魏王朝的統治者出於政治需要，提倡漢化，孝文帝元宏是其代表人物。在魏孝文帝推行的漢化政策中，有一項內容是禁胡服。於是在皇帝和臣僚的祭服和朝服中，又出現了漢魏式的峨冠博帶。但對於平民的服裝，孝文帝的漢化政策後來並未產生多麼顯著的作用。因為繼起的東魏、北齊屢屢掀起反漢化的浪潮；在太原北齊・婁睿墓的壁畫中，幾乎是清一色的鮮卑裝。北周和北齊一樣，也搞反漢化，提倡用鮮卑語，甚至改漢姓為鮮卑複姓。特別是北周吸收漢族農民當府兵，軍裝須整齊劃一，更為鮮卑化的服裝在平民中的普及開闢道路。與此同時，上層統治者在若干隆重的場合中卻仍著漢裝，響堂山石窟中的《帝后禮佛圖》浮雕及《歷代帝王圖卷》中的北周武帝像對此均有所反映。

在這樣的基礎上形成的唐代服裝，遂出現了「法服」與「常服」並行的雙軌制。作為正式禮服的法服仍是漢代傳統的冠、冕、衣、裳，常服雖是在鮮卑裝的基礎上改進而成，但一如新創。唐代男子上自君王，下至廝役，在日常生活中都穿常服，包括圓領缺胯袍、襆頭、革帶及長靿靴。缺胯袍即開衩的長袍。襆頭雖由鮮卑帽演變而來，然而與鮮卑帽有諸多相異之處。它本是一幅頭巾，裹頭時兩個巾腳向前抱住髮髻，另兩個巾腳在腦後結紮，多餘的部分使之自然垂下（圖3-20）。襆頭的質地起初為黑色的紗或羅，所以後垂的巾腳是軟的，稱「軟腳襆頭」。後

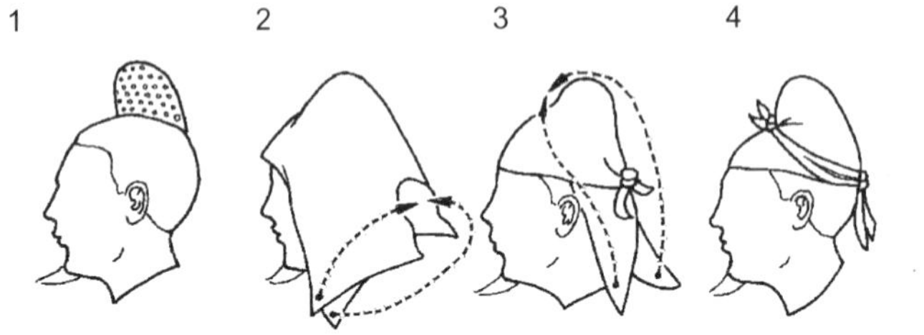

圖3-20 裹軟腳襆頭

1. 在髻上加巾子
2. 罩上襆頭羅，並繫二後腳於腦後
3. 反繫二前腳於髻前
4. 完成

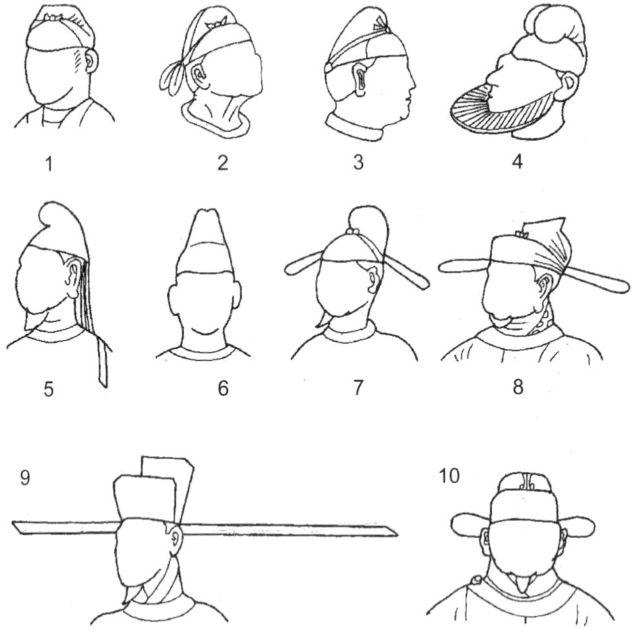

圖3-21 襆頭式樣的演變

1. 平頭襆頭，唐貞觀十六年獨孤開遠墓出土俑
2. 硬腳襆頭，唐神龍二年李賢墓石槨線刻
3. 前踣式襆頭，唐開元二年戴令言墓出土俑
4. 圓頭襆頭，唐天寶三載豆盧建墓出土俑
5. 長腳羅襆頭，莫高窟130窟盛唐壁畫
6. 襯尖巾子的襆頭，唐建中三年曹景林墓出土俑
7. 翹腳襆頭，唐咸通五年絹本佛畫
8. 直腳襆頭，莫高窟144窟五代壁畫
9. 宋式展腳襆頭，宋哲宗像
10. 明式烏紗帽，于謙像

來在襆頭腳中用銅、鐵絲作骨，將它撐起來，成為「硬腳襆頭」。由於硬腳的形狀及上翹的角度之不同，又有「句腳襆頭」、「展腳襆頭」、「朝天襆頭」等各種式樣（圖3-21）。唐代的革帶亦用帶扣繫結，且在帶本上垂下若干供繫物用的窄皮條，名鞢韄。繫鞢韄時須先在革帶上裝銙，銙附環，鞢韄拴在環上。自南北朝後期以來，規格最高的革帶裝十三環。《周書・李穆傳》說：「穆遣使謁隋文帝，並上十三環金帶，蓋天子之服也。」江蘇揚州曹莊隋煬帝墓中就出土了一套完整的金鑲玉十三環帶具。唐初也用過十三環帶，但實例未發現。後來減為九環。《中華古今注》稱：「唐革隋政，天子用九環帶，百官士庶皆同。」再往後又去其環，只留下銙。銙是裝在帶鞓（帶本）上的接近方形的飾片，依官階的不同，分別用玉、金、犀、銀、鍮石、藍鐵等材料製作，從而使革帶也成為區別官階的一項標誌。此外，北周時開始出現的「品色衣」，至唐代乃成為定制，成為其後中國官服的一大特色。原先在漢代，文官都穿黑色的官服。漢・蔡邕《獨斷》說：「公卿、尚書衣皂而朝者曰朝臣。」《論衡・衡材》說：「吏衣黑衣。」河北望都1號漢墓壁畫中官員的服色正是如此。採用品色衣的制度以後，官品與服色聯繫起來，官大官小，一望而知。在唐代，皇帝的服色為柘黃。官員自一品至九品，服色以紫、深緋、淺緋、深綠、淺綠、深青、淺青為序。平民多穿白衣。士兵在漢代衣緹，隋代衣黃，唐代則衣皂。

唐代女裝主要由裙、衫、帔三者組成。這時常將衫的下襟掩在裙內，所以顯得裙子很長。盛唐以降，裙子且漸趨肥大，通常用六幅布帛製成，即所謂「裙拖六幅瀟湘水」（李群玉詩）。帔又名帔帛、帔子，像一條很長的

1　　2

圖3-22　唐代著胡服的女子
1. 陝西富平唐房陵大長公主墓壁畫
2. 山西萬榮唐・薛儆墓石槨線刻畫

大紗巾，它是從西亞通過佛教藝術的仲介傳入中國的（圖3-24：3）。

唐代前期，女裝中出現胡服，以翻領缺胯袍和長袴相搭配；不過許多女子更喜歡穿具有女性色彩的條紋袴和線鞋（圖3-22）。翻領袍與唐代男子常服中的圓領袍相近，所以也有穿圓領袍裹襆頭的。給使內廷的宮人常作此種裝束，稱「裹頭內人」。《通鑒》興元元年條胡三省注：「裹頭內人，在宮中給使令者也。內人給使令者皆冠巾，故謂之裹頭內人。」所謂「裹頭」，即裹襆頭。如果不著眼於頭上裹的，只看身上穿的，則稱她們為「袍袴」。唐・薛逢《宮詞》：「遙窺正殿簾開處，袍袴宮人掃御床。」「袍袴宮人」即「裹頭內人」，是執雜役的宮女。而宮廷之外，官宦人家的侍女也有著男裝的，也被喚作「袍袴」。唐・張鷟《朝野僉載》說：「周嶺南首領陳元先設客，令一袍袴行酒。」唐傳奇《李參軍》說，一老人「著紫蜀衫，策

圖3-23　唐畫中所見「袍袴」（著男裝者）

1. 陝西乾縣唐永泰公主墓石槨線刻畫
2. 陝西富平唐・李鳳墓壁畫
3. 陝西禮泉唐新城長公主墓壁畫

鳩杖，兩袍袴扶側」（《太平廣記》卷四四八引）。但何以知行酒的和攙扶老人的「袍袴」不是男僕呢？對此，傳奇小說中也有交代。《李陶》稱他在「睡中有人搖之。陶驚起，見一婢袍袴，容色甚美」（《太平廣記》卷三三三引）。明言「袍袴」即婢女。唐墓的壁畫和線刻畫中的女子，一般都是著裙衫者居前；著男裝的「袍袴」手捧器物隨從於後，身分顯然較低。在這類場合中，極少由「袍袴」或著胡服的女子領頭的。圖3-23所舉之例是人數不多的

圖3-24　唐代女裝加肥的趨勢（1、2.初唐　3、4.盛唐　5.中唐　6、7.晚唐）
1. 莫高窟375窟壁畫
2. 永泰公主墓壁畫
3. 莫高窟205窟壁畫
4. 莫高窟130窟壁畫
5. 莫高窟107窟壁畫
6. 莫高窟9窟壁畫
7. 莫高窟192窟壁畫

幾則。畫面上假若出現一列婦女，如在懿德太子墓、節愍太子墓等處所見者，安排亦莫能外。有人認為唐代婦女著男裝「是女權意識的某種覺醒，也是對傳統的男權社會的一種挑戰」。但這種論點在考古資料中得不到支援。安史亂後，這類裝束漸少見，傳統式樣的裙衫卻日趨肥大（圖3-24）。對唐代婦女來說，著胡服與著男裝帶來的只是便捷，並不意味著雍容華貴。「雲想衣裳花想容」，李白的這句詩才道出了她們的追求與嚮往。

宋代服裝大體沿襲唐制。但宋式襆頭內填木骨，外罩漆紗，宋人稱之為「襆頭帽子」，可隨意脫戴，與唐代前期必須臨時繫裹的軟腳襆頭大不相同。這時，皇帝和官員戴的展腳襆頭，兩腳向左右平直伸出，可長達數尺（圖3-21：9）。身分低的公差、僕役等，則多戴無腳襆頭。在《清明上河圖》中，各色人物的服裝頗不一致，有戴紗襆著袍的官員，有戴頭巾的儒生，也有穿短衣的勞動者，而且勞動者的服裝彼此也有所不同，可能就是《東京夢華錄》說的「其士農工商、諸行百戶，衣裝各有本色，不敢越外」的情況的反映了。

宋代婦女也穿裙和衫，但已不施帔子。與唐代不同的是，這時的衫多為對襟，覆在裙外。宋代的裙較唐代窄，有的有細褶，「多如眉皺」。特別是由於宋代出現了纏足的陋習，更使她們顯得纖弱。纏足始於五代時，然而直到北宋神宗以前，纏的人並不多。對於一種要付出如此痛苦的代價的化妝術來說，當其方始萌動之初，假若沒有名家賣力熱捧，很難形成氣候。而最先出面歌頌纏足的大牌人物就是蘇東坡。他說：「塗香莫惜蓮承步，長愁羅襪凌波去。」「纖妙說應難，須從掌上看。」追隨蘇東坡的秦少游有「腳上鞋兒四寸羅」、黃山谷有「從伊便窄襪弓鞋」之句。南宋時，纏足在貴族婦女中已相當普遍。蕭照《中興禎應圖》中的婦女，都是一副怯生生的姿態，其身心已明顯地受到纏足的戕害。這幫「蘇門學士」，欠下了從北宋末到民初之漢族婦女一筆還不清的債。

元代的統治者是蒙古貴族。蒙古男子均將頭髮剃成「婆焦」，即將頭頂的頭髮剃去，留一綹在額前，兩側的頭髮綰成小辮編作鬟形垂於兩旁，名「不狼兒」。也有「合辮為一，直拖垂衣背」者。所戴之帽圓形的名鈸笠，方形的名瓦楞帽，俗稱都叫韃帽（圖3-25）。身上所著之袍在腰間有辮線，下身有褶，名辮線襖子。高官貴冑之衣常有以「納石失」（波斯語nasich的對音，即織金錦）製作的。本來兩宋甚至更早時已有撚金錦（見周必大《親征錄》，周煇《清波雜誌》），但產量小，只是絲織工藝中的一股涓涓細流，元代卻出現了一個洪峰；不僅絲織物加

圖3-25　剃婆焦與戴韃帽的元代男子，據元至順本《事林廣記》

圖3-26　顧姑冠，托雷汗的後妃

金，毛織物也加金，叫毛段子。不僅統治者的服裝加金，三品以上官吏的帳幕也使用加金織物。納石失隨著元政權興盛了近一百年，它曾通過遊歷家馬可波羅的眼睛，給全世界留下了一個金色的印象。元代蒙古裝冬季多著翻毛皮衣，名「答忽」。貴族婦女戴顧姑冠（亦稱罟罟、姑姑或罟冠），它由三部分組成：頭頂上是一個小兜帽，將髮髻塞入其中，以纓繫於頷下。兜帽下面圍抹額，多用帶花紋的絲羅製成，名「速霞真」。兜帽頂上立一個中空的圓筒，但頂端接近方形。它可以用樹皮捲成胎骨，或編竹篾為胎，也有用鐵絲結成的；外覆皀褐或紅綃。此物高高聳起，極惹眼。其高度或稱一尺（楊維禎《竹枝歌》），或稱一尺五寸（朱有燉《元宮詞》），或稱二尺許（丘處機《長春真人西遊記》，鄭思肖《心史》），或稱三尺許（孟珙《蒙韃備錄》），或稱一厄爾（合1.14米，見柏朗嘉賓《蒙古行紀》）。它的頂端再插鶡雞翎子。拉施特於13世紀所著《史集》的插圖中所繪拖雷汗的後妃們，其顧姑冠頂上都插有很長的翎子（圖3-26）。冠上的翎子原來很受重視，顧姑在蒙語中的本意即指「頂毛」而言（見《御制滿珠蒙古漢字三合切清文鑒》卷二九）。後來在圖畫中看到的顧姑冠，卻不知為何常將這一部分略去。現實生活中除蒙古貴婦外，漢族婦女沒有戴顧姑冠的。元初曾要求在京士庶均開剃為蒙古裝束，大德以後則各任其便。所以元代的漢族、尤其是居住在江南的漢族即所謂「南人」的服裝與宋代基本相同。

明朝建國後，下令禁穿胡服，要求衣冠悉如唐制。所以唐代之法服與常服並行的現象又得到恢復。不過在這時的觀念中，常服與胡服有關的歷史因緣已經在記憶中淡出，明朝人認為他們的公服常服都是「上國衣冠」，並不帶任何外來的氣味。實際上當時西方也沒有哪個國家的服裝式樣與之相同。明朝的法服大體與唐制接近，只是將進賢冠改為梁冠，又增加了忠靖冠等冠式。明的公服即官服亦用襆頭和圓領袍，但這時的襆頭外塗黑漆，腳短而闊，名烏紗帽；無官職的平民絕不許戴。公服除依品級規定服色外，還在胸、背各綴補子（襨子）。補子是表示官階的一種紋章，文官標以鳥，武官標以獸，諫官用獬豸，公侯、駙馬則用麒麟、白澤。如官員有特殊的功勳，可在本色補服之外加賜蟒、飛魚、鬥牛等袍服。蟒是四爪的龍（龍為五爪），飛魚為有鰭的魚尾之蟒，鬥牛則在蟒頭上增加兩個彎曲的牛犄角。這類袍服有類皇帝穿的龍袍，故

圖3-27 辮線襖子與曳撒
1. 元代的辮線襖子，據元刊本《事林廣記》
2. 明代的曳撒，山東鄒縣明・朱檀墓出土

極尊貴。明代公服上的腰帶也很講究，一品帶銙用玉，二品用花犀，以下用金、銀、烏角，各有等差。所以「蟒袍玉帶」就成為這時之大官僚最顯赫的裝束。士人常穿曳撒或直掇。曳撒的前襟分兩截，中腰有橫褶，下有豎褶，還保留著若干元代辮線襖子的遺風（圖3-27）。直掇則直通上下，無襞積，又名道袍。蘇轍詩：「更得雙蕉

1

2

縫直掇，都人渾作道人看。」可見這種服裝北宋時已開始流行。明代中晚期世風侈靡，認為直掇過簡，宴集多衣曳撒。他們戴的頭巾沿襲宋制而有所改易，一般均「直方高大」，被人戲稱為「頭上一頂書櫥」（清・胡介祉《詠史新樂府》）。明初的四方平定巾通體光素，後來巾上增加披幅。有只在前部加披幅的，如純陽巾；有在後部加披幅的，如周子巾；有前後都加披幅的，如羲之巾、華陽巾等（圖3-28）。勞動人民平日穿短衣，戴小帽或網巾。

明代婦女的衣裙雖與宋元相近，但內衣常有小高領，在頸部結以紐扣。外衣較長，繡領下部互相掩合之處有的綴以金銀或玉製的領墜。衣外再加雲肩、比甲（無袖之長背心）。裙則有馬面裙、百褶裙等。髮髻的式樣亦極繁複，且常於髻上加髮罩，名鬏髻。除頭髮鬏髻、縐紗鬏髻外，用金銀絲編結的鬏髻這時也不罕見。

滿族入關以前，服裝以「（紅）纓帽箭衣」為特點，與明朝之「方巾大袖」（士人）、「紗帽圓領」（官員）有顯著區別。入關之初，曾一度允許漢人仍著明裝。順治二年攻克南京後，乃頒《嚴行薙髮諭》，令「官民俱依滿洲服飾，不許用漢制衣冠」。甚至說：「遵依者為我國之民，遲疑者同逆命之寇。」這一規定對漢族人民在心理上引起的衝擊很大，各地均發生反抗，有許多人被殺。在傳統的法服中長期保留下來的衣、裳、冠、冕至此時被完全廢除。著裝上的這一巨變，與戰國晚期至西漢時之改著深衣、長袴；南北朝晚期至初唐時之創製襆頭、改著圓領缺胯袍；和後來於20世紀前期之改著西式服裝，可以算作中國服裝史上的四次大變革。

清代的官服在袍外著開襟之朝褂，比袍略短，一般為

圖3-28　明代的頭巾（左：正面　右：背面）（均據明刊本《汝水巾譜》）
1. 東坡巾（無披幅）
2. 純陽巾（只有前披幅）
3. 周子巾（只有後披幅）
4 華陽巾（有前、後披幅）

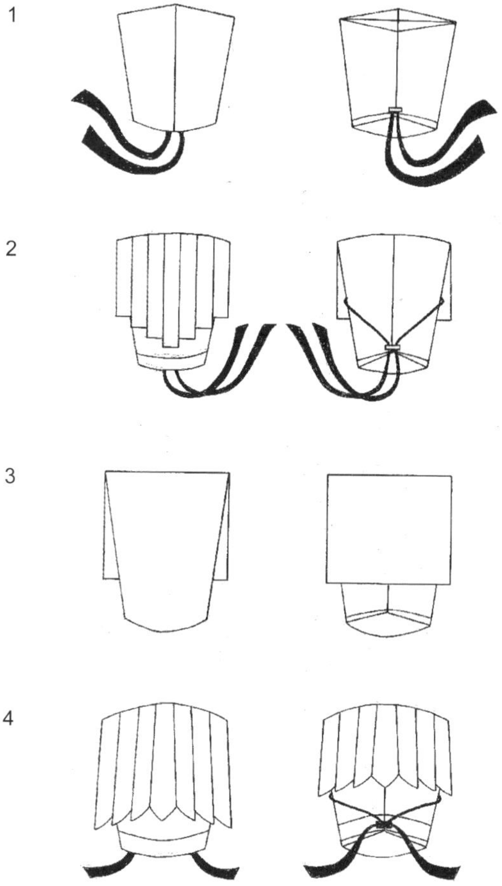

石青色。胸、背亦綴補子，但比明代的小。圖案與明代類似，只是明代文官的補子上有兩隻鳥，清代減為一隻。由於朝褂開對襟，所以胸前的補子被分割成兩半，因而上面的鳥不得不身首異處，有點顧此失彼。由於清代官服無品色之制，所以除補子外，又用帽頂來區別品級。一品裝

紅寶石帽頂，二品珊瑚，三品藍寶石，四品青金石，五品水晶，六品硨磲（一種南海產的大貝的殼），七品素金，八、九品花金。武官中之親貴及有軍功者，還賞戴花翎，有單眼、雙眼、三眼之別。因此清代的「頂戴花翎」就和明代的「蟒袍玉帶」一樣，最為官僚所關注。

清代女裝分滿、漢兩式。因為清初頒薙髮令之際，對漢族女裝的觸動不大，故當時有「男從女不從，生從死不從，老從少不從，倡從優不從」之諺。順治二年與康熙元年、三年雖曾禁止漢女纏足，但並未嚴格執行，至康熙七年又開禁了。所以清初漢女仍著明裝，上身穿衫、襖，下身束裙。清代後期則易裙為褲；而且在袖口、褲腳等處重複地鑲邊，名「滾鑲」，甚至有「衣身居十之六，鑲條居十之四」者。

清代滿族婦女著旗裝，她們不纏足，不束裙，皆穿旗袍。或外加坎肩，有對襟、一字襟、琵琶襟、大襟等形制。乾隆以後，滿族婦女開始穿高底鞋，即在鞋底當中裝木跟，高約四五寸，上寬下圓，名「花盆底」。較扁較矮的稱「元寶底」。清初滿女辮髮攏於額前，再中分向後，外纏包頭布。後來梳平髻，名「一字頭」。咸豐以後梳「兩把頭」。先將頂髮紮成頭座，再插上鐵絲擰成的髮架（架子），將兩邊的頭髮在架上交叉綰起，上邊用一根叫「扁方」的大簪子別住。兩把頭前面戴花朵：包括當中的「頭正」，左邊的「扒花」和右邊的「戳枝花」。背後則插「壓鬢花」。並在側面垂流蘇：一側垂紅色流蘇的為已婚，垂黑紫色的為喪偶，兩側皆垂紅穗子的為未婚少女。晚清時又用布袼褙外敷黑緞或黑絨做成兩把頭的形狀固定在頭座上，比真髮髻顯得更端莊、更有氣派。故旋即流行開來，俗稱「大拉翅」。

辛亥革命以後，長袍馬褂雖繼續存在，但中山裝、學生裝、西裝等日益流行；婦女穿的旗袍也與清代的式樣拉開距離。中國服裝逐漸與世界主流風尚趨同，進入了一個新的時期。

四　建築與傢俱

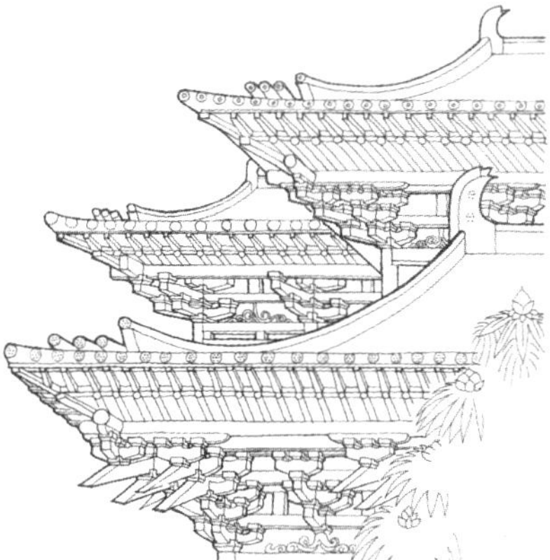

中國人蓋房子，俗稱「大興土木」，這個說法是有歷史來由的。所謂土，指夯土也就是版築；所謂木，指木構梁架。以前有些大學的建築系就叫土木工程系。然而到了現在，建築中不僅土（夯土）不見蹤影，木也退居次要地位了。

上古時代中華文明的中心在黃河流域，這裏有很厚的風成黃土層。但在黃河中上游濕陷性黃土地區，建築房屋必須先將地基夯實。仰韶文化時期已經出現了經過夯打的居住面，有了夯土；應用到地面以上，就發明了版築。同一時期的北非和西亞卻只有泥磚，而沒有版築。版築是中國古代建築技術中之獨特的長項。但當時的房子多為半穴居形式，地上部分以木骨泥牆居多。所以在原始社會的居住址中較少看到版築的牆，而城牆卻有這樣的實例。不過最早的城牆也還不是夯築而是堆築的，它是環壕聚落挖溝堆土的副產品。湖南澧縣城頭山大溪文化城址，平面略呈圓形，城外有壕溝，城牆則是在地面上堆築而成。北方龍山文化的城址則不然，多為夯築。黃土加壓，破壞了其自然狀態下的毛細結構，形成密度較大的夯土，從而產生一定

圖4-1　河南新密古城寨龍山文化時期的夯土城牆

的防潮性，又獲得較高的強度。並且黃土還具有直立性的特點，城牆可以築得相當陡。河南新密古城寨龍山文化時期的夯土城牆可以為例（圖4-1）。

版築施工，須先立兩邊擋土的長板，即所謂版。堵在兩端的木柱則名楨。為了防止擋土板移動，在板外立樁，名榦。並繞過兩邊的樁用繩子將板縛緊，此繩名縮。夯完以後，砍斷縮繩，拆去牆板，這道工序叫斬板。日後，壓在夯層間的縮繩朽失了，就留下繩眼。如用插竿，就留下插竿洞。夯築就地取材，相對說來是最省工料的建築方式，而且其堅固程度超出想像，在考古工作中，幾千年前的夯土並非罕見之物。

《詩・大雅・綿》描寫了先周時期古公亶父來到周原創業、建立都邑的情形。詩中對版築時的情況是這樣說的：

其繩則直，縮版以載，作廟翼翼。

捄之陾陾，度之薨薨，築之登登。

削屢馮馮，百堵皆興，鼛鼓弗勝。

施工場面是如此歡快、熱烈。當時打夯的人是唱著歌幹活的（《荀子・成相》、《左傳・宣公二年》）。鼛鼓是特大型鼓。《周禮・地官・鼓人》說：「以鼛鼓鼓役事。」然而「眾聲並作，鼛鼓之聲轉不足以勝之」（俞樾《群經平議》卷一）。總之，工地上興高采烈，即所謂「庶民攻之，不日成之」（《詩・大雅・靈台》），一座大建築沒幾天就完工了。

我們常常感慨唐代以前沒有留到今天的大建築物，在西漢長安、東漢雒陽等都城遺址中，也只能看到一些夯土台基。不像古埃及、古羅馬有那麼多壯麗的石構大建築保存至今。比如開羅以西基薩地方的大金字塔，高147、底邊長230米，用石材約三百萬塊，平均每塊重二噸左右，整座金字塔重約六百萬噸（圖4-2）。基薩本地不產石材，這六百萬噸石頭要從外邊運來。據希羅多德記載，僅是為了鋪設運材料的道路，就用了十萬人，花了十年時間。建金字塔，又用了十萬人，花了三十年的時間。建築奇蹟是用這些人的巨大痛苦換來的。石材的開鑿、運輸、修砌是如此費工，假若沒有古埃及所擁有的大規模奴隸勞動，沒有極度的宗教狂熱，這種建築物是蓋不起來的。而當時處在宗法制度下的中國，情況卻大不相同。相對地說，這裏的社會要較和諧一些，暴力壓迫較少些，迷信程度較淡些，沒有理由也沒有可能為一位已故的領袖建造高大到如此驚人的地步的墳墓。古代中國雖然也有一些石塔、石牌坊之類，但石構建築始終不占主要地位。故宮三大殿前後

圖4-2　埃及基薩大金字塔近景

的御道石，長16米，重二百餘噸，產自河北曲陽。用兩萬人拉，每天只能前進五里，近三個月才運到北京，耗費白銀十一萬兩；而古埃及的奴隸拉石頭是不給錢的。

誇張點說，版築即打夯土是瞭解中國上古建築的一把鑰匙。中國古建築的三段式結構——台基・牆面・屋頂，都和版築有不解之緣。台基是從夯地基發展起來的，夯得愈厚愈高，就愈防潮；於是產生了高台基。牆面不必說，屋頂也和夯土有關連。上古的屋頂一般並不像火柴盒那樣，只是六面體的一個面。而是追求「如鳥斯革，如翬斯飛」（《詩・小雅・斯干》）的效果。革原作「䩐」，為飛鳥張翅膀的樣子。這兩句詩是形容屋頂呈人字形，出簷深遠。為什麼要伸展出這麼長的屋簷呢？主要是為了保護夯土牆不受雨淋。因為夯土在乾燥的時候很結實，可是就怕淋雨。在戰國銅器的刻紋上，看到有的屋簷比牆的高度還長；夯土牆躲在屋簷下接受庇護（圖4-3）。不過說這話要加一點限制，夯土牆主要流行在雨量不甚豐沛的北方黃土地帶；南方亞熱帶多雨，而且紅壤的直立性差，所以古代這一地區多為干闌式建築，夯土的使用範圍要小些。

出簷深遠雖然保護了牆面，可是也遮擋光線，致使屋內昏暗。所以到了漢代就看到在屋面上有一階跌落，類似小重簷。因為對於進深較大的殿堂說來，屋頂中間作一次分段處理，下段的坡度可以緩和一些，從而不致使簷口過分低垂。南北朝後期，隨著生起、側腳和翼角起翹等做法的流行，屋頂也出現了轉折的弧線。到了唐代，凹曲形的「反宇」式屋面就固定下來了。屋面的凹曲是由梁架的托舉方式形成的；進一步說，是由於凹曲形屋面的需要，而選用了此式梁架。當凹曲形屋面行世後，簷部可以加長而

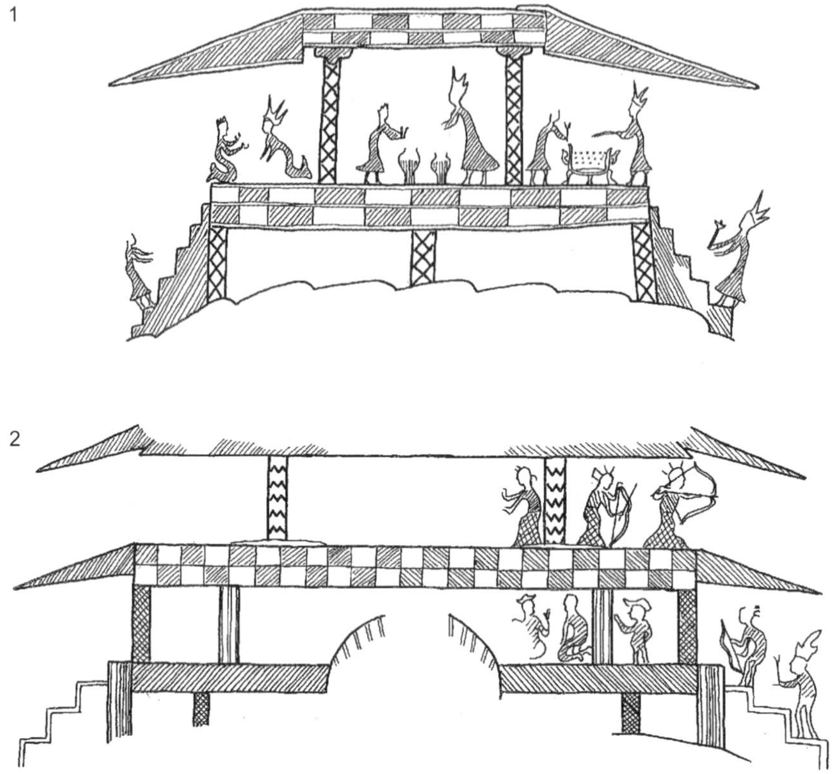

圖4-3　戰國銅器刻紋中的建築物
1. 上海博物館藏銅器
2. 北京故宮博物院藏銅器

傾斜度卻減小，不僅保護牆面，對採光、通風都有好處。

梁架靠柱子支撐。陝西岐山鳳雛村西周早期建築基址的柱子，還沒有形成完全對稱的柱網，左右側產生錯動，說明當時還沒有把梁和柱子真正組合在一起；甚至這座建築可能根本沒有梁，只有檁。春秋、戰國以後，梁、柱有了更緊密的結合。同時為了加固，又在夯土牆中增設壁柱和壁帶；在壁柱、壁帶的連接點上，有時還裝有金屬套箍——金釭（圖4-4）。這類加固了的牆顯然有承重的功能。漢代北方地區的建築物，後牆和山牆多為承重牆，前簷才用簷柱。有些建築的牆極厚，漢長安城武庫之第6號基址，四面牆均厚約6米；雖然有保衛軍事設施的用意，但同時也是安全係數極高的承重牆。

不僅夯土牆可用於承重，夯土墩台起的作用也非同小可，高層建築起初就是靠夯土台為依託。在高大的階梯形土台的頂部建廳堂，又在四周建廊屋，使這些單層或兩層的房子借助土台聯結在一起；從而呈現出有主有從的配置，也使整座建築顯得體量巨大，宛若巍峨的多層樓閣。如河北平山戰國中山王陵的王堂遺址、陝西咸陽秦咸陽

圖4-4　金釭，陝西鳳翔姚家崗春秋秦國宮殿遺址出土

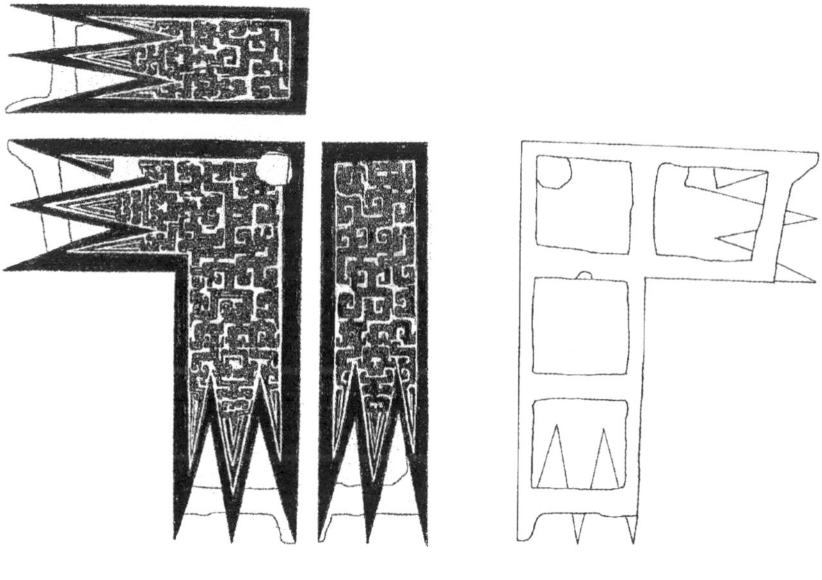

宮1號遺址、西安西漢明堂辟雍遺址等，復原後都屬於這種類型（圖4-5）。雖然自東漢以來，木構架技術漸趨成熟，但如洛陽北魏永寧寺塔這樣一座當時全國最高大的建築物，仍然是土木混合結構。此塔方形，每面九間，高九層。中心五間全用土坯砌成實體，據遺跡測量，約為20米見方。土坯體當中以密集的十六根柱子構成中心柱束，並

圖4-5　河北平山戰國中山王陵享堂復原圖（據楊鴻勳
1. 外觀
2. 剖面

1

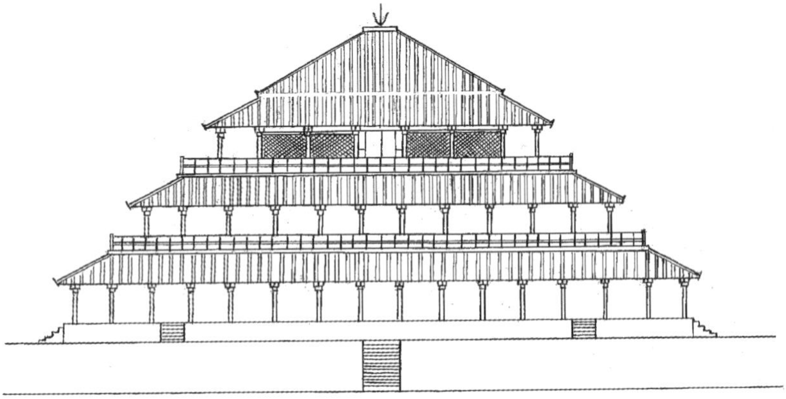

2

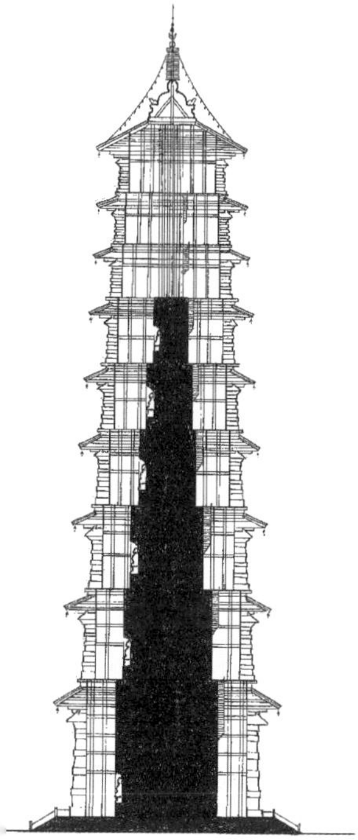

圖4-6　永寧寺塔復原圖（據楊鴻勳）

鋪入水平紝木，土坯體外表再用木板貼面；非常堅固。土坯體可能只砌到塔的第六或七層，再往上由中心柱支撐（圖4-6）。以它們為依托，這座塔達到了空前的高度。《洛陽伽藍記》說它「舉高九十丈」，《水經注・谷水》說它「自金露盤下至地四十九丈」；《魏書・釋老志》說它高「四十餘丈」。一北魏尺為30.9釐米，九十丈合278.1米，當無此可能。姑取《魏書》所記之值，折合今制也在130米左右。比號稱中古世界七大奇觀之一、明初用琉璃磚砌成的南京大報恩寺塔（高三十二丈九尺四寸九分，約合100 米），還高30米。在高大的木結構中以中心柱為支撐的作法，即便到了唐代也未過時，不過已不用土坯體，改用大木柱。武則天時所建明堂高二百九十四尺（約合86米）。「中有巨木十圍，上下通貫，栭櫨樘㮰，藉以為本」（《舊唐書・禮儀志》）。唐代的木塔也是如此，塔中有塔心柱（也叫剎柱，因為它一直穿出塔頂，在上面裝塔剎）。此種實例國內已不存，但在日本尚有遺跡可尋。建於奈良時代的法隆寺五重塔（圖4-7）、法起寺三重塔、藥師寺東塔等木塔，塔中都有高大的剎柱。前二者多認為尚帶有飛鳥時代後期，即相當於中國隋代或更早的作風。但藥師寺東塔已是天平二年（730年，開元十八年）所建，唐代前期之木塔的形制完全可以用它作比照。

隨著磚瓦的使用和屋架結構的逐步完善，夯土的使用範圍漸次縮小，但在很長的時期中，城牆仍為夯築。河南偃師屍鄉溝商城，為早商時的都城，城牆基部寬約18—19米。施工時先下挖基槽，將槽底夯實後，再分層夯築，夯層厚度僅為8—12釐米，相當結實。城外四周環繞護城壕溝，開口寬約20米，深6米左右；這就是古文獻中所說的

「池」。中國古諺：「城門失火，殃及池魚。」所謂「池魚」，是指城壕裏的魚，而不是指一般池塘裏的魚。城和池從它們在中國最初出現的時候起，就是互相聯繫在一起的。為了增強防禦能力，春秋時已在城牆頂上增築雉堞。雉堞就是城垛口，古代也叫埤堄，最早見於《左傳・宣公十二年》。《墨子・備城門》說：「五十步一堞。」則這時的城垛還比較稀疏。然而卻有了用轆轤控制升降的「懸門」，和在城壕上裝設的「發梁」（可起落的吊橋）；亦見《備城門》。戰國晚期又有了城門樓。《漢書・陳勝傳》中稱之為「譙門」，顏師古注：「譙門，謂門上為高樓以望者耳。」長沙馬王堆3號墓所出西漢初年長沙國南部駐軍圖，其指揮中心「箭道城」上就畫出了三個城門樓。同時，建築在城角處的角樓也在箭道城上出現了。城角是版築的接合部，是薄弱環節，須加以強化。《考工記・周人明堂》：「王宮門阿之制五雉，宮隅之制七雉，城隅之制九雉。」雉是度量夯土城牆的基數。「五版（版指夯築時的擋土版，高約三尺）為堵，五堵為雉」（《詩・鴻雁》鄭箋）。因知城角遠比他處為高。《詩・靜女》：「靜女其姝，俟我于城隅。」和平時期青年們就選擇城角這個僻靜地方來約會了。又《說苑・立節》說杞梁妻聞杞梁戰死而哭，以致「城為之阤而隅為之崩」。「大曰崩，小曰阤」（《國語・周語》韋昭注）；城言阤而隅言崩，說明城角不僅高，而且夯築得更堅固。

也就在漢代，開始出現了包磚的城牆。考古工作者在四川廣漢東漢雒縣遺址發現過一段磚城牆。《水經注・濁漳水》說：「鄴城表飾以磚。」用磚包砌城牆的前提是製磚業的發達。中國的磚在西周時已出現，起先只是些鋪地的薄磚，當時怕它鋪在地上會滑動，還在磚背四角做出四

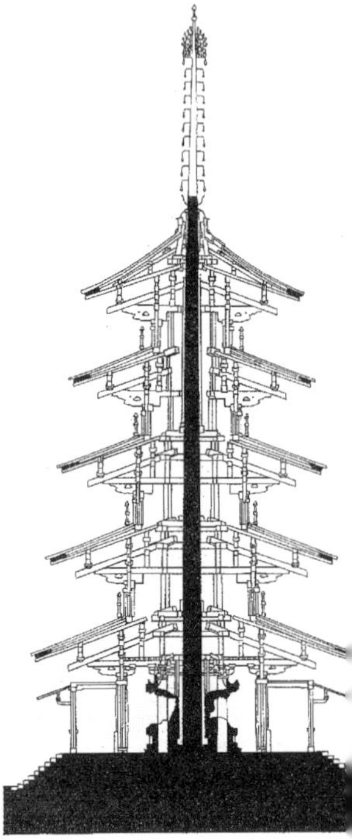

圖4-7　日本奈良法隆寺五重塔剖面圖

個陶榫。西漢的磚種類增多，除鋪地磚外，有空心磚、異形磚、畫像磚等。雖然其中有的藝術水準相當高，但製磚業的主流是造出長、寬、厚之比接近4：2：1，在砌牆時便於組合搭接的條磚。這種磚問世後，其生產規模乃迅速擴大。遼寧遼陽三道壕西漢村落遺址中發現的磚窯，按當時的技術水準估算，每年約可生產條磚六十萬塊。條磚規格的定型和產量的增加，遂使用磚包城的設想有了實現的可能。儘管如此，唐代的都城長安仍是一座夯土城。政治中樞大明宮宮城也是夯土牆，只在城門墩台和城角處用磚包砌。而唐代東都洛陽的宮城和皇城卻內外均包以磚，顯示出它的富庶繁華和地位的顯要。五代時也有一些磚城，如王審知修築的福州城，「外甃以磚，凡一千五百萬片」（黃滔《黃御史公集》卷五）。宋代磚城漸多，如揚州、楚州、廣州和成都等地都修了磚城。但首都汴梁仍然是夯土城牆，也仍然只將門墩和城角包磚。《清明上河圖》中將城門和城牆畫得很清楚。不過由於北宋前期百年無戰事，「垂髫之童，但習鼓舞；斑白之老，不識干戈」（《東京夢華錄》）。城防廢弛，特別是汴梁的內城（裏城）「頹缺弗備」（《宋會要輯稿・方域》），故圖中的夯土城牆上雜樹叢生（圖4-8）。甚至有些學者竟認不出畫的是城牆，以為「城門不見連有城牆」（木田知生《宋代開封與張擇端〈清明上河圖〉》，《史林》61卷5期；楊寬《中國古代都城制度史研究》第342頁）。其實到了元代，大都城仍是夯土城牆；只是為了加固，在夯土中埋設了永定柱（豎柱）和紝木。其北垣至今仍叫「土城」。但已發掘出來的大都和義門墩台則包磚，估計其總體的規格當與宋汴梁的外羅城相近。大都的宮城據《輟耕錄》記載已是「磚甃」。不過用磚

圖4-8　《清明上河圖》中所見城牆與城門（圖中下方雜樹叢生處即城牆）

包砌城牆，工程浩大，從它的開始出現到全面推廣，經歷了很長的時間。明初修北京城時，也只在城牆外側包磚，到了正統年間，才將城牆內側包磚。至清代，縣城以上的城牆多為磚表土心，只用夯土築成的土圍子則很少見了。

以上說的是築城。建造房屋時，由於使用夯土已形成傳統，而且夯土牆內又用壁柱、壁帶等構件加固，所以古代建築對用磚牆承重的要求並不迫切。在發掘洛陽漢河南縣城時，所見西漢民居還是半地下式的，只在壁柱穴底部墊有小磚。這裏之東漢的地面建築也用夯土牆，牆厚1.2—1.8米，其中有26×26釐米的磚柱，應為木壁柱的代用品。直到唐代，長安大明宮麟德殿東西牆仍為厚約5米的夯土牆。可是在修建墓室時，用磚卻能解決木槨不耐久的問題。西漢早期已有用空心磚砌成的墓室，西漢中期出現了用條磚砌成的券頂磚室墓。起初用並列法起券，各條磚券僅扶靠在一起。西漢晚期改用縱連券，券頂之磚亦錯縫，使各條券在縱橫兩個方向上均互相嚙合，堅固程度大為提高。東漢時，條磚墓迅速推廣，前室穹窿頂、後室券頂成為習見的形式；起拱券的技術已比較熟練。磚、石的砌法相通。但後來除了造橋以外，磚石建築多用於墓葬或宗教方面的塔、幢之類，服務於地下世界或鬼神世界；世間的住宅、廳堂乃至宮殿，仍沿用土木結構。歷時既久，遂認為前者帶有陰氣。站在南京靈谷寺用磚券構築的高大的無梁殿內，就彷彿走進了定陵地宮一般。更有甚者，有些磚石建築反而仿照木結構的作法。那些在墓室內部做成模仿生前居室之形的，還可以理解。可是磚石塔也往往模仿樓閣砌出門窗、梁枋、平座、斗栱、挑簷等，未免失之造作。不過它們都是附加的裝飾，不影響塔身的結構。而石牌坊則不然，它的柱和枋也是用榫卯連接的，完全按照木結構的方式處理；這就違背了石材的特性，易致殘損。特別像山西五台山龍泉寺裏的那類石牌坊，模仿木構簡直不遺餘力，枋子上的斗栱前後出跳以承托簷檩，額枋下有掛落，甚至中央開間還增加了極不適合石結構用的垂花柱；等於是一座拿石頭雕刻的木牌坊模型（圖4-9）。這些做法頗不利於磚石建築的正常發展。在西方的壁式建築中，自從古羅馬人發明了石拱券之後，筒形券、十字拱和穹頂隨即出現。中世紀以來，肋拱、帆拱、棱拱等做法盛行，一些大教堂內部就像是用拱券譜成的交響樂。而中國建築師卻並不注重發揮拱券的作用，以致與壁式建築日益分道揚鑣。

所謂壁式建築，即以牆壁承受屋頂之重。中國古建築起初也用壁式，後來主要採用樑柱式結構，可以不用承重牆。一棟房子，拆了牆，成為亭子，照樣立在那裏。到了漢代，木構架的幾種基本形式：抬梁式、穿逗式、干闌式和井幹式均已定型。其中抬梁式構架可以根據設計需要加以處理，所以使用得更加普遍。穿逗式構架是一種檩—柱結構體系，每條檩下均有柱，柱間再以穿插枋相聯繫。由於柱間距就是檩間距，故柱子較密。但柱徑無須太粗，籌建時不必準備大料（圖4-10）。干闌式構架的特點是採用立柱將房屋下部架空，上部用抬梁式或穿逗式均可；潮濕多雨的地區採用此式構架的較多。井幹式構架則是將長木兩頭開榫，組合成木框，再疊合成牆體；轉角處的木料相交出頭，和「井上四交之幹」（《漢書・枚乘傳》顏注引晉灼）的形狀相似，故名。這種形式的構架耗材量大，用的不廣。漢武帝時建章宮中有井幹樓。其他實例多見於雲南出土的滇國銅明器中。

圖4-9　山西五台山龍泉寺石牌坊

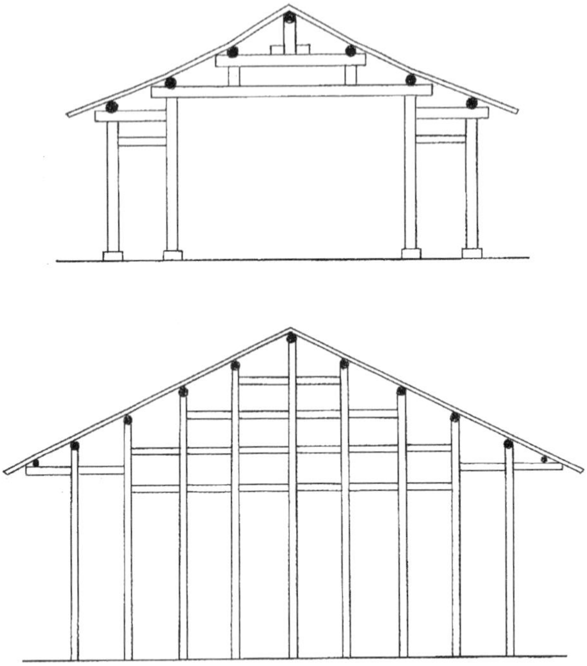

圖4-10　古建築中常用的木構架
1. 疊梁式構架
2. 穿逗式構架

採用抬梁、穿逗、干闌等構架時，屋頂的重量最後都落到柱子上，於是在檁、柱相接處使用斗栱，以分散這裏受到的剪力。此外，斗栱還可用於外簷、內簷、樓層平坐乃至天花藻井等處。不過其最主要的用途還是作為簷部的懸挑構件，用來加大出簷的深度。起初，這些作用分別由裝在柱頭上的櫨斗和自擎簷柱演變成的斜撐（插栱的前身）承擔。櫨斗見於西周早期的矢令簋，插栱則要到戰國時才在中山王墓出土的銅龍鳳案座上看到。漢代的斗栱先是用平疊栱（也叫實拍栱），有一斗二升的，也有一斗三升的。平疊栱所用之斗多為平盤式，不開槽口，其自身以及

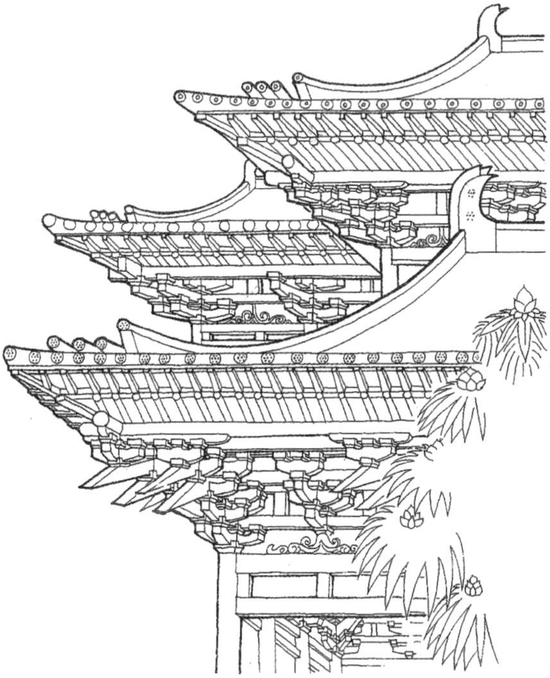

圖4-11　莫高窟172窟壁畫中所見唐代斗栱（據蕭默）

它和柱子的結合均不夠緊密，經受不住較大的水準推力。後來採用欒形栱；欒是一種兩端翹起略似弓形的構件。它所裝的斗大都開槽口，整朵斗栱通過榫卯咬合在一起，性能比平疊栱大為改進。欒形栱可以左右牽掣為交手栱，也可以上下重疊為重栱。不過由於各地的技術水準與風格好尚之不同，各式斗栱在遺物中往往同時並存；直到漢末，還能看到使用結構不夠完善的平疊栱之例。

就挑簷的功能而論，華栱即出跳（清式叫翹）所起的作用最直接。在北魏遷洛後開鑿的龍門石窟古陽洞內的佛殿雕刻中已出現華栱，北齊天統間所鑿河北邯鄲南響堂山第1、2窟窟簷的櫨斗上且出兩跳華栱。初唐建築一般也只出一、二跳，但盛唐時的敦煌莫高窟172窟壁畫中所繪殿堂，外簷轉角處卻已裝有出四跳的七鋪作斗栱（圖4-11）。自實物所見，晚唐大中十一年（857年）建造的五台山佛光寺大殿之外簷柱頭斗栱，正是出四跳的雙抄雙下昂。它從櫨斗上出華栱二跳，第三跳、第四跳為兩層下昂。第二層下昂的後尾壓在天花（平闇）以上的草乳栿底下，通過柱頭枋，向前承挑起簷檩。這是一條起槓桿作用的長木，後尾是力點，接受從屋頂傳導下來的壓力；柱頭枋上是支點；挑起簷檩處是重點。由於有了這些設施，遂使屋簷前伸達4米許，相當於自簷口到台基面的高度的1/2。雖然就國內的古建築而言，佛光寺大殿中所看到的是下昂最早的實例，但日本之建於759年的唐招提寺金堂卻已使用下昂，間接反映出它在中國的出現應當更早（圖4-12）。不過在柱子上增加了如此複雜的鋪作層，又要懸

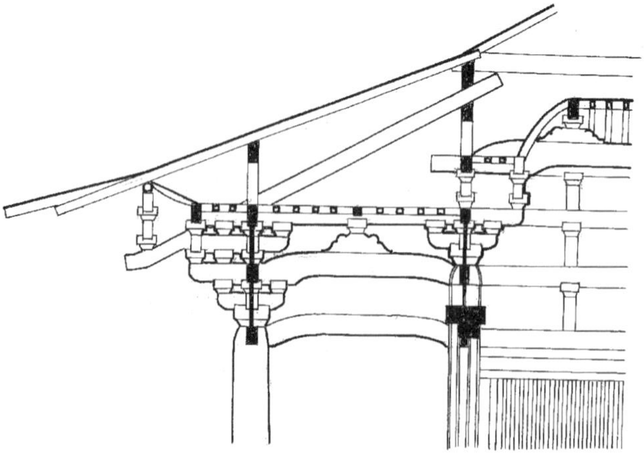

圖4-12　日本唐招提寺金堂梁架中所見下昂

挑，又要外探，而且各個部件之間都是用交搭插接的方法拼綴起來的；所以必須在加強屋架的整體性方面下工夫，否則建築物的穩定將無從談起。而在這方面，佛光寺大殿也給我們提供了很好的實例。

中國唐代的木結構建築保存至今的只有四座，屬於《營造法式》所稱殿堂型的只有佛光寺大殿一座。其他三座：山西五台南禪寺大殿、平順天台庵正殿、芮城五龍廟正殿均屬廳堂型，等級要低一檔。佛光寺大殿面闊七開間（34米），進深八架椽（17.66米），單簷廡殿頂。殿身的柱網由內外兩圈高度相等的柱子組成，將室內平面分成內、外槽，《法式》稱之為「金廂斗底槽」。兩圈柱子上以四五層柱頭枋構成井榦式的剛性方框，使它們互相牽合起來。而內外柱之間則用明乳栿和草乳栿連接。明乳栿的兩端且分別插入外簷柱頭鋪作和內槽柱頭鋪作，成為其中的第二跳華栱。從而鋪作層和柱網乃聯結在一起。在這座殿堂裏，兩圈柱子所分割出的內、外槽，是兩個用途和面貌都很不相同的部分。外槽柱和內槽柱當中只有一間的距離，兩側的柱頭上各出一跳斗栱，形成了一圈較矮較窄的回廊；是信徒右繞禮拜用的環形道。內槽的空間大得多，為5間×2間，柱上出四跳斗栱，斗栱承明栿，明栿之上再以駝峰、令栱托舉起天花，使內槽空間顯得寬敞高曠；為供佛之處。由於斗栱重疊繁複，占的面積大，所以明栿看起來相對較短，殿內之叢林般的斗栱組織乃顯得更加突出。它們各司其職，各盡其用，各得其所，結構上的功能和裝飾上的效果，均發揮到淋漓盡致的程度，是中國木構建築成熟時期的典範之作。此殿屋面的坡度緩和，舉高約為1/4.77。唐宋時屋面的舉高一般不太峻峭，可以低到進深的1/5。明清時則提高到1/2左右，殿脊處甚至出現45°的陡坡，鋪瓦和站人都很困難。而佛光寺大殿則以其舒展的屋面，勻稱的柱子，深遠的出簷，雄大的斗栱，呼應搭配，構成一個有機的整體。使人感覺幽雅和雄渾這兩種氣質此殿兼而有之，的確是中國古建築中的瑰寶（圖4-13）。

佛光寺大殿雖為單層建築，但這時高層木構建築的技法也日益完善，比如山西應縣佛宮寺釋迦塔。此塔習稱應縣木塔，建於遼清寧二年（1056年），是中國也是世界上現存之最高的古代木構建築。木塔為八邊形，自基座底到剎尖通高66.67米，木構部分高51.14米。外觀五層六簷。柱網為內、外槽，在各層柱頂上均以許多道木枋連接，做法與佛光寺大殿相同。塔身內槽分為五層，底層佛壇上有高11米的釋迦坐像，上面的四層也各供佛像。但在外槽中卻增加了四個平座暗層，而且各暗層的內柱間都用不同方向的斜撐支抵，形成四層類似現代建築中之圈梁那樣的剛性環。所以此塔一共有九個結構層。同時由於設有內、外槽，使塔身成為雙層套筒式構造，其內環柱形成的筒體貫

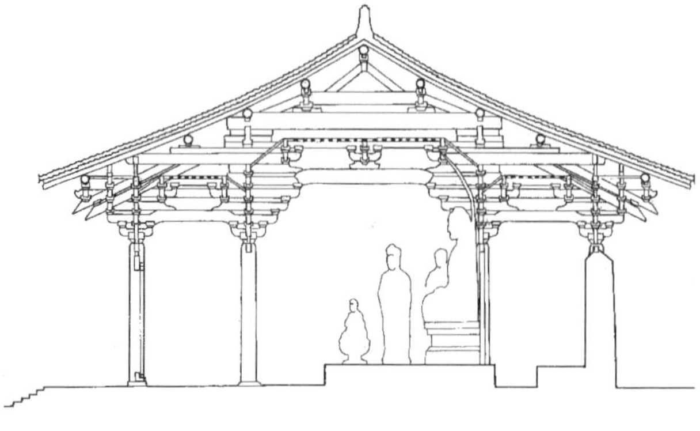

圖4-13　五台山唐佛光寺東大殿剖面圖

圖4-14　山西應縣佛宮寺釋迦塔（據陳明達）

通上下各層，等於用它取代了唐代木塔中的塔心柱。也就是說，這時已用木構架取代了既笨重又難得的巨型木柱，無疑是中國古代木結構技術的重要成就（圖4-14）。在建成後的九百五十餘年間，此塔雖歷經地震、暴風甚至炮擊之厄，卻依然屹立至今。

除了木構的高塔之外，不晚於唐代，已出現平面構成更為複雜的組合體，比如唐長安大明宮中的麟德殿就是將殿、閣、樓、亭組合在一起的一座大廈（圖4-15）。它不僅被用作禮堂，還包括大、小宴會廳及其他生活設施。在宋代繪畫如《滕王閣圖》、《黃鶴樓圖》中也能看到此類大建築（圖4-16）。它們由若干配體簇擁著中央的主體；比如將兩座歇山頂樓閣以正脊十字交叉的形式相組合，四周建起錯落有致的抱廈。內部構造雖不知其詳，但外輪廓極為壯觀，且富有個性。可是宋代人卻往往把它們看作遊覽區中的景觀建築，正式的殿堂衙署不用此制。因為建造這類大廈時，不得不面對許多新情況，像應縣木塔就使用了五十四種斗栱，並有不少獨具匠心的創造；更複雜的木

圖4-15　唐長安大明宮麟德殿復原圖

圖4-16 宋畫《滕王閣》圖

構大建築在設計過程中甚至還會出現意想不到的問題，不排除有一些必須另闢蹊徑才能克服的困難。中國古代建築走的不是這條路。崇寧二年（1103年）刊行的《營造法式》，為北宋將作少監李誡（一說應作李誡）奉敕編寫，是一部講建築技術的官書。書中將木構建築規範為殿堂、廳堂、餘屋、斗尖亭榭四類。等級最高的是殿堂。像上述宋畫中之滕王閣那樣的建築物，顯然不能歸入殿堂之列。而且書中強調的是「材一分」模數制，說：「凡構屋之制，皆以材為祖。」這時將栱的斷面的高度定為1材。但「材有八等，度屋之大小，因而用之」。主事者可依不同的建築等級與間數選定用哪種材。材高的1/15為1分。「凡屋宇之高深，名物之短長，曲直舉折之勢，規矩繩墨之宜，皆以所用材之分以為制度焉。」即無論面闊、進深、樑柱與斗栱的尺寸皆以「分」為基數。也就是說，只要確定了建築物的規格及規模，選定了用第幾等材，則其長、寬、高與木構件的尺寸皆可依此「材」之「分」的倍數求出。工匠可以按照這些現成的數值預製構件，無須反覆計算，甚至無須再畫圖紙。材—分制對於建築業固然有統一規格、簡化程序的功效；但這套制度強化了施工，卻弱化了設計。而對標準化施工方法的過度依賴，導致自宋以降的建築形式大體上陳陳相因，缺乏突破性的進展。

本來中國的建築從商周時起，就是以單體房屋組合成院落，再以若干院落組合成群落。那些依托大土墩建成的土木混合的高台建築雖曾興盛一時，但至東漢已漸趨衰微。而沿中軸線向縱深擴展的建築佈局，因為和古代的禮法觀念及社會習俗相適應，遂被廣泛接受，形成制度。這也是《滕王閣圖》中那類組合體類型的大建築難以充分發展的原因之一。「築城以衛君」（《吳越春秋》）；城就是統治者執政和生活的大院落，都城的佈局更必須首先保證帝王的安全。在城內，居民的小宅院自春秋戰國以來就被安排在閭里中（《周禮・地官・里宰》）。西漢的長安城雖然是一座面積達35平方公里（羅馬城為13.68平方公里）的大城市，但宮殿、官署和邸第占去了近4/5，再扣除官府手工業用地，僅以所餘的有限空間容納民眾居住的一百六十個閭里。而且這些閭里都以圍牆封閉，里門設監門司督彈。入夜大街上實行宵禁，居民不得出里夜行。西漢名將李廣因作戰失利免職家居時，夜間經過霸陵亭，被亭尉呵止。李廣的從者說，此人是「故李將軍」。「尉曰：『今將軍尚不得夜行，何乃故也』」（《史記・李將軍列傳》）！其嚴格的程度可以想見。

唐代對此一點沒有放鬆。唐長安城雖然更大，達84.1

平方公里，是古代世界上面積最大的都城。城市區劃也更規範，宮殿、官署和民居、市場被明確地分隔開。長安城東、南、西三面各有三座城門，有南北向的大街十四條和東西向的大街十一條。從南城垣正門明德門通向皇城正門朱雀門，再延伸至宮城正門承天門的大街是城市的中軸幹道，也稱天街，長約7公里，寬150米。但自唐高宗以後，聽政改在城東北禁苑內的大明宮，其中用作大朝會的含元殿則向東偏離了中軸線，而且大明宮正門丹鳳門外也沒有一條縱貫全城的大街。從這一點上說，中軸對稱的城市佈局在唐長安還不是推行得很徹底。但城內由棋盤式的街道縱橫分割出來的坊（漢代的里，晉以後叫坊）卻非常整齊。「百千家似圍棋局，十二街如種菜畦」（白居易詩）。有唐三百年間，長安的坊雖幾經變動，但大體穩定在一百零八坊之數。大坊內辟十字街，小坊辟橫街，更窄的巷子則稱為曲。坊有坊牆，牆基寬2.5—3米，大坊開四門，小坊二門，坊門晨昏定時啟閉。坊門啟閉的信號從宮城前發出，天明時承天門擊鼓，各條大街上的街鼓（又名鼕鼕鼓）隨著敲擊六百下，於是坊門開啟，大街上允許通行。日落照樣擊鼓，於是閉坊門，斷行人；「犯夜」則要受到懲罰。唐・白行簡《李娃傳》說：「日暮，鼓聲四動。」「姥曰：『鼓已發矣，當速歸，無犯禁。』」描寫的就是這種情況。如果天未大明，想外出而坊門未啟，就只能「坐以候鼓」。假使爬牆出去，則叫「越坊市牆垣」，要「杖七十」；大概人們都不敢輕易嘗試這七十棒子。入夜後，大街上空蕩蕩，只有金吾衛所屬之巡夜的彍騎偶爾經過，跟現代國家宣佈緊急狀態時的情況差不多。白天，大街上雖能看到過往的車馬行人，而路旁除了種有槐樹外，是一色的夯土坊牆，單調之極。今人常說唐代如何開放，但從首都的市容上卻一點也看不到開放的影子。唐代長安仍然是一座封閉的城市。

在這樣的城市裏首先要突出皇家之尊，所以宮殿建築要盡可能地壯麗。大明宮含元殿面闊67.33、進深29.2米。面積近2000平方米，與北京故宮太和殿相近。從含元殿到丹鳳門為615米，其間的殿庭是朝會時集合百官的大廣場。含元殿的台基高出地面15.6米，殿堂居高臨下，「仰瞻王座，如在霄漢」（康駢《劇談錄》）。而故宮太和殿到太和門才186米，台基的高度也只有7.12米；與含元殿相比，就不免瞠乎其後了。至於唐代官員之住宅的規格，則按照品級遞降，平民最低。「三品：堂五間九架，門三間五架。五品：堂五間七架，門三間兩下。六品、七品：堂三間五架；庶人四架；而門皆一間兩下」（《新唐書・車服志》）。「架」的本字作「駕」。《淮南子・本經》高誘注：「駕，材木相乘駕也。」東漢《張景造土牛碑》：「五駕瓦屋二間。」指進深為五條檁的瓦屋二間。上述「五間九架」、「五間七架」，也是以縱向的進深為區別。「兩下」則指屋頂的形制。《禮記・檀弓》孔穎達疏：「殷人以來，始屋四阿。夏家之屋唯兩下而已，無四阿，如漢之門廡。」四阿又稱四注，指廡殿頂；兩下則指懸山頂。西安西郊中堡子村唐墓所出房屋模型中的門屋是懸山頂，正符合「兩下」之制的規定。表明卑品官員以及平民只能住低規格的小房子，國家從制度上就把建築物的規模給限制住了。庶人如果蓋起超過規定的大房子，則叫僭越，是不允許的。

宋代汴梁的情況有所不同。這裏是汴河、黃河、惠民河、廣濟河四河相匯之水路交通的樞紐，江南的米糧可通過漕運抵達。不像唐代都長安，遇到凶年艱歲，皇帝尚須率百官赴洛陽就食。故五代時有四代建都於此。軍閥出身的帝王都迷信武力，擁兵自重，所以汴梁的駐軍一直很多。北宋時，「天下甲卒數十萬眾，戰馬數十萬匹，並萃京師；悉集七亡國之士民於輦下」（《宋史・河渠志》）。宋太宗也說：「東京養甲兵數十萬，居人百萬」（《續資治通鑒長編》卷三二）。現代史學家的研究結果認為，這裏的人口甚至不止一百萬，汴梁應是當時世界上人口最多的城市；這時歐洲的大城市一般還不到十萬人。但汴梁的舊城（里城）原是唐代汴州的州城，規模有限。後周時雖然增築新城（外羅城），而「屋宇交連，街衢湫隘」（《五代會要》卷二六）的局面並未基本改觀，侵街建房的現象很普遍。繼而當政者允許百姓面街開門、開店；唐代之里坊制的城市結構遂被突破。宋朝起初勉強地承認了這一現實。說勉強，是因為宋太宗至道元年（995年）和宋真宗咸平五年（1002年）曾兩度恢復街鼓，即宵禁制度。可是這時汴梁的居民已經不住在小土圍子似的坊裏，無法在夜間用坊門把他們關起來。住戶的門已面向大街，擊罷街鼓後仍很難限制人們出入。到了宋仁宗時乃不得不放棄此制。而且汴梁的經濟命脈依賴漕運，四河通漕，其中僅汴河的漕運定額每年已達六百萬石，汴河中往來的漕船常年有六千艘。為了儲存運來的物資，城內沿河修建了許多倉場，每逢裝卸、支遣時，「倉前成市」（《東京夢華錄》）。為了接待北上的「淮浙巨商」，在舊宋門內臨汴河還建有著名的邸店「十三間樓子」，也就是一批賓館和商廈。此類建築沿河排開，更難以能用坊牆圍起來。回想當年令狐熙任汴州刺史時所執行的「民有向街開門者杜之，船客停於郭外」（《隋書・令狐熙傳》）那套死板的章程，未免恍若隔世了。汴梁城中商業繁榮，同業的商人組成行會，如斛㪷行（米麵行）、菜行、果子行、牛行、馬行等。各行在固定地點設有行市。此外還有廟市。擁有「大三門」、「二三門」和「六十餘院」（《清波別志》）的大相國寺，「每月五次開放」，所賣商品，「無所不有」（《東京夢華錄》）。還有瓦市，是以遊藝場所為中心的集市。最大的桑家瓦子，「其中大小勾欄五十餘座」。還有街市，是以酒樓為中心的集市。汴梁的大酒樓「彩樓相對」，臨街開設。有些街道即依酒樓為名，如潘樓街。此外還有曉市、夜市、橋市等。甚至連宮城正門宣德門以南的千步廊這麼嚴肅的地方，原先也許「市人賣買其間」。在中國城市建設史上，北宋汴梁是一座初步走出封閉的里坊制、建立起較開放的街巷制、擁有「九市之富，百廛之雄」（王明清《玉照新志》）的消費型商業城市。

汴梁市街的情景在《清明上河圖》中有生動的描繪。進入我們上面提到的城門之後，是一條熱鬧的大街，但並不太寬。據發掘汴梁外城西垣新鄭門時之所見，門下的道路寬20米。可能由於侵街占道等原因，圖中這條街的寬度按比例估算，大約只不過十幾米。但兩旁的商店比比皆是，全然不見坊牆的影子。由於現存之《上河圖》後部殘缺，城門之內不遠處畫卷便戛然而止，可以說是剛要進入高潮便沒有下文了。在這一小段街景中，最顯眼的是「孫羊店」酒樓。這是一座二層樓，門前縛有彩樓歡門，招牌上標出「正店」字樣（圖4-17）。《東京夢華錄》說：「在京正店七十二戶」，「其餘皆謂之腳店」。正店、腳店之分，有點像現代酒店按星數分級的意思。但汴梁的腳店其實一點也不寒傖，

圖4-17　《清明上河圖》中的孫羊店酒樓

《上河圖》中虹橋橋頭處的「十千腳店」也紮起高高的歡門，也是一座二層樓，唯獨門面稍小些而已。不過無論孫羊店或十千腳店，在汴梁都遠遠算不上是頂級的酒店，像潘樓、白礬樓等大酒店的規模才真正了得。白礬樓「三層相高，五樓相向，各有飛橋欄檻，明暗相通」（《東京夢華錄》）。「飲徒常千餘人」（周密《齊東野語》）。周寶珠先生說，酒店「應是東京最大的行業之一」。所以政府也給予相當的優惠。宋仁宗在景祐三年（1036年）頒佈的詔書稱：「凡屋宇：非邸店、樓閣、臨街市之處，毋得為四鋪作、鬧斗八」（《宋會要輯稿・輿服》）。四鋪作斗栱與斗八藻井均屬高檔建築構件，而臨街之店家的樓閣卻被允許施用，可見其受重視的程度。然而對一般民居卻有種種限制。「凡民庶家，不得施重栱、藻井及五色文采為飾，仍不得四鋪飛簷。庶人舍屋許五架，門一間兩廈而已」（《宋史・輿服志》）。這就是《上河圖》中畫出的那些鱗次櫛比的小瓦房，更不消說圖中郊區的茅屋了。

中國古代都城佈局自南北朝以後一直注重中軸對稱。汴梁宮城南面的御街：自宣德門經城中心的州橋、過大相國寺、出里城朱雀門、越龍津橋、直到外城的南薰門，長約4公里，可以看作是一條中軸線。但汴梁的三圈城牆並不套得方方正正，所以街東西兩面不太對稱。進入宮城即大內後，從宣德門向北到正殿大慶殿這一段還算在中軸線上，其他重要的大殿如文德、垂拱、紫宸、集英等，位置均偏西；均未遵循上述原則。宋初建宮殿時，曾要求「諸門與殿須相望，無得輒差」，「宮成，太祖坐福寧寢殿，令辟開前後，召近臣入視。諭曰：『我心端直正如此，有少偏曲處，汝曹必見之矣』」（葉少蘊《石林燕語》）。不過儘管主觀上要求端直，但這些宮殿是在唐汴州州衙舊址上興建的，許多方面受到已有之基礎和地形的限制，統治者也就有心而無力了。

由於汴梁宮城內的殿基深埋在歷代黃泛的淤泥之下，地面上還壓著現代的城市建築，難以進行發掘，許多具體情況尚不明了。從保存至今的宋代大建築，如太原晉祠聖母殿、正定隆興寺摩尼殿、福州華林寺大殿、蘇州玄妙觀三清殿等實例，並結合《營造法式》進行考察，可知其總的趨勢是，殿宇愈來愈大，屋頂愈來愈陡，柱子加高，而斗栱縮小。比如唐代佛光寺大殿外簷斗栱與簷柱之比為1：2，宋代建築一般為1：3.5，到了清代就成為1：6了。斗栱之所以變小，是因為碰到一個新問題即琉璃瓦的使用。本來中國西周早期已開始用瓦，西周中晚期的扶風召陳遺

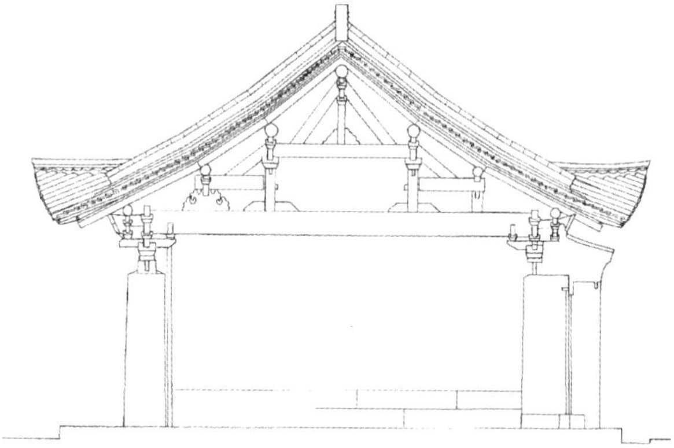

圖4-18　梁頭挑簷，山西平順淳化寺大殿（宋金時期）

址中已經有了真正的瓦屋。琉璃瓦的出現則不晚於南北朝時，大同方山曾出北魏琉璃瓦。不過唐大明宮含元殿頂鋪的仍是剪邊琉璃，即只在屋脊與簷口處用琉璃瓦，其餘部分用陶瓦。但宋代卻有滿鋪琉璃瓦的殿頂。琉璃瓦比陶瓦重得多。梁架要承載沉重的琉璃瓦頂，遂發現以小木塊插接成的斗栱是結構上的一個薄弱環節。於是採用了梁頭前伸用以挑簷的做法（圖4-18）。在宋代，不僅廳堂型建築用此法，殿堂型的晉祠聖母殿上亦有其例。梁頭直接挑簷，斗栱漸形同虛設。沿著這個方向發展下去，到了清代，斗栱實際上已成為大建築簷部的小裝飾。回過來再看平遙鎮國寺五代萬佛殿上相當柱高7/10的大斗栱，反而感覺比例失調，像是喧賓奪主了。斗栱縮小，屋簷自然不會伸得太遠；但這時磚牆已經普及，無須再像夯土牆那樣，依靠屋簷保護。樓慶西先生說：「採用這種複雜的斗栱來支托挑出的屋簷，不能不說是一種比較費力而笨拙的辦法，實際上只需用一根木棍從柱子上斜出去就可以支撐住屋簷，既簡單又省事」（《中國古代建築二十講》第11頁）。以前楊鴻勳先生也認為：「承簷的高級結構——向前後懸臂出跳的斗栱，是由承簷的低級結構——落地支承的擎簷柱進化而來的。即前後挑出的斗栱的前身，是一根細柱」（《建築考古學論文集》第257頁）。從一根細柱到一根木棍，對演進了幾千年的斗栱的認識，繞了一圈又回來了。就好比新石器時代在陶器上刻劃類似文字的符號時，用的該算是硬筆吧；而現代回過來又用硬筆。當然不能由此就說幾千年的軟筆書法史只是白繞一圈。同樣，中國木構建築上的斗栱組織，不用一顆釘子而所支撐的大殿高塔千年不倒；透過時間隧道回首仰望，對其中所包含的匠心與美感，也只能從歷史的角度給予由衷的讚歎。

與宋、金相比，唐代的大建築用材較小，含元殿和麟德殿的開間均不過5米餘，最大樑栿跨距不過四椽。而宋代的華林寺大殿心間面闊為6.5米。晉祠聖母殿設六椽栿通梁。隆興寺中金代所建慈氏閣的內柱甚至是貫通上下的通柱。同時由於在平面上日益追求對稱的縱深佈局，更由於模數制的大力推行，中心殿堂又回歸為單層的單座大建築。宋汴梁之大慶殿的基址雖未能發掘，不過據記載它只是一座面闊九間的大殿，與唐長安含元殿之繁複的結構頗不相同。元大都大內的主殿大明殿呈工字形，前部的大殿與後部的寢殿當中以穿廊連接，沿襲了宋代軸心舍的形式；但前殿仍是一座面闊十一間的單層建築。明初修建北京的宮殿時，外朝正殿奉天殿的面闊卻只有九間。因為這時大殿以九間為尊，改變了金、元時用十一間的制度。其中一方面是由於朱元璋標榜「儉樸」，南京的奉天殿僅面闊九間，故永樂帝的北京宮殿不敢僭越；另外也和「龍飛九五」等說法不無關係。在皇權專制時代，生活的各個方面都受到等級的制約，縱有財力，房子也不能隨便蓋。在北京，當時面闊九間的殿堂只有三座，除奉天殿外，其餘兩座是太廟正殿和十三陵長陵祾恩殿。奉天殿在永樂十八年（1420年）建成，第二年就是一場大火。嘉靖三十六年（1557年）又起火，重建後改稱皇極殿。萬曆二十五年（1597年）失火後再度重建。清順治二年（1645年）改稱太和殿。太廟也在嘉靖年間遭遇火災，嘉靖二十四年（1545 年）重新建成。所以這兩座殿均未能保持原貌，只有祾恩殿一直未改動過。祾恩殿面闊66.75米，比現存之太和殿的面闊63.96米還要寬。此殿為明代國力極盛時精心構築，殿內與外簷共用六十二根金絲楠木柱。中心明間闊10.34米，為明清建築所僅見。其中最大的四根柱子高約23米，柱徑達1.17米，雙人不能合抱。而且殿內的柱子上只塗了一層核桃油，並未披麻捉灰上漆，木紋尚清晰可見；其品質已臻中國古代建築木構件的極致。可是就在如此珍貴、不忍手觸的文物上，前些年因拍電視劇《馬可波羅》，拿這裏作內景；為了照明拉電線，竟在柱子上釘了無數鐵釘。言之令人有切膚之痛。

面闊九間的太和殿在清代改為十一開間，因為清代重新以面闊十一間為最高規格。此殿又於康熙十八年（1679年）失火，康熙三十四年（1695年）重建。因為當時缺少巨木，所以殿柱是用較小的木料拼接起來，再以鐵箍加固而成。雖經油飾並瀝粉貼金，但鐵箍的凸痕仍然看得出來。單就柱子而論，太和殿與祾恩殿相比自弗如遠甚。但從建築的總體效果看，祾恩殿前的庭院偏小，不夠開闊；而太和殿與中和、保和等前三殿高踞工字形白石台基上，台前有三萬多平方米的殿庭，庭內左右弘義、體仁兩閣相對，庭外左右文華、武英兩殿相輔，氣象就大不相同：莊嚴恢宏，惟我獨尊。雖然太和殿這組建築論尺度沒有唐代含元殿那組大，但長安勝跡於今只剩下夯土台基了，而太和殿卻依然金碧輝煌地屹立在我們面前。它在許多方面都可以看作是中國歷代宮廷建築之成功經驗的總匯。從保和殿走下來，進入內廷的乾清宮、交泰殿和坤寧宮，是為後三殿。往北經御花園，出宮城北面的神武門，過綺望樓，可以登上景山最高點萬春亭俯瞰京城。山下有面闊九間的壽皇殿。再往北則為皇城後門地安門。從太和殿庭往南出太和門，是深130米的門院，院中的內金水河呈弧形，上跨五座石拱橋，使門院顯得饒有生氣。它的前方是宮城正門午門，再向南通過端門則是皇城正門天安門。現在的天安門廣場，清代為一處封閉的空間，兩側有千步廊，頂端為大清門。從天安門到地安門，建築物順直線排列，是一條煊赫的皇城軸線。而從外城的永定門，沿前門大街進正陽門直到內城北面的鐘鼓樓，則是長約7.6公里的城市軸線。作為行政中樞的皇城軸線疊壓在城市軸線上，全城所有建築都像眾星捧月一般，拱衛趨附，突顯出皇帝凌駕一切的無上權威。

回想1955年剛進北大時，學校的迎新活動中安排了一堂由一位治歷史地理學的教授介紹北京城市沿革的講座。演講中，教授提到乾隆年間英國使臣馬戛爾尼來華之事。由於英國的禮儀與清朝不同，出現了英使覲見皇帝時如何行禮的問題。英方認為只能行屈一膝之禮，清朝方面則認為必須三跪九叩；即所謂「禮儀之爭」。在雙方當事人看來，這關係到各自國家的尊嚴，所以相持不下。教授講的大意是：當馬戛爾尼從永定門經過繁華的大街到達前門，看到五牌樓的富麗、箭樓的高峻和正陽門的雄偉，以為門裏面就是皇帝了。哪知進去後，近處卻是一座體量不大的單簷三券、滿鋪琉璃瓦的大清門。門內是一條伸向前方，長五百多米，用石板鋪成的御路，兩旁是整齊的千步廊，根本不見皇帝的影兒。及至來到天安門前，大街改為橫向，金水河上五座石橋直通門墩台中開敞的五道券門，頂上是面闊九間、重簷歇山、通高33.7米的城樓，兩邊矗立著漢白玉的華表、威武的石獅，丹楹峻宇，氣象萬千。英使想，皇帝這回該在裏面了。然而門內不遠處卻又是一座形制相似的端門。端門裏面又是狹長的廣場，兩側建有兩列較低的朝房，將覲見者一直引向造型獨特、極其高大、俗稱五鳳樓的午門。再進入太和門才到達太和殿前。一路上各種城門、宮門、廣場、御路，或高或低，或遠或近，一開一闔，一擒一縱，空間處理之多變的手法所營造出的氣氛，使馬戛爾尼的心理防線開始鬆動。在殿庭中，百官肅立。一聽說皇帝駕到，滿院子的人炸雷似的高呼萬歲，山崩似的一齊跪倒；馬戛爾尼情不自禁，也只有跪下磕頭的份兒了。教授繪聲繪色，妙語連珠。新生們皆大歡喜，場面熱烈。其後經過午門時，多次想起這番話。所以五十多年過去了，記憶中的情景還相當真切。但北大這個地方，就是明白人多、書多。後來知道，馬戛爾尼覲見乾隆的地點是在避暑山莊，和北京這條中軸線沒有關係。不過教授置換了背景，增加了一個行動充滿懸念的活人，一切就都隨之變活了。至於馬戛爾尼行的是什麼禮，他在向英王喬治三世的報告中自稱：「駕過吾前，吾等曲一膝以為禮。」事實上他於1793年9月14日、17日兩次見到乾隆。前一次是在避暑山莊萬樹園的御幄中。馬戛爾尼之隨行人員溫德的手稿中記載的情況是：「我們按當地方式施了禮，也就是說，跪地，叩頭，九下。」後一次是在山莊澹泊敬誠殿祝賀乾隆「萬壽盛典」時。和珅在事後的奏摺中說：「臣和珅帶領英吉利國正副使等恭遞表文……即令該貢使等向上行三跪九叩頭禮畢。」所以教授講的基本沒錯。只是他在用寫實手法描畫出的北京中軸線這條巨龍身上，點了一筆寫意的睛。至於當時清人還抱著天朝、四夷等觀念，對世界大勢及正常的國際關係該怎樣處理均茫無所知等問題，這裏就不說了。

宋以後的城市已進入街巷制時代。元大都是在白地上按照預定的規劃修建起來的，街道特別整齊。全城有縱向大街七條，橫向大街四條。在被大街分割開的地段中，排列著平行的橫巷，稱作胡同。此名稱源於蒙古語quduq，即《至元譯語・地理門》的「忽都」， 指「水井」、「有水井處」，轉為小巷之意。胡同之間的距離約70米，其中主要是居民的四合院。北京內城的街巷大體沿襲大都舊制。不過到了清朝，胡同口設有柵欄，全城的柵欄達一千七百四十六處之多。入夜起更後柵欄門下鑰。內城的前三門這時也關閉，至後半夜為官員上朝之便才再打開。所以夜間逗留於外城者想回內城，必須等城門重開才得進入，俗稱「倒趕門」。真有點里坊制迴光返照的樣子。

至於四合院，遠在陝西岐山鳳雛村發現的西周院落已出現這種格局，明清時的北京四合院在傳統民居中更具代表性。今以中小戶型為例，它是一個四面圍起來的院子，多坐北朝南，東南角開大門；這在風水上叫「坎宅巽角」，認為很吉利。進門西拐是橫長的外院。外院靠南的一排房叫倒座，少見陽光，多用作外客廳、書塾、帳房等，其梢間為男僕住的下房。外院和內院之間隔以院牆，當中開二門，多為垂花門，施懸山勾連屋頂，前簷挑出兩根垂蓮柱；「垂花門」即緣此而得名。後簷柱處立屏門，綠油紅斗方，平時不開啟，由左右繞著走。這道門是分割內外的界限，年輕的女眷一般不出二門，粗使男僕也不進二門，外客則非請勿入。二門之內是為內院，內院的北房叫正房或上房，是長輩的居室，廂房供晚輩居住。正房後身還有一條狹窄的後院，其北為後罩房，係女僕住房及作廚、廁等之用。屋頂一般為硬山，次要房屋也可用單坡（單庇）或平頂（拍子）（圖4-19）。

四合院的佈局強調尊卑之分、內外之別，是宗法禮制

圖4-19　四合院平面圖
1. 陝西岐山鳳雛村西周四合院
2. 北京三進四合院

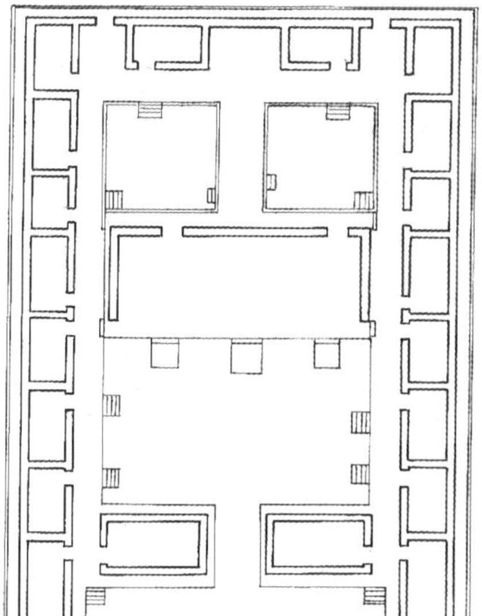

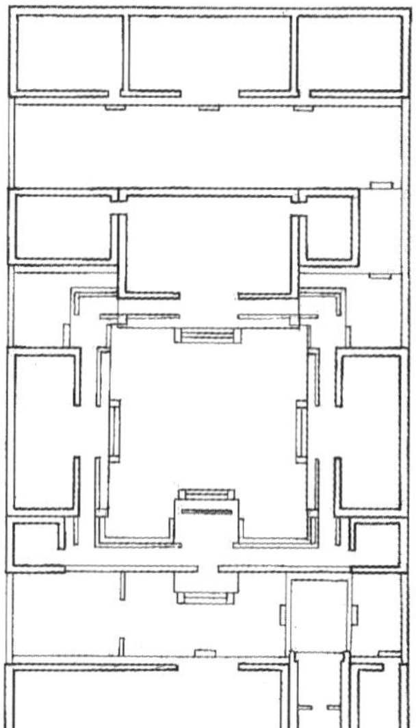

在民居中的體現。其對外的封閉性和對內的隔離性使每一套四合院都成為一個獨立的小天地。住在上房的主人雖可「躲進小院成一統」；但廂房因朝向的關係，光照差，人居環境不甚理想；住進倒座或後罩更不勝其憋悶。走在胡同裏，只能看到兩邊四合院的灰牆皮和青瓦頂，院內的花木過路人是無緣欣賞的。四合院很少向外開窗，每戶人家只露出大門臉。根據門屋形制的不同，大門又分成許多等級。皇親帝胄之王府的大門為五間或三間。一般官員和庶民則只用單間門屋：其中將門扇安在中柱處的叫廣亮大門；門扇安在金柱（簷柱之內、中柱之外的立柱）處的叫金柱大門；安在簷柱處的叫蠻子門。末尾這一種是南方來的商人在北京發了財，置了房產，為與京城的縉紳之家相區別而設；後來這種門相當常見，其名稱的來源也就不被關心了。再簡單的則在簷柱處加砌一道磚牆，牆上開一個窄點的門，叫如意門；因為門窄，安不下四個門簪，只能安兩個，其上常刻出「如意」二字之故（圖4-20）。更簡單的根本不建門屋，直接在牆上開門，叫隨牆門；但上面也可以蓋一個皮條脊的小門罩。如果什麼人只憑著有錢買下了大宅子，那就得根據自家的情況改建門臉；一般是從高等級往低等級改，如將廣亮大門改成如意門之類。總之，直到清代，大門仍是這戶人家之社會地位的標誌，在大門口一望而知其主人的身份。但現今時代變了，北京人口急劇增長，許多四合院已經從獨院變成大雜院，住進去好多戶工薪階層。不僅「天棚魚缸石榴樹，帳房師爺胖丫頭」那套譜兒早已了無蹤影，而且老宅子的格局也常常難以滿足現代生活之多方面的需求。

大部分建築物要住人，人在室內活動，下面讓我們看一

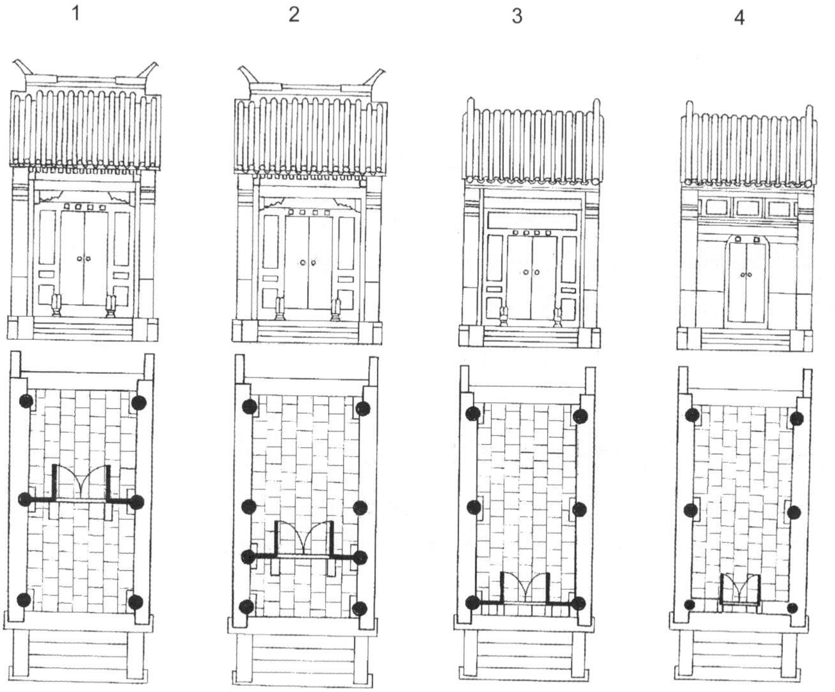

圖4-20 四合院大門
1. 廣亮大門
2. 金柱大門
3. 蠻子門
4. 如意門
（仿侯幼彬等）

看室內的傢俱。

早在原始社會已於室內打白灰面，白灰面上還鋪席，這是中國古老的作法。粗席叫籧篨，是鋪在最底下用作襯墊的。其上鋪草席，有藺席和莞席。藺是鳶尾科的馬藺，也叫馬蘭。莞是香蒲科的香蒲。它們都有狹而且韌的葉子，適於編席。古時莞席即蒲席比藺席貴，所以漢代宮中鋪蒲席。《漢書・史丹傳》：「頓首伏青蒲上。」就是說他跪在包有青絹邊的蒲席上。長沙馬王堆1號西漢墓中出土了一條正是這樣的蒲席。此外還有竹席。細竹席叫簟，最講究的竹席叫桃笙，這是用「滑勁」的桃枝竹的皮編的席。

古人室內並不滿鋪席子，只在坐的地方鋪席。《論語・鄉黨》說：「席不正不坐。」可見席要端正地鋪在應放的位置上。表示恭敬或表示歉意時，坐在席上的人或避席伏地。古人的坐，現代通稱「跪坐」；嚴格說坐和跪的姿勢是不同的。《禮記・曲禮》說，客人來了，「主人跪正席，客跪撫席而辭。客徹重席，主人固辭。客踐席，乃坐」。當主客謙讓時，均為跪姿；謙讓完了，才都就坐。跪含危義，《釋名・釋姿容》：「跪，危也。」所以跪也叫「危坐」，即「斂膝傾腰」，兩膝著地而臀部不落在腳踵上。如果「屈膝降腰」，兩膝著地，兩腳腳背向下，臀部落在腳踵上，則叫坐。跪時上身虛懸，較費力，故用於示敬。梁昭明太子被召入宮，「危坐達旦」(《梁書・昭明太子傳》)，正是此意。如果「屈膝直腰」，兩膝著地但聳體挺身，則叫跽，最為恭謹；但也有隨即要站起來的意思。這些姿勢均不夠放鬆。日語裏有一個詞叫「坐胼胝」，指腳背上起的老繭，就是因為用上述坐姿，腳背經常貼地受壓之所致。坐久了，還會產生如《韓非子・外儲說左上》所稱「腓痛、足痹、轉筋」等現象。唐代有一個真實的故事，御史中丞敬羽要審問宗正卿李遵的貪污案，把李遵找來談話。「羽延遵，各危坐於小床。羽小瘦，遵豐碩」；在談話的過程中，「遵絕倒者數四」(《舊唐書・敬羽傳》)。不污辱人格，不刑訊逼供，只依禮「危坐」，李遵身上就出現了《韓非子》中說的那些症狀，窩憋得不堪忍受，最後只好將案情和盤托出。

為什麼中國古代流行如此不舒服的坐姿呢？我們在介紹古代服裝時提到過，起因是由於下裝的不完備。漢代以前不流行穿合襠褲，股間只纏褌；若在席上箕踞，兩腿左右叉開，想必不甚雅觀。而跪坐時，裳將下身遮掩周密，顯得比較得體。甲骨文中人字作；所象之形自華夏族的眼光看來，不僅是生物人，而且是會屈膝降腰、懂得禮貌的文明人。其後在此基礎上衍生出揖讓起伏、頓首叩拜等一套禮節，進而成為風俗習慣，就具有一定的約束力，難以輕易改變了。

為了使坐的時候較為自如，先秦時已出現憑几。膝納於几下，肘伏於几上；上半身有了依靠，從而下半身的壓力就減輕許多。這種坐法叫「隱几」，見《莊子・徐無鬼》。到了冬季，几面還鋪上軟墊。《西京雜記》說：「公侯皆以竹木為几，冬則以細罽為橐以憑之。」另外，起初大概是為了防潮，坐臥處開始使用矮床。甲骨文中已有（床）字，《詩經》中也曾提起床。1957年河南信陽長台關1號戰國墓出土的黑漆床，長2.18、寬1.39米，是考古發掘中所見木床之最早的實例之一（圖4-21）。它相當矮，床足僅高17釐米。在席坐的時代，傢俱普遍都不高。而且這時的床並非專用的寢具。《說文》認為床是「安身之坐者」。《釋名》的解釋更明確，說：「人所坐、臥曰床。」在漢代，床是陳於堂上顯著位置的傢俱，尊者應坐床，與後世臥室中擺放的眠床不同。宋・王觀國《學林》特別指出：「古人稱床、榻，非特臥具也，多是坐物。」這種情況在唐代仍無多大變化，敦煌唐代壁畫中所繪人物故事，從院中透過簷柱就能看到居室中坐在床上的主人（圖4-22）。五代時衛賢的《高士圖》中仍然如此。所以李白詩「床前明月光」中的床，指的就是這類床。他看到的是床前即堂前之地面上的月光，而不是在院中望月。有人認為這裏的床指胡床，不確。胡床即馬紮是一種特殊的

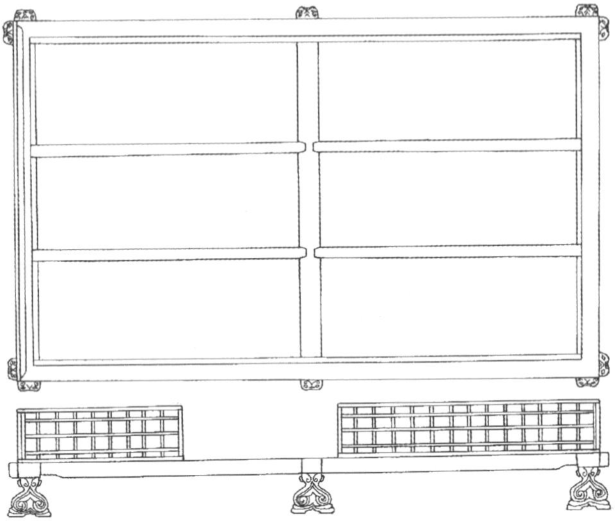

圖4-21 戰國漆床，河南信陽長台關出土

圖4-22 堂上置大床，莫高窟217窟唐代壁畫

傢俱，形狀、用途均與一般的床不同，不能簡稱為床；正像現代的裝甲車、防彈衣不能簡稱為車或衣一樣。

直到中古時，床仍是堂上之主要的、甚至是唯一的坐具，高等級的床有時還要搭配上若干附屬的部件。大床常在一側設屏，背後設扆，合稱「屏扆」。山東安丘漢墓的畫像石中所見之床在後部設扆，左側設屏，而右側是空敞的。因為如《禮記・曲禮》所說，上堂時不僅要「毋踖席」，還要「摳衣趨隅」。鄭玄注：「升席必由下也。」又《儀禮・鄉射禮》說：「賓升席自西方。」鄭玄注：「賓升降由下也。」左側代表東方，為上；右側代表西方，為下。安丘畫像石中的床空出右側即西方，正是為「摳衣趨隅」由下而升留出位置（圖4-23）。可是到了南北朝時，如在東晉・顧愷之《列女仁智圖》中已能看到將坐處三面擋起的圍屏，同氏之《女史箴圖》中更出現了用多扇屏風圍起來的裝壼門足的大床。可見這時對先秦舊俗已不盡遵循。而且後一例中的大床差不多有半腿高，與先秦矮床已頗不相同。

床腿增高是一個信號，它標誌著中國中古時期的起居

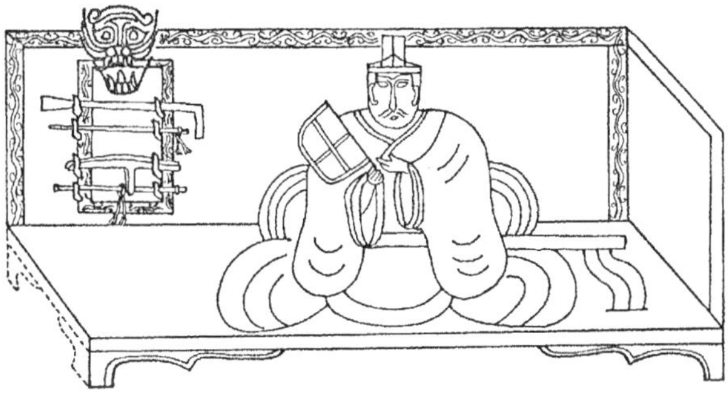

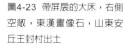

圖4-23 帶屏扆的大床，右側空敞，東漢畫像石，山東安丘王封村出土

方式即將發生重大變化。這時跪坐作為制度已開始鬆弛，垂足坐和高傢俱正在興起。垂足坐與跪坐的差別是如此之大，前者接近過去被人看不起的踞坐；所以趨勢雖不可抗拒，但過程相當漫長。它最終的確立是生產技術、社會習俗、文化交流等多重因素相互作用的結果。而導致坐姿改變的動因則是佛教的傳入。齊·王琰《冥祥記》說，漢明帝時「使者蔡愔將西域沙門迦葉摩騰等賫優填王釋迦倚像」，「乃遣畫工圖之數本，於南宮清涼台及高陽門顯節壽陵上供養」。此記事其後又見於梁·慧皎《高僧傳》、《梁書·扶南國傳》、唐·道宣《集神州三寶感通錄》等書。雖然優填王造像的傳說不可盡信，但早期傳入的佛像中無疑應有「倚像」，即倚坐之像；而倚坐也就是垂足坐。敦煌莫高窟中現存最早的造像是十六國時期的，如268、272、275諸窟之例，其中就有垂足倚坐的佛像和垂足交腳坐的菩薩像。據《敦煌莫高窟內容總錄》一書的統計，從北魏到西魏的十八座洞窟中，主要的塑像也多為垂足坐的姿式。這種坐姿在漢以前本不登大雅之堂，而當佛教的傳播日益興盛、信徒日益增多以後，隨著人們對佛像的崇敬，也就逐漸改變了對垂足坐的觀感。當然也應該看到，偕佛教而來的西方習俗有時也受到抵制。劉宋時，由於僧侶模仿西方，以「踞小床」、「雙足蹋地」（義淨《南海寄歸內法傳》）之「偏坐企踞」的姿勢進食，致令國子祭酒范泰等人不滿，從而引起了一場對「踞食」的批判（見《弘明集》卷一二）。如同時代的鄭道子說：「稽首至地，不容企踞之禮。」顧歡說：「夷俗長跽，法與華異。翹左跂右，全是蹲踞。」在其所著《夷夏論》中更把習俗之別提到華夷之大防的高度，稱「擎跽磬折，侯甸之恭；狐蹲狗踞，荒流之肅」，簡直是在破口大罵了。

儘管如此，但現實生活中卻出現了好些新情況。前面提到過，華夏族之所以在席上採取跪坐的姿式，重要原因之一是由於下裝的不完善。然而自西元前4世紀末趙武靈王實施「胡服騎射」的軍事改革以來，武士穿合襠褲的越來越多。魏晉時，袴褶裝通行南北。隋唐時，男子的常服已由襆頭、缺胯袍、鞢䪩帶、合襠褲與長靴構成；先秦之須跪坐的前提已不存在。加以這時建築物的梁架與斗栱有了改進，使室內更加高敞，也更適宜擺設高傢俱。另外，4世紀時中國發明了馬鐙並迅速推廣。騎馬躡鐙，身姿既矯健，行動又便捷，完全改變了過去貴族只應乘車的傳統。唐代男子在隆重的出行場合中都騎馬。中宗以後，連婦女也有不少人騎馬，「宮人從駕皆胡帽乘馬，海內效之」（《新唐書・車服志》）。跨馬亦稱踞鞍，和垂足坐相當接近；它的普及又進一步為後一種坐姿的推廣掃除了心理上的障礙。衣、住、行三方面的上述變化使人們的生活方式與前有所不同。更何況自十六國以來大量北方民族入居中原，他們本來就沒有背上先秦禮俗所要求的如何坐、如何跪、如何跽的包袱。之後胡漢融合而形成的時代新風，更為高傢俱和垂足坐敞開了大門。

由於中國的垂足坐濫觴於佛像的倚坐，所以高坐具最早的代表是椅子。椅子供倚坐之用，故早期稱之為「倚子」。《唐語林》說顏魯公「立兩藤倚子相背」，能握著它作引體向上數百下。這是關於椅子之最早的文獻記載。之後在《金石萃編》卷一〇三收錄的唐《濟瀆廟碑》、同書卷一一九收錄的後唐《定晉禪院碑》，又《五代史記・景延廣傳》、道原《景德傳燈錄》卷一一等處提到此物時，皆稱倚子。甚至當其傳到日本的時候，起初也叫倚子。《延喜式》卷四一：「凡廳坐者，親王及中納言以上倚子，五位以上漆塗床子。」後來雖出現了「椅子」之名，然而還有人持保留意見，如宋・黃朝英《靖康緗素雜記》認為：「今人用倚、卓字多從木旁，殊無義理。」他的主張從語源上說固無可厚非，不過未免固執，太不肯接受新事物了。但以上種種正說明椅子和倚坐的關係本密不可分。椅子的圖像最早見於敦煌莫高窟285窟西魏壁畫，唯此圖仍屬佛畫。世俗人物坐椅子者，最早見於陝西西安唐天寶十五載（756年）高元珪墓壁畫。此人是唐代大宦官高力士之弟，官階從四品。他的畫像垂足端坐在椅子上，反映出高坐具此時已為上流社會所採納（圖4-24）。

遠在椅子流行之前，西方的胡床和南亞的筌蹄（藤墩）等物已傳入中國，使用這些器物的圖像在考古材料中也曾

圖4-24　垂足坐椅子的人像，西安唐・高元珪墓壁畫

發現。作戰時，將領常「踞胡床，指麾處分」（《晉書・張重華傳》）。強盜們有時模仿官兵的派頭，莫高窟420窟隋代壁畫「商人遇盜」圖中之小匪首也坐在胡床上。而且這種做法延續的時間很長，山西右玉寶寧寺明代水陸畫

圖4-24 馬紮
1. 馬背上拴馬紮，西安元・王世英墓出土陶俑
2. 強盜頭目坐馬紮指揮搶劫，山西右玉寶寧寺 明代水陸畫

1

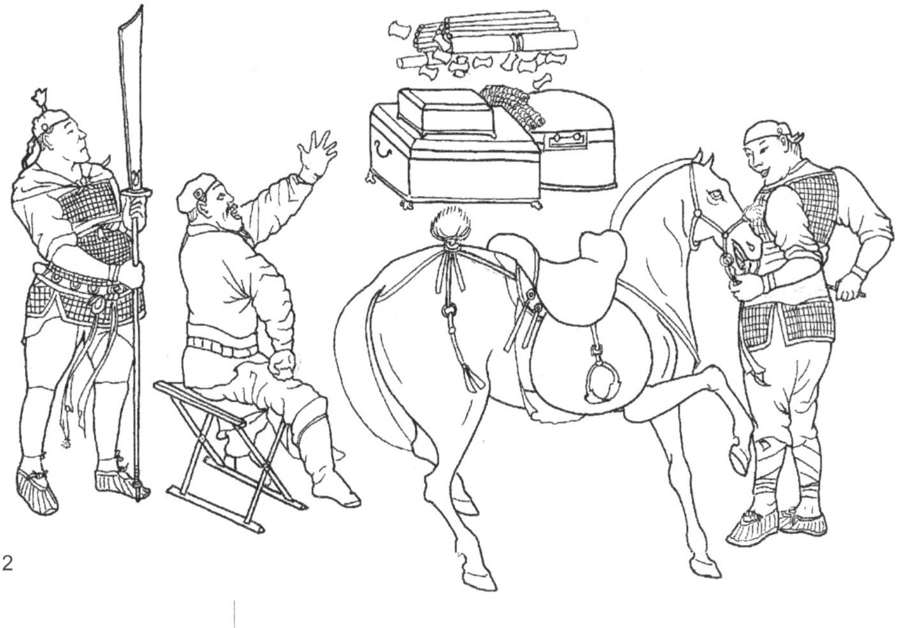
2

之第168幅「兵戈盜賊諸孤魂眾」圖中的強盜頭目仍踞胡床指揮（圖4-25：2）。他的身旁還有一匹馬，想必這幫傢伙得手之後將上馬攜胡床捆載細軟遁去。而西安元・王世英墓出土的陶馬上正結紮著一件胡床（圖4-25：1）。胡床之所以又名馬紮，大約就因為它是可以紮在馬上攜帶的物件。宋時，胡床的前足交叉到後部，復向上斜伸，形成靠背，造型比以前神氣，得名交椅。宋・張端義《貴耳集》說：「今之校（交）椅，古之胡床也。」軍事行動中將領升帳時常坐交椅，以顯示身分；如在黑水城出土的西夏版畫《義勇武安王圖》中所見者。進而交椅也可以放在廳堂之正面的位置上。而以前在這裏長期擺放的是床，唐代皇帝的殿堂上擺的也是床，叫御床。唐・王建《宮詞》說：「開著午門遙北望，柘黃新帕御床高。」只是當椅子廣泛使用後，受到其設計理念的影響，才在帶屏扆的大床的基礎上開發出一種新坐具——中式寶座。

由於中式寶座的基本元素是床，所以其屜面之長寬的比例和椅子不一樣，寶座上的圍屏也不同於椅子的靠背和扶手。實際上，它並不是單純的坐具，而是殿堂中之儀式性的設施，它的作用首先是要表現權威和尊嚴。寶座現存之最早的實例為山西太原晉祠聖母殿中承聖母坐像所用者，上有宋人呂吉題記：「元祐二年（1087年）四月十日獻上聖母。」猶是宋代原物（圖4-26）。其下部呈須彌座形；十三陵定陵地宮中的漢白玉明器寶座及故宮太和殿上的寶座的造型也是如此，底下都是須彌座。這樣一個安穩的龐然大物，給人以不可輕易撼動之感。何況太和殿寶座在自身的透雕蟠龍圍屏之後，還有七扇巨大的雕龍金漆屏風；在寶座自身的須彌座之下，還有帶階陛的高台基；兩側有

圖4-26 太原晉祠聖母殿中的聖母像與寶座

香几等擺設，尊貴的程度無與倫比。在明清北京城的中軸當心一線，無論它穿過多少建築物，始終是一條通道；只有寶座當戶面南，端居正位；儼然一派統九州、控六合的架式。在這條各式中國建築以黃鐘大呂之音交響和鳴的天下第一線上，看來也只有這種造型的寶座才與之相稱。可是隨著使用場合的不同，有些寶座簡化了結構，屜面以下安裝類似羅漢床之鼓腿膨牙的四足，有點像放大了的太師椅，氣勢就遜色多了。袁世凱想登基當皇帝時，將太和殿內的寶座撤掉，換上一把西式高背椅。因為袁氏是小短腿，所以這把背特高的椅子的腿卻特矮，顯得沐猴而冠，不成名器；和洪憲竊國這場鬧劇倒滿般配。附帶說一句，

13世紀以降，隨著蒙古人建立起察合台汗國和伊爾汗國，中式寶座曾傳到中亞、西亞，在那裏的繪畫中出現過各種混合著當地色彩的這種寶座。

從蒲席、矮床、帶圍屏的大床直到寶座，其發展趨勢大體沿著自席坐用的矮傢俱向垂足坐用的高傢俱的方向演進。傢俱是一個大家族，支派紛繁，遠在尚通行席坐的漢代，已經有了榻、枰、案、桯、原始的桌子、衣桁、箱、櫃等物。受到垂足坐的帶動，它們不斷推陳出新，式樣不斷更迭。到了宋代，不僅種類已齊備，而且結構合理，造型優雅，這就為明清硬木傢俱的興盛打下了基礎。明清硬木傢俱是中國工藝史上的明珠，存世的數量還很多，大家耳熟能詳，這裏不細說。想要提出的只有一點，即明清時之所以有能力大量製作硬木傢俱，和木工工具的改進是分不開的。中國古代沒有架鋸和刨子，解大木時是將一排楔子打進去，使之開裂。平木則用斤（錛子）將板材大致找平，再用鏟（刮刀）刮，用礪石磨。發掘湖北隨州曾侯乙墓時，發現「槨室所用的長條方木，全係用斧、斤、錛、鑿加工而成，沒有發現鋸和刨的痕跡」（《曾侯乙墓》上冊第12頁）。發掘河南輝縣55號戰國墓時，也發現槨板「是用寬面平鑿，一鑿一鑿地錘擊剔平，鑿痕尚顯然存在」（《山彪鎮與琉璃閣》第57頁）（圖4-27）。用這種辦法來製作硬木傢俱是不行的。架鋸在中國出現於北宋時，初見於《清明上河圖》（圖4-28）。刨子始見於元代，山東菏澤元代沉船中所出者，是中國已知之最早的實例。刨子出現以後，很快就發展出多種類型，如推刨、起線刨，及《天工開物》所稱「刮木使極光者」，「一木之上銜十餘小刀，如蜈蚣之足」的蜈蚣刨。這才使製作硬木

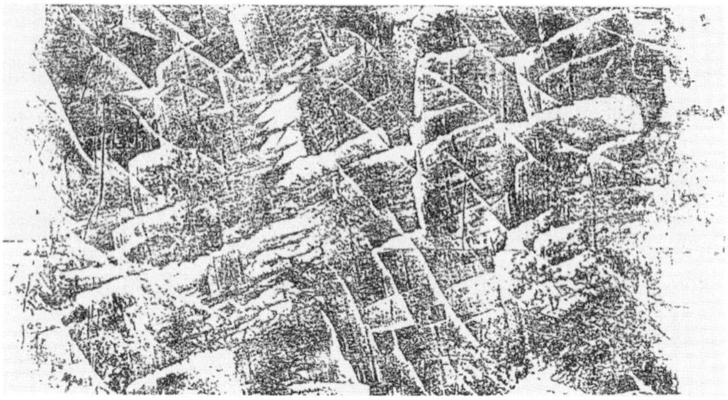

圖4-27　河南輝縣琉璃閣55號戰國墓出土木槨板上的鑿痕

圖4-28　《清明上河圖》中所見架鋸

傢俱有了得心應手的工具。不過話又說回來，明清硬木傢俱，特別是明代的精品，並非僅憑「利其器」就做得出來的。雖然梓人巧匠，審材運斤，坎坎丁丁，盡心竭力；但使用者得到的勻淨、舒暢、明快的美感，卻彷彿宛若天成。比如一把常見的官帽椅，其搭腦、扶手、鵝脖、聯幫棍等部件，乍看似是些圓木，其實不然；它們不是用車床旋出，而是刮出來的。這些似圓非圓、似橢非橢、光滑溜手、隨和可人的弧度，給觸覺和視覺的享受不僅是愜意而已，它的深層中是一種「不著一字，盡得風流」的詩一樣的情趣。可以想見，施工時每下一刀無不投入了藝術上的考慮。正因為如此，所以那些傳世佳作才倍受珍視。而這種效果的取得，自然離不開「前架鋸一刨子時代」之刮磨工藝的長期積累了。

五　交通工具

中國古車的性能在世界上曾長期領先。李約瑟的《中國與西方在科學史上的交往》一文，認為自西元1世紀至18世紀，由中國外傳的二十六項重要發明中，第十一項就是駕車的輓具。不過他僅就紀元後的情況立論，其實早在紀元前的數千年中，中國古車已奠定了這方面的優勢。

原始時代搬重物時常在地上拖，進而發明了拉東西的橇。後來在橇前部增加滾動裝置，經改進後乃成為車。但邁出這一步並不容易。1492年哥倫布登上新大陸之前，那裏一直沒有車。印第安人行軍的時候，輜重多由婦女背扛。

中國的車相傳是夏代奚仲創製，《左傳》等許多古書上都這麼說。河南偃師二里頭遺址12區之相當夏代（二里頭三期）的地面上曾發現雙輪車的轍痕，從考古學上證明夏代已經有車。《尚書・甘誓》是夏朝初年夏后啟討伐有扈氏的誓師詞，其為夏代之可信的史料，古今均無異說。誓詞中對軍隊的具體作戰要求是：「左不攻於左，汝不恭命；右不攻於右，汝不恭命；御非其馬之正，汝不恭命。」這段話反映出當時不僅有車，而且能進行車戰。一輛戰車上配備了車左、車右、御手等三名甲士，組成一個戰鬥單位。可見夏代的戰車兵已有明確分工，車戰戰術已經規範化。如果所駕馭不是性能好的戰車，則不僅不能正常發揮他們的戰鬥力，也積累不起足以上升為軍事條令的戰鬥經驗。

已出土的古車最早是商代晚期的。車型為雙輪、獨輈，馬以頸部承軛，軛繫在衡上，衡裝在輈前端。在輈與軸的十字交叉部位安置車箱，面積一般為0.75-0.8米×1-1.3米（圖5-1）。車箱雖然不大，車輪卻較高，輪徑平均約1.35

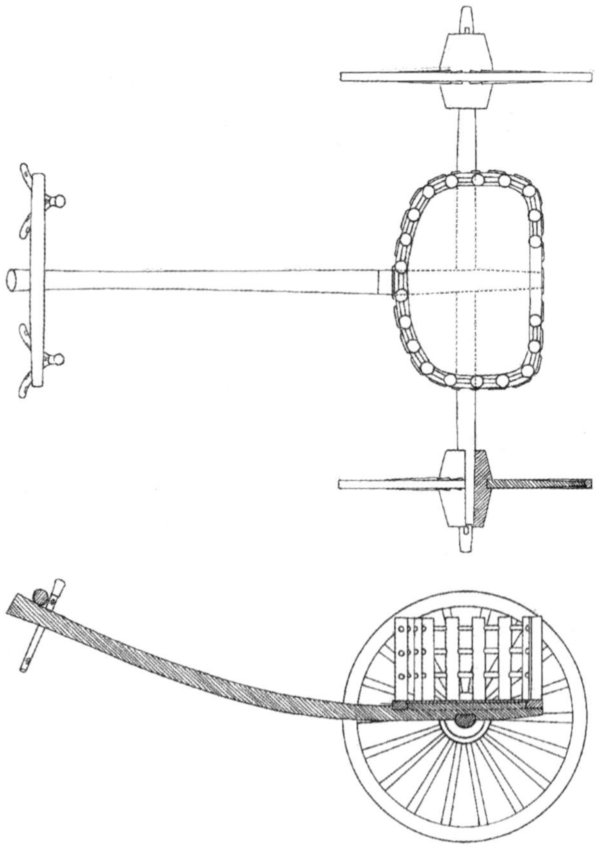

圖5-1 商代的車，據安陽小屯40號商墓出土車復原（據張長壽、張孝光）

米。兩輪間的軌距在2米以上。商車多駕兩匹馬，也有駕四匹馬的。其車體輕便，車速較快，從而車上的若干關鍵部位如踵、軎、轙、軛等處均裝配銅製構件予以加固。此外，為了裝飾的目的，銅軏、銅鍚等物也出現了。這兩類車馬具，大都為周代所承襲。

自從1928年在殷墟進行考古發掘以來，商代的車馬坑不斷被發現，解放前為技術水平所限，未能準確揭露已朽失之木車的全形。建國後，1950年冬在河南輝縣琉璃閣戰國墓地的車馬坑中，根據土色的不同，第一次剝剔出完整的古車遺存。此項技術隨即在考古界推廣，古車於全國各地多次出土。西周車在陝西長安張家坡、灃東花園村、岐山賀家村、寶雞竹園溝，甘肅靈台白草坡，山西洪洞永凝堡，山東膠縣西庵，北京昌平白浮、房山琉璃河等地出土。這時駕四匹馬的車增多，構造更加完善，出現了車蓋、鑾鈴、笠轂等新部件。春秋車在河南三門峽市上村嶺、淅川下寺、洛陽中州路、新鄭唐戶、固始侯古堆，以及陝西戶縣宋村、隴縣邊家莊，山東淄博後李官莊、曲阜魯故城，山西太原金勝村、侯馬上馬、臨猗程村，湖北江陵九店等地出土。這時隨著列國間爭霸戰爭的加劇，戰車的數量增加。商末，在武王伐紂的牧野之戰中，僅動用戰車三百輛；而這時已出現「千乘之國」的稱號，有些大國如齊國的戰車達三千輛，晉國的戰車達四千輛。戰車的多少已成為衡量國力的標誌。戰國車在河南輝縣琉璃閣、洛陽中州路、淮陽馬鞍塚，湖北宜城羅崗，甘肅平涼廟莊等地出土。戰國車的軌距縮小、車輈減短，更具靈活性。有些戰車在車輿四周裝上大型銅甲片，駕車之馬則披掛革製馬甲，防護也更加嚴密。這時一輛駕四匹馬的戰車所占面積約9平方米，這樣一個奔馳而前的龐然大物，以它所挾帶的動能，可以使車上之戰士的武器發揮更大的威力，造成如《詩・小雅・采芑》所描寫的「嘽嘽焞焞，如霆如雷」之勢。

不過衡量古車的性能時，一個關鍵問題是看它的繫駕法。繫駕法即如何將牲畜拴在車上，使之充分發揮其拉車的能力、並易於接受駕車人控制的方法。中國出土的大多數古車，反映繫駕結構的繩索等物已朽失。而車上的不少部件，原本是根據繫駕的需要設置的；繫駕法不明，它們之間的關係和所起的作用遂難以說得清楚。

古代西亞、北非的二輪車出現得比中國早，其基本構造都是有雙輪、獨輈、衡、軛等部件，初看時會產生東、西方古車同出一源的印象。但從繫駕法方面考察，二者卻大不相同。西方古車是用頸帶將牲畜的頸部固定在衡上。牲畜拉車時由頸部受力，通過衡和輈拖動車子前進，被稱為「頸帶式繫駕法」。由於頸帶壓迫牲畜的氣管，跑得愈快呼吸愈困難（圖5-2）。1947年，李約瑟在題為《中國古代的科學與社會》的演講中，將中國古車的繫駕法與古代西亞相較，認為西亞採用的是「頸、肚帶輓具」，而不遲於漢初，中國已採用「胸帶輓具」。他說用前一法拉車的牲畜「不能拉500公斤以上的東西，理由很明顯，由於主要拉力來自頸部，而這樣就會使馬窒息」。不過先秦時如何繫駕，李氏未曾言及。日本學者林巳奈夫於1959年發表的《中國先秦時代的馬車》和1976年發表的《西周金文中所見有關車馬之語彙》二文中，則認為中國先秦古車採用的也是頸帶式繫駕法。但其後不過五年，林氏的這一見解就為發掘出土的實物所否定。

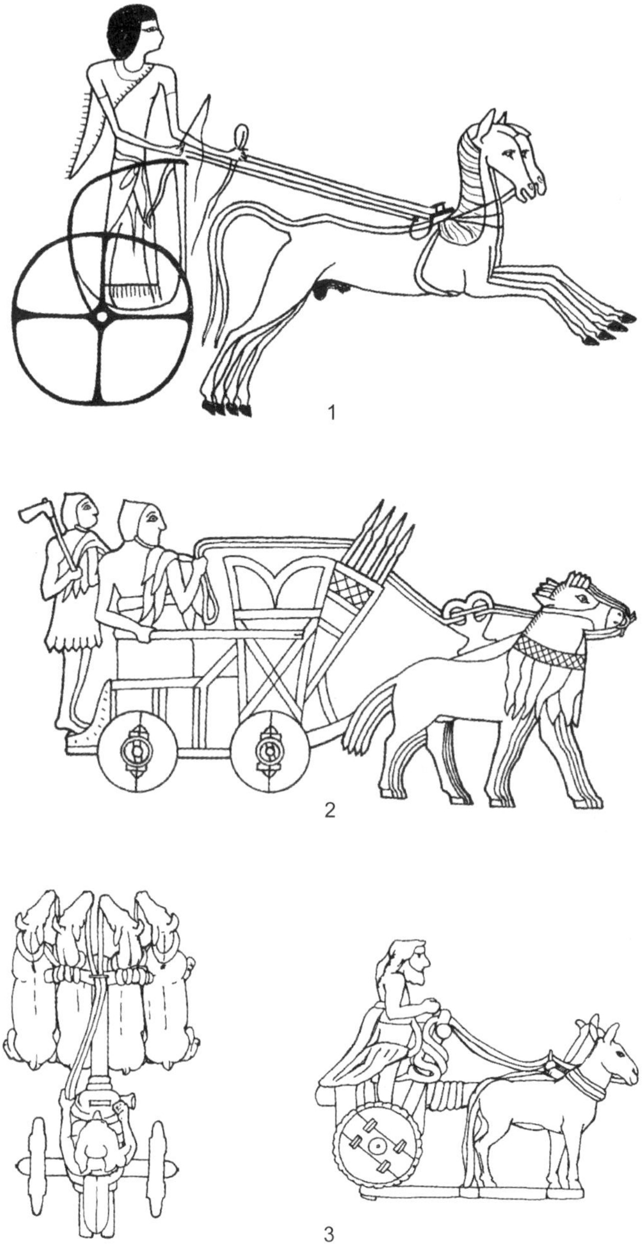

圖5-2　埃及和兩河流域的古車

1. 古埃及新王國時代的壁畫
2. 兩河流域烏爾出土鑲嵌畫
3. 兩河流域特勒阿格拉布出土銅車模型

1980年在陝西臨潼秦始皇陵封土西側出土了兩輛銅馬車，全副輓具包括像繁纓這類細節，都用金屬逼真地複製了出來（圖5-3）。此車從駕車的兩匹服馬所負之軛的內軥上各引出一條靷繩來拉車，即《左傳・哀公三年》所稱「兩靷」。兩靷的後端繫在輿前的環上，再用一條粗繩將此環與軸的中心相連接（圖5-4）。在這裏，真正受力的部

圖5-3　秦始皇陵出土的2號銅車

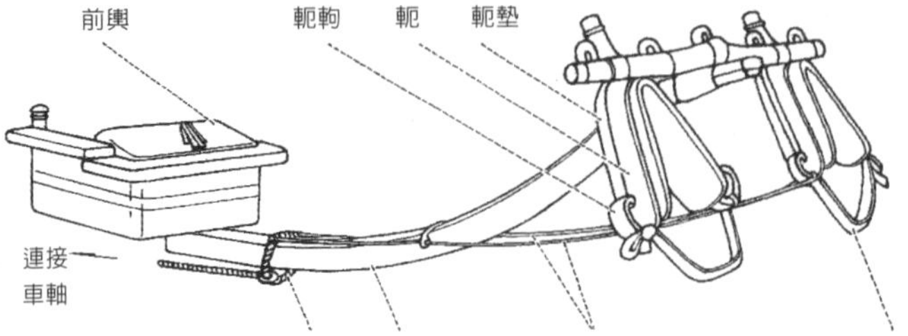

圖5-4　軛靷式繫駕法示意圖，據秦始皇陵2號銅車

件是叉在馬肩胛前的軛，傳力的則是靷；因而完全不影響馬的呼吸。雖然在兩個軛軥之間連以頸靼，但它只為防止服馬脫軛而設，拉車並不靠它。由於軛承力大，為防止馬被磨傷，銅車在軛下還鑄出一層代表軟墊之物。在河南浚縣辛村1號、北京房山琉璃河202號、陝西長安張家坡170號等西周墓出土的車上也都發現了它的痕跡。此物即《說文》所稱「轉，軛裹也」之軛轉。也正由於軛承力大，所以商代車上的軛有的包有銅套，表明它是一個很吃力的、需要切實加固的部件。以上這些情況都意味著，始皇陵銅車所顯示的「軛靷式繫駕法」不是當時新出現的，它的淵源可以追溯到更久遠的年代。商代金文中的「車」字作、、等形，其上之車輈雖有俯視和側視的區別，但其旁都有兩條斜線從軛軥連到輿前，它們就代表兩靷。再考慮到上面說的商、周之車在軛上包銅套和在軛下墊軛轉的情況，則其時所採用的繫駕法應與始皇陵銅車基本相同，都是軛靷式繫駕法。它與頸帶式繫駕法完全不同，其中不僅看不出任何受西方影響的痕跡，而且更加先進，可以使駕車的馬在呼吸通暢的狀態下發揮它的能量。

近年國內有些學者認為馬車在中國的出現是受了西方的影響所致，全然不顧雙方的古車在整體結構和性能上的巨大差別。早在約前20世紀的夏代早期，中國已能進行車戰，而當時西方古車連拉車之牲畜的呼吸問題還都沒有解決。根據羅馬帝國晚期於西元438年頒佈的《狄奧多西法典》，其中所規定的二輪馬車的載重量換算成今制是：birota載重66公斤，vereda載重99公斤，carrus載重198公斤。一名戰車兵的體重約70公斤，三人共210公斤，carrus載上他們已經超負荷了，已經沒有馳騁疆場的餘力。這樣的西方古車如何能在絲路開通以前，逾越高山大漠到中原來影響性能比它優越得多的中國古車呢？

古代西方沒有中國那種可以在車與車之間作近距離格鬥的戰車，那裏的戰車一般用於奔襲或追擊。其輪徑通常不超過90釐米，車廂距地面較近，當接近敵人時，便於武士跳下車來進行步戰。希臘瓶畫中將英雄時代武士下車擲矛作戰的場面描繪得很生動。同時西方古車由於輪徑小，所以不能在軸與馬的承力部位之間，用一條平行於地面的靷繩來連接，力的傳導要靠向上昂起的獨輈；也就是說，西元8世紀以前的西方古車上根本沒有靷。中國則不然，由於中國古車的輪徑較大，平均約1.33米，所以自軛軥至軸的連線接近水平，將靷繫在這裏，馬的力量能集中使用，並減少了對拉車前進不起作用的分力。

先秦時，駕馬的戰車只裝獨輈，而作為「平地載任」之具的牛車最先配備雙轅。戰國早期的陝西鳳翔八旗屯BM103號墓曾出陶雙轅牛車。隨著戰場上形勢的變化，步、騎兵重要性的增加，戰車兵逐漸轉變為輜重兵，車的主要功能由作戰變為運輸，從而對車速的要求降低，許多防護設施也無須那麼嚴格了。在早期的戰車上，為避免傾覆、加大支撐面而裝長轂；為避免驂馬內侵、服馬外逸，不僅用各種革帶約束，還加裝帶突棱的方釳。這些做法在作為運輸工具的馬車上已大都消失。設雙轅駕一馬的車最早出現於戰國晚期的河南淮陽馬鞍塚1號車馬坑和甘肅秦安秦墓中。它不像獨輈車上每匹馬可只用單靷，而必須在這一匹馬上繫雙靷。最早的一馬雙靷車可能將靷繫在軛的左右兩軥上，如江蘇揚州姚莊西漢「妾莫書」墓出土漆奩的彩繪中所見者。西漢空心磚上的車紋，靷已與軛分離，

圖5-5 採用胸帶式繫駕法的漢代馬車，山東福山東留公村出土漢畫像石

兩靷連接為一整條繞過馬胸的胸帶。東漢時，後一種方式已經推廣開來。馬拉車時，由這條帶子受力，故稱為「胸帶式繫駕法」（圖5-5）。採用這種繫駕法後，軛僅僅起著支撐衡、輈的作用。由於軛的作用已經改變，所以在漢代的馬車上既看不到軛𨊻，也看不到銅軛套了。

西方古車直到西元後才開始緩慢改進，在羅馬帝國時代的獨輈車上，用頸帶繫駕仍是通行的做法。在車上裝雙輈要到3世紀時才在特雷夫斯出土的雕塑中見到，比中國晚了約六百年。儘管如此，但雙輈仍然與頸帶配合使用。西方古車上出現胸帶式繫駕法的時間不早於8世紀。而這時中國古車的繫駕法卻又向鞍套式過渡了。

向鞍套式繫駕法過渡的歷程相當漫長。中國之採用胸帶繫駕法的車初出時，雖已將車前部的支點和拉車的受力點分開，分別由馬鬐甲前部和胸部承擔，從而使馬體局部所受之力減輕。但車軛的位置仍然偏高，車的重心隨之抬高，高速奔跑中轉彎時由於離心力的作用產生的傾覆力矩也就大，增加了翻車的機率。所以自2世紀起，馬車的車轅逐漸降低變直，逕自向《淮南子・主術》所稱「馬體調於車」的目標前進。甚至降低身段，以牛車為師。從東漢末到魏晉，牛車已嶄露頭角。十六國以來的大墓中，表現出行的陶俑群或壁畫多以牛車為主體。王愷、王導等人都留下了與牛車有關的故事。高級牛車通幰長簷，高大嚴密，車中可設憑几、隱囊，任意坐臥。而此前駕馬的車大都四面敞露，貴族乘車時還要講究姿勢。《論語・鄉黨》：「升車必正立執綏，車中不內顧，不疾言，不親指。」這話不僅是說說而已，確實有人照辦。史書上說西漢成帝就是這樣，他「善修容儀，升車正立，不內顧，不疾言，不親指」。但老保持如此矜持的派頭未免費力，這就為牛車的流行創造了條件。而更重要的是，牛車的粗大且弧度很小的車轅，能保證行車的穩定；於是馬車也來仿效，唯牛首是瞻了（圖5-6：1-5）。西魏大統十七年（551年）石造像之供養人的馬車，就像牛車那樣，將轅前之衡、軛合二為一之物直接搭在馬肩上（圖5-6：6）。可是馬的鬐甲低於牛的肩峰，這種方式不能完全適應馬體的特點。晚唐時，在敦煌莫高窟156窟壁畫中的一輛馬車上，馬頸部出現了用軟材料填充起來的原始肩套，它增加了馬鬐甲部位的高度，車子前行時使軛不易從馬肩滑脫（圖5-6：7）。但這種肩套只像一個起緩衝作用的軟墊，還不是真正承力的部件。正式的肩套出現在宋代，《清明上河圖》中有一輛由四頭驢直接用肩套拖曳的車，完全淘汰了那件衡式軛，使拉車的輓具大大簡化。不過它簡化得有點過頭，因為這輛車上沒有小鞍（馱鞍），牲口身上沒有為車轅安排支點，是由趕車人自行把駕，以保持車的平衡；成了人畜合作來駕馭的車（圖5-6：8）。小鞍可能是南宋時發明

（右頁）

圖5-6　從胸帶式繫駕法到鞍套式繫駕法的演變

1、4. 東漢武氏祠畫像石
2. 東漢沂南畫像石
3. 東漢肥城畫像石
5. 東漢末—三國初遼陽棒台子屯大墓壁畫
6. 西魏大統十七年石造像
7. 莫高窟156窟晚唐壁畫
8. 《清明上河圖》
9. 北京故宮博物院藏宋代虁花鉛罐

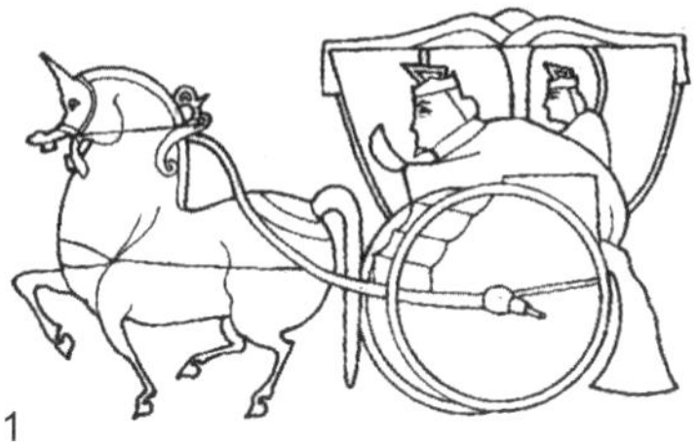
1

2

3

4

5

6

7

8

9

的，紀年明確的例子沒有找到，只在北京故宮博物院所藏一宋代鏨花鉛罐的紋飾中發現過配有小鞍的牛車（圖5-6：9）。肩套和小鞍從不同的方面匯集到馬車上的時間則不晚於元初。西安曲江元至元二年（1265年）段繼榮墓出土的陶亭子車，是中國已知之最早採用「鞍（小鞍）套（肩套）式繫駕法」的車。此法避免了木衡軛對馬造成的磨傷，降低了支點，放平了車轅，馬體承力的部位是墊著軟套的肩胛兩側和備有小鞍的背部；這樣不僅與用頸部受力不可同日而語，比胸帶式繫駕法也更加合理（圖5-8：3）。也就是說，採用此法既可保持行車的穩定，又適應馬體的特點，使馬拉車的力量能夠充分發揮。至此，近代式的繫駕法算是基本完成，並一直沿用到今天。

綜上所述，中國古代馬車在繫駕方面採用過軛靷式、胸帶式和鞍套式三種方法，其使用時間約相當商周至秦，漢至宋以及元以後這三個時期。它們都是中國獨立的發明創造。都是在不斷提出問題和解決問題的過程中，當經驗積累到一定程度時，才取得了突破性的進展。其間從萌芽到成熟所留下的足跡，在考古材料中都有線索可尋。

西方古車以小輪車和頸帶式繫駕法起步，直到8世紀才出現了採用胸帶式繫駕法的大輪車，比中國晚了約一千年。大約在13世紀初，歐洲輓具中才出現了用軟材料填充的肩套，但是也沒有小鞍，其發展階段約與《清明上河圖》裏的情況相當（圖5-7）。在歐洲，小鞍可能是由駕幾排馬的四輪車之御者在後排馬上置鞍乘騎以驅趕前排馬的作法演進而來。不過將肩套與小鞍相結合的過程相當短，13世紀中期，歐洲就出現了採用鞍套式繫駕法的車。東西方通過各自不同的途徑，卻在基本相同的時期中，分別設

圖5-7　使用肩套的歐洲馬車（13世紀）

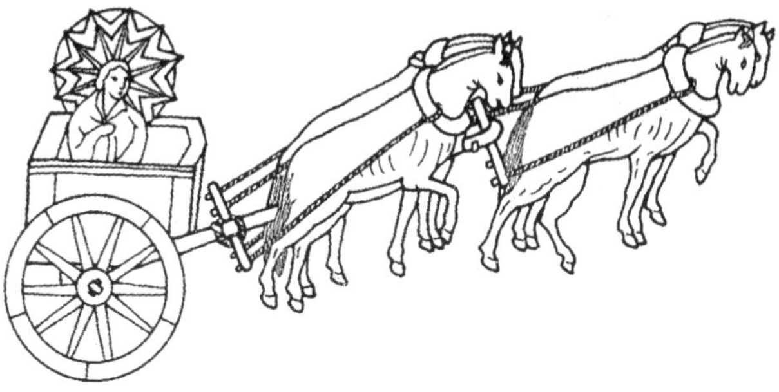

圖5-8　中國與西方繫駕法的比較

1. 秦始皇陵2號銅車（示意圖，前3世紀）
2. 河南禹縣空心磚（前1世紀）
3. 西安元・段繼榮墓出土陶車（1265年）
4. 羅馬帝國時代的浮雕（1世紀）
5. 後期羅馬車（8世紀）
6. 歐洲中世紀的二輪車（1250—1254年）

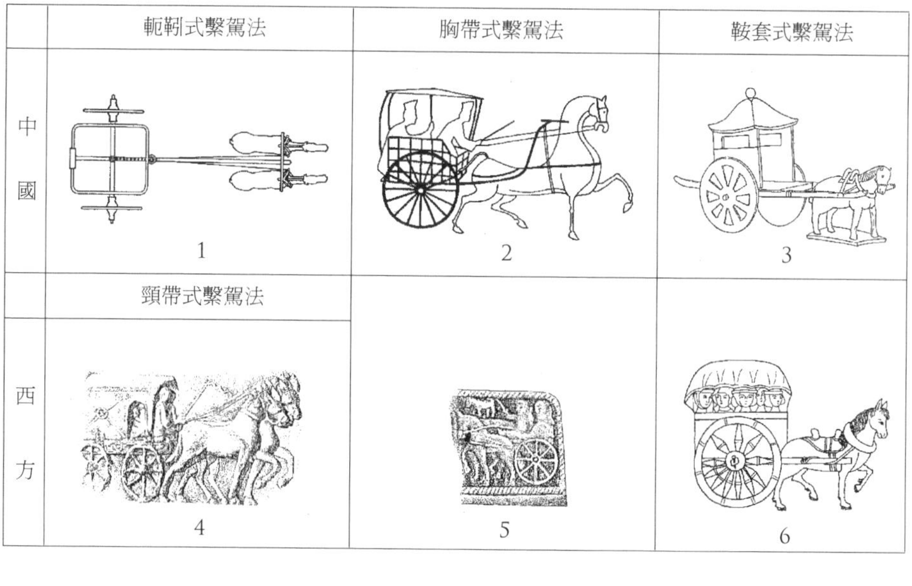

計完成了基本相同的、對畜力車說來也是最合理的繫駕方法（圖5-8）。

不過，歐洲在遠古時期就發明了四輪車上的前輪轉向裝置，瑞典南部之西元前二千年代的岩畫中已出現此種裝置的圖像（圖5-9）。如果不採用類似的裝置，只在二輪車上增加一對車輪，將由於轉向困難而變得不切實用。但中國古代一直未發展出此項技術，所以四輪車未成為中國古車的主要車型。中國古代的特大型馬車由於僅裝二輪，在保持平衡方面多有不便（圖5-10）。宋代皇帝乘坐的大型馬車——玉輅，其「轅木上策兩橫竿，在前者名曰鳳轅，馬負之以行。次曰推轅，班直推之，以助馬力。橫於轅後者曰壓轅，以人壓於後，欲取其平」（《宋史・輿服志》）。南宋的玉輅不僅用人推、壓，還用鐵壓，用人拉。前拉後壓，不勝其煩。而且壓轅的情況是，「輅後四人攀行，如攀枝孩兒」（宋・吳自牧《夢粱錄》），實在有點煞風景。這都是因為過於沉重的二輪車不易保持平衡，要使它「不伏，不縊」，不得不採用的補救之法。至明代，官員多乘轎。明萬曆六年（1578年）當朝首輔張居正自北京赴江陵奔喪，來回乘坐的竟

（右頁）
圖5-10 宋代和金代的輅
1. 馬和之《孝經圖》中的輅
2. 金代鹵簿紋銅鐘上的輅

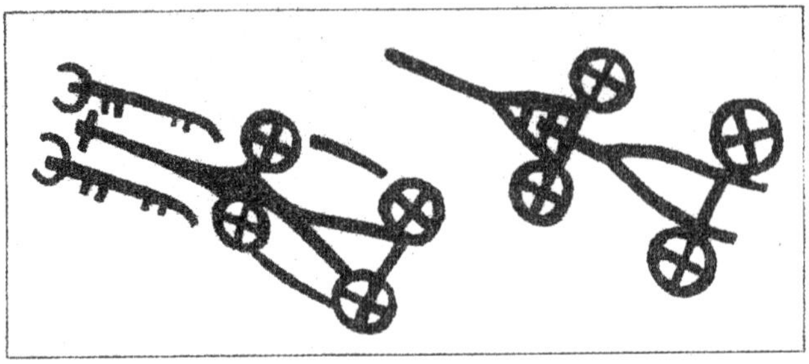

圖5-9 歐洲岩畫中的四輪牛車（西元前二千年代，瑞典南部）

1

2

是三十二人抬的大轎。清朝的將軍福康安「出師督陣亦坐轎。轎夫每人須良馬四匹，凡更役時，輒騎馬以從」（《清稗類鈔》第十三冊）。對人力的濫用達到如此荒謬的程度，改進車型自然成了不急之務。所以歐洲從17世紀時發展起來的裝車簧的大型四輪馬車，在古代中國一直是一件陌生的東西（圖5-11）。

中國古代在陸上交通方面對世界的另一項貢獻是發明了馬鐙。古希臘人多騎裸背馬，羅馬人也要到西元以後才用馬鞍（圖5-12）。中國遠古時期也是如此，故六經無「騎」字。直到魯昭公二十五年（前517年）《左傳》中才記下了一次貴族「乘馬」的事例。古代研究《左傳》的大師如杜預、陸德明等都說這是騎馬。秦與西漢時，始皇陵兵馬俑坑和咸陽楊家灣西漢墓所出陶戰馬已置鞍，唯形制低平，彷彿是一塊墊子。為了防止騎者墜馬，後來在鞍

圖5-11 歐洲的四輪車

圖5-12 古希臘陶器上所繪騎裸背馬的武士

的前部和後部增設鞍橋。至三國時，「高橋鞍」這一專門名稱遂見載於《魏百官名》一書中（《初學記》卷二二引）。鞍橋的升高加大了上馬的難度。使問題更加尖銳的是，在當時的高橋鞍上，後鞍橋還往往略高於前鞍橋，更使上馬的動作遇到障礙。也就在這個時期，中國發明了上馬用的單馬鐙。有關單鐙之最早的報導，是甘肅武威南灘魏晉墓出土的一例。這是一只單件的上馬用的鐵馬鐙，可惜其實物已被保管單位弄得不知去向。嚴格說，單鐙只能叫上馬鐙，它和雙鐙所起的作用是不一樣的。從這個意義上考慮，可以說馬鐙在中國的發明是以高橋鞍的使用為前提，這和世界其他地區的情況頗不相同。比武威的例子稍晚，在長沙金盆嶺21號墓（西晉永寧二年，302年）出土了著名的單鐙騎俑（圖5-13：1）。其單鐙懸於馬鞍左前側，鐙繫較短，應和武威鐙一樣，也是供上馬時搭足用的，騎上去之後就甩開不用了。中國使用單鐙的歷程很短，僅比金盆嶺西晉墓晚了二十年的南京象山7號東晉永昌元年（322年）王廙墓中就出土了雙鐙陶馬俑（圖5-13：2）。只有使用以堅固的材料製作的雙馬鐙，騎者在馬上才能獲得穩定的依托，才能更有效地控制馬匹。遼寧北票西官營子北燕・馮素弗墓（415年）出土了一對木芯鎏金銅馬鐙，表明這時中國馬鐙的形制已經成熟。5世紀以前，西方只發現過作為馬鐙前身的革製腳扣。德聶伯河下游契爾托姆雷克巨塚出土的斯基泰大銀瓶和印度桑奇大塔的浮雕中都能看到這類腳扣（圖5-14）。革製腳扣較軟。西方的科技史家說：「當一個人騎在馬上時，如果他不能從柔軟的環圈（指革製腳扣）中迅速地縮回腳，可能會很危險」（《牛津科技史》卷二）。也就是說，不慎墜鞍時如果拔不出腳來，將會頭著地被馬拖著跑，後果誠不堪設想。所以腳扣不能算是真正的馬鐙。6世紀時，馬鐙才傳到匈牙利。匈牙利地處東歐，與自黑海向東延伸的歐亞大草原接壤。中國發明的馬鐙，就是隨著活躍在這片大草原上的各族騎手的蹄跡，逐步西傳到歐洲的。大衛・比瓦爾說：「像馬鐙這樣一種普通的器具，不但對於全部羅馬古代民族來說，一直是聞所未聞；甚至像薩珊波斯那樣習於騎射的養馬人，竟然也不知馬鐙為何物。這一事實確實令人驚詫不已，然而看來實情確是如此。」在今伊朗地區，馬鐙到薩曼王朝（10世紀）時才傳入，而且起初還把馬鐙叫作「中國鞋」，更說明此物無疑來自中國。

（右頁上）

圖5-13 從單鐙到雙鐙

1 單鐙騎俑，長沙西晉永寧二年墓出土

2. 雙鐙騎俑（馬軀另一側還有一只鐙），南京象山東晉墓出土

（右頁下）

圖5-14 斯基泰人騎馬所用腳扣

1 契爾托姆雷克巨塚出土銀瓶

2. 銀瓶紋飾中所見繫有腳扣的馬

1

2

1

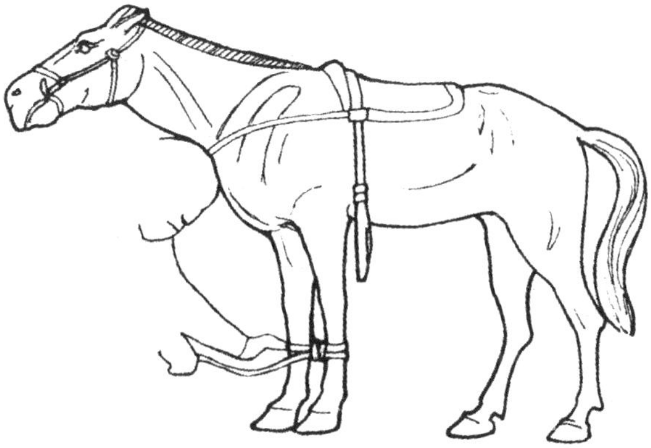

2

當然，西方在馬具方面也有他們的長項。比如蹄鐵，羅馬人在前1世紀時用得已比較普遍，它在中國的出現卻相當晚。有人舉出杜甫《高都護驄馬行》中「踠促蹄高如踣鐵」之句，推測唐馬已有蹄鐵，則屬誤解，因為這不過是詩歌中用的比喻。徐悱《白馬》「研蹄飾鏤鞍，飛鞚度河幹」是說研蹄即磨蹄。杜甫《送長孫九侍御赴武威判官》「驄馬新鑿蹄，銀鞍被來好」是說鑿蹄即修蹄。至南宋時，陸游《老學庵筆記》卷一說：「使虜，舊唯使、副得乘車，三節人皆騎馬。馬惡則蹄齧不可羈，鈍則不能行，良以為苦。」反映的也是不知釘蹄鐵時的情況。後來趙汝適《諸蕃志》介紹大食國的馬，當提到「其馬高七尺，用鐵為鞋」時，頗以為異。古代中國人剛看到蹄鐵和古代西方人剛看到馬鐙時的表情大概差不多，彼此對對方的發明都只有倍感新奇、倍加讚賞的份兒。

下面說船。

黑格爾認為，對於中國人來講，「海只是陸地的中斷，陸地的天限；他們和海不發生積極的關係」。說這話如果不是因為極端隔膜，那就是出於傲慢與偏見。中國有長達18000公里的海岸線，無數天然良港。大陸上河流縱橫，流域面積在100平方公里以上的大河就超過兩萬條。中國人怎麼會見到水就望而卻步呢！事實上早在七千年前的浙江餘姚河姆渡新石器時代遺址中就出土了六支木槳。它們應是在獨木舟上使用的；因為如果撐竹筏，用的就是篙而不是用槳。河姆渡的木槳雖為單塊木料製成，但有的已比較講究，在槳柄與槳葉連接處還刻出花紋；表明人們對它的重視。河姆渡之外，新石器時代的木槳在浙江吳興錢山漾、杭州水田畈等遺址中也曾發現。獨木舟之最早的實例見於杭州蕭山跨湖橋新石器時代遺址，是用火燒出槽腔後再用石器刳製而成的。其旁還發現了兩把半成品的木槳。進入歷史時期，在山東榮成毛子溝發現了商周之際的獨木舟。在江蘇武進奄城發現了一艘西周時的和一艘戰國時的獨木舟。此外例子還有不少。《易・繫辭》說：「刳木為舟，剡木為楫。舟楫之利，以濟不通。」獨木舟正是刳木而成。它以槳划水前進，槳就是楫。舟楫的組合奠定了中國上古時代水上交通工具的傳統，直到漢代仍然如此。漢代的樓船水軍被稱為「楫濯士」，意思就是划槳手。

獨木舟的長度一般在4米左右，奄城出的戰國獨木舟長11米，算是個中翹楚了。想再擴展尺寸，不但要找到更粗碩高大的木料，加工的難度也增加了不少。因而商代開始製造木板船，甲骨文中舟字作  ，所象即木板船之形。雖然為了防止上浪，艏艉稍起翹，但翹得不太利害。西方如古埃及的船起初是用紙草（一種接近蘆葦的植物）捆紮而成，所以艏艉上翹的弧度很大。這種船型一直影響到後來的希臘、羅馬，希臘人特別注意艏部的曲線，有所謂提琴狀艏、飛剪狀艏等式樣；但這僅限於他們的商船。戰船則相對平直一些，由多名槳手划行。中國當時的情況也類似。春秋時，吳國有大翼、小翼、突冒等戰船。大翼長十二丈，「容戰士二十六人，棹五十人」（《越絕書・兵法》佚文，《御覽》卷三一五引）。是用五十名槳手划船，戰士則持「長鈎、矛、長斧」及弩矢等兵器。在河南汲縣山彪鎮戰國墓出土的水陸攻戰圖鑒及四川成都百花潭戰國墓出土的宴樂攻戰紋壺上，都有這類戰船的形象（圖5-15）。百花潭那一件的畫面較完整，戰船上的槳手在艙內划槳，戰士在甲板上禦敵。兩船接舷時，戰士力圖登上對方的甲板，用長短兵器厮殺。水戰的這種方式至漢代似仍無多大變化。湖南長沙伍家嶺西漢墓出土的明器木船，有十六支槳和一支後梢（圖5-16）。這些槳都比較長，槳手應如戰國銅器圖紋中的戰船那樣，要站著划槳才便於用力。這些槳從舷板上的槳孔中伸出來，其船型應即當時所稱之「露橈」。伍家嶺出的這艘明器船雖然並不代表典型的戰船，但也不是普通的客貨船，因為船上的空間幾乎已被槳手占滿，沒有給乘客和貨物留下多少餘地。湖北江陵鳳凰山西漢墓出土的遣冊中說：「大舟皆（？）廿三槳。」由於槳常成對安排，故此舟可能設十一對槳，一支起舵槳作用的梢。中國古戰船使用槳手最多之例應推《梁書・王僧辯傳》所載侯景軍中的快艇，「兩邊八十棹，棹手皆越人，去來趣襲，捷過風電」。則這種船設一百六十支槳。至於像西方古代那種設有由低到高的二至三層槳座，用數百名奴隸划槳的船，在中國古代未曾出現。

民用船舶則是另一種情況，它有時只由一名船工搖櫓。

圖5-15 戰國船紋
1 四川成都百花潭出土銅壺
2. 河南汲縣山彪鎮出土銅鑒

1

漢・劉熙《釋名・釋船》：「在旁曰櫓。櫓，膂也，用膂力然後舟行也。」表明漢代的船上已知用櫓。《三國志・吳志・呂蒙傳》說呂蒙欲發奇兵襲擊關羽，乃「盡伏其精兵𦪇䑶中，使白衣人搖櫓，作商賈人服」。由於這次行軍的保密性，所以故意使用這種具有民用特點的搖櫓之船。它和探出一排排槳葉的戰船相比，給人的印象大不相同。廣西西林普馱出土的銅鼓和廣州南越王墓出土的銅提筒上的船紋，都只有一個人在船尾搖櫓。儘管形象不是十分準確，卻不能把它理解為槳，因為一支槳是無法推動一條大船前進的。搖動櫓柄，櫓葉在水中左右往復滑動，阻力小而升力大，連續而高效，兼具推進和操縱航向的功能。因此有「一櫓三槳」、「輕櫓健於馬」等說法。

在造船史上，漢代最重要的貢獻是舵的發明。《淮南子・說林》：「毀舟為杕。」高誘注：「杕，舟尾柁。」《鹽鐵論・刑德篇》：「執轡非其人，則馬奔馳。執軸非其人，則船覆傷。」俞樾《鹽鐵論校》以為「軸當作舳」。《方言》：「（船）後曰舳。舳，制水也。」郭璞注：「今

2

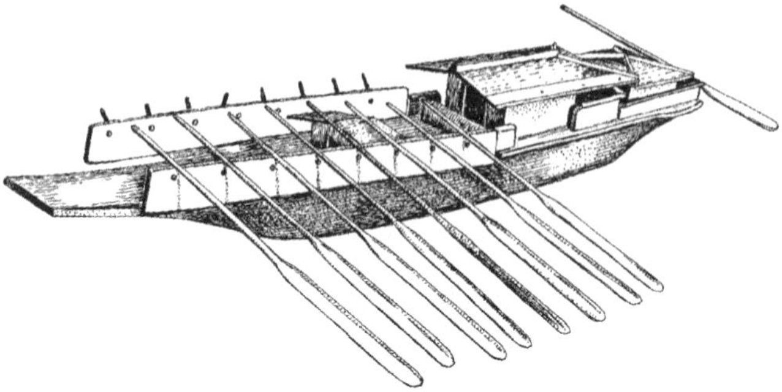

圖5-16 漢代的明器木船——露橈，湖南長沙伍家嶺出土

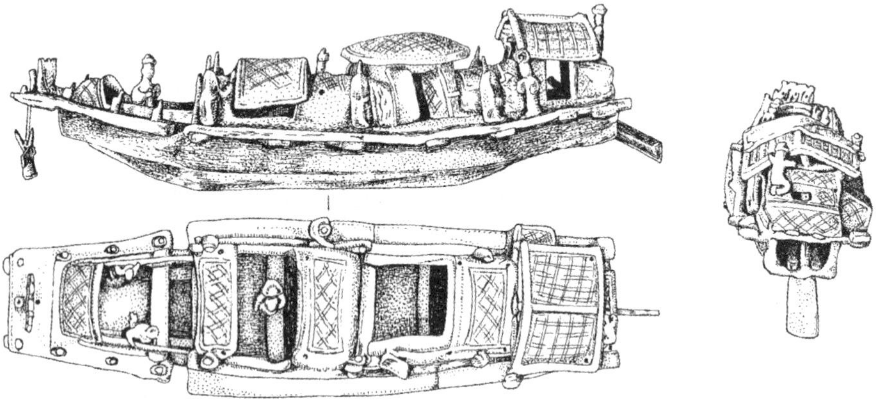

圖5-17 裝舵的漢代陶船，廣東廣州東郊東漢墓出土

江東呼柁為舳。」可證西漢時已有雛形的舵。但湖北江陵鳳凰山和廣州皇帝崗兩座西漢墓中出土的明器木船，還都用一支長梢控制航向。1955年在廣州東郊先烈路東漢墓中出土的陶船，代表一艘內河航船，有艙室三間，舵固定在艉部正中。雖然它只能沿舵杆的軸線轉動，仍然殘留著由梢演變來的痕跡，但已經可以被確認為早期的舵（圖5-17）。它的板葉寬大，障水有力，且下端與船底取齊，水淺處不必提舵。廣東德慶漢墓出土的陶船在舵樓後壁開舵孔，孔的兩側有托架。雖然其舵與托架上的支撐件出土

時均已不存，但從結構看，此船裝的已可能是垂直舵。航行時，水流在舵面上會產生舵壓。舵壓雖小，但由於它和船的重心有一定距離，根據槓桿原理，會對船體產生較大的扭轉力矩。從而起到如《釋名》所稱「弼正船，使順流不使他戾」的作用。宋・周去非《嶺外代答》中甚至說，舵「如一絲引千鈞於山岳震頹之地，真凌波之至寶也」。

中國之所以在世界上領先發明艉舵，應和中國古船的結構模式有關。中國古船兩端出艄（艄艉向外延伸），並用木板橫向封閉，艉部上翹的坡度較緩和。而且兩舷邊沿的大欄（船舷邊沿之縱向的舷板，又名大筋）突出船尾，形成向內凹進去的一塊空缺，正便於裝舵。而西方古船的艉部較尖翹，缺少這樣一塊現成的可用於裝舵的部位。起初西方使用兩支舵槳控制航向，後來將舵槳置於艉部右舷處，以致出現了將右舷稱為「舵舷」的習慣用語。直到1200年前後，尼德蘭地區的船工才製造出艉舵。儘管如此，13世紀晚期之溫奇爾西璽印上的大帆船，仍舊使用裝在右舷處的舵槳（圖5-18）。

上面這些例子中舉出的中國古船都是河裏的船，是不是真的應了黑格爾的話，中國船跟海不發生積極的關係呢？不是的。《慎子》說：「行海者，坐而至越，有舟也。」（《御覽》卷七六八引）這話又見於《呂氏春秋・貴因》，看來的確是先秦人說過的。但「行海者」從哪裏起航，原文沒有指明；很可能就是從被《管子》稱作「海王之國」的齊。齊、越間的海上航線久已開通。春秋時，吳王夫差「從海上攻齊」（《史記・吳太伯世家》）。後來范蠡因為覺得與越王句踐難以相處，乃「乘舟浮海……出齊」（《史記・越王句踐世家》）。到了漢代，元封五年（前106年）漢武帝乘船巡遊，自潯陽順流而下，出長江口，也循此線從海上到達琅邪。但同時漢代還向外海發展，據《漢書・地理志》記載，漢代的海船已經航行到中南半島，甚至遠涉重洋，到達印度。漢代的大海船名檣。《說文》：「檣，海中大船也。」檣字《廣雅》作艭，後通作舶。海舶多用樓船。漢代的樓船有的「高十餘丈」（《漢書・食貨志》），有的上面有「十層赤樓」（《後漢書・公孫述傳》）。1985年江蘇儀徵新城鎮出土一件東漢銅尊，器底鑄有樓船圖形，雖屬示意性的，不夠精確，但仍可清楚地看出船上有好幾層樓（圖5-19）。如此高大的船難以只靠槳划行，出海時應張起船帆，借助風力，才好遠航。

古埃及的船在極古老的時代中已知用帆，中國上古時用楫，帆的出現比較晚。但有不少學者將甲骨文中的字釋為「凡」，認為它就是帆；包括中國航海學會編寫的《中國航海史》等權威著作對此亦給予肯定。當然也有不

圖5-18　溫奇爾西璽印上的船紋，顯示出右舷舵，13世紀

圖5-19　東漢樓船紋，據江蘇儀徵新城鎮出土東漢銅尊

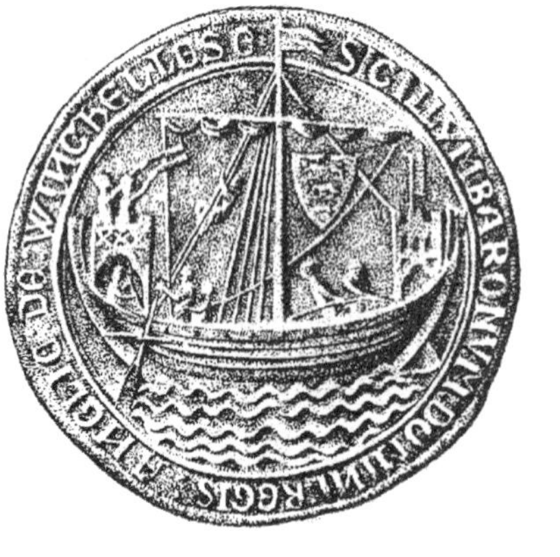

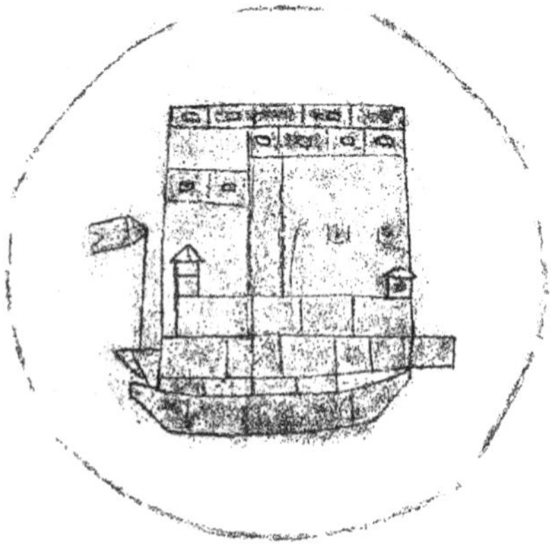

同的聲音。文尚光先生在《中國風帆出現的時代》一文中，認為「甲骨文的『凡』字並不能釋為『帆』字」；但他又說，甲骨文的「凡」字完全不像「日、月、水、舟」等字那樣，能表現出實物形象的某種特徵。也就是說，對這個「凡」字究竟代表何物，他沒有給出回答，仍使之作為懸案。《揚帆美洲三千年——殷人跨越太平洋初探》、《再探》等文則先說「商代已有人奪海逃亡，終至到達了美洲」；繼而提出能跨越太平洋的船必須有帆。於是轉過來又斷定，「甲骨文既已有『帆』字」，「揚帆美洲單就航船來說，已有實據」。其實商代人是否到過美洲，本無確證，可信度極小；認為甲骨文中有「帆」字，更於古文字學上無徵。但上述論文將這兩種假說互為前提，循環論證，使問題陷於糾纏不清的狀態之中。因此，在這裏談一點看法，向大家請教。

甲骨文「前」字作（《乙》7661）、（《後下》11.10），乃街衢上一人（以足趾代表）走在前之意。此字象板輿（類似現代的擔架）之形，在這裏代表坐板輿的貴人。前面的是他的前導。這就是「前」字得義之由來。金文前字作，下部變成舟形，《說文》遂說，前「從止在舟上」，解釋得就未免跑題了。李孝定《甲骨文字集釋》卷二說此字是止在盤中，為洗足之義。但洗足何以要跑到大街上去？李氏無說。按前字下部的，確是板輿的象形。甲骨文中有（《後上》26.6）、（《甲》2030），此字商承祚釋輿，楊樹達從之。其中的字仍然是板輿，商代金文輿字作（輿壺），將板輿的形狀表現得更加清楚。安陽侯家莊1001號大墓槨室頂上發現的漆器中有三件板輿，長方形，四角有柄。每件

總長為2.3米，輿板長1.7米，正可用於抬人。漢武氏祠畫像石「孝孫原谷」故事中的板輿的形狀和它極其近似（圖5-20）。字中眾手所舁者即板輿，下部之「口」，表示發出抬起的口令。《說文》：「興，起也。」就是這個意思。侯馬盟書中興字作，將字與字靠攏，像是一個「同」字，後來小篆和楷書都跟著這樣寫，興字得義之由來就不容易看得清楚了。所以甲骨文之「」與「帆」毫無關係，據此而推導出的商代有帆船之說是不能成立的。此外，還有學者根據浙江鄞縣石禿山出土的一件戰國銅鉞上的紋飾立論，認為圖中四個泛舟者頭上戴的羽冠是「原始的風帆」。但羽冠和風帆的樣子實在差得太遠，其說不足以認真對待（圖5-21）。

然而無論如何，到漢代已經有了船帆。《釋名》中提到

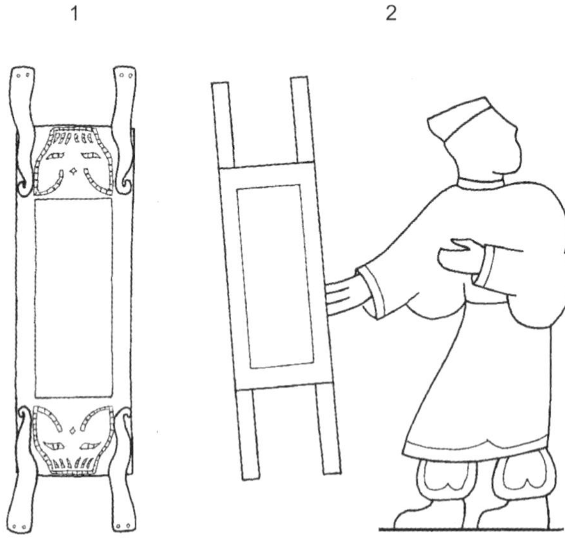

圖5-20 板輿
1. 河南安陽侯家莊1001號商墓出土
2. 漢武氏祠畫像石「孝孫原谷」故事中之持板輿者

圖5-21 「風帆」與羽冠

1. 浙江鄞縣石禿山出土戰國銅鉞紋飾之船上的「風帆」
2. 廣西貴縣羅泊灣出土銅鼓紋飾中的戴羽冠者
3. 廣西西林普馱屯出土銅鼓紋飾中的戴羽冠者
4. 廣西林普馱屯銅鼓上所飾船紋

1

2

3

4

圖5-22 漢代銅鏡上的帆船紋飾

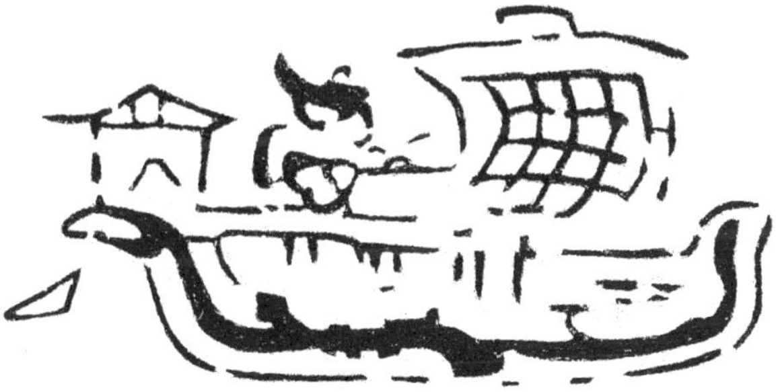

「隨風張幔」的帆和掛帆用的桅。李尤《舟楫銘》：「相風視波，窮究川野。」也表明已用風力行舟。馬融《廣成頌》：「方艅艎，連舼舟。張雲帆，施蜺幬。靡颸風，陵迅流。」更是不晚於2世紀時中國已有帆船的確證。但長時期以來未見過漢代帆船的圖形，直到2001年熊建華先生發表了關於帆船的論文，舉出湖南省博物館和北京故宮博物院所藏兩面東漢鏡紋飾中之帆船的資料，才對這個問題作出回答（圖5-22）。不過這兩面鏡子上的船紋比較簡略，反映不出漢代帆船已經達到的水準。《三國志・吳志・吳主五子傳》裴注引《吳書》：「（孫）和之長沙，行過蕪湖，有鵲巢於帆檣。」檣即桅杆；其上既然能築鳥巢，不會太矮。長沙走馬樓出土的三國吳簡，有「大檣一枚長七丈」的記載。據王子今先生計算，七丈合16.75米，相當高大，或與馬融所稱之「雲帆」的帆柱相近。

船帆在中國的出現雖然比西方晚，但中國的帆多為硬帆，用竹篾、蒲葉等材料編成，即《天工開物》所稱「乃析篾成片織就」，所以又叫「帆席」。福建泉州法石出土的宋代海船上發現的竹帆，在竹編織物中間夾著竹葉，兩側用竹管封邊，很結實。中國船帆還循橫向結紮上成排的竹竿，用以加固；竹竿的間距不大，使帆面得到均勻的支撐，防止被強風撕破。又因為有以竹竿構成的骨架，船帆可以折疊；也便於調整角度，以利用側風。同時帆架和索具的安排也巧妙而合理，船員不但在甲板上就能操縱帆的升降；還可以根據風力的大小，或「絕頂張篷」，把帆一直掛到桅頂，或「只帶一兩葉」，即只張開一部分。西方的軟帆卻是要麼全部張掛，要麼全部收起；提帆、收帆還都得由水手爬到桅杆上面去操作。更重要的是，當中國船開始裝風帆時，已經發明了艉舵。根據風力和風向的情況，帆角和舵角隨時應變，二者對來風與水流或迎或拒，密切配合，可以有效地控制航向，並保證船速和行船的安全。即中國俗諺所稱「見風使舵」。而對於未裝艉舵的西方古船來說，僅用舵槳撥水很難和風帆呼應得如此協調。

中國古代還有一種雙體船，圖像初見於晉・顧愷之

圖5-23 雙體船
1 隋代雙體蹇船，山東平度里澤河灘出土
2. 東晉雙體舫船，顧愷之《洛神賦圖》

1

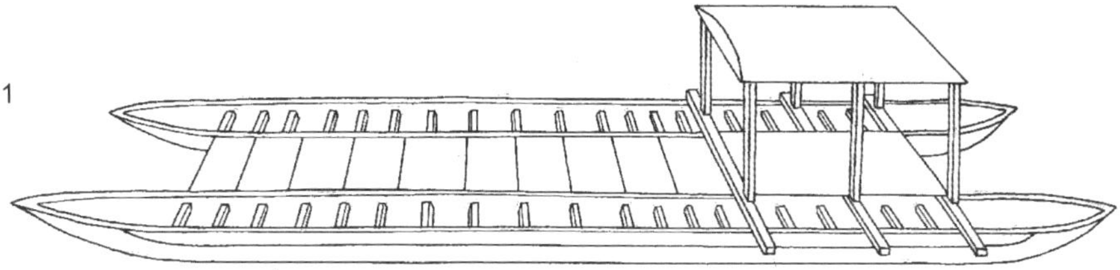

2

《洛神賦圖》（圖5-23：2）。其實它的出現還要早得多。《爾雅・釋言》：「舫，舟也。」郭璞注：「並兩船。」舫又作方。《說文》：「方，並船也。」均指雙體船而言。戰國時長江中已航行舫船，它的裝載量大。《戰國策・楚策》記張儀的話說：「方船積粟，起於汶山，循江而下，至郢三千餘里。舫船載卒，一舫載五十人與三月之糧，下水而浮，一日行三百餘里。」西漢初酈食其也說：「蜀漢之粟，方船西下」（《史記・酈生陸賈列傳》）。東漢初，公孫述的兵仍「乘舫箄下江關」（《後漢書・岑彭傳》），走的也還是長江水道。更不要說西晉時王濬滅吳，「大船連舫」，「徑造三山」（《晉書・王濬傳》）；「王濬樓船下益州，金陵王氣闇然收」了。現存雙體船的實例最早是隋代的，出土於山東平度新河鄉，距今渤海灣僅15公里，隋時應是海灘。它是在兩艘狹長的單體船當中嵌接厚木板，板下由木梁承托，木梁兩頭分別穿過兩船船身，再用鐵釘固定。船的一端尚有建篷廬、艙房的痕跡（圖5-23：1）。此船體總長20.22米，寬2.82米，載重量約23噸，可能是作躉船使用的，跟以上所引文獻中記載的大舫船就不能比了。敦煌莫高窟98窟的五代壁畫中，也畫出了許多艘只乘三四人的小舫船。然而無論大小，這種船的優點是：由於兩個單體船所占寬度較大，兩個船身互相牽制，使橫向傾倒的角度減小，故穩定性好。舫下面的兩個船底是分開的，航行時阻力小，有利於提高航速。所以它又受到現代造船業的青睞，在更高的發展階段上製造出新型的雙體船。

隋的年代短，船舶遺物很少。但唐代也不多，江蘇如皋蒲西鄉和揚州施橋鎮出土的兩艘唐船都不太大，復原後的長度約為18米及24米。但這兩艘船都有水密艙壁，船板用鐵釘釘合，而且板縫已知用石灰摻桐油撚封，在當時都是很先進的技術。更重要的是，唐代發明了車船。車船以蹼輪驅動，變用槳作間歇性的划動為用輪作連續性的旋轉運動，達到了半機械化的程度。唐德宗時，江西節度使李皋「嘗為戰艦，挾以二輪，令蹈之，溯風破浪，其疾如掛帆席」（《冊府元龜》卷九〇八，又見《舊唐書・李皋傳》、《新唐書・曹王皋傳》）。七百年以後，義大利藝術家兼科學家達・芬奇設計的輪槳船之基本原理，與李皋的車船如出一轍。但達・芬奇的設計只停留在圖紙上，而中國的車船卻得到實際應用。南宋時，著名的造船師、原宋政府都水監都料匠（總工程師）高宣於紹興元年（1131年）製出八車戰船。繼而造出二十車戰船，能載兵二百餘人。高宣後來參加了楊么領導的洞庭湖農民軍，又造出二十四車大戰船，上設拍竿，可以擊碎敵船。在西方，水戰時除了接舷攻戰外，曾在船頭裝撞角，用以衝撞敵船。拍竿則為中國特有，隋代已發明（《隋書・楊素傳》）。其構造類似拋石機，唯後者是向上拋，前者是向下砸。在紹興三十一年（1161年）的採石之戰中，宋將虞允文指揮車船以一萬八千人戰勝了強渡長江的四十萬金軍，車船在這當中更發揮了巨大的威力。

宋船還有一些重要的遺物，如1978年在天津靜海元蒙

圖5-24 靜海宋船

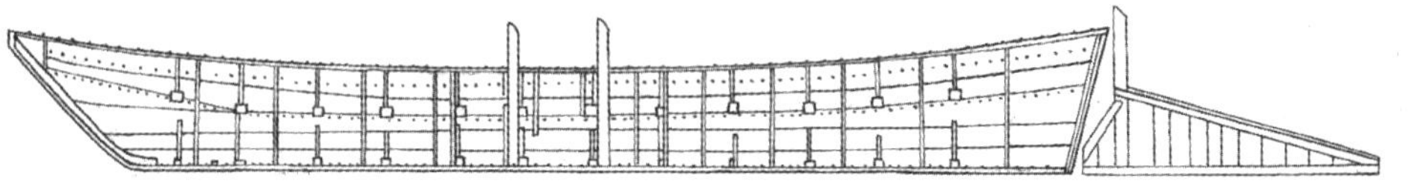

口村出土的宋船上發現了保存完好的平衡舵（圖5-24）。這種舵在舵杆前增加平衡部分，從而減少轉舵力矩，操縱起來更加省力。《清明上河圖》中汴河航船裝的都是平衡舵。靜海古船的出土，進一步證明此圖確為宋畫，圖中的內容是寫實的。再如1979年在浙江寧波東門口出土的宋船上發現了減搖龍骨。它是一條半圓木，裝在船的舭部，也叫舭龍骨，其位置遠在舷邊之下，船舶空載時則沒入水中。它能增大船的阻尼力矩，從而減輕船舶在風浪中的搖擺。西方要到19世紀才知使用此物。

宋船之最重要的遺存是1974年在福建泉州後渚港出土的海船。據席龍飛、何國衛先生測算，復原後船長30米，甲板寬10.5米，吃水3.75米，排水量454噸。它的大小和哥倫布的船隊中長28米的旗艦相仿。這是一艘方艄、高艉、尖底的福船類型的船，其船舷側板用三重木板，船殼板用二重木板。這和《宣和奉使高麗圖經》所說，大船「以全木巨枋，攙疊而成」；以及《馬可波羅行記》所說，中國船「側面欲堅固，可用二重木板」的記載相合。此船共有十三個艙室。據《宋會要輯稿》等處記載，當時的海船一般有十多個隔艙。《馬可波羅行記》中也說：「（中國）比較大的一些船，在船身裏面有十三個池子或艙房，是用堅固的木板很緊地釘在一起，有很好的隔板把它們隔開。」設置多間水密隔艙的作法，可以有效地防禦海險事故，是中國在船舶設計方面的重要貢獻。但這些隔板並非完全不通水，泉州海船在艙底中線下端近龍骨處開有小孔，名過水眼。由於海上風高浪急，平時也會有海水湧上甲板，最後流入艙底。如果這些水都聚集在一個隔艙裏，就要影響船身的平衡。通過過水眼使水流動，能起到自行調節的效果。如果發生事故，因為過水眼的孔徑小，也不難及時堵塞。泉州海船保存著兩個桅座，從頭桅和主桅的位置看，不排除此船有三桅。馬可波羅說，中國船普通有四桅，有時五桅或六桅。而且從泉州海船上固定桅杆用的夾柱和在艙壁上為放倒桅杆預留的方孔考察，此船已採用可眠桅和卸桅的技術。《清明上河圖》中所繪河船因過橋而眠桅的緊張場面，正可與之相印證。

泉州海船的載重估計為200噸，約合宋時的三千六百料。在宋代，造船業制定了以料（一料指載粳米一石，重宋斤九十二斤半，約合55公斤）作為造船和運營的基本單位的制度，這是造船業科學水準提高的表現。當時的大海船的載量比這艘船要大，如《夢粱錄》卷一二所說，「大者五千料」，則是載重量約300噸的船，在當時已經很可觀。

大船在海洋中航行，「夜則觀星，晝則觀日，陰晦則觀指南針」（宋・朱彧《萍洲可談》，1119年成書）。宋・徐兢《宣和奉使高麗圖經》（1123年成書）也說：「若晦冥，則用指南浮針，以揆南北。」有關指南針的早期記載，見於宋・楊維德的《塋原總錄》（1041年）。它的應用於航海，應不晚於11世紀。宋代的船用指南針之實物未見。但在河北磁縣、江蘇丹徒、遼寧旅大等地出土的元代針碗，有的在碗心畫出用三枚浮漂托起來的磁針，有的在碗底還寫出「針」字，表明它們即「指南浮針」所用針碗。至於所謂「夜則觀星」，就是以星辰定位。多為測北極星與其他天體的海平高度，從而換算出船在南北方向上的緯度。《漢書・藝文志・數術略》著錄有《海中星占驗》、《海中五星經雜事》等書，多達一百三十六卷，它們的內容應與天文導航有關。到了14、15世紀時，航行在南中國海和印度洋的海船上用以測星的工具為牽星板，其測量方法叫牽星術。牽星板在明・李詡《戒庵老人漫筆》中有記載：「牽星板一副十二片，烏木為之，自小漸大。大者長七寸餘，標有一指、二指以至十二指，俱有細刻若分寸然。」目前學術界對其用法意見尚不盡一致。大體上說，使用時應左手持木板，右手牽緊自木板中心穿出的繩子，目光隨繩端望去，使木板上緣對準星體，下緣對準海平線，即可量出星體的高度。這種方法以前認為是阿拉伯航海家發明的，測量星體高度的計量單位「指」，也認為得自阿拉伯語的Issaba（手指），1 Issaba=1°36′。但華南師範學院、北京天文台等單位組成的航海天文調研小組發現「指」這一角度測量單位，早在長沙馬王堆3號漢墓出土的帛書《五星占》中已經使用。唐代的《開元占經》引用的漢代著作《巫咸占》中，也有金星和月亮的緯度相去最遠時是5指（合9.5度）的記載，1指折合1.9°。因此學術界又認為牽星法是中國傳統測天計量法和阿拉伯航海測天技術互相融合並加以改進之後形成的。指南針與牽星板當時對航行來說均不可或缺。指南針指引航線，「進某澳，轉某門，以至開洋、避礁、避淺，皆以針定」（《松江府志》）。指南針指示的航線叫針路，記載針路的專書叫《針經》。而用牽星板進行天文觀測的結果則被編成過洋牽星圖（即天文航海圖）。明代的過洋牽星圖還有四幅在《鄭和航海圖》中保存至今。鄭和出洋時，「累次校正針路、牽星圖樣」（《順風相送・序》）。《針經》和《牽星圖》是航行中至要之件，交船師掌管，「以針經、圖式付與領執，專一料理，事大責重，豈容怠忽」（《西洋番國志》）。因為正確使用此二者，就可以保證航線不出偏差。

明代鄭和下西洋，是中國航海史上最重大的事件之一。但鄭和船隊中最大的寶船到底有多大，一直是一個沒有完全解決的問題。據《明史・鄭和傳》所記為「修四十四丈，廣十八丈」。談遷《國榷》也記為「長四十四丈，闊一十八丈」。長四十四丈、闊十八丈這個數字乍看起來或不感覺奇怪，但折合成公制時，則長度為150米，闊為61米；排水量當在三萬噸左右。新中國於1979年建成的遠洋科學考察船向陽紅10號，總長為156.2米，排水量13000噸，當時是世界上同類船型中最大的一艘；且於2006年榮膺「中國十大名船」稱號。而一艘明代的木船比它還大，這就令人不得不產生疑問。古文獻中所記科學技術方面的數位，往往需要認真復核。例如《晉書・王浚傳》說他：「作大船連舫，方百二十步，受二千餘人。以木為城，起樓櫓，開四出門。其上皆得騎馬來往。」雖然不能說其中沒有史實的影子，但數字不可盡信。當時的一百二十步合170多米。長寬各170米的大連舫，在長江中無論揚帆、撐篙、划槳或拉纖都難以操縱。如任其順流而下，在半途不是擱淺就是撞岸了。對此，連宋代的邵博都曾提出懷疑（《邵氏聞見後錄》卷八）。

再從結構強度上分析，大型木船在波浪中航行，船體愈長，則所受拉、壓力應愈大。若依上述尺度進行計算，寶船就需要有340毫米厚的船底板和380毫米厚的甲板，才能承擔它所受的彎矩。而使用如此之厚的板材實際上做不到，所以對《明史》記載的尺度進行復核是有必要的。

1957年南京市文管會在明代寶船廠遺址發現了一根長11.07米的鐵力木舵杆。這根舵杆可以成為復核上述尺度的根據之一。上海交通大學造船系楊槱教授等人認為此舵

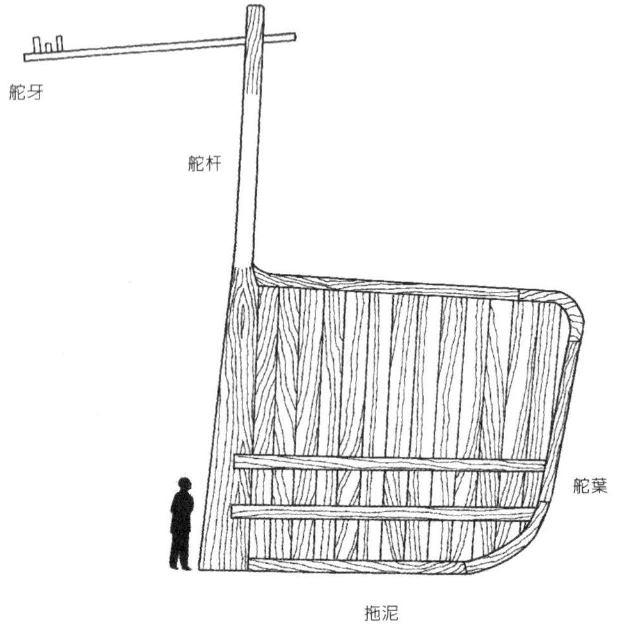

圖5-25　明代大海船上的舵，據南京中保村出土明代鐵力木舵杆復原

杆所屬之舵為排子舵型，舵的面積較大（圖5-25）。而根據製造木海船的老工人的估算方法，面梁一般與舵杆長相當，那麼裝此舵之船的長度只能在60米左右。又據舵杆的長度，李邦彥先生計算出來的船長是57.8米。而根據南京《靜海寺碑》所記，鄭和下西洋的船是「二千料海船」和「一千八百料海船」（《東方雜誌》第43卷第1號）。那麼，它的長度不過十餘丈，顯然偏小。不過據上述兩種舵杆之長計算出的船的長度相當接近，可供參考；它的排水量應在1200噸左右。比起葡萄牙航海家達・伽馬所用之300噸的船及哥倫布所用之280噸的旗艦來，落在當時世界各國的航海家眼裏，也算得上是一艘駭目聳聽的大船了。

六冶金

談冶金，得先從銅的冶煉談起。這項技術在中國出現得比西方晚。可是西方的早期銅器除紅銅製品外，主要是用砷銅和鎳銅。中國則不然。早期銅器如陝西臨潼姜寨仰韶文化遺址中的黃銅片，含鋅達25%，距今在六千年以上；甘肅東鄉林家馬家窯文化遺址的青銅刀，含錫6%—10%，距今近五千年；甘肅永登蔣家坪馬廠文化遺址的殘銅刀，也是錫青銅，距今四千餘年。表明在中國煉銅的起步階段，合金配比已與西方明顯有所不同，所以未曾也無從自外部取得借鑒。然而三千多年前，在甘肅西北部的四壩文化中，曾有一段單純製作砷銅的時期。促成這種現象的原因固然與當地出產之礦石的成分有關，卻也不排除是受到西來的冶煉技術的影響所致。甘肅玉門火燒溝四壩文化遺址中就出土了一件四羊首銅權杖頭。中國古代不使用此物，它具有濃厚的西亞色彩。這種器型很可能是伴隨砷銅一起傳入的。但砷銅的出現對中國來說，只不過是增加了一個非主流的合金品種，而且處在中國已經獨立完成冶銅技術的發明之後；所以作用不是很大。另外，我們知道，19世紀前期丹麥的湯姆森提出了著名的三期論：認為人類主要的生產工具和武器是按照石器、青銅器、鐵器等三個技術階段依次發展的。到了19世紀後期，義大利的基耶里克提出在石器和青銅時代之間增加一個銅石並用時代。他說的銅主要指紅銅。但紅銅軟，與石器相比優越性不明顯。紅銅加錫成為青銅，硬度提高而融點降低，其優越性就遠非石器可比了。中國從馬家窯文化時期就使用青銅，所以中國沒有一個明確的銅石並用時代。

進入夏代，在二里頭遺址中出土的青銅器中，有鼎、爵、斝、盉、鈴、戈、戚、刀、鏃、錐、鑿、魚鉤等。特別值得注意的是其中的禮器和兵器。二里頭出土的爵，是用合範鑄造的。二里頭出土的銅鈴，器形矮，口侈；安徽肥西出土過類似之器。而安徽宣城孫家埠出土的西周銅鐘的器形卻正和它相近。故二里頭之銅鈴應與後來的鐘鎛等樂器有關。同時，二里頭還出土了各種銅兵器，特別應當注意的是箭鏃。鏃是消耗性的軍用物資，如果不是青銅生產發達，是不會用青銅鏃取代石鏃的。對比西北地區出土的銅器，那裏多以小型工具和裝飾品為主。前二千年代以後，才出現鏃、矛等兵器。而二里頭文化所屬的夏代，卻是禮器與兵器並重，他們把最先進的技術和材料，應用在「禮樂征伐」上。擁有軍事優勢，講究制禮作樂，標誌著中原地區在當時是文明和權力的中心。

到了商周時，青銅器已成為生產力發展的標誌。這時繼承了夏代開創的傳統，在「國之大事」的祭禮上要使用成套的銅禮器。世界其他地區雖然也有青銅器具；但商周銅禮器卻成為當時的意識形態的象徵，不僅為祖先崇拜的精神力量所推動，更成為代表貴族階層的社會地位的符號。商周主要用泥範鑄銅器，範的面泥是用水淘洗過的澄泥，可塑性和強度都好。我們看山西侯馬出的那些範塊，都像一件件精緻的工藝品。範的背泥則用粗料，摻砂子或植物纖維，為的是讓它有透氣性。澆鑄前還要烘範，以免冷隔。澆鑄時把範拼接在一起，是為合範渾鑄。殷墟出土的後母戊鼎，通耳高1.33、長1.16、寬0.79米，是用二十多塊範拼起來渾鑄的。鼎大，範塊也得大；但安陽苗圃北地曾出長達1.2米的陶範，所以這方面不成問題。此鼎重832.84公斤，加上澆口、冒口、飛濺、飛邊、燒損等，所用金屬料原應在1000公斤以上。過去曾認為鑄這麼大的鼎須用七十至八十個坩堝（將軍盔），但這樣澆鑄時會產生冷隔，在技術上是不可行的。上述苗圃北地曾出直徑約80釐米的熔銅爐，用這種爐子有六座就夠用了。澆鑄時將六座熔爐佈置在鑄型之外，依次打開出銅口，使銅液經地槽注入型內便可鑄成。只不過鼎耳是在鼎身鑄好後，再在其上安模、翻範，澆鑄而成的。鼎上鑄有「后母戊」三字。建國初有學者把它釋成「司母戊」，是不對的。商代有些字的寫法左右無別。比如「好」字可以寫成「孜」，「斿」字可以寫成「㫃」；例子很多。后母戊鼎銘中的「后」字寫成「司」，亦同此例。再如婦好墓出土的圓尊和方尊上都有「后㚸母」銘文。但其中的「后」字，兩個尊上的寫法就一反一正，卻不能認為它們不是同一個字（圖6-1）。婦好是商王的配偶，卜辭中就稱她為「后帚好」（《合集》2672）。再看商代銅器銘文，其中器主名「亞某」的不罕見，如「亞弜鐃」、「亞啟方彝」等。「亞」是爵稱，《𪓐簋》之「諸侯大亞」，《辛巳彝》之「王飲多亞」，均可為證。稱「亞某」和稱「后某」的語例正同。

談到商周時的鑄造工藝，許多書上都推崇分鑄，即先

1 2

圖6-1 后母圓尊與方尊的銘文

1 圓尊

2. 方尊

均為安陽小屯商代婦好墓出土

鑄出若干部件，再與器身鑄接到一起。精美的四羊尊就是分鑄的。其實合範渾鑄也需要很高的技術。譬如鑄鐘，為了使音質純正悅耳，不宜分鑄後再鑄接或焊接，而要一次成型。特別是體型較大的鐘，泥範須分層疊合，每層又有許多塊，須裝配準確，拼接嚴密。又須使大量泥範不乾裂、不變形，使鑄出的成品表面光潔，花紋整齊，是非常不容易的。直到後來，中國一些著名的大鐘，如北京大鐘寺之重46噸的大鐘也是渾鑄。不過它用的已是陶範，而且每層是一整圈，再套合而成，所以現在看到的範縫是橫向的。

中國古代鑄造工藝上的另一項成就是發明了疊鑄法。所謂疊鑄，就是把許多個範塊疊合起來組裝成一整套，用一個總澆口，一次就可以鑄出幾十個甚至上百個鑄件。這種鑄造方法效率高，節省造型材料和金屬液，能降低成本，適合小型鑄件的大量生產。戰國時，齊國已用疊鑄法鑄造刀幣。漢代仍用這種方法鑄錢。在西安郭家村新莽烘範窯中出土了五套完整的「大泉五十」陶範，均壘成橢圓柱體，由陶範二十三合（四十六件範片）組成，每合鑄幣八枚；每套一次可鑄幣一百八十四枚，效率很高。這項技術至東漢時又有所發展。河南溫縣招賢村發掘的一座東漢烘範窯，在約9平方米的窯室裏，堆放著五百多套疊鑄範。它們都是用金屬範盒翻製的，範腔清晰，結構謹嚴，每層合範之間都有定位榫，接觸面光滑平整，且用心軸或輔以定位線組裝，合攏後既嚴密又不易錯動。其總澆口的直徑有的只有8—10毫米，分澆口有的只有2—3毫米，能鑄出很薄的鑄件。成品的表面光潔度可以達到5級（光潔度共分14級），金屬收得率可以達到90%。現代的鑄造工程師看到這些實物時，也都讚歎不已。

下面談談冶鐵。

建國以來，在科技史研究的許多領域，大都是逐漸積累材料，一步步深化認識。但在冶鐵史方面，新發現卻彷彿井噴一樣，使人目不暇接，傳統的老看法這時幾乎被全面刷新了。

中國最早利用的鐵是隕鐵。1972年，正當「文化大革命」期間，在河北藁城台西村商代遺址中出土了一件鐵刃銅鉞。發掘單位是河北省博物館，他們把這件鉞送到冶金工業部鋼鐵研究院去分析，檢驗結果說是古代的熟鐵。《考古》1973年第5期發表的簡報中，不僅肯定了這一點，而且還把它和郭沫若《「班毀」的再發現》一文中，推測「周初已有鐵礦的冶煉和鐵器的使用」的說法相聯繫，認為：「台西鐵刃銅鉞的發現證明了郭沫若同志的論斷是正確的。」既有實物，又有鑒定結果，又有郭老的高見，一時間似乎成為無可動搖的定論了。可是也就在發表上述簡報的那期《考古》上，有一篇夏鼐先生的《讀後記》，認為其鐵刃所用的材料有可能是隕鐵。這下差點鬧出大亂子，有人說夏先生是在貶低古代勞動人民在冶鐵方面的偉大成就。幸虧隨後在鋼鐵學院柯俊教授指導下，重新對這件鉞作了檢驗分析。證明鐵刃中所含的鎳達6%，而且出現了分層的高鎳偏聚。這種現象只能在冷卻極為緩慢（每百萬年冷卻1℃—10℃）的天體中才能發生，從而肯定了銅鉞的刃用的是隕鐵（圖6-2）。

其實像藁城出的這類嵌隕鐵刃的銅兵器還有好幾例。美國華盛頓弗利爾美術館藏有1931年河南浚縣出土的一件西周早期的隕鐵刃銅鉞和一件隕鐵援銅戈。1977年在北京平谷劉家河商墓中也出土了一件隕鐵刃銅鉞。1991年河南三門峽市上村嶺西周晚期的2009號大墓中又出土了一件隕鐵援銅戈（圖6-3）和用隕鐵製刃的錛和削。以上情況不僅落實了中國古代使用隕鐵的史實，而且通過兩件帶隕鐵刃的普通工具，表明當時只把隕鐵看作優良的金屬材料；不像

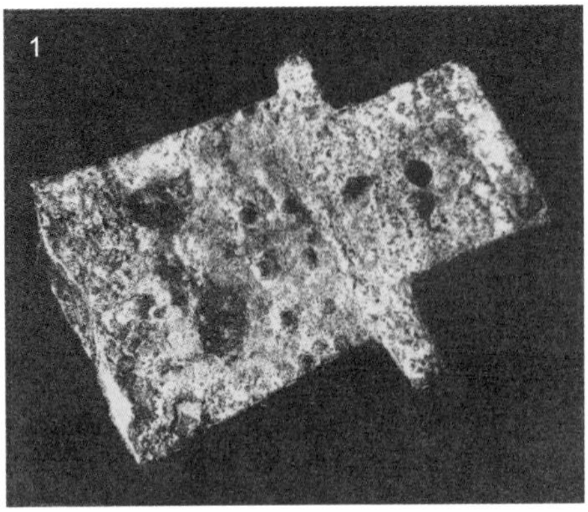

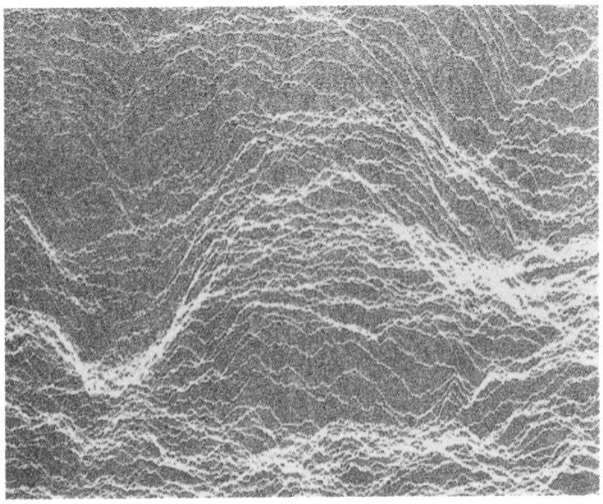

圖6-2 藁城出土商代鐵刃銅鉞

1. 出土時的外形（鑄接在銅援前部的鐵刃已大部銹蝕不存）
2. 夾在銅援中的鐵刃殘留物之鎳元素分佈曲線

圖6-3 嵌隕鐵刃的銅兵器
1. 北京平谷劉家河出土的商代隕鐵刃銅鉞
2. 河南三門峽上村嶺出土的西周隕鐵援銅戈

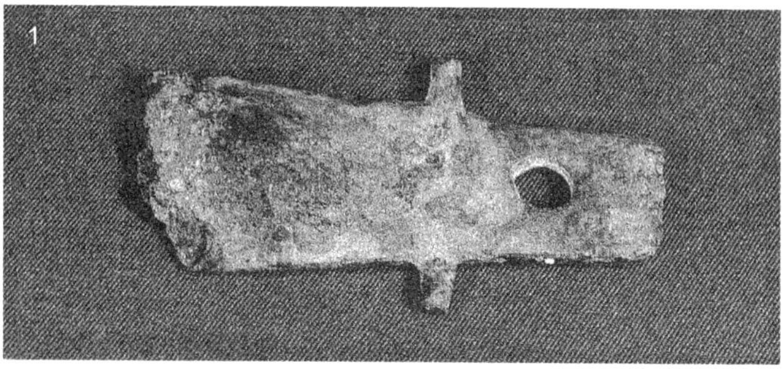

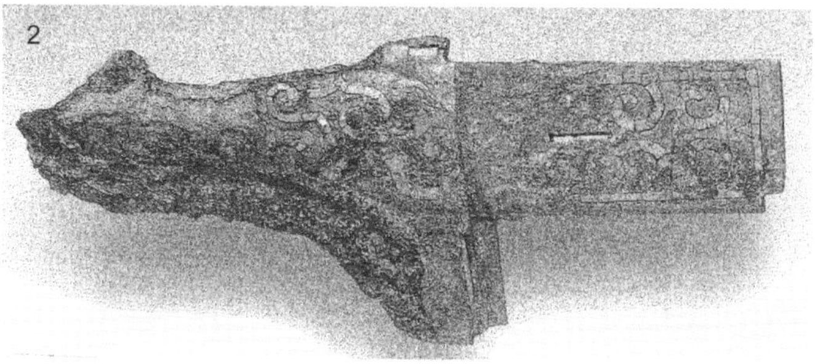

圖6-4 玉柄鐵劍，三門峽上村嶺出土

古埃及稱隕鐵為「來自天堂的黑銅」，給它戴上神聖的光環，反而限制了它的使用。

中國內地（不算新疆，新疆發現的鐵器比內地早）出現人工冶煉的鐵的時間就今所知是在西周末。三門峽上村嶺2001號虢季墓出土了一件玉柄鐵劍（圖6-4）、一件銅內鐵援戈。2009號虢仲墓出土了一件銅骹鐵葉矛。經檢驗，戈援是塊煉鐵製品，劍和矛則是塊煉滲碳鋼。人類冶鐵都是從塊煉鐵開始。將鐵礦石和木炭在爐子裏加熱，可以通過化學上的還原作用生出金屬鐵。但鐵礦石在熔化後的還原過程中，變成疏鬆的全是氣孔的海綿狀物，還原出來的小鐵珠凝固並隱藏在渣塊中。它叫塊煉鐵，也叫海綿鐵，含碳量很低，相當軟。之後在反覆加熱鍛打中擠出渣子，並由於同炭火接觸，滲碳變硬而成為塊煉鋼。考古學證明，中國在西周末已經生產出這樣的鐵和鋼。

過去討論這個問題時，多半依靠文字材料。或根據《班簋銘》中的「戰人」，認為西周初年已用鐵。或根據《叔夷鐘銘》中的「或徒」；《詩・大雅・公劉》中的「取厲取鍛」；《左傳・昭公二十九年》中的「遂賦晉國一鼓鐵，以鑄刑鼎，著范宣子所為《刑書》」等記載，認為春秋時代已有鐵。但這些說法均有可商之處。如《班簋銘》中明說，戰人是用於「伐東國戎」的。《叔夷鐘銘》也說，以或徒「為汝敵寮」。可見他們都可能是士兵，而不是冶鐵工人。何況上述《鐘銘》中稱，這一次所賜或徒的人數達「四千」之眾，如果這四千人都從事冶鐵，則叔夷掌管的鐵工業的規模更大得無從想像。至於「取鍛」一詞中的鍛，早期的訓詁家都不拿它作為動詞。毛傳：「鍛，石也。」鄭箋：「鍛，石所以為鍛質也。」《釋文》：「鍛，本又作碫。」「厲」字《釋文》也說：「本又作礪。」礪、碫都當粗石講。退一步說，即便是動詞的鍛，它的原始意義也不專指鍛鐵。金文鍛（段）字作（段簋），像一人在屋內手執工具對進行加工。此字是「黃呂」之呂，也可能是金文金字（麥鼎）、（師鼎）省形，總之均係指銅而言。對北京故宮所藏商周青銅工具和兵器檢驗的結果表明，其中大部分均經過鍛打。《尚書・費誓》說「鍛乃戈矛」，正可相印證。故鍛亦指鍛銅，鍛字和鍛鐵沒有必然聯繫。至於《左傳》中的記載，雖然曾在討論用鐵的文章中被多次引用；但《孔子家語・正論解》中言及此事時，不作「一鼓鐵」而作「一鼓鍾」。鼓和鍾都是量名，這裏說的是統一度量之舉，與《管子・君

臣》之「衡石一稱，斗斛一量」、《周禮・夏官・合方氏》之「一度量」、秦琅邪刻石之「器械一量」的語例相同。《左傳》中這段話應在「遂賦晉國」下斷句。趙鞅在晉國建立稅制、統一度量之後，乃鑄「刑鼎」，公佈范宣子起草的成文法，正是互相關連的一套措施。相反，如果真的是在全國徵收一鼓（即一斛）之鐵，那麼每戶的徵收量少得可憐，就講不通了。不過並不是說在出現上述記事的年代中，中國尚不知用鐵，僅內地出土的春秋鐵器已不下八十餘件。如白雲翔先生所說，這時發現鐵器的地點「西起隴東、東到江蘇六合，北起山西長子、南達湖南長沙」。特別是瀕海的山東地區也有這方面的實例。近年學術界注意到淄博附近品位既高又易於開採的露天鐵礦和古代的冶鐵遺址，認為研究中國早期冶鐵，淄博是一個不可忽視的地方。當然這些新發現與上面提到的文字材料仍牽合不到一起。

中國在西周末出現了塊煉鐵和塊煉滲碳鋼，到春秋早期就出現了鑄鐵。山西天馬一曲村遺址出土了春秋早期和中期的條狀鑄鐵。長沙窯嶺15號墓出土了春秋晚期的鑄鐵鼎，重量超過3公斤。鑄鐵是在豎爐裏以高溫液態還原法煉出來的。鐵的熔點是1536℃，但是用不著這麼高的溫度，加熱到1200℃時，被木炭還原出來的固態鐵就迅速吸收碳；當含碳量超過2%時，燒到1146℃鐵就熔化了。西方古代煉銅時，爐子裏的溫度肯定超過銅的熔點1083℃，只要再提高120多度就能煉出鑄鐵來。可那邊就愣是長期邁不過去這道坎。可能因為西方冶鐵的傳統是鍛打海綿鐵，冶鐵之神的造像手裏永遠拿著象徵鍛鐵的火鉗和錘子。公元初年羅馬的煉鐵爐有時因過熱而煉出了鑄鐵即生鐵，然而由於生鐵一鍛即碎，所以都被當作廢料拋棄了。

與塊煉鐵相比，鑄鐵較為純淨，礦石裏的非金屬夾雜物可以造渣排出。而塊煉鐵中的矽酸鹽等夾雜物，無論怎樣反覆錘打也難以清除得很徹底。戰國以後，中國在鑄鐵煉爐中添加石灰石作熔劑，更降低了渣的熔點和渣中的含鐵量。渣輕，漂在表層，倒掉就是了。在液態介質中，重者居下，輕者居上，這點道理太簡單了。可是有時也鬧這方面的笑話。民國初年，清史專家孟心史先生在一篇文章中說，盛宣懷為了巴結西太后，為西太后去易縣謁陵修了鐵路，小火車中的衛生間裏擺著「如意桶」。桶中下鋪黃沙，中注水銀；便溺落入，則被水銀所掩，不洩氣味云云。假如真有此事，則水銀當沉到桶底，黃沙和污物反而浮在上面；再加上水銀蒸發的毒氣，真夠西太后她們聞一陣子的。盛宣懷當然不會也無法這麼做。

鑄鐵夾雜物少，並可鑄器，它的發明是冶鐵技術史上的一次飛躍。西方開始用鐵的時間比中國早，但14世紀以前他們一直用塊煉鐵。在使用鑄鐵這件事上，西方比中國晚了一千八百年。而中國之所以能很早就煉出鑄鐵，主要是因為中國最先採用高爐冶鐵。中國冶鐵的高爐源於煉銅的豎爐。湖北大冶發現的春秋時期的三座煉銅豎爐，復原後爐高1.2—1.5、直徑0.7米。中國古代冶鐵的高爐與煉銅的豎爐基本上屬同一類型。漢代冶鐵的高爐，在河南、江蘇、北京及新疆等地一再被發現。其中結構相當先進的一座是河南鄭州古滎鎮1號高爐，復原後爐高4.5米，斷面呈橢圓形，從短徑的兩側鼓風，克服了風力吹不到爐缸長徑之中心的困難。下部爐牆向外傾斜，形成62°的爐腹角，使邊緣爐料與煤氣的接觸仍較充分。全爐可能有四個風口，用四個皮橐鼓風。高爐容積約44立方米，日產量約0.5—1

噸。在兩千年前是很傑出的成就了。

中國古代不僅冶煉出鑄鐵，而且還發展出一套以鑄鐵為基體的熱處理技術。鑄鐵性脆，韌性比較差。可是如果在高溫下將鑄鐵件長時間加熱，使鐵中的化合碳發生變化，就可以改變其質地與性能。其中有一種方法叫鑄鐵柔化（可鍛化）處理。經過這樣的處理後生成的可鍛鑄鐵（又叫展性鑄鐵），性能介乎鋼和鑄鐵之間，具有較高的強度。而中國在用鐵的初期已經這樣做了。洛陽水泥廠戰國早期灰坑中出土的鐵鑄，就已經被處理成可鍛鑄鐵。

由於退火溫度和處理方法的不同，可鍛鑄鐵又分白心可鍛鑄鐵和黑心可鍛鑄鐵兩種。白心可鍛鑄鐵具有較高的硬度和強度；黑心可鍛鑄鐵的抗拉強度雖較白心可鍛鑄鐵小，但更耐衝擊且具有韌性。洛陽水泥廠出土的戰國鐵鑄就是黑心可鍛鑄鐵。而白心可鍛鑄鐵在戰國時也已出現，石家莊出土的戰國鐵斧、易縣燕下都44號墓出土的燕國鐵钁等鑄件都具有白心可鍛組織。這兩種可鍛鑄鐵雖各有短長，但總的來說，黑心比白心要強些，生產週期和成本也要短些和低些；而在技術上，黑心可鍛鑄鐵的生產要比白心困難些。通過對出土物的金相鑒定發現，漢代的可鍛鑄鐵件多數是黑心組織，這和現代可鍛鑄鐵發展的趨向是一致的。

為什麼可鍛鑄鐵比普通鑄鐵強韌呢？讓我們再略作解釋。鑄鐵中的白口鐵以滲碳體為基本組織，又脆又硬，自不待言。就是灰口鐵，雖然因為含矽量較多（0.5%—3%），在冷卻速度較慢時，一部分碳會以片狀石墨的形式析出。但片狀石墨仍對基體有切割作用，故仍有脆性。而經過可鍛化退火後，鑄鐵中的石墨變成團絮狀，切割作用大為降低，遂獲得了較優的機械性能，塑性和韌性都大為提高。如河南南陽所出漢代鐵臿（圖6-5）。過去曾認為白心可鍛鑄鐵是法國人在1722年發明的，被稱為「歐洲式可鍛鑄鐵」。黑心可鍛鑄鐵則認為是美國人在1826年發明的，被稱為「美國式可鍛鑄鐵」。中國戰國早期可鍛鑄鐵的發現，和秦漢以來可鍛鑄鐵的廣泛應用，表明中國在這項技術上領先西方兩千多年，中國才是可鍛鑄鐵的故鄉。

與製出可鍛鑄鐵的同時，又開始使用金屬範。河北興隆和磁縣之燕國和趙國鐵範的出土，表明中國這項發明的出現不晚於戰國（圖6-6）。後來在南陽、鄭州、滿城、萊蕪等地又陸續出土了許多漢代鐵範。其中有比較複雜的多合範和雙型腔。而且範壁厚薄均勻，還使用了防止鑄件變形的加強結構和現代也不是太容易處理的金屬型芯。鐵範可以重複使用，鑄件規整，減少加工餘量，並降低成本。它的這些優點已被研究者屢屢提起。然而更值得注意的是，採用鐵範可以使鑄件較快冷卻，有利於得到白口鐵。下一步進行可鍛化處理時，無論準備生產白心可鍛鑄鐵或黑心

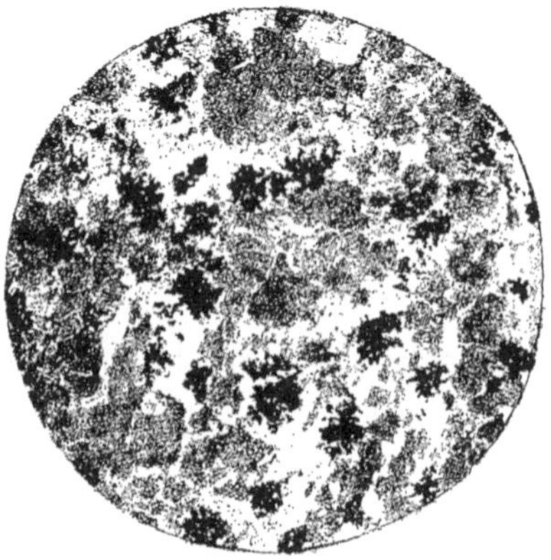

圖6-5　含團絮狀石墨的可鍛鑄鐵，河南南陽出土東漢鐵臿

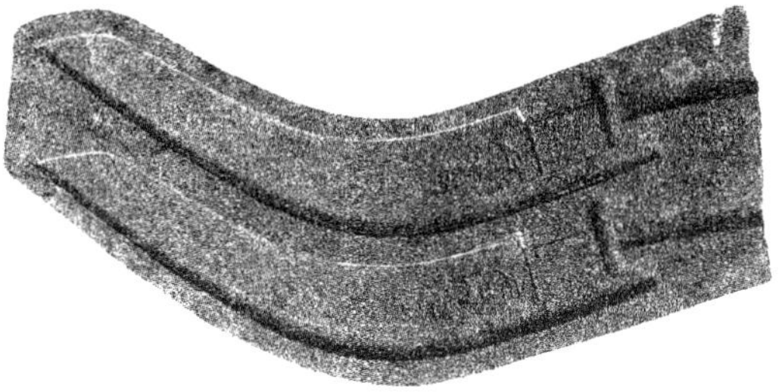

圖6-6　戰國鐵鐮範，河北興隆出土

可鍛鑄鐵，都要用白口鐵件作為坯件。所以鐵範鑄造可以被看作是當時生產可鍛鑄鐵的工藝流程中之一個環節上的必要的措施。當世界其他地區連鑄鐵都不能生產的時候，中國的鐵範鑄造是超越了幾個技術發展階段的先進事物。

中國古代還依託可鍛化技術生產出球墨鑄鐵，這種鑄鐵中的石墨呈分散的小球狀，對基體的切割作用很小，所以非常堅韌，甚至可以部分代替鑄鋼。河南鞏縣鐵生溝冶鐵遺址出土的一件西漢後期的鐵钁，經檢驗，含有相當於現代球墨鑄鐵的球狀石墨，形狀良好，有明顯的石墨核心和放射狀結構。就其球化等級而論，可以達到中國現行稀土鎂球墨鑄鐵部頒標準的1—2級。高溫金相研究表明，盡管它的矽含量與現代球鐵不同，但其石墨結晶緻密，一直加熱到液相出現才中空脫熔，開花解體，表現出球狀石墨的形態穩定性。現代球墨技術是英國學者莫羅於二戰後的1947年首先公佈的，是在灰口鐵中加入稀土金屬或鎂、釔等作為球化劑而製得。上世紀50年代初筆者在北京華北農業機械總廠看到廠裏夜間煉球鐵，當在鐵液中加鎂時，刺眼的亮光沖天而起，連暗夜中的雲朵都映射成白色的了。黑天白雲，留下的印象非常深刻，當時感到鐵包裏的球化反應是何等劇烈！雖然漢代匠師如何生產球鐵，技術上的若干細節現在還不完全清楚，但大體上說，是將低矽的白口鐵通過退火的方法製得的。退火時不造成上面說的那種緊張氣氛，風平浪靜而殊途同歸。漢代製球鐵的工藝真是巧妙異常。儘管現代人對球鐵的球化機理尚持有不同的論點，但公認球鐵中的石墨球應具有偏光效應，這是球鐵的重要特徵。而鐵生溝西漢鐵钁中的石墨球的偏振光已經觀察證實，它與現代鎂球鐵、稀土鎂球鐵、釔基重稀土球鐵中的石墨結構並無區別。除鞏縣鐵生溝的鐵钁外，中國古代球鐵製品還在河南南陽瓦房莊漢代冶鐵遺址與澠池漢魏鐵器窖藏中發現（圖6-7）。已經檢驗的有五例，產自漢魏時期的五個冶鐵作坊，時間從西漢後期到北魏，相去五百多年，說明絕非偶然出現。

上面談的是冶鐵，下面再說煉鋼。

西周末年的三門峽上村嶺虢國墓中既出塊煉鐵又出塊煉滲碳鋼，鐵和鋼並列在中國鋼的冶煉史的第一頁上。本來無論鋼或生、熟鐵都是純鐵和碳的合金。一般把含碳量小於0.1%的叫熟鐵，0.1%—2%為鋼，2%—6.67%為生鐵。原始的塊煉鐵的含碳量接近熟鐵，要滲碳增硬，才能成為鋼。但滲碳十分費工，在高溫下將坯料反覆鍛打六至八個

1 2 3

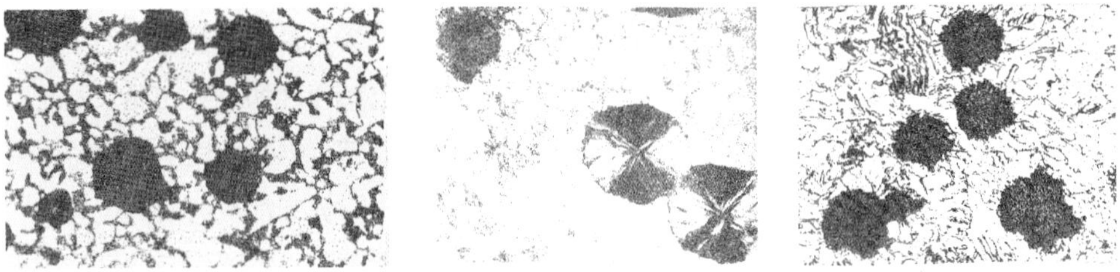

圖6-7 球墨鑄鐵
1. 河南鞏縣鐵生溝出土的西漢鐵钁中的石墨球
2. 鐵生溝鐵钁之石墨球的偏光特徵
3. 河南澠池出土漢魏鐵鏟中的石墨球

小時，不過滲入2毫米左右。河北易縣燕下都44號墓，是一座陣亡軍人的叢葬坑，墓內有人架二十二具，並有交叉疊壓完殘不一的武器多件。今以第12號劍為例，此劍帶有銅劍首，其餘部分長98.5、寬4釐米，是將塊煉鐵鍛成薄片，加熱滲碳折疊鍛打而成。在刃部有針狀馬氏體結構，表明此劍曾加熱至900℃以上淬火。馬氏體的硬度高，此劍中鐵素體部分的顯微硬度為150—180、淬火部分的硬度為530（公斤／平方釐米）。這些武器和遺骸一併埋入荒郊，不再回收。戰國晚期燕的國勢較弱，可是就連燕這樣的國家也不將這類鋼製品當作十分珍罕之物。如果拿到當時世界上的其他地區，可就是一把難得的寶劍了。

塊煉鋼製作的刀劍雖有相當高的硬度，但在增碳過程中沒有進行均勻化處理，所以往往出現含碳不均勻的分層現象，並且有時會含有大塊夾雜物。而河北滿城西漢劉勝墓出土的佩劍，金相檢驗的結果表明，其中雖然也有大共晶夾雜物，也是用塊煉鋼鍛成的，但成品的品質卻有很大提高。主要表現在共晶夾雜物的尺寸減小、數量減少，鋼件中不同碳含量的分層程度減弱，各層組織較均勻；這是由於在製作過程中增加了反覆加熱鍛打的次數所致。比起早期的塊煉鋼來，它在品質和製法上均有所不同；所以被當成另外的一類，俗稱「百煉鋼」。

可是，以塊煉鐵為原料鍛造「百煉鋼」，卻苦於用工量大、效率低。西漢中期以後，出現了用生鐵「炒」成熟鐵或鋼的新工藝。這是將生鐵在空氣中加熱到1200℃左右，對之鼓風，使它達到半熔融狀態，同時撒入礦石粉並進行攪拌，促使生鐵中的碳氧化。在攪拌過程中，由於碳的含量不斷降低，最終可以得到熟鐵。但如果有控制地把含碳量降到所需要的比例，適時停止攪拌，就可以得到鋼，稱為炒鋼。其中的夾雜物成分一致而且數量減少。炒鋼技術的出現打通了生鐵、鋼和熟鐵之間的界限，使冶煉者認識到，在含碳量遞減的過程中，只要控制得當，可以完成前者向後者的轉換。炒鋼為使用簡單的方法大量生產鋼材成為可能。因為在發明溫度達到1600℃的平爐，使鑄鐵在液態下氧化脫碳成鋼以前，不能由直接冶煉法得到鋼。所以當1744年炒鋼在英國開始應用時，引起冶金界的震動，甚至稱之為「動搖大地」的巨變。

有了炒鋼，於是制「百煉鋼」時也用它作原料。這就消除了由塊煉鐵帶來的嚴重影響鋼的品質的那種大共晶夾雜物，更大大簡化了鍛打滲碳的繁慢工序。江蘇出土的新莽殘劍已是用炒鋼鍛成的。山東蒼山出土的東漢永初六年（112年）環首刀，也是用含碳較高的炒鋼為原料鍛成的。它的各部分含碳量均勻，夾雜物的長度比劉勝劍短很多。被視為具有成熟性的「百煉鋼」的早期標本。

不過「百煉鋼」這個名稱其實是從文獻和口頭習慣用語裏來的，雖然多少也參考了對出土鋼鐵製品所作的金相鑒定以及銘文中記載的工藝規格。但是，在中國早期金屬製品的銘文中沒有用「煉」字的，只有對「湅」數的記載。而且這種銘文最先不是出現在鋼鐵製品上，而是在銅器上。在銅器銘文中，湅數最少的為「三湅」，也有「四湅」、「五湅」的。講究的銅器則為「十湅」，如《漢元延鼎銘》稱：「乘輿十湅銅鼎，容一斗，並重十一斤三兩。元延三年（前10年），供工工強造，護臣武，嗇夫臣彭兼，椽臣豐，主守右丞臣放，守令臣賽省。」（《漢金文錄》卷六）再如《漢建武弩機銘》：「建武卅二年（56年）二月，虎賁官治十湅銅濡鉀鐖百一十枚。工李嚴造，部郎□，彤朱，椽主，右史侍郎劉伯錄」（《考古學報》1964年第2期）。以上銘文中的「湅」字指銅的精煉。粗銅含有雜質，影響它的鑄造和機械性能，入爐重新熔化，使雜質造渣除去，可使銅的品質得以提高。但「湅」字的本義指絲帛的漂練，與冶金無關，因此在這裏它應與煉字的意義相通。鏡銘中有「湅冶銅錫去其宰（滓）」之語，說的正是這番意思。上引十湅鼎是御用之器，銘文中不僅記有湅數，並標明該器的容量、重量、製造年份、製器工匠之名、監造官員之名等，體例很嚴格，所記湅數應當是可靠的。建武弩機是虎賁守衛宮廷所用兵器上的部件，品質要求高，銅材須精煉，所記湅數也不會是虛文。可是到了3世紀，在銅鏡銘文中「三湅」竟和「百湅」同時出現。甚至同一位工匠（師陳世）在同一年（黃龍元年，229年）中所鑄之鏡，有的標作「三湅」，有的竟標作「百湅」（《鄂城三國六朝銅鏡》圖111，《漢三國六朝紀年鏡圖說》第62頁）。鏡子的質地看不出有何變化，湅數卻無端增加了幾十倍。試看建武虎賁弩機僅僅十湅；鑄武器不過如此，鑄日用之鏡又何須多達百湅呢？所以後者顯然是一種誇張的、服務於商業目的的語言。

無獨有偶，在鋼鐵製品的銘文中也有記明「湅」數的，但只見於鍛打的刀劍而不見於鑄造的容器。它們的數字都比較大，多為幾十湅。上面提到的蒼山出土之刀，銘文中就說自己是「卅湅大刀」。這把刀的夾雜物有明顯的分層。檢驗者稱：「如以位於同一平面的連續或間斷的夾雜物作為一層的標誌，由三個觀察者在100倍顯微鏡下，整個斷面觀察到的層數分別平均為31層、31層弱及25層」（《考古學報》1975年第2期）。這種現象的形成應是將坯件折疊鍛打的結果。由於湅數與鋼刀的分層數基本一致，所以湅數可能是折疊鍛打後的層數。不過應當強調指出的是，鋼刀銘文與銅器銘文中雖同樣標出湅數，但含義是不同的。刀銘中的湅字當為「𣿂」字之省。《說文・攴部》：「𣿂，辟𣿂鐵也。」《文選・七命》：「萬辟千灌。」李善注：「辟謂疊之。」故鋼刀和銅器雖然都稱自己經過多少「湅」，卻分別指𣿂（折疊鍛打）和煉（熔化精煉）這兩種不同的工藝而言。由於在反覆折疊鍛打的過程中，鋼件的含碳量在不斷變化，所以就像炒鋼時一樣，須由匠師適時地作出判斷，準確地加以掌握，斷難用固定的鍛打次數代表其品質標準。更不能無條件地認為湅數愈多，刀劍的品質就愈好，如清・朱駿聲說的「愈鍛愈善」（《說文通訓定聲・乾部》「𣿂」字下）。相反，如鍛打過度，脫碳過量，還會失去應有的硬度，以致不成其為鋼件了。

國內所出漢代刀劍銘文中的湅數最多不過「五十湅」，見江蘇徐州出土的建初二年（77年）劍。但是到了東漢末年，在文學作品中卻出現了「百煉精剛（鋼）」的提法。陳琳《武庫賦》說：「鎧則東胡闕鞏，百煉精剛。」賦不厭侈，這裏的「百煉」顯然是誇張性的修飾語。試看同樣是鎧，同時代的諸葛亮的軍事訓令《作剛鎧教》中只說：「敕作部皆作五折剛鎧。」「五折」和「百煉」的差距之大，正與「三湅」鏡和「百湅」鏡的差距相當。鋼鎧如此，刀劍也不例外。如曹操在《內誡令》中曾提到「百煉利器」。他說的「百煉」同樣是泛指加工之精熟。這裏的「煉」字與「辟」字用意相近。曹丕《典論・劍銘》說：「余好擊劍，善以短乘長。選此良金，命彼國工，精而煉之，至於百辟。」不過實際操作時，既無須百煉，也無須百辟。《論衡・率性》說：「世稱利劍有千金之價……其本鋌，山中之恒鐵也。冶工鍛煉，成為銛利。……工良師巧，煉一數至也。」王充認為恒鐵（常鐵）只要「煉一數至」，就能「成為銛利」。更何況對鋼材來說，「百湅」雖然誇張，但其精煉的次數從概念上講並無限制，而鋼材的折疊鍛打卻必須適可而止。《冊府元龜》卷一六九記荊南向五代諸國貢獻的刀劍，不是「九煉純鋼手刀」，就是「九煉純鋼金花手劍」。以小事大，進奉方物，是個很嚴肅的事，關係到這些小國家的安危，對貢品的質地自應如實呈報，不會也不容虛構。可是「九煉」和「百煉」也差得太遠了。從技術上講，顯然不能以一百次當作折疊鍛打之一成不變的規格。所以儘管百煉鋼是一個引人入勝的詞藻，卻不能被看作是一個科學的術語。一味強調折疊鍛打，則與中國鋼鐵冶煉技術發展的趨向背道而馳。如其稱之為「百煉鋼」，倒不如叫「辟煉鋼」（折疊鍛打而成的鋼），更顯得名實相符。

由於中國的煉鋼技術不是朝著強化鍛打的方向發展，因而出現了一些既省工又有效的方法。1974年在北京豐台大葆台西漢燕王墓出土的環首刀，是用鑄鐵脫碳而成的。將低矽鑄鐵件在氧化氛中加熱，退火脫碳，可以得到含碳量不同的高碳鋼以至低碳鋼。這種方法的優點是：1. 鑄鐵容易成型。2. 鑄鐵中的夾雜物比塊煉鐵少，用它脫碳成鋼，保留了夾雜物少的優點。3. 能在相對較低的溫度下生產鋼。但是，必須有控制地脫碳；因為它和可鍛鑄鐵的區別就在於基本不析出或者只析出很少的石墨。如果火候未控制好，生成多量石墨，坯件就變成可鍛鑄鐵而不是鋼了。這種方法的出現反映出當時在鑄鐵熱處理領域裏的技術是何等高超，竟把一般的鑄鐵熱處理工藝發展成一種製鋼的方法，直接變鐵為鋼。經過檢驗的鑄鐵脫碳鋼件還有不少，鄭州東史馬東漢墓出土的簧剪，金相圖中球狀小顆粒的滲碳體均勻地分佈在鐵素體基體上，只要磨礪開刃就能使用。還有的是將生鐵鑄成薄板，脫碳後成為鋼板，用作鍛造器物的原料。古滎鎮「河一」冶鐵遺址中出了不少這種板材。

由於以上種種成就，遂使中國古代冶煉鋼鐵的技術水平在世界上長期遙遙領先。周邊各族也都直接間接從中原地區學會冶鐵。北方的匈奴人原先用的是「革笥木薦」（《漢書・晁錯傳》）、「素弧骨鏃」（《鹽鐵論・論功》）。《漢書・陳湯傳》說：「胡兵五而當漢兵一，何者？兵刃樸鈍，弓弩不利；今聞頗得漢巧。」匈奴得「漢巧」而知用鐵兵器。自出土物觀察，匈奴的刀劍多與漢製相類似，也證明了匈奴地區的冶鐵業即其所得「漢巧」的內容之一。有如前蘇聯學者達維多娃的說法，是中國的戰俘和逃亡者在匈奴從事鐵器的製作（《古代史學報》1953，NO.2）。南方的半獨立的南越國的鐵器亦仰給於漢，故《漢書・兩粵傳》說：「高后時，有司請禁粵關市鐵器。」以防止冶鐵資源流入南越。至於帕米爾高原迤西，「自宛以西至安息國……不知鑄鐵器」（《漢書・大宛傳》）。即自今烏茲別克斯坦的費爾幹納盆地直到伊朗，都只用塊煉鐵而不會煉鑄鐵。漢通西域後，中國鋼鐵曾輸往西方。印度梵文中的鋼，有一詞為cīnaja（秦地生），就反映出在古代印度人眼裏中國是鋼的原產地。西元1世紀時，羅馬博物學家老普林尼在其名著《自然史》中說：「雖然鐵的種類很多，但沒有一種能和中國來的鋼相媲美。」證以史實，其說並非虛譽。

有一部自稱「本片編劇主要以《史記》和《漢書》為藍

本。直接取材、改編正史，而不是改編講史小說或演義」（胡玫《「新古典主義」藝術的宣言》）的電視劇《漢武大帝》。劇中說匈奴的「精鋼」，「堅利可切金玉」，「此種質材，我朝（漢朝）至今不能煉造」。劇中的漢、匈軍格鬥，漢軍的刀劍紛紛被匈奴兵給斫斷了。還說張騫到大月氏女王那裏去討要「精鋼粉」，即「煉精鋼所用的添加料」，女王於是給了一點黑末末。古代的鋼都是碳素鋼，無須添加料。合金鋼要到近代才出現，而且所添加的如鎢、鉬、釩、鈦等難熔金屬，古代根本不曾利用。碳素鋼中除去鐵元素外主要含的是碳，難道張騫不遠萬里跑去就是為了要點在漢地唾手可得的木炭末？編導們也不想一想，前2世紀初匈奴擁有四十萬騎兵，高、惠、文、景均不敢攖其鋒。假若他們的科技水準也如此先進，那還有漢朝的活路嗎？無視史實到這種程度，誠為講史小說或演義所不及。

上面再三說過，中國古代煉鋼技術之不容忽視的要領之一是掌握火候。比如炒鋼，倘使炒過了火，坯料被氧化燒損，含碳量會很低，再鍛打增碳就費工了。繼而發現重新加入生鐵可以補救；後來掌握了這一規律，自覺加以運用，遂導致了灌鋼法的誕生。梁代的陶弘景最早提到灌鋼法，他說的「雜煉生（生鐵）鍒（熟鐵）」而成的鋼就是灌鋼。這是利用生鐵碳高、熟鐵碳低的特點，將熔化的生鐵灌到熟鐵裏去，使碳分達到設定的水平而成為鋼。北齊時，綦毋懷文造成「宿鐵刀」，「其法燒生鐵精，以重柔鋌，數宿則成剛」（《北齊書・綦毋懷文傳》）。這種刀能「斬甲過三十札」。後來沈括在《夢溪筆談》裏說的「用柔鐵屈盤之，乃以生鐵陷其間，泥封煉之，鍛令相入」，李時珍在《本草綱目》裏說的「有生鐵夾熟鐵煉成者」，宋應星在《天工開物》裏說的「凡鐵分生熟，出爐未炒則生，既炒則熟。生熟相和，煉成則鋼」，指的都是灌鋼法。灌鋼是在古代手工業條件下煉鋼技術的最高成就。後來的「生鐵淋口」、「蘇鋼」等製鋼法，原理均與灌鋼法相通。

冶煉技術的發展還以鼓風的加強、爐型的擴大、燃料和熔劑的改進為標誌。在鼓風方面，戰國時已使用人力壓動的皮橐鼓風，見《老子》和《墨子・備穴》、《吳越春秋》等書的記載，其圖像見山東滕州宏道院漢畫像石（圖6-8）。東漢初，更先於歐洲一千二百多年就發明了水力鼓風機——水排。這時的南陽太守杜詩，「造作水排，鑄為農器」（《後漢書・杜詩傳》）。至宋代，皮橐即皮風囊為活門式木風箱所替代，見曾公亮《武經總要》。它的側面作梯形，利用箱門板的開合來鼓風。元代的木風箱也是這一種，見王禎《農書》和陳椿《熬波圖》。明代又發明了活塞式木風箱，裝有活塞和因風壓而自動啟閉的小活門，能產生較連續的壓縮空氣，更加增大了風量，強化了冶煉

圖6-8 漢代鼓風的皮橐，山東滕州宏道院出土畫像石

（圖6-9）。現代歐洲學術界有人認為瓦特蒸汽機上的活塞曾受到中國活塞式風箱的啟發。

隨著冶煉能力的提高，燃料已不單純依靠木炭。中國漢代的烘範窯和瓦窯遺址中曾發現煤餅和煤渣堆積，可見在當時的窯業中或已部分用煤作為燃料。在鞏縣鐵生溝和鄭州古滎漢代冶鐵遺址中也發現過煤餅。但它們是不是用於冶煉，尚無明確證據。不過宋代確已用煤冶鐵。河南林縣鐵爐溝宋代冶鐵遺址第8地點，在一座煉爐附近發現大面積的礦粉和煤粉，其中煤粉散佈的面積約150平方米。蘇軾在《石炭行》一詩中提到用煤煉鐵的情況：「南山栗林漸可息，北山頑礦何勞鍛。為君鑄作百煉刀，要斬長鯨為萬段。」詩中要鑄「百煉刀」，豪情固然可欽，但作者忘了不足百年以前，荊南獻的只不過是「九煉刀」；而且即便是百煉刀，也只能鍛成，不能鑄成。所以詩畢竟是詩，是文學作品，措詞不見得太認真。然而事情的背景仍然很清楚，是在說用煤煉鐵。河南安陽鏵爐村宋代冶鐵遺址出土的大鐵錠中含硫達1.075%。而河南輝縣所出戰國鐵鏟含硫僅為0.006%，河南澠池漢魏窖藏出土鐵鐮含硫僅為0.019%。前者的含硫量為後二者的幾十倍乃至百多倍。硫是從煤裏來的，由此亦可證明宋代已用煤煉鐵。可是煤在爐中受熱後易碎，使爐料透氣性變壞，煤中的硫也影響鐵的品質。所以到了南宋末年，中國開始將煤煉成焦炭再供冶鐵使用。廣東新會一處13世紀後期的冶鐵遺址出土的焦炭，是目前世界上已知之最早的實例。中國古代稱焦炭為礁。明末方以智在《物理小識》中說：「煤則各處產之，臭者燒熔而閉之成石，再鑿而入爐曰礁，可五日不絕火。煎礦煮石，殊為省力。」焦炭含碳量高，氣孔率高，強度

1

2

3

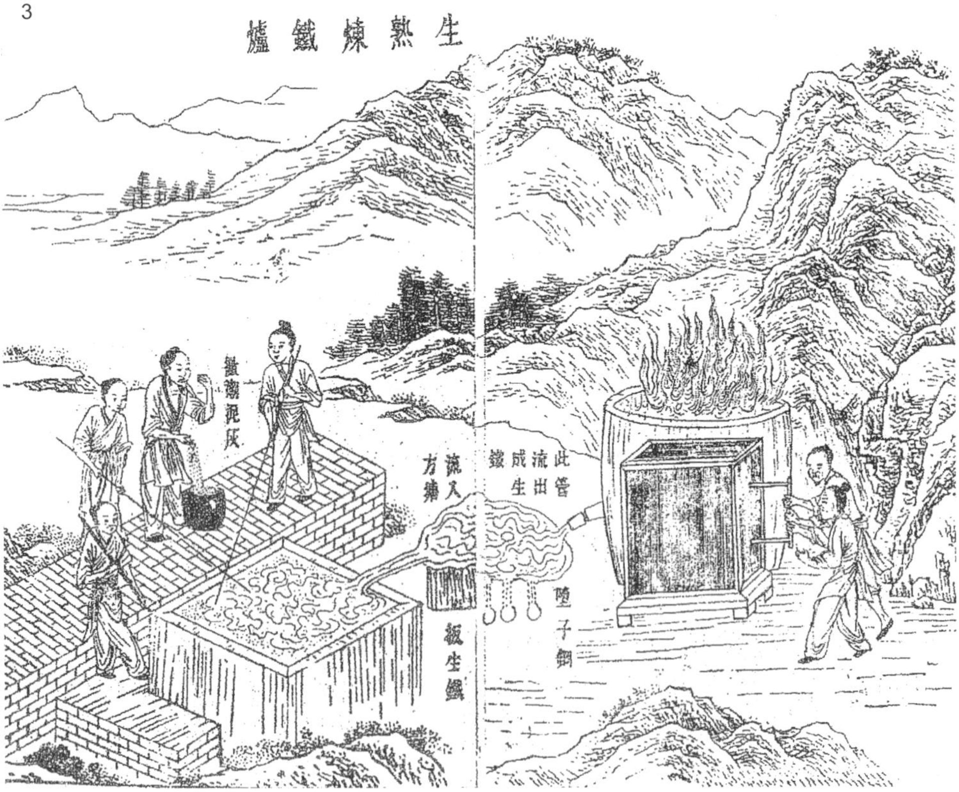

（左頁）
圖6-9 風箱
1. 敦煌榆林窟西夏壁畫中的活門風箱
2. 元・王禎《農書》中的活門風箱
3. 明・宋應星《天工開物》中的活塞風箱

大，可滿足高爐煉鐵的要求。在歐洲，英國在1788年才開始用焦炭冶鐵，比中國晚了五百多年。至於熔劑，漢代已用石灰石造渣，唐、宋時增加白雲石，明代開始用螢石（氟石）作熔劑，可改善爐渣流動性，提高脫硫率，效果更好。

在有色金屬的冶煉方面，到了明代中國能生產七種有色金屬：銅、錫、鉛、金、銀、汞、鋅。歐洲在14—17世紀時能生產九種有色金屬，除了上述七種中的前六種外，還能生產鉍、砷、銻；不過歐洲不能冶煉鋅。中國很早就使用銅鋅合金的黃銅，但分離出單質鋅卻要晚到明代，當時稱之為倭鉛。煉鋅的困難在於氧化鋅的還原溫度與鋅的沸點非常接近，還原得到的是氣態鋅。如果沒有密封設備，氣態鋅會外逸。而且在密封器內還要有快速冷凝裝置，才能得到金屬鋅。煉鋅的操作方法在《天工開物》中有扼要的敘述。它的煉成對於明代重要的金屬文物宣德爐的出現是一個重要的條件。明・呂震等人編寫的《宣德鼎彝譜》中所載鑄宣爐的原料中就有金屬鋅。1605年以後，歐洲通過東印度公司從中國輸入鋅。18世紀30年代英人勞遜來中國考察學習了煉鋅技術。1738年在英國布里斯托爾建立了煉鋅廠，歐洲開始生產鋅。但此後中國的鋅錠仍然運往歐洲。1745年有一艘從廣州赴瑞典的貨船沉沒於哥德堡海港。1872年船上的貨物有一部分被打撈出水，發現其中有純度為98.99%的中國鋅錠。

另外，中國古代還能冶煉白銅。白銅是銅鎳合金，並含有一定量的鋅。古書中提到的白銅，比如《華陽國志》所說螳螂縣（今雲南會澤一帶）「出銀、鉛、白銅、雜藥」之「白銅」，研究者認為或指輝銅礦（Cu_2S）而言。

後來元人所輯《格物粗談》說：「赤銅入……砒石煉為白銅。」《本草綱目》也說：「赤銅以砒石煉為白銅。」其所謂砒石應指白鎳礦（$NiAs_2$）。可見元以後所說的白銅已多指鎳白銅。法國耶穌會士杜赫爾德所著《中華帝國全志》（1735年）中說，白銅的色澤「和銀色沒有差別」，「只有中國產有，亦只見於雲南一省」。這時東印度公司也從中國向歐洲運去白銅，稱之為「中國銀」。至1823年，英國和德國都仿製出鎳白銅，卻多以「德國銀」之名行世。中國古代未曾生產出金屬鎳。18世紀中葉，瑞典礦物學家克朗斯塔特才將它分離出來。至於鎳用於工業，則不過是近現代的事。

上面說到歐洲在17世紀前還能生產鉍、砷、銻。這幾種金屬在中國古代的情況大致是：鉍，中國古代對它沒有認識。中國亦未能製取金屬砷。但砷的化合物如雄黃（AsS）、雌黃（As_2S_3）、砒霜（As_2O_3）等，卻經常出現在藥物中。最有意思的是銻。中國是世界上銻儲量最大的國家，湖南冷水江市新化錫礦山是世界上最大的銻礦，但長期被誤認為錫礦。銻性脆，不能單獨使用，多加到鉛基或錫基合金中作為增硬劑。在現代，中國的銻產量常占世界年產量的50%以上。

綜觀中國古代冶金的歷史，堪稱獨闢蹊徑，新意迭出，活力四射，一路凱歌，是以智慧和經驗譜成的世間奇蹟。只是到近代卻落伍了，優勢盡失，這位巨人從領跑者變成追隨者；生產關係束縛了生產力，政治擋了經濟的路。對此，中國人民當然不甘心。於是革命，於是建立新中國，於是急起直追，迎頭趕上。這就是我們面前的現實。

七　玉器、漆器、瓷器

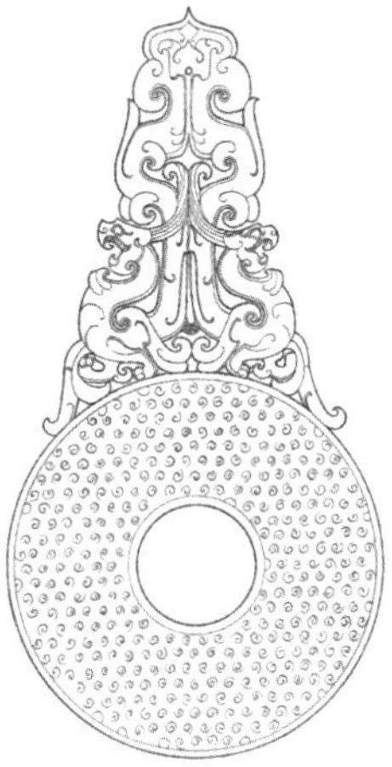

玉是透閃石—陽起石組成的微晶集合體，具交織纖維顯微結構，細膩溫潤，硬度很高。它的摩氏（Mohs）硬度為6—6.5度。摩氏硬度共分十個等級，滑石為1度，金剛石為10度。但摩氏的硬度級差並不均等。石英為7度，但石英的硬度比滑石大三千五百倍，而金剛石的硬度又比石英大一千一百五十倍。玉的硬度雖不及石英，然而已經很可觀了。類玉石的硬度就低得多，比如琥珀只有2.5度，岫玉和蛇紋石為4.5度，松石為3—5.5度。相對類玉石而言，玉又稱真玉。但玉料中還有硬度更高的翠玉，其摩氏硬度為6.5—7度。相對翠玉而言，玉又稱軟玉；翠玉為硬玉。翠玉是輝石族礦物的矽酸鹽。所以就成分而言，玉又稱閃玉，翠玉則稱輝玉。

由於玉的硬度高，加工困難，古代製作一件玉器需要花費長時間，反覆研磨。依據現有的認識，新石器時代先民製作玉器時，無論開料或成型，還都依靠線切割及片切割技術。線切割是用軟線蘸水、蘸磨料對玉材進行切割，也叫拉絲；片切割則將軟線換成竹木片。西漢的《淮南子》中已經記載了這類工藝，《說山》稱：「馬氂截玉。」高誘注：「氂，馬尾也。」是指用馬尾毛充當線切割的工具。蘸磨料的情況這裏也已言及，謂：「玉待礛諸而成器。」高誘注：「礛諸，攻玉之石。」礛諸在宋代稱解玉砂，見《宋史・地理志》。因為只要硬度超過真玉且具脆性能崩解成碎末的礦石，均可用於攻玉。新石器時代開始製作玉器時只能用較易得的石英砂。不晚於宋代已採用河北邢台出產的石榴石砂。清代還使用河北淶水出產的剛玉砂。磨料的硬度愈高則效果愈佳。不過也有學者主張，原始社會中蘸磨料治玉的工具除線縷、竹木片外還有砣具，即圓盤狀、背面裝軸、縱剖面呈丁字形、能旋轉的研磨器。是否用過砣具，可自玉件上留下的磨痕進行驗證。而長期在良渚地區從事考古工作的蔣衛東先生卻認為，這種說法「顯然還缺乏確鑿的考古證據」（《神聖與精緻》第103頁）。日本的林巳奈夫則認為，砣具的使用始于商代晚期（《中國古玉器總說》第50頁）。

中國已知之最早的玉器發現於遼寧阜新查海遺址，屬於興隆窪文化，距今約八千年，器形有斧、匕、玦和小管等。經鑒定，這批玉器的質地都是真玉，即透閃石軟玉。有意思的是，除中國外，世界上崇玉的古文化如美洲的瑪雅文化、紐西蘭的毛利文化等，開發利用的主要也是真玉，其他美石則居從屬地位；可見人類在審美情趣方面存在著某些不約而同的一致之處。但查海所出玉器的功能為何？一般多認為斧、匕等是工具，玦類是裝飾品；實不盡然。璞玉本身雖有韌性，但也可能帶裂紋，比如帶胎綹的就不少見。用這樣的玉料製出成品，再拿來幹粗活，則兀兀窮年、苦心磨出的寶物勢必毀於一旦。在古代，玉器十分珍貴。秦昭王曾表示願意用十五城交換和氏璧，雖然他並不打算真的兌現（《史記・廉頗藺相如列傳》）；但鄭伯用一塊璧換取許國的一片土地卻是事實（《左傳・桓公元年》）。故《越絕書》所稱「黃帝之時，以玉為兵，以伐樹木為宮室，鑿地」之說，良不足信。今人或據此進而主張中國曾經歷過一個「玉器時代」，更於理不合。因為這麼做有點像《淮南子・說山》中說的「壞塘以取龜，發屋而求狸，掘室而求鼠」，未免得不償失，也太不考慮投入與產出的比例關係了。所以探討查海玉器的性質時，不能只看到工具和飾物的表象；它們應是在不尋常的場合中使用的不尋常的器物。也就是說，它們還應包含著更深層的用意；只不過當時尚未能設計出超凡脫俗、「神」氣十足的器形而已。試對繼起的紅山玉器和良渚玉器進行考察，便不難看清楚這一點。

紅山文化主要分佈於遼寧西部及內蒙古東南部，距今五千至六千年。紅山玉器中以各種神化的動物形最引人矚目，特別是這裏出土的中國最早的玉卷龍，更值得大書特書。中國人被稱作「龍的傳人」，而中國的龍就是從紅山文化中誕生的。紅山玉龍前部有大頭，軀體卷曲，身姿與甲骨文之象形的（龍）字一致；稱它為龍，乃無可置疑（圖7-1）。而像河南濮陽西水坡仰韶大墓中所出蚌砌鱷形動物，以及史前時期其他與上述甲骨文的字形全不相侔之所謂龍，則均難以被確認。上古之人認為龍體應卷曲。《左傳・昭公二十九年》說：「亢龍有悔。」亢龍是不吉之占；因為曲龍是正常的龍，亢龍即直龍則不正常。所以周天子在祭禮中穿的袞服就畫著卷龍。《周禮・春官・司服》鄭玄注中徑稱之為「卷龍衣也」。玉卷龍的形象相當穩定，歷商、周直到西漢，在出土物中都沒有很大改變

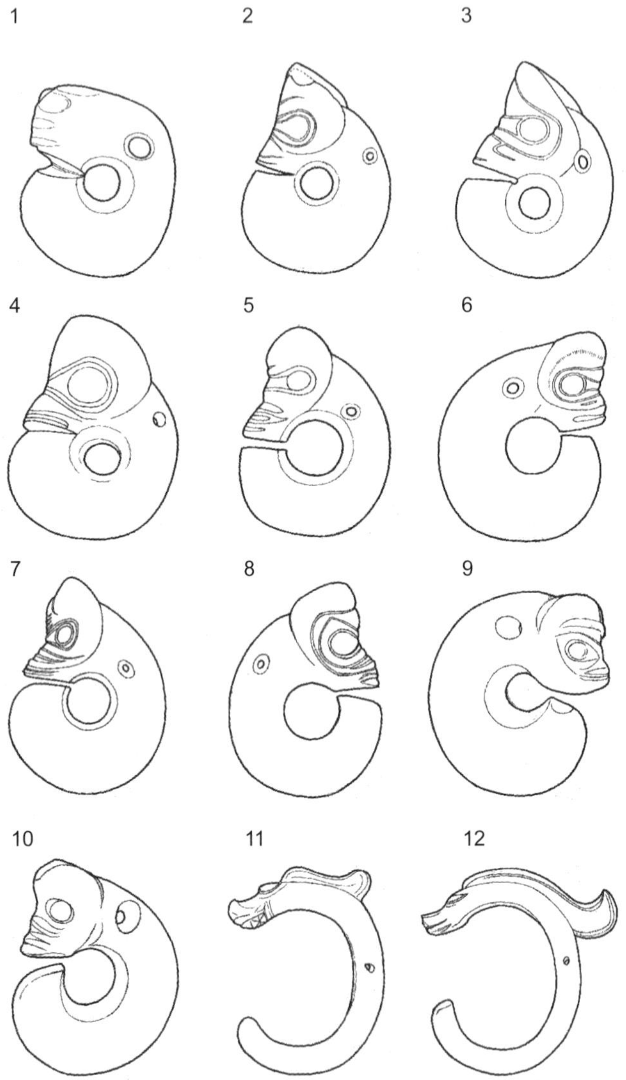

圖7-1 紅山玉卷龍
1. 吉林農安出土
2. 內蒙古巴林右旗羊場出土
3、7. 遼寧建平牛河梁出土
4. 河北圍場下伙房出土
5. 內蒙古巴林左旗尖山子出土
6. 巴林右旗那斯台出土
8. 內蒙古敖漢旗大窪出土
9. 徵集品，天津市文化局文物處藏
10. 遼西地區徵集，遼寧省博物館藏
11. 內蒙古翁牛特旗黃谷屯出土
12. 翁牛特旗三星他拉出土

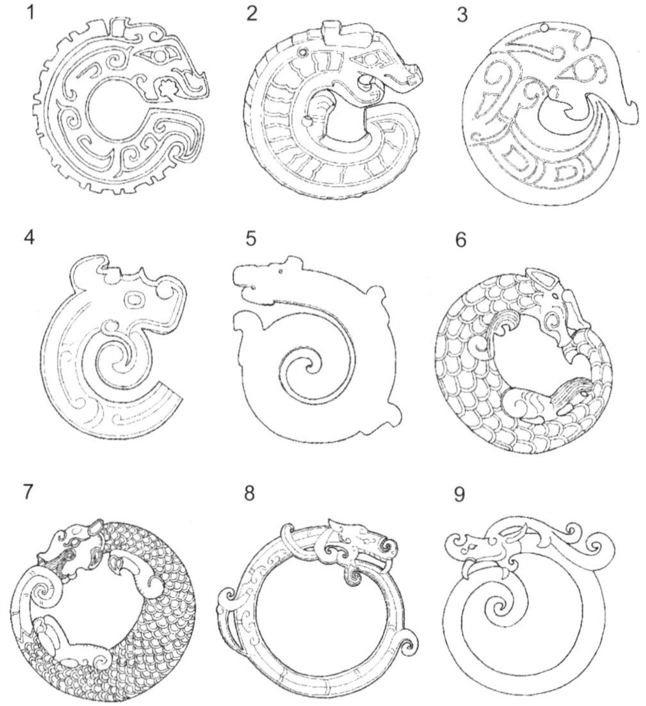

圖7-2　商、周至西漢的玉卷龍

1. 商，河南安陽婦好墓出土
2. 西周，陝西長安張家坡出土
3. 西周，陝西寶雞竹園溝出土
4. 春秋，河南三門峽上村嶺出土
5. 戰國，湖北隨州曾侯乙墓出土
6. 西漢，江蘇儀征劉集鎮出土
7. 西漢，安徽巢湖放王崗出土
8. 西漢，河北定縣40號漢墓出土
9. 西漢，安徽天長三角圩出土

（圖7-2）。後世之升龍、降龍、行龍、蟠龍，均自卷龍演進而來，一脈相承。但有人不叫它「玉卷龍」，而稱之為「玉豬龍」；其實它不僅不像豬，而且此名稱也全無典據。在封建社會，龍一直受到帝王的尊崇，這時如若將俗話中說的「真龍天子」改口為「真豬天子」，恐怕是不行的。在紅山文化之未經擾動的墓葬中，玉卷龍均出土於墓主胸前，當然不能把它們看成是單純的佩飾。上溯至遠古，此類玉件的地位應高不可攀，其佩帶者必然具有特殊的身分。《說文》：「靈，巫也，以玉事神。」所以這些玉龍應是死者（無論他是巫師還是酋長）生前的事神之物，是靈物。再如紅山玉器中的勾雲形佩、斜口筒形器、雙聯璧與三聯璧等，如果不用於事神，也很難派上別的用場。至於出土的玉斧、玉鑿等，盡管被賦於工具的外形，但當時都極其珍稀，與玉龍、玉佩等相類，也只有在特殊的情況下才會使用。

良渚文化分佈於長江三角洲的環太湖地區，年代與紅山文化大致相當。良渚玉器數量驚人，遠遠超過紅山玉器。僅餘杭反山12號墓這一座墓，就出土玉器六百四十七件。餘杭瑤山的十二座墓中，共出土玉器二千五百八十二件。其品類亦繁，總計不下四十餘種。有的如三叉形器、琮形管等，迄今仍不清楚其使用或佩帶的方法。也有的近年才對它有所認識。比如玉梳背，過去一直被稱為冠狀飾、倒梯形飾，還有的辭書中將其圖像顛倒過來，頭朝下，底朝上，稱之為垂幛形飾。1999年在浙江海鹽周家浜30號良渚墓中出土了一件象牙梳，下部有六枚梳齒，上部則嵌有玉「冠狀飾」；才知道它原來是梳子的背（圖7-3：1，7-4

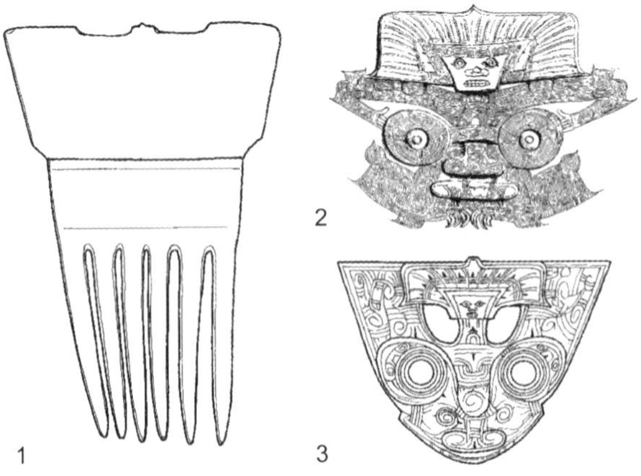

圖7-3 玉背梳與神徽
1. 良渚文化之玉背象牙梳，浙江海鹽周家浜出土
2. 良渚神徽，浙江餘杭反山出土玉琮上所刻
3 玉牌，餘杭瑤山出土

：1）。古人本有在頭髮上插梳的習俗。山東寧陽所出大汶口文化象牙梳，寬8釐米，通高16.4釐米，但梳齒部分僅占4.4釐米，梳背高達12釐米。如此之大且飾有鏤空迴旋紋的梳背，插在頭上會特別引人注意。良渚玉梳背則更進一步，在上面琢出了當時的神徽。梳背頂端的曲線呈介字形，正與神徽之羽冠上緣的曲線相合（圖7-3：2、3，7-4：2）。進入歷史時期，梳背頂端多呈凸字形或拱形，還有飾鳥形的（圖7-4：3、4）。山西天馬—曲村西周晉侯墓地63號墓所出玉人，在頭頂上端端正正地插著一把這樣的梳子，將它的使用方式反映得再清楚不過（圖7-5）。

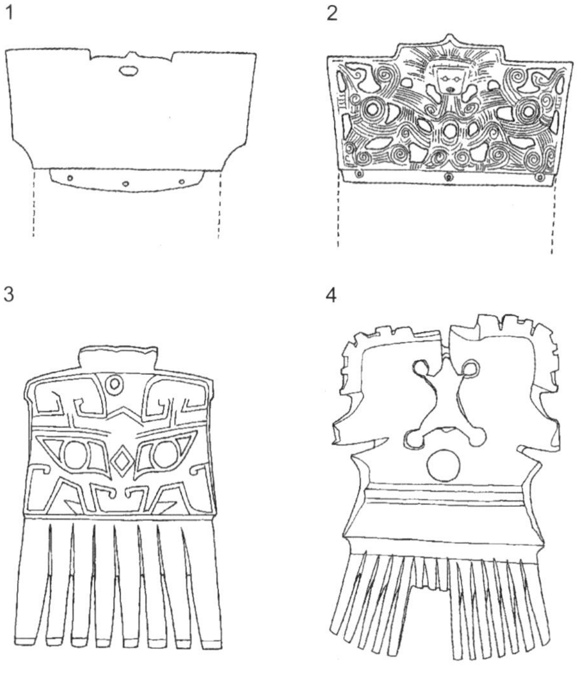

圖7-4 玉梳背與玉梳

1. 玉梳背，良渚文化，上海福泉山出土
2. 玉梳背，良渚文化，浙江餘杭反山出土
3、4. 玉梳，商，河南安陽婦好墓出土

圖7-5 插梳玉人

1. 山西天馬—曲村西周晉侯墓出土
2. 北京故宮博物院藏

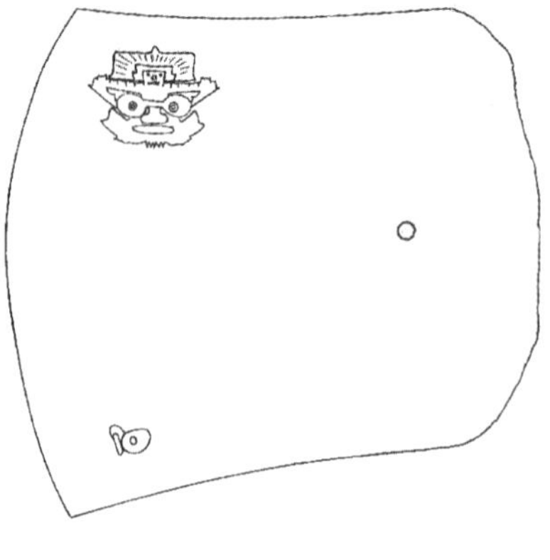

圖7-6 神徽玉鉞，良渚文化，浙江餘杭反山出土

良渚文化之有權勢者插著帶神徽的玉背梳，等於明確宣佈自己是通靈的事神之人。再如良渚玉鉞，也有在兩面之刃部上角雕出神徽的（圖7-6）。鉞代表擁有殺伐之權。《禮記・王制》：「賜用鉞，然後殺。」執掌神徽玉鉞，正可借助神威戰勝敵人。當然它也是靈物。雖不排除個別小件玉製品或作為工具而存在，但這並不足以改變良渚玉器之整體的屬性。總之，原始社會晚期，玉器已成為在精神領域舉足輕重，而在生產領域作用並不顯著的一個特殊的器類。

這種情況到商代仍無多大變化。「殷人尊神，率民以事神，先鬼而後禮」（《禮記・表記》）。商墓中出土的璧、琮、圭、璋等物，均應含有基於某種神話背景而被認定的靈性。當然，和原始社會中的情況一樣，商代也有若干可資實用的玉刻刀、玉容器等，但大部分玉器的原型仍然是從巫覡的道具中演變過來的，仍不妨稱之為「靈玉」。

周代的情況則有所不同。西周初年周公就致力於制禮作樂。「禮起於俗」，不可能在一時一地憑空創造。同時周禮也曾因襲部分殷商舊制，即孔子所說「周因於殷禮，所損益可知也」（《論語・為政》）。另外，對遠古流傳下來的習俗，周人也有選擇地適度保留。融會推演，形成了一整套覆蓋起各種人際關係的禮。其內容繁瑣，等級森嚴，名物制度，揖讓周旋，都有明確規定，統治階級中「由士以上必以禮樂節之」（《荀子・富國》）。在吉、凶、賓、軍、嘉等典禮中，社會精英們都必須沿著禮所設定的軌道作慣性運動，不容差忒。這對於維護當時的社會秩序曾起重要作用。而玉器正是禮的載體之一。如周代分封時有「命圭」制度，「諸侯即位，天子賜之命圭為瑞」（《左傳・僖公十一年》

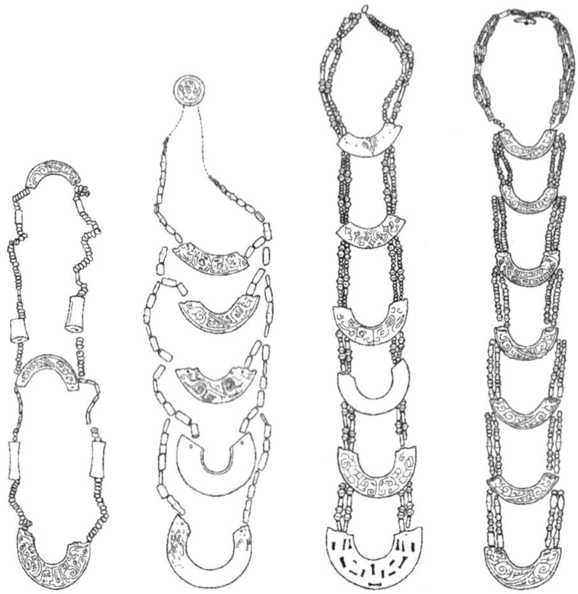

圖7-7 周代的組玉佩
1. 三璜佩，陝西長安張家坡58號墓出土
2. 五璜佩，山西曲沃北趙村91號墓出土
3. 六璜佩，曲沃北趙村31號墓出土
4. 七璜佩，河南三門峽上村嶺2001號墓出土

杜預注)。「公執桓圭，侯執信圭，伯執躬圭，繅皆三采三就。子執穀璧，男執蒲璧，繅皆二采再就」(《周禮·春官·典瑞》)。諸侯覲見天子須執玉以朝。入門奠圭，就坐取圭；無過復圭，有過留圭。禮數至煩。甚至連並不被視作瑞玉的佩玉，也同樣受到禮的制約。當時貴族的佩玉是以玉璜和玉管、玉珠等串聯在一起的，身分愈高，璜數愈多，玉佩愈長，邁步愈不方便，行走也愈遲緩（圖7-7）。故有「改步改玉」或「改玉改行」的說法（《左傳·定公五年》，《國語·周語中》）。在《禮記·玉藻》中，還對行走時玉佩所發之「玉聲」提出要求：「右徵、角，左宮、羽；趨以《采齊》，行以《肆夏》。」即諸玉件因自擊而鏘鳴時，尚須合乎音律，形成和聲，且須

在不同的步伐下與不同的樂曲相諧。其規定細緻得不可思議。不過，尊禮、守禮畢竟不同於用法、用刑，它的強制性常常被用人類良知或文化自覺的面紗遮掩起來。思想家也對禮玉的性格從理論上加意提升。《荀子・法行》說孔子稱玉有「七德」，《管子・水地》說玉有「九德」，《禮記・聘義》則說玉有「十一德」。諸說雖繁簡不同，然而均不外將玉的物理屬性與儒家的道德信條相比附，使禮玉的使用不僅順乎天理、合乎輿情，而且充滿了高尚的人格美。於是「君子無故玉不去身，君子於玉比德焉」（《玉藻》）。但這一切都是為禮，為鞏固其等級制度服務的。故多數西周玉可以稱為「禮玉」。

到了戰國時代，列國間從為爭霸而戰，變成為統一、為獨佔天下而戰。郡縣制、國家授田制、軍功爵制、法家學派等相繼橫空出世。舊時代用於維持秩序、保持穩定的禮樂文明，儘管「郁郁乎文哉」，卻已不合時宜；遂禮崩樂壞，走下歷史舞台。

與尊神事鬼的商、封建宗法的西周不同，漢代面臨著新的形勢，採取的是新的路線。這時講外儒內法，講雜霸政治，「靈玉」和「禮玉」的生存空間已被大大壓縮。漢代對待琮的態度可以作為這方面的典型事例。西周時，琮是主要的瑞玉。至春秋戰國，此物雖漸趨式微，但在長沙瀏城橋1號墓、隨州曾侯乙墓等大墓中，琮仍出土於墓主頭邊，仍受到尊重。可是到了漢代，在江蘇漣水三里墩漢墓中所見者，玉琮下面已被裝上銀鎏金四鷹足底座，成為一件小擺設了。在滿城1號墓中，可能是前代遺留的琮更被改制成玉柙上的生殖器罩，褻慢之至。多璜組玉佩在漢代也基本消失了，除了在可以被視為「後戰國」式的漢初南越王墓以外，此物較少發現。大貴族必須小步徐行的周禮已無人遵奉。高祖時，「群臣飲酒爭功，醉或妄呼，拔劍擊柱」，要求他們走出「接武」、「繼武」，即前一個腳印和後一個腳印能連接上的、故作姿態的步子來，似乎已經不可能。雖然以後制定朝儀，朝臣得守規矩，但顯然沒有必要再以長長的玉佩節步了。

璧的沒落要遲緩一些，西漢時代璧仍作為祭祀用玉。山東榮成成山頭曾發現埋玉璧的祭玉坑，有的可能是武帝「禮日成山」時所瘞。又由於沿襲周代以玉斂屍和飾棺的傳統，漢代大墓也用璧隨葬。滿城1、2號墓中共出玉璧六十九件，其中二十六件還鑲嵌在2號墓的棺木上。有些漢墓中的「溫明」（頭罩）上也鑲嵌玉璧。這種作法應與祭天禮神無關，純粹是為亡人辟除邪厲、祈求冥福用的。而漢代構圖最別致的玉璧應推「出廓璧」，即在玉璧的圓形輪廓外再附益紋飾。滿城1號西漢墓出土的一件玉璧，邊緣上方高踞二龍，龍的頭頂上再雕出卷揚的雲紋。其下部之圓形璧的直徑為13.4釐米，上部增加的雲龍雕飾卻達16.5釐米，完全突破了「璧圜象天」的傳統模式（圖7-8）。在現實生活中，這類玉璧之最具可能性的用途是充當「璧翣」。《禮記・明堂位》鄭玄注：「周又畫繒為翣，戴以璧，垂五采羽於其下，樹於簨（鐘虡橫木）之角上。」漢代將此物作為豪華的室內裝飾。《西都賦》、《西京賦》描寫長安宮殿之室內佈置時都提到「金釭銜璧」，「絡以美玉」。《三輔黃圖》也說未央宮「黃金為壁帶，間以和氏珍玉，風至其聲玲瓏然也」。漢代屋內懸璧翣的情況在沂南畫像石等處都能看到，其中雖未刻畫出廓璧，但當時假若把它們懸掛在這裏，正是恰如其分的（圖7-9）。

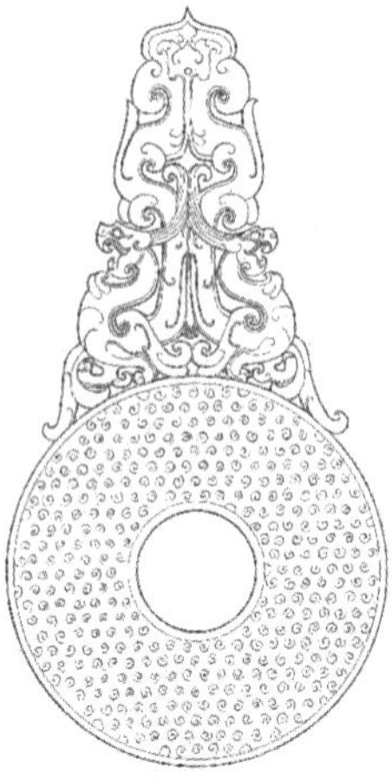

圖7-8 出廓璧，河北滿城1號漢墓出土

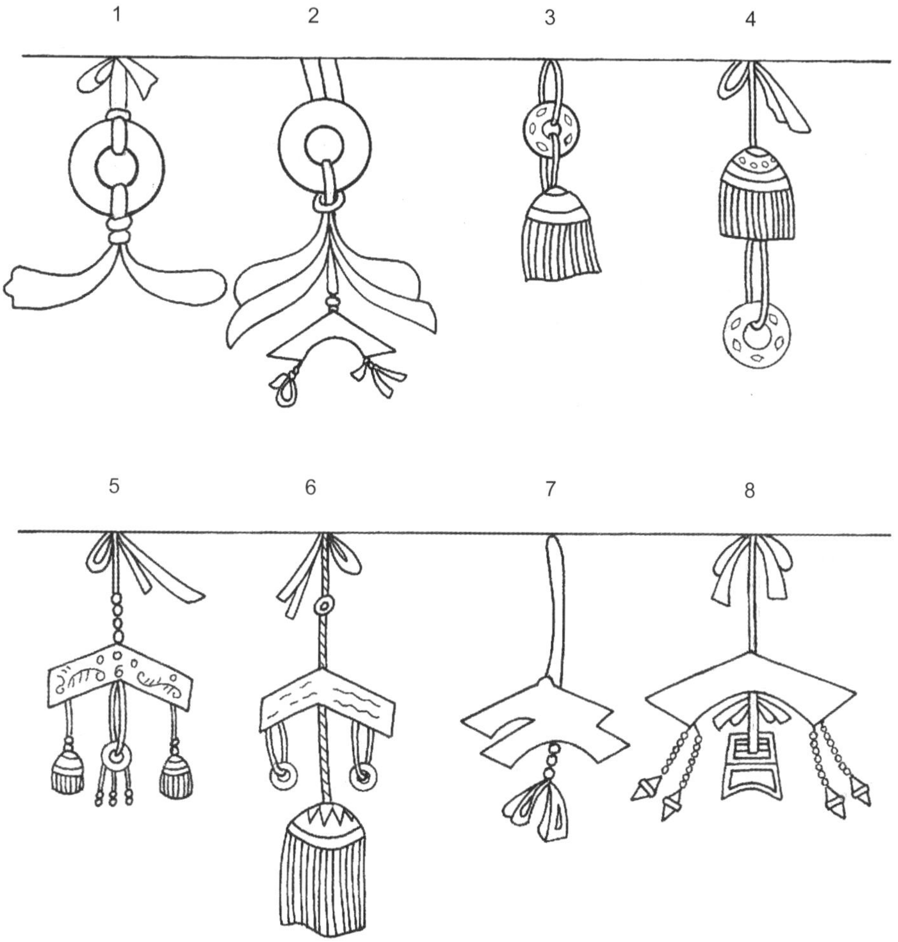

圖7-9 璧翣

1. 湖南長沙馬王堆1號墓朱地彩繪漆棺
2. 同墓出土的帛畫
3-6. 山東沂南漢墓畫像石
7、8. 長沙沙子塘1號墓外棺漆畫

當前一時期的靈玉、禮玉在漢代逐漸淡出之際，卻出現了新式的漢代葬玉。像用幾千塊玉片編聯成的玉柙（亦作玉匣），是漢代用玉量最大的玉製品。玉柙其實是玉柙棺即玉椑棺的縮略語。椑乃棺具。《禮記・檀弓》：「君即位為椑，歲一漆之。」鄭玄注：「椑謂杝棺（椵木做的棺），親屍者。椑，堅著之言也。」椑與柙音義相同，是一個字之兩種不同的寫法。《說文》說椑字為「卑聲」，又說卑字為「甲聲」，證明椑讀「甲」。《說文》中還說：「櫪撕，椑指也。」晉・呂忱《字林》作「櫪撕，柙其指也」（《玄應音義》卷一二引）。又《世說新語・捷悟》說曹操認為竹片可做「竹椑楯」。余嘉錫箋疏：「椑，唐本作柙。」《御覽》卷三五七引《世說》則作「竹甲椑」。鄭玄訓椑為「堅著」，亦是就「甲」之質地為說。可見玉柙就是椑棺，即親屍的內棺，只不過大貴族踵事增華，將用椵木改為用玉片而已（圖7-10）。《呂氏春秋・節喪》「含珠鱗施」，高誘注：「鱗施，施玉匣於死者之體，如魚鱗也。」正是這個意思。稱之為「匣」，則兼著眼於器形。此物為內棺，在漢墓所見的葬具中也可以得到證明。以滿城1號漢墓為例，發掘報告推定在其玉柙外只有一棺一槨。但此墓的墓主人劉勝是諸侯王，以他

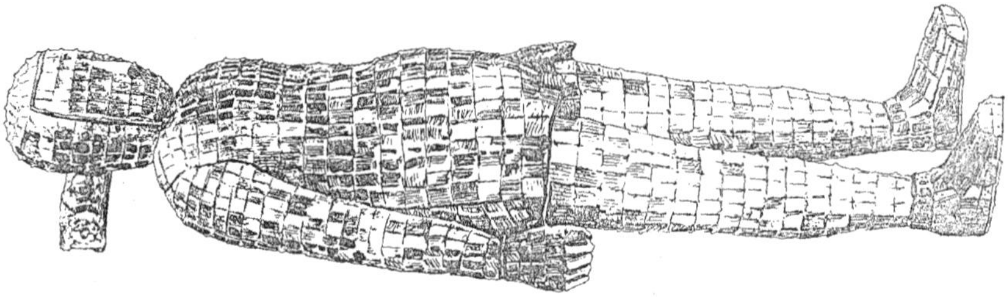

圖7-10 玉柙，河北滿城1號漢墓出土

的身分斷無只用單棺單槨之理。《禮記・檀弓》、《喪大記》都說諸侯用三棺。據單先進《西漢「黃腸題湊」葬制初探》（文載《中國考古學會第三次年會論文集》）的統計表明，西漢諸侯王墓多用三層棺。河北平山中山王墓出土的《兆域圖》謂夫人的「椑棺、中棺視哀后」，故椑棺之外為中棺。滿城報告所稱一棺一槨，則是劉勝的中棺與外棺。所以玉柙是殮具，不是殮服。如今多稱玉柙為「玉衣」，這是不正確的。《東觀漢記・耿秉傳》說朝廷賜他「朱棺、玉衣」，《後漢書》所記亦同。這裏的「朱棺、玉衣」與《後漢書・鄧騭傳》之賞賜「錦衣、玉匣」、《梁竦傳》之賞賜「玉匣、衣衾」的提法類似，都把衣與棺或匣分別立項，「衣」自衣，「匣」自匣。玉衣是衣上綴玉，玉匣（柙）是內棺。後者雖粗具人形，但全然不同於衣服的剪裁式樣，古代哪裏有將人整體密封起來的衣服？故「玉衣」之名稱似不宜繼續沿用。

使用玉柙是企圖使屍體不朽，初看起來與靈玉的用意相近。可是漢代並沒有死而復活或靈魂上天堂的觀念，無法為其保存屍體的做法找到進一步的目標；故玉柙與事神之物並不相同。先商之玉多為靈玉，西周之玉多為禮玉。雖然從發展演變的全過程看，不同的階段之間從來都不能截然斷開，舊風尚在新時期中總會有不同程度的殘留。而漢代的玉器，如玉劍具、玉帶鉤、玉帶扣、玉耳璫、玉勝、玉璽印、玉尊、玉卮、玉硯滴等，儘管不乏極精美者，有的與通靈演禮也不能說全無關係，卻往往難以確指為靈玉或禮玉；大多數只不過是些高等級的實用品。因此，從主流上說，漢玉可稱「世俗玉」。

魏晉南北朝時期製玉手工業落入低谷。魏文帝明令禁止使用「珠襦、玉匣」，從此這種特異的內棺遂不復行世。這時組玉佩的制度也失傳了。《決疑要注》說：「漢末喪亂，絕無玉佩。魏侍中王粲識舊佩，始復作之。」（《三國志・王粲傳》裴松之注引）以後此物雖勉強維持其存在，但在輿服體系中已遠離中心位置。隋唐時更重視金銀器，出土的玉器不多。如妝具類的簪、釵、釧、梳，容器類的長杯、盞、缽等玉件，也都不過是些珍貴的日用之物。這時最值得注意的是玉帶具。唐代前期三品以上官員可兼用金、玉帶具，中唐以後則強調用玉。太和六年（832年）制：「一品、二品許服玉及通犀」（《唐會

（右頁圖）

圖7-12 透雕活環的玉製品

1. 帶活環的玉羽人，商，江西新干大洋洲出土
2. 十六節活環玉佩，戰國，湖北隨州曾侯乙墓出土

圖7-11 唐代的獅紋玉帶銙，陝西西安何家村出土

1

2

要》卷三一）；故達官貴人都重視玉帶具。唐代玉器存世的數量雖不多，但帶具卻占有相當大的比例，僅西安何家村的一個窖藏中就出土了九副玉帶具，有素面的，也有雕出伎樂紋或獅紋的。造型落落大方，不拘泥細節，然而生動有致（圖7-11）。玉帶具上應琢出何種紋飾，當時顯然未設硬性規定；所以它們的造型也無由遵守禮制的條文。稱唐玉為世俗玉，較之漢代似更為有據。

但玉料能承受極度精細的加工。早在江西新干大洋洲商代遺址中，就出土了一件頂上延伸出活鏈的神像。鏈由三環相套，活動自如（圖7-12：1）。這是用掏雕工藝完成的，在當時是一項創新。雖然此像的材質為葉蠟石，硬度不是很高。但湖北隨縣戰國曾侯乙墓所出以真玉琢成的龍鳳玉佩，用五塊玉料分雕成十六節，各節均在透雕出的圖形上加施線刻，再用圓環連成一串。全器可自由捲折，玲瓏剔透，巧妙異常（圖7-12：2）。與造型古板的圭、璧相比，技法堪稱空前；與以後長時期中少見掏雕玉器的情況相比，曾侯乙墓的龍鳳玉佩又堪稱超前。可是到了宋代卻有所改觀，在掏雕基礎上發展成的多層鏤孔透雕工藝出現了。西安交通大學西側出土的宋代「鹿鶴同春」白玉佩，背後透雕出交錯的松竹，其前一鹿一鶴，顧盼生姿。北京故宮博物院所藏宋代松下女仙圖玉嵌件，女仙與侍女、仙鶴等都是高浮雕，背後松蓋輪囷，祥雲糺縵，呈現出縱深的立體感（圖7-13）。此種技法一出，在玉作工藝中遂引領潮流，迅速傳開。金代的各式玉逍遙，元代的帽頂、條環等，都追求這種效果（圖7-14）。甚至在被譏為「粗大明」的明代，有些作品如北京故宮所藏葵式玉杯，外壁環繞一圈花草，穿枝過葉，頗感繁複，作為杯子，幾乎沒有下嘴的地方（圖7-15）。過分

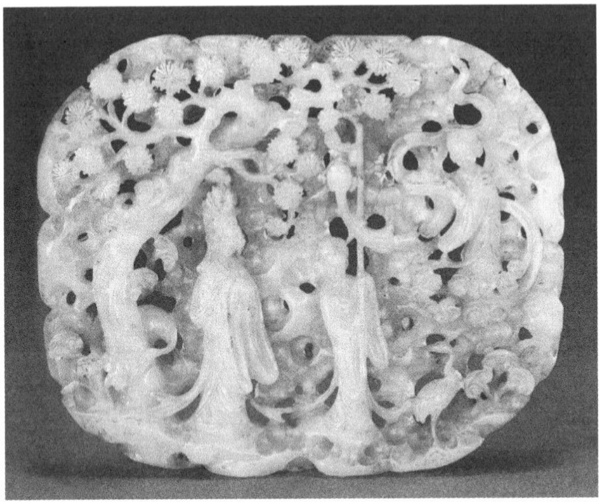

圖7-13 松下女仙圖玉嵌件，宋，北京故宮博物院藏

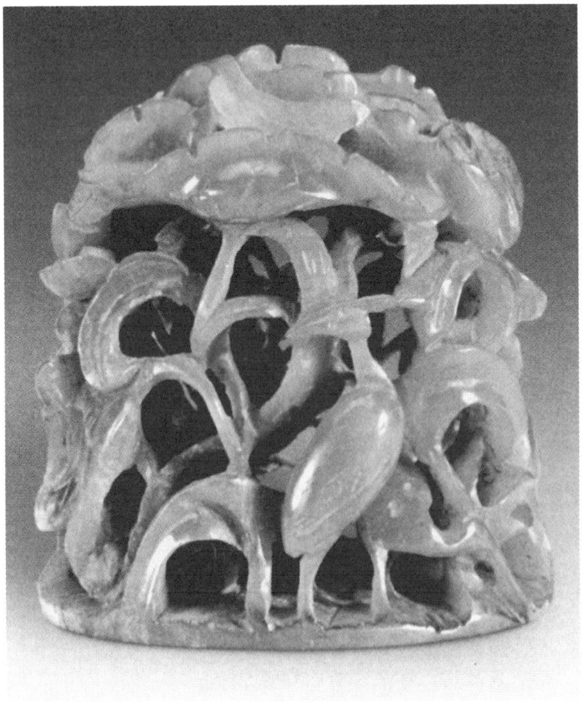

圖7-14 玉帽頂，元，上海青浦元，任氏墓出土

圖7-15 葵式玉杯，明，北京故宮博物院藏

奇麗的造型，已超出實用器的需要，似乎只在於炫耀琢玉的技巧，是謂「觀賞玉」。

清代玉器存世量大，有精品，固亦不乏平庸之作。乾隆二十四年（1759年）平叛以後，產玉的南疆一帶納入版圖，玉料供應充足，宮廷中更出現了超大型玉製品；主要是玉山子，如大禹治水圖玉山、會昌九老圖玉山、丹台春曉圖玉山等。大禹治水圖玉山所用玉料原重5噸多，成品高2.24、寬0.96米，看起來就像是一幅立體的山水畫（圖7-16）。不過由於惜料，為了保持分量，減少損耗，琢製時只能「量材就質」，畫稿不得不再三剪裁，去取不得不多方遷就。這類製品之所以見重於世，主要是緣於其塊頭大得駭人，身價高得驚人。就近觀賞，會發現山子上的各組人物各行其是，互不相謀，不像是有組織的活動。大禹要是率這樣一支施工隊伍來治水，能不能成功就難說了。還有的宮廷玉器僅為投合某些人一時的趣味而製作，未脫俗氣。比如今藏台北故宮的肉形石，是將一塊帶有成層之色條的類玉石，在表面打許多小眼，彷彿是皮上的毛孔。

圖7-16 大禹治水圖玉山子，
清，北京故宮博物院藏

圖7-17 肉形石，清，台北故宮博物院藏

再在頂層染色，造成有似熟肉的視覺效果（圖7-17）。此類製品看個稀罕還可以；假如在博物館裏擺出幾櫃子肉形石來，觀眾大約是受不了的。

下面介紹漆器。

漆樹原產中國，三烯漆酚含量高的優質生漆更是中國的特產。浙江蕭山跨湖橋新石器時代遺址出土的漆弓，經鑒定距今約八千年，是已知之最早的漆器。查海遺址出土的中國最早的玉器，距今也在八千年左右；從時間上說，二者並駕齊驅，堪稱伯仲。之後，漆器工藝迅速發展。浙江餘姚河姆渡遺址出土之厚木胎的漆碗，塗的已是調和了朱砂的紅漆（圖7-18）。商代墓葬中曾出土雕花髹漆的大型棺槨，還有鑲嵌綠松石或貼金薄的漆容器。西周時出現了「蜃器」，有鑲蚌泡的，也有鑲蚌殼

圖7-18 木胎朱漆碗，新石器時代，浙江餘姚河姆渡出土

片的。戰國時出現了鏇製的薄木胎和用木片卷製的胎；麻布胎更是這時的重要發明，它不僅輕巧，且不易變形。為了加固，有時在其器口、底緣等處裝金屬箍，稱為釦器。西漢時，光澤悅目的漆器舉世稱賞。青銅器固然仍受到珍視，但用作食器，其化學穩定性遠不如漆器。所以西漢大墓中往往陪葬許多漆器。長沙馬王堆3號墓出土的大漆盤，口徑達72.5釐米。宮廷中更大量使用漆器。樂浪漢墓出土的一件漆盤，底部刻文：「常樂。大官。始建國元年正月受，第千四百五十。至四千。」此盤是新莽常樂室中的器皿，整批共四千件。僅此一宗，已經是一大筆驚人的財富。司馬遷早就說：「漆千斗，比千乘之家」（《史記‧貨殖列傳》）。《鹽鐵論》中說得更具體：「夫一文杯得銅杯十。」表明一件繪有紋飾的漆杯相當十只銅杯。銅杯之價不詳。但《秦漢金文錄》所收永元六年銅熨斗銘文中自稱「直四百」。熨斗比杯大，但製作或不如銅杯精。姑據此推測銅杯之價為三百，則十只銅杯值三千，這筆錢在東漢可以買一畝田（王仲犖《金泥玉屑叢考》第38頁）。一只漆杯已經貴到這程度，漆盤的價格更可想而知。

圖7-19　三足漆盤底部的朱書銘文，樂浪東漢 王盱墓出土

漢代漆器的總體水平在戰國時已達到的高度上又前進了一步。戰國時出現的麻布胎膝器這時數量大增，稱為「紵器」。還有「夾紵器」。樂浪王盱墓出土的建武二十八年（52年）「俠紵量二升二合羹棓」，就是貼麻布的木胎漆器。同墓所出建武二十一年（45年）貼麻布木胎耳杯，自名「木俠紵杯」；對內部的木胎還特別標明。又《說文》稱：「紵，或從緒省。”故夾紵胎亦可稱為「緒」。湖北雲夢大墳頭1號墓出土夾紵胎漆杯二十個，木牘上記為「緒梧廿」，可證。木胎貼麻布後，尚須上漆灰。王盱墓出土的漆盤底部朱書「夾紵行三丸」（圖7-19）。丸是「垸」字之假。《說文》：「垸，以桼和灰而鬆也。」《玄應音義》卷一八引《通俗文》：「燒骨以桼曰垸。」說明漢代行丸時曾以骨灰做摻和料。明・黃成《髹飾錄》說：「垸漆，一名灰漆。用角灰、磁屑為上，骨灰、蛤灰次之，磚灰、坯屑、砥灰為下。」與後世精緻的工藝相比，漢代漆灰的品質已不算低。不過後世上漆灰時，須依粗、中、細的工序刮三道。王盱墓漆盤所稱「行三丸」，是否也是這種作法，尚難以考定。

刮漆灰、磨平之後還要再塗漆，即《髹飾錄》所稱「糙漆」，漢代謂之麭。《說文》：「麭，桼垸已，複桼之。」完成這道工序，就可以在上面繪製花紋了。漢代漆工或將麭字寫作「飽」。馬王堆1號墓、3號墓和鳳凰山8墓出土的漆器均有烙以「成市飽」戳記的，表明它們是蜀郡成都所製。成都是漢代最負盛名的漆器產地，故《鹽鐵論》中提到「金錯蜀杯」時，不禁流露出豔羨的口吻。與之相仿的提法是「蜀漢釦器」，可見毗鄰蜀郡的廣漢郡雒縣也是漢代漆器的重要產地。蜀漢漆器銘文中常記下製器的各個工種，

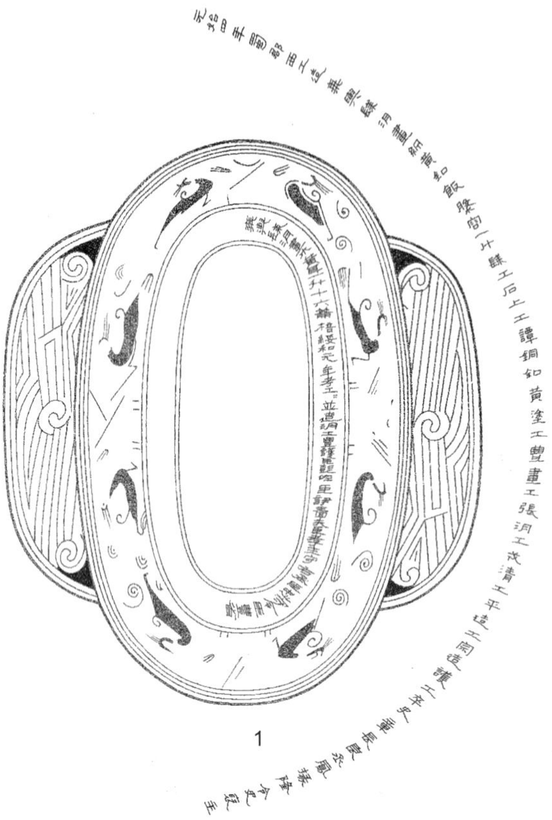

1

2

圖7-20 漢代漆器的銘文

1. 綏和元年（前8年）漆耳杯銘文，甘肅武威磨嘴子出土
2. 元始四年（西元4年）漆盤銘文，樂浪漢墓出土

這項珍貴的史料久已引起注意（圖7-20）。不過各家的釋文與解說頗不相同，比如對極常見且極關鍵的「髹」、「洀」二字，分歧就很大。其實出土的漢代漆器銘文中的「洀」字，其右旁之「丹」與睡虎地秦簡和武威醫簡中的「丹」字字形相同，無疑應釋「洀」。但有學者釋為「汨」，或說這是指在漆器上精心打磨，或認為指陰乾的工序。也有釋「彫」的，認為指雕刻。有釋「涓」的，認為是「浣」字之略體，通垸。有釋「羽」的，認為是「羽觴」之名稱的由來。有釋「洀」的，認為它就是「般」字，指打磨拋光。有釋「旬」的，認為指錐畫工。還有釋「汨（湄）」的，認為指罩漆，與《髹飾錄》中的「罩明」類似。至於「髹」字，則多被釋為「髤」。髹和髤雖可相通假，但這並不是髹字的本義。《說文》：「髹，桼也。」則髹就是桼（漆）。《睡虎地秦簡・工律》：「公甲兵各以其官名刻久之，其不可刻久者，以丹若髹書之。」這個髹字也只能釋為漆。但此字亦訓塗漆。《說文》：「桼，木汁可以髹物。」漆液在空氣中自然氧化後呈黑色，即《詩・鄘風・定之方中》朱熹集傳所說：「漆，木有液黏黑。」古人甚至認為「黑莫過漆」（《北齊書・上黨王渙傳》，《廣弘明集》卷六）。所以髹字所訓塗漆，起初僅指塗黑漆。江蘇邗江寶女墩新莽墓出土漆盤的銘文中說：「髹漆，畫工順，洀工姨綰。」指明髹的是漆。這和《漢書・孝成趙皇后傳》中「其中庭彤朱而殿上髤漆（顏師古注：髤字或作髹，音義亦同）」之造語相一致。盤上與殿上所塗之漆均未另作說明，則只能是黑漆。將髤字解釋為塗漆而不限何色的用法，應出現在漢代以後。而與出土遣冊所記隨葬品的名稱聯繫起來看，則更清楚。如馬王堆1號墓的遣冊中記有「髹洀幸食杯五十」，指的是出土物中內紅外黑，內底書「君幸食」的五十件素面耳杯。大墳頭木牘上記有「髹汧畫大婄十」，指的則是出土物中內紅外黑並加彩繪的十件大耳杯。所以「髹」就是塗黑漆，「汧」就是塗紅漆。「髹汧」所反映的正是中國漆工藝之古老的傳統。《尚書・梓材》孔穎達傳，梓人為器當「塗以漆，丹以朱，而後成」。《韓非子・十過》說：「禹作為漆器，墨染其外而朱畫其內。」所謂「墨」指的就是本色黑漆。《說苑・反質》「舜釋天下而禹受之，作為祭器，漆其外而朱畫其內」可證。內紅外黑的漆器已有春秋時的實物出土，戰國秦漢時寖成定制。不過「畫」即加彩繪也很重要。樂浪漢墓所出始元二年（前85年）漆耳杯的銘文中，除官員列銜外，只說：「髹工當，汧工將夫，畫工完造。」記下的正是塗黑漆、塗紅漆和加彩繪這三個主要的工種。此外，如素工為製胎之工，上工可能是刮漆灰之工，清工是刮漆灰後再上表層漆之工，黃塗工是裝鎏金銅耳或銅釦之工，造工則總其成。不過有些研究者傾向於將銘文中各工種出現的先後，視為漆器製作的工藝流程。或未必然。因為在不同的漆器上，各工種排列的次序不盡一致。況且在銘文中，官員的排名乃依職位的高低為序；同樣，工匠的級別也有高低之分，不僅不同工種間的待遇會有差別，還可能存在著個人資歷的因素。如果將列名的順序和施工的順序固著在一起，解釋起來有時會遇到困難。

及至東漢後期，漆器明顯減少。原因主要是由於這時瓷器已燒製成功，飲食器多改用瓷器。有了廉價的代用品，漆器製造業遂受到挑戰。但它並沒有萎縮下去，而是走上了精益求精之路。不過這一點在魏晉南北朝時期還不明顯。此時留存的漆器相當少，但如安徽馬鞍山吳・朱然墓、山西大同北魏・司馬金龍墓及寧夏固原雷祖廟北魏墓等處出土的案、盤、屏風、棺板之類，上面都有彩繪的人物故事（圖7-21）。構圖與用筆獷放活潑，流露出的民間藝術氣味，仍與樂浪彩篋塚出土的東漢籃胎漆篋相近。只是到了唐代，漆器工藝的面貌才使人耳目一新。

首先，平脫漆器在唐代興盛起來。以前漢代曾用金銀薄片剪裁成花樣粘在漆器上作為裝飾，唐平脫應是自這種技法中發展出來的。所不同者，漢代只將金銀片粘在漆器表層，平脫則把它們粘在表層之下的漆灰層上，繼而塗漆若干道加以覆蓋，最後將飾片磨顯，花紋自漆地子中脫露出來，器面卻仍保持平滑。唐代豪家使用金銀平脫器的記事在文獻中不少見，不僅提到平脫盞、盤、碟子等什器，胡床、屏風等傢俱，甚至在唐廷賞賜安祿山的器物中還包括「金平脫五斗飯甕二口、銀平脫淘飯魁二口」等本不登大雅之堂的廚具（姚汝能《安祿山事蹟》）。但平脫漆器不易保存，河南鄭州二里崗唐墓與偃師杏園唐・李景由墓出土的銀平脫漆盒，木胎均已朽敗，只留下上面的銀飾片了。但出土的平脫鏡因飾片直接粘在銅鏡背上，有所依托，所以還能大致看出原來的形狀。如長安韋曲出土的金銀平脫寶相花鏡、偃師杏園唐・鄭洵墓出土的金銀平脫雙鴛石榴鏡等；不過它們的漆地大多嚴重剝落（圖7-22：1）。而日本奈良正倉院所藏金銀平脫翔鶴舞鸞鏡，由於未曾入土，至今仍光豔如初（圖7-22：2）。正倉院還藏有唐銀平脫花鳥紋圓盒，美國奈爾遜博物館也有一件唐銀平脫卷草紋圓盒，其珍罕均不待言（圖7-23）。

若將平脫所用金銀薄片換成蚌殼片，則稱為螺鈿漆

圖7-21 彩繪「列女傳圖」漆屏風，山西大同北魏・司馬金龍墓出土

1

2

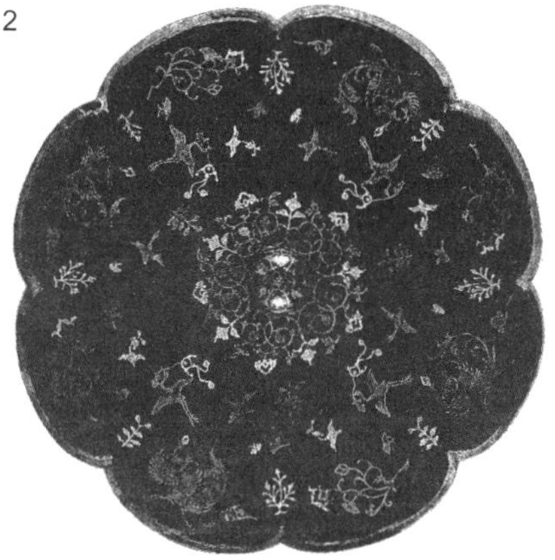

圖7-22 唐代平脫鏡
1. 金銀平脫雙鴛鏡，河南偃師杏園唐・鄭洵墓出土
2. 金銀平脫翔鶴舞鸞鏡，日本奈良正倉院藏

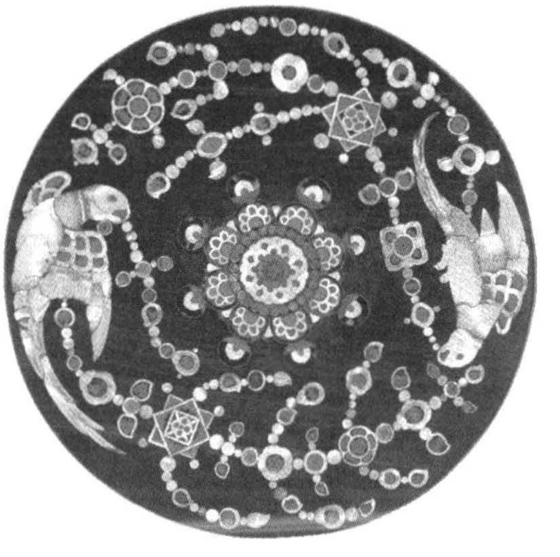

圖7-23 唐金銀平脫漆圓盒，美國奈爾遜博物館藏

圖7-24 唐螺鈿紫檀阮咸（音箱背面），日本奈良正倉院藏

器。唐代螺鈿器之至精者也收藏在日本正倉院，如螺鈿紫檀五弦琵琶、螺鈿紫檀阮咸等，都是當時傳去的（圖7-24）。近年在蘇州瑞光塔出土了一件螺鈿經箱，相當完整，然而已經是五代時的作品了（圖7-25）。不過與平脫器一樣，銅鏡上也有飾以螺鈿的。洛陽唐墓出土的高士飲宴圖螺鈿鏡，鏡背上部嵌飾花樹一株，樹下二高士對坐，中置酒樽、胡瓶，一人持酒杯，一人彈阮咸，淺酌輕攏，悠然自得（圖7-26）。此鏡之花樹枝柯間的漆地子上，殘留著不少小顆粒，原應是用彩石屑布於漆內再磨光的；漆工

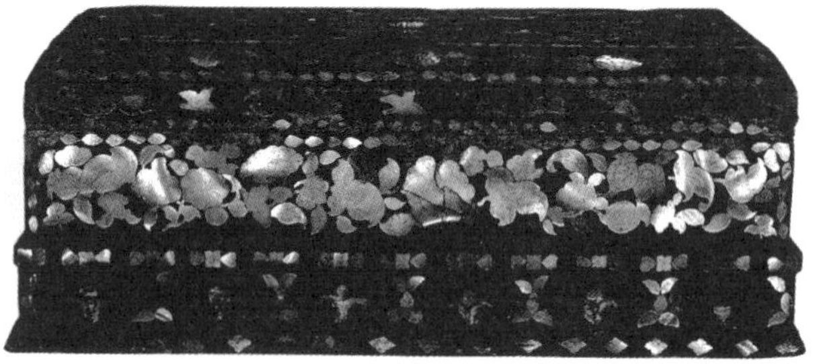
圖7-25　五代螺鈿漆經箱

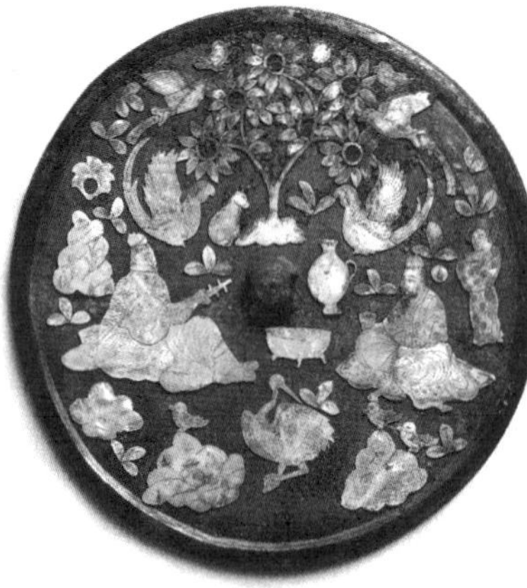
圖7-26　唐螺鈿加沙平脫高士飲宴圖鏡，洛陽唐墓出土

藝的術語稱為「加沙」。這種做法猶如金銀器紋飾之以魚子紋為地，不僅背景從而不致空曠，主紋也更覺突出。日本白鶴美術館所藏唐螺鈿花鳥鏡，漆地子用綠色的松石屑與棕色的琥珀屑加沙，佈滿鏡背，使圖紋倍感神采奕奕。

螺鈿器所嵌貝殼有厚有薄，前者稱硬螺鈿，後者稱軟螺鈿。上述唐高士飲宴圖鏡及五代經箱用的都是硬螺鈿。軟螺鈿瑩薄如紙，使用較晚，始見於北京後英房元代建築遺址所出廣寒宮圖漆盤殘片（圖7-27）。軟螺鈿嵌出的圖紋更精巧，更適用於薄胎漆器。而且軟螺鈿還可以襯色，在薄片背後塗上不同顏色的漆，使之透到表面；則圖像更迫肖實景，格外靈動。襯色的軟螺鈿器物晚明以後才有存世之例。遼寧省博物館所藏清代螺鈿盒，盒蓋飾《西廂記》故事，鶯鶯的紅襦、張生的青衫，都襯染得恰如其分（圖7-28）。圖中表現的是劇中「怎當他臨去秋波那一轉」的場面；引人入勝的情節呼之欲出。而廣寒宮圖殘片的軟螺鈿是利用貝殼的天然本色拼成，就不如襯色螺鈿之多彩多姿了。一般說，硬螺鈿多施於大件傢俱，但也不盡

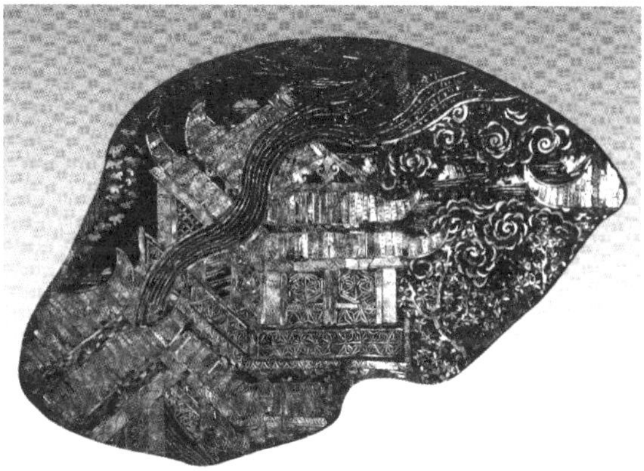

圖7-27　元軟螺鈿廣寒宮圖漆盤殘片，北京後英房元代建築遺址出土

圖7-28　清襯色軟螺鈿「西廂記圖」漆圓盒蓋

圖7-29　清紫檀嵌軟螺鈿圓桌面

然；浙江省博物館所藏紫檀大圓桌的桌面，用軟螺鈿鑲嵌出繁複的花紋，極其工致（圖7-29）。罩一層熟漆的紫檀桌面呈色黝雅，反襯出躍動的珠光，在酒宴的燈燭下，明暗晃漾，恣情閃爍，彷彿有說不完的夢想。

平脫、螺鈿漆器華麗昂貴，當時之所謂升斗小民無緣問津。為滿足一般群眾的需要，又出現了較大眾化的一色漆器，如江蘇揚州、湖北監利所出唐代光素無文的木胎漆盤、漆碗之類。到了宋代，一色漆大盛，江蘇常州、宜興、吳縣、淮安、武進及浙江杭州、溫州與湖北武漢等地屢次出土，以黑色、紫褐色的日用器皿居多（圖7-30）。上面常書寫款識，標明其生產者，如「臨安府符家」、「杭州油局橋金家」、「襄州邢家」等。製造這些漆器時，雖不同於「富家不限年月」（《格古要論》語），只求

圖7-30　南宋一色漆盒，江蘇宜興宋墓出土

精美，不計工本的做法；但商家要維持信譽，所以不少產品雖胎薄體輕，卻結實耐用。由於出土的數量大，使人感覺宋代彷彿是一色漆的天下。其實對漆器工藝的提高，宋代也大有建樹。比如堆漆，是用漆灰在器物上堆塑出花紋再罩漆而成。此法濫觴於漢代，然而極稀有。北宋時始見通體飾堆漆者，如浙江瑞安仙岩寺慧光塔發現的慶曆三年（1043年）堆漆經函和舍利函，均飾以凸起的堆漆花紋，富有層次感，與追求表面光滑的平脫漆器全異其趣（圖7-31）。再如戧金漆器，雖然此種技法在漢代也出現過，但直到這時才進入成熟之境。如江蘇武進村前鄉南宋墓出土的戧金十二棱園林仕女圖三撞（撞本應作「幢」，三撞指疊成三層）漆奩，木胎，銀釦，蓋面戧刻二女郎夏日出遊之景。二女皆挽高髻，一持團扇，一執摺扇，把臂絮

圖7-31 北宋堆漆描金舍利函，浙江瑞安仙岩寺慧光塔出土

1

2

圖7-32 南宋十二棱三撞戧金朱漆奩
1. 器身
2. 蓋面

語；宛若工筆小品（圖7-32）。以前平脫器多用黑漆地，此奩通體髹朱漆；金、紅二色對比強烈，畫面更加鮮亮。

不過宋代漆藝最重要的成就是製成雕漆器；即在胎體塗漆若干層，俟半乾時用刀雕出花紋之器。有人說唐代已發明雕漆，但尚無法證實。雕漆器的漆層如果堆的是紅漆，則稱剔紅；是黑漆，則稱剔黑。此外還有剔黃、剔彩、剔犀等。宋代的剔紅器目前只能舉出北京故宮博物院所藏桂花紋剔紅圓盒一例，盒蓋刻著丹桂，襯以錦紋（圖7-33）。此盒在明代為項墨林收藏，曾著錄於陳繼儒《妮古錄》一書中。剔黑器有現藏於日本的錦地醉翁亭圖剔黑盤，是南宋遺民許子元於1279年東渡日本時攜去的，一直收藏在他曾任住持的圓覺寺中。這兩件器物都是流傳有緒的傳世品。出土的實例則多為剔犀器，如江蘇沙洲宋墓之木胎銀裏剔犀碗、武進南宋墓之剔犀鏡盒、金壇南宋・

圖7-33　南宋桂花紋剔紅盒

圖7-34　元「張成造」剔犀盒，安徽省博物館藏

圖7-35　元「張成造」梔子紋剔紅盤，北京故宮博物院藏

周瑀墓之脫胎剔犀扇柄等。雕漆器的漆層要有一定的厚度。明・高濂《燕閑清賞箋》、清・高士奇《金鼇退食筆記》、清・李斗《揚州畫舫錄》等書都說剔紅器須上朱漆三十六道；係舉其成數。在元代張成的作品上能觀察到塗漆達八十至一百道的。其實上多少道漆應視器物的大小與所需漆層的厚薄而定。剔紅、剔黃、剔黑之器塗的基本上是同樣顏色的漆。剔犀器則將不同顏色的漆，一般是紅、

黑二色或紅、黃、黑三色，分層更迭塗布。剔刻時用斜刀，在刀口處可以看到重疊的色層。古代剔犀器中重要的實例之一是安徽省博物館所藏元・張成造雲紋剔犀圓盒，蓋面與盒身滿雕如意雲紋，隆起約1釐米，豐腴渾厚，精氣瀰漫（圖7-34）。近足處針刻「張成造」三字款。張成與楊茂齊名，都是嘉興西塘人，他們是元代最有成就的雕漆藝術大師，均以剔紅著稱。北京故宮博物院藏有張成的梔子紋剔紅盤與楊茂的花卉紋剔紅尊，允推其代表作。前者在盤中刻出盛開的大梔子花一朵，笑靨迎人，四旁的葉子很密，但舒卷自如，流露出寫生畫的意趣（圖7-35）。與之相應，雕工、磨工極為細膩，完全符合《髹飾錄》所稱「藏鋒清楚，隱起圓滑」的描寫；也正表現出元代雕漆的特點。這種作風延續到明代前期，永樂年間張成之子張德剛主持工部營繕所下屬之專門造漆器的果園廠，直接師承了張、楊的傳統。果園廠出的漆器名「廠器」，「世甚珍重之而不可多得」（《金鰲退食筆記》）。但是到了嘉靖以後，雕漆器所追求的時尚由圓融活脫轉為細密嚴謹，畫面上寫生的氣味淡了，圖案化的傾向卻愈來愈強烈。刀不藏鋒，稜角畢現，與張成一派的韻味漸行漸遠。

清代早期內務府造辦處所司「油漆作」尚未做過雕漆器。乾隆初年命刻竹與雕象牙的技工從事這項工作，他們將刻竹的技術帶入雕漆工藝，作品受到肯定；從而「以刀鋒見筆力」的風格被推行開來。上乘之作刻工深峻奇峭，一絲不苟，有的圖紋細如毫髮，但高下有序，有立體感。及其末流，則未免瑣碎呆板。但這時國家的財力雄厚，像雕漆這類耗時費工的製品，不僅已經成為高檔漆器的主流，而且種類繁多；不僅製作小件用具，還有大件的廚、

圖7-36　清乾隆剔紅寶座，英國維多利亞與阿爾伯特博物館藏

櫃等。甚至像剔紅寶座這樣的尊貴之物，乾隆時的製品亦有存世者。如現藏英國維多利亞與阿爾伯特博物館的那一件，原來陳設在北京南苑行宮。1900年八國聯軍侵略北京時，寶座為沙俄駐中國的外交官蓋亞斯掠去，後輾轉售至英倫（圖7-36）。這件寶座靠背的開光中雕番人獻寶，其外滿施游龍、雲蝠、卷草等花紋，幾乎密不露地，但層次分明，刻工已臻雕漆之極詣。和它配套的屏風，也已成為維也納人類學博物館的藏品。

除雕漆外，清代漆器還有許多品種，如彩繪、描金、雕填、犀皮以及百寶嵌等，花色甚繁，各擅其勝。日用的一色漆器以黑色和朱色的為多。講究的桌、案施工時，照樣打灰地，刮磨，上幾道漆，最後再揩光或退光，手續齊備。而平民所用一色漆器，多半在器物上髹厚漆，以漆色純正為尚。江南地區有「十里紅妝嫁女兒」之諺，陪嫁的所謂「紅妝器具」，一色朱紅。新房裏擺上一屋子紅箱子、紅櫃子，正顯得紅紅火火，喜氣盈門。特別是那頂喜轎，更把民間漆工的本事幾乎都使上了。浙江省博物館所藏寧波萬工花轎，大概是其中最奢華的一例（圖7-37）。木質的轎身朱漆泥金，遍飾天官賜福、八仙過海、榴開百子、喜上眉梢等雕刻。四面裝置的舞台上還在演出《荊釵記》、《拾玉鐲》等戲文；再加上轎衣垂下的穗子，掩映搖晃，更顯得熱鬧非凡。但裝飾雖繁，而漆活仍是最主要的，行話說：「三分雕，七分漆。」新娘子坐上這等花轎，會感到風光無限，美景輝煌。寒女沒有這份福氣，只有中宵倚枕，等待它前來入夢了。

下面再說瓷器。

瓷器是用瓷土或高嶺土做胎，表裏均有一層玻璃質的釉，經過1200℃左右的溫度燒結而成。它的質地堅硬，音響清越，不透水和空氣，薄層半透明，碎屑有介殼光澤。瓷器是中國的偉大發明，商代已燒成原始瓷器。它用瓷土做胎，與用易熔黏土作胎的陶器不同；陶胎中所含三氧化二鐵與二氧化鈦及鹼金屬、鹼土金屬的氧化物較多，不耐高溫。只有用三氧化二鋁含量較高的瓷土或品質更好的高嶺土作胎，窯溫才能燒到1200℃以上。並且瓷器還要上釉。其實在瓷器出現以前，釉陶已經上釉了，如在江西清江吳城村商代遺址所見到的情況那樣。就施釉技術而言，原始瓷器是接受了釉陶的啟發。這裏的關鍵是燒結的瓷胎與高溫玻璃質釉的結合；只要做到這一步，一般就可以被認為是瓷器。不過商周原始瓷的品質尚未能盡如人意，原

圖7-37　近代寧波萬工花轎，浙江省博物館藏

圖7-38 西周原始青瓷罍，河南洛陽出土

料淘洗不精，窯內往往未達到應有的溫度，大多屬於程度較高的生燒。所以胎中常留有肉眼可見的不規則的孔洞。白度也不高，沒有透光性，反而還多少有吸水性。釉層很薄，釉胎結合差，容易剝落。從整體水準看，還沒有達到真正的瓷器的標準，只能稱之為原始瓷。又因為它們的釉是用石灰石和黏土配製的，以黏土所含鐵質為呈色劑。在不同的窯氛和溫度中呈現出青黃、灰綠等顏色，陶瓷史上統稱為青釉。所以原始瓷器又可以稱作原始青瓷（圖7-38）。

至漢代，原始青瓷已向早期青瓷過渡。「瓷」字最早見於西漢・鄒陽《酒賦》（《西京雜記》引），則這時已經有了與陶器相區別的瓷器的概念。在新安江水庫工程中，曾發現一座建初六年（81年）的東漢早期墓，出土的一批器物無論胎和釉均與六朝青瓷相接近。而浙江上虞小仙壇東漢晚期窯址出土的瓷片，瓷胎中三氧化二鐵的含量經淘洗後已降至1.64%（城子崖龍山黑陶為5.99%，康熙五彩瓷盤為1.06%），三氧化二鋁則達17.47%；這就為它將燒成溫度提高到1300℃創造了條件。其吸水率為0.28%，0.8毫米的薄片已微透光。胎與釉結合良好，無剝落現象，亦無紋片。凡此種種，均可視為早期青瓷已然燒製成功的標志。這一成果得來不易。如上所述，青瓷的呈色劑是鐵；但不僅其含量必須適宜，而且對窯氛的控制也是成敗的關鍵。在弱還原焰中燒成，釉色青中帶黃；在強還原焰中燒成，則釉色發暗。反之，如果通風過量，窯中生成氧化焰，氧化亞鐵就有轉為三價高鐵離子的可能，釉色隨之而呈黃、茶黃或黃褐色，美麗的青色就不會出現了。這種技術的掌握需要經驗的不斷積累，這也就是原始青瓷為什麼經歷如此漫長的時間才發展成早期青瓷的原因。

東漢以後，從東吳到南朝，南方的青瓷工藝發展迅速。

圖7-39 青瓷仰覆蓮花尊
1. 北朝製品，河北景縣出土
2. 南朝製品，江蘇南京出土

杭州灣以南的寧紹地區成為生產中心，瓷窯密集。一些紀年墓的出土物，更成為斷代的標準器。如紹興出土的吳永安三年（260年）青瓷魂瓶就很有代表性。其頂部為五聯罐，下面為崇樓雙闕，周圍塑出奏樂的人物、覓食的鳥雀等，通體施不甚勻淨的青釉。這時由於佛教的傳播，帶有佛教藝術色彩的蓮花紋常在青瓷上出現。武昌何家大灣南齊墓、南京林山南梁墓出土的仰覆蓮花尊，釉色青綠。而同類器物在河北景縣北齊・封氏墓也曾出土（圖7-39）。南北兩地的蓮花尊均以堆塑、貼印蓮瓣為飾，顯然同出一源。但化驗結果表明，南方青瓷胎中三氧化二鋁含量較低，二氧化矽較高；北方青瓷正相反。可見雙方都是用本地所產原料自行製作的，然而造型竟如此肖似；堪稱陶瓷史上的佳話。

到了唐代，浙東生產的越窯青瓷胎質緊密、釉面光致而不透明；上品的顏色綠中泛微黄，稱為「湖水綠」。詩人徐夤以「捩翠融青瑞色新」來形容其釉色。晚唐時越窯又開始使用匣缽，避免了沾染煙炱或粘附砂粒，成品更加瑩潤。所以陸羽在《茶經》中推越窯產品為瓷器之魁首，說：「碗，越窯上。」等級最高的越器稱為秘色瓷，即陸龜蒙聲言能「奪得千峰翠色」的「秘色越器」。但何謂秘色瓷，長期以來沒有清楚的認識。直到1987年，陝西扶風法門寺唐塔地宮發現了有同出之石刻《供養道具及金銀器衣物賬》上的記載為證的「秘色瓷」，真相這才大白。其中的平底秘色瓷碗，造型沉穩大方，釉質勻淨，符其盛名。

北齊時不僅燒出了造型高大的蓮花尊，並且還燒成了白瓷。安陽武平六年（575年）范粹墓出土的三系罐、長頸瓶等，胎釉均較白，這是降低了原料中的鐵含量的成效。不過北齊白瓷器上堆釉處顯淡青色，所餘的鐵元素之呈色仍未盡去除。到了隋代，如在河北內丘與臨城交界的賈村窯址中出土的白瓷，既有在瓷胎上施化妝土的粗白瓷，也有無須施化妝土的細白瓷。內丘是邢窯所在地，唐代在這裏燒造的白瓷，技術更加精進，產品「類銀」、「類雪」。唐・李肇《國史補》甚至說，「內丘白瓷甌」，「天下無貴賤通用之」。同時位於今河北曲陽的定窯也燒出了品質很好的白瓷。浙江臨安光化三年（900年）錢寬墓和比它晚一年的天復元年（901年）水邱氏墓，都出了一批唐代定窯的白瓷器。以越窯為主的南方青瓷和以邢窯、定窯為主的北方白瓷，形成了唐代瓷業之「南青北白」的局面。

製瓷業在宋代得到長足發展。這時著名的瓷窯：青瓷有汝、官、龍泉、哥等窯，白瓷有定窯，影青有景德鎮窯，黑瓷有建窯等，各具特色。宋代的鈞窯還用含氧化銅的釉藥燒出紅藍斑駁的花釉。其中官、哥、汝、定、鈞習慣上稱作五大名窯。不過北宋官窯和哥窯的窯址尚未發現。情況較清楚的是汝窯。汝窯採用石灰鹼釉，釉內所含鉀、鈉的比例加大，成為一種黏度高且不透明的乳濁釉。這種釉可以上得很厚，而且其三氧化二鐵的含量控制在1%左右，從而燒出了呈淡雅的天青色、質感溫潤如玉的瓷器。它雖然屬於青瓷的系統，但比起施透明薄釉且色調偏綠的越窯產品來，給人的觀感大不相同。1987年在河南寶豐大營鎮清涼寺發現了宋代汝窯窯址。與這裏的出土物相比較，可知傳世汝器多為清涼寺窯的產品。至於北宋官窯，南宋・葉寘《坦齋筆衡》曾說：「政和間，京師自置窯燒造，名曰官窯」（《輟耕錄》卷二九引）。但這種說法尚無法證實，所謂在汴梁設官窯之事，很可能是子虛烏有的。傳世的北宋官窯瓷器，應是當年清涼寺窯的貢品。同書又說，「中興渡江」以後，「襲故京遺制置窯，於修內司造青器，名內窯。澄泥為範，極其精製，油色瑩澈，為世所珍。後郊壇下別立新窯，比舊窯大不侔矣」。上世紀90年代在杭州先後發現了老虎洞窯址和烏龜山窯址，一般認為前者即南宋修內司官窯，後者即南宋郊壇下官窯。出土物的規制雖大體沿襲北宋汝窯，但薄胎厚釉、多層釉結構的標本增多。由於多層釉中間聚集起的微晶和氣泡在光照之下產生多重漫反射，其如玉的質感會更加強化；這也正是宋人追求的效果。可是由於胎、釉的膨脹係數不同，釉面會出現裂紋，成為生產過程中發生的一種難以完全控制的瑕疵。但有些窯口卻利用它作為裝飾，稱之為開片，有冰裂紋、蟹爪紋、百圾碎、蒼蠅翅等名目。但釉的收縮率須比坯大，否則就會脫釉。特別是所謂哥窯器，更對開片進行加工。在器物出窯未冷之際，浸入含紫金土的漿水中，粗裂紋滲的顏色深，叫鐵線紋；細裂紋滲色淺，叫金絲紋。「金絲鐵線」竟成為哥窯可矜示的特徵（圖7-40：1）。不過開裂得不勻稱、以致失去美感的也不乏其例（圖7-40：2）。其實古人並不都欣賞開片。《天水冰山錄》稱帶開片的哥窯器為「哥窯碎磁杯」、「哥窯碎磁筆筒」；《景德鎮陶錄》則稱給哥窯燒窯的人家為「碎器戶」。瓷而冠之以「碎」，顯然不盡是褒義。《格古要論》在提到帶開片的瓷器時更直截了當地說：「無紋者尤好。」哥窯雖屬青瓷窯系，但成品往往呈月白、青灰、米黃諸色。而且哥窯在陶瓷史上留下了不少未解之謎，哥窯的窯址尚未被確認，有學者甚至懷疑它本是元代的產品。此外，宋代燒青瓷的重要窯口還有龍泉

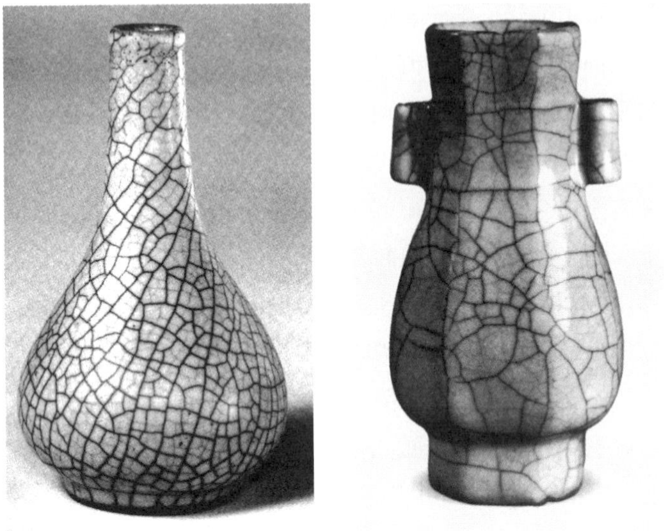

1　　2

圖7-40 哥窯瓷器
1. 宋代膽瓶
2. 元代貫耳瓶

窯，位於今浙南山區的龍泉、麗水等市縣，據調查，這一帶的窯址有一百數十處，是中國古代最大的青瓷產區。南宋時，龍泉窯燒出了著名的粉青釉、梅子青釉、蟹殼青釉等瓷器，釉色充滿了美感。成熟時期的龍泉青瓷釉層肥厚，釉面有開片的，也有不開片、晶瑩光素的（圖7-41）。龍泉青瓷很早就出口外銷，博得了世界人民的喜愛。印度人稱之為「個里」瓷，因為是經過阿富汗邊城個里運去的。當龍泉青瓷初傳至法國時，人們對如此優雅明豔的青色驚歎不已，認為只有《牧羊女亞司泰》劇中男主角雪拉同所著披風的顏色可與之媲美，遂稱之為「雪拉同」。

宋代燒白瓷的窯口首推定窯，中心窯場在今河北曲陽澗磁村和東、西燕川村一帶。唐時定窯與邢窯都是北方著名的白瓷窯，邢窯甚至更受重視。五代以來邢窯衰落，定窯白瓷一枝獨秀，被譽為「定州花瓷瓶，顏色天下白」

（《歸潛志》）。曲陽靈山出產靈山白矸土，是優質高嶺土，定窯就地取材，再經仔細篩選、捏練、製成很薄的瓷胎，釉也施得相當薄。為了避免這樣的瓷坯倒窯，於是採用覆燒工藝，即在筒狀匣缽內安放支圈，將瓷胚覆置其中，分層以支圈承托（圖7-42）。從而不僅防止了瓷坯變形，還能更充分地利用窯容，增加產量。由於用覆燒法，器口無釉，成為澀邊即芒口。於是定窯又接受了越窯制稜器的做法，在器口鑲金屬邊緣。最高貴的用黃金鑲邊，叫「金裝定器」（見《吳越備史》）。內蒙古赤峰市應歷九年（959年）遼駙馬贈衛國王墓出土的定窯白瓷花口盤，口沿和足部均鑲金釦，正是一件金裝定器的實例（圖7-43）。宋代定瓷素面的很少，大都帶花紋，有刻花、畫花和印花，而以印花為多。刻花、畫花是沿襲越窯的做法，印花卻是定窯所創。製作時先刻模具，用模具將花紋押印到坯體上。一件模具可以反覆使用，所以上面的圖案

圖7-41　宋龍泉窯青釉琮式瓶，北京故宮博物院藏

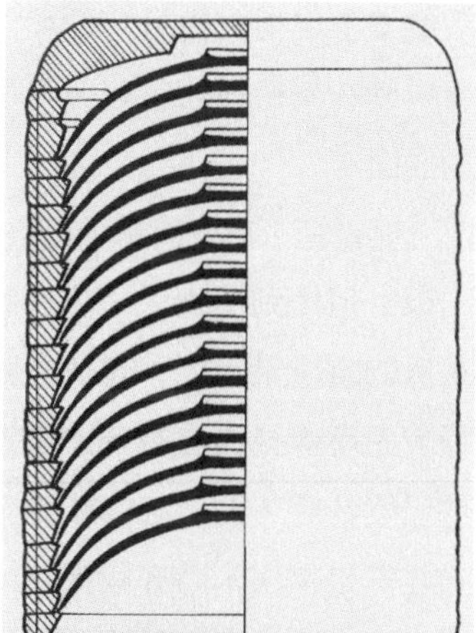

圖7-42　定窯的匣缽裝支圈用於覆燒

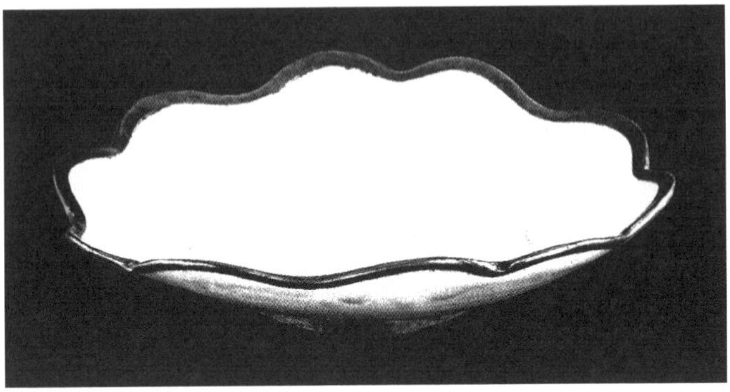

圖7-43 五代定窯金釦花口盤，內蒙古赤峰遼駙馬墓出土

大都繁複細緻，蓮花、牡丹、石榴、萱草、龍鳳、魚水、嬰戲、博古等都是常見的題材（圖7-44）。燒製出來的成品多為牙白色，泛木光。雖然有些器物的紋飾如同錦繡，卻仍保持單色瓷之素淨的效果。白定對北方瓷器的影響很大，南宋時江南各窯仿定的也不少，如景德鎮的影青、德化的白建等。影青的釉色介於青、白之間，白中透青，光可鑒人，故又稱映青、隱青或青白瓷。其玉質感很強，有「饒玉」之稱。並且它的產量大，出土的數量也多。由於青白瓷在景德鎮的燒成，從而結束了中國瓷業之南青北白的局面。

與青瓷、白瓷的釉色迥然不同的黑瓷，雖然在漢代已經出現，但是到了宋代，由於飲末茶、特別是用於鬥茶，黑茶盞的需求量大增，遂使黑瓷躍升為最引人注目的瓷器品種。生產黑瓷盞之主要的瓷窯是建窯和吉州窯。建窯在唐代已經建立，窯址在今福建建甌南雅口。但陶瓷史上著名的建窯是指南宋時在福建建陽水吉鎮建立的瓷窯。這裏燒的瓷盞釉色黑亮，釉中之主要呈色劑三氧化二鐵的含量達到5%—6%。黑釉面上多出現兔毫狀斑紋，是鐵在釉層表

圖7-44　定窯瓷碗印花紋樣

面由於過飽和而析晶所生成；凡釉料中含鐵量超過4%的，都容易出現這種現象。銀褐色的斑紋在黝藹的地色上閃閃發光，非常悅目。建窯黑盞後來由在浙江天目山香雲寺參禪的日本僧人帶回日本，日人稱之為天目瓷。與建窯黑盞可相比肩的是江西吉安吉州窯生產的茶盞，儘管黑瓷只是吉州窯產品中的一小部分，但在黑地上灑釉而形成的玳瑁斑、鷓鴣斑正可與兔毫紋相媲美。而這時北方窯場有的也生產出趣味相近的瓷盞，如河南修武當陽峪窯燒造的絞胎盞表裏均呈現出美麗的羽狀斑條，雖其製作工藝和南方的建窯全不相侔，產品卻有異曲同工之妙（圖7-45）。

中國元代以前的瓷器多為單色釉，魯山的花瓷、建窯和吉州窯等地的斑紋瓷對此雖有所突破，但引起的震動不大。鈞窯就不同了。一方面鈞瓷的釉是一種特殊的二液相分相釉，在高溫下，於富含磷的介質中，產生了無數懸浮著的小球狀顆粒，有如用小玻璃珠組成了一面透鏡。它對可見光譜中的短波光線產生散射作用。而波長較短的藍光之散射強度最大，所以鈞瓷可顯現出深湛的藍色，這是

圖7-45　北宋當陽峪窯絞胎瓷盞

物理作用形成的。另一方面，鈞瓷的釉中又含有起呈色作用的銅、鐵和微量的鈷，紅色的出現是銅的化學還原作用形成的。但銅在高溫中的狀態很不穩定。起初窯工對如何能燒出紅色頗感不易掌握，故稱之為「窯變」，還產生了「鈞窯掛紅，價值連城」的諺語。後來經過研究，找到了規律，從而對鈞窯的釉色做出人為的安排。這就使鈞瓷更加五光十色，色斑或濃或淡，或如玫瑰海棠，或如驢肺馬肝，或如晚霞一片。於是人們對瓷器的色彩產生了進一步的追求。

適應這種形勢，中國在元代燒製出青花瓷器。青花是釉下彩繪瓷器，用含鈷的色料在瓷胎上繪出花紋，再上透明的白釉，成品為白地藍花。中國唐代的三彩陶器上已使用含鈷色料。1998年在印尼海域出水的「黑石號」沉船中有三件唐代的青花瓷盤，產地可能是河南鞏縣。元代生產青花瓷器的主要地點是景德鎮，其瓷胎採用瓷石加高嶺土的「二元配方」，使三氧化二鋁的含量可達20.24%，窯溫也可以提得更高，並減少變形。所用青料是進口的蘇渤泥青（蘇麻離青）。這種青料中錳的含量與鈷大體持平，而含鐵特高，呈色鮮豔，但在色濃處往往有褐黑色的結晶斑點閃爍如鉛（也叫「錫光」），摸之有凹陷不平之感。明永宣間所燒青花仍多用這種外來青料。成化間改用國產青料平等青（即江西樂平的陂塘青），其中含鐵少，含錳高，呈色較暗。嘉靖間改用回青，成品呈翠藍色，但釉下微微閃紅，是其特點。清代改用浙江金華、紹興一帶出產的鈷土，呈純藍色。這時還創出用濃淡不同的色料繪出的有深淺層次的青花，有如藍色的水墨畫，頗耐觀賞。

元代於燒青花器的同時，又燒成了以氧化銅為呈色劑的釉下彩釉裏紅。它是元代景德鎮窯的重要創造。由於釉裏紅瓷器色澤絢麗，不久就風行全國。有了青花和釉裏紅，將二者結合在一起就成為鬥彩，也叫「逗彩」；按照景德鎮方言，「逗」是湊在一起的意思。鬥彩有兩種：一種將青花和釉裏紅都畫在瓷坯上，叫「釉下鬥彩」。另一種如《南窯筆記》所說：「先於坯上用青料畫花鳥半體，復入彩料湊其全體。」是用釉下的青花和釉上的填彩拼逗而成，叫「釉上鬥彩」。提到鬥彩，一般指的是釉上鬥彩。這種技術完成於明成化時，它為以後彩瓷的發展開拓了道路。明嘉靖、萬曆間燒成的五彩瓷器，就是在鬥彩的基礎上發展起來的。

明代的五彩也有兩種，一種仍以釉下的青花與釉上的彩繪相結合，稱為「青花五彩」。另一種則是以紅、綠、黃色為主的釉上五彩。至清康熙時發明了釉上藍彩和釉上黑彩；前者比青花更鮮豔，而用後者繪在白瓷上，起到了有如用墨在紙上作畫一般的效果。這就從根本上改變了直到宋、元時，瓷器只能用刻、畫、印、堆塑以及用單

圖7-46　清雍正粉彩桃紋碗

色或二色花紋進行裝飾的傳統，使彩瓷成為中國製瓷工藝的主流。不僅如此，清代在傳統的呈色劑之外，又發明並引進了錳紫、金紅、銻黃、鉬綠等色釉，還將舊有的色釉在不同的窯溫下重新調製，使色譜更加齊備。特別是雍正時發明了在含鉛的玻璃質中加入砷的成分製成玻璃白，再用玻璃白摻合色料繪瓷，是為粉彩。粉彩繪出的畫面上能表現濃淡深淺、陰陽向背，形象經過渲染，更加逼真（圖7-46）。仿竹、木、牙、銅諸器，色澤已能肖似原物。至此，中國的製瓷工藝已經完全成熟了。

自唐以來，中國的瓷器遠銷世界各地，製瓷技術也由中國傳播到東西各國。從16世紀到18世紀，中國銷往歐洲的瓷器達三億件；它們既是人民友誼的紐帶，也是文化交流的橋樑。

八 文具、印刷、樂器

談文具，先說筆、墨、硯。

毛筆的出現極其久遠，中國新石器時代彩陶的花紋中，有些線條能看出筆鋒，說明是用毛筆描繪的。到了商代，證據更多，在陶器、石器、玉器上都發現過墨書或朱書的文字。帶有已書寫而未加契刻的文字的甲骨，已知之總數達七十多片。甲骨文（聿）象一手握筆之形；所握之筆下端裝毫，無疑是毛筆。已發現之最早的毛筆的實物屬於戰國：河南信陽長台關、湖南長沙左家公山、湖北荊門包山等地的楚墓中均出土毛筆。左家公山出的那一支的筆桿一端劈成數片，將筆毫夾在中間，並用絲纏住，外面再塗一層漆。包山那一支則在筆桿一端挖出空腔，將筆毫縛成帶筆尖的筆頭，蘸上漆插在筆腔裏。1975年湖北雲夢睡虎地一座秦始皇三十年（前217年）的墓中，一次就出土了三支秦筆，筆桿上端削尖，下端的空腔納筆頭，將包山楚筆的製作方法進一步傳承了下來。漢筆已經出土十多支，在漢長城沿線發現的多為屯戍之士所用，製作稍簡率（圖8-1：1）。甘肅武威磨嘴子兩座漢墓出土的毛筆，一支杆上刻款「史虎作」，另一支刻「白馬作」，與應劭《漢官官儀》所記「尚書令、僕、丞、郎，月給赤管大筆一雙，篆題曰：『北工作』」的格式一致，是比較講究的筆（圖8-1：2）。「白馬作」筆的筆頭以黑紫色毛作柱，外覆以黃褐色毛。漢・蔡邕《筆賦》：「惟其翰之所生，於季冬之狡兔。」中國古代之兔是現代所稱野兔；家兔係19世紀自西方引入。秋冬季老野兔背上所生紫毛叫「紫霜毫」；「白馬作」筆的筆頭可能是選用這類紫毫製作的。江蘇連雲港市東海縣尹灣6號漢墓出土的兔毫筆製作

圖8-1 漢筆與簪筆者
1. 甘肅敦煌馬圈灣出土
2. 「白馬作」筆，甘肅武威磨嘴子出土
3. 帶管套的筆，湖北江陵出土
4. 簪「白筆」者，山東沂南東漢畫像石

尤精，雖歷時兩千年，至今仍鋒齊腰強。將筆浸入水中，提起時筆頭立即聚攏。所以那裏出土的長23、寬6釐米的木牘上，能在兩面書寫三千餘字，每字字徑僅2毫米。這時且選用長毫製筆頭，並深栽於筆桿內，蘸漆粘接，纏線加固，即所謂「加漆絲之纏束」（《筆賦》）。連雲港市海州網疃漢墓出土之筆，一支的筆頭總長4.1釐米，栽入杆內的部分卻達2釐米。另一支筆頭長3.2釐米，栽入杆內1.5釐米。深栽法使筆頭儲水量多，外露部分也不致拖沓，書寫時運筆流利。尹灣筆通長23厘米，「白馬作」筆通長23.5釐米，均為當時的漢尺一尺許，與《論衡・效力》所稱「一尺之筆」相合。這些筆的末端均削尖，乃是為了便於簪戴。《史記・滑稽列傳》：「西門豹簪筆磬折。」《漢書・趙充國傳》：「安世本執橐簪筆。」顏師古注：「簪筆者插筆於首。」「白馬作」筆出於墓主人頭部左側，可能入葬時就是簪在頭上的。山東沂南畫像石中有簪筆的人物（圖8-1：4）。據雲夢秦筆上端削尖的情況推測，可能秦代就已經有了這種習俗。

席坐時代的書案矮，如果將前臂靠在案上寫字，背部要打一個大彎，會很不得勁，所以往往懸臂而書。長沙晉墓出土的對坐俑，其中一人正將木牘拿在手裏，持牘書寫。在晉・顧愷之的《女史箴圖》、五代・丘文播的《文會圖》中，還畫有持紙書寫者（圖8-2）。因此筆頭要硬，也就是唐・柳公權說的「圓如錐，捺如鑿」。這時的筆以宣城製筆世家諸葛氏所製「宣筆」最有名。宣筆有所謂「鼠鬚筆」、「雞距筆」，均從筆頭的堅挺上著眼。日本奈良正倉院所藏唐筆，筆頭短促，幾乎成三角形，和白居易所說「象彼足距，曲盡其妙」（《雞距筆賦》）的式

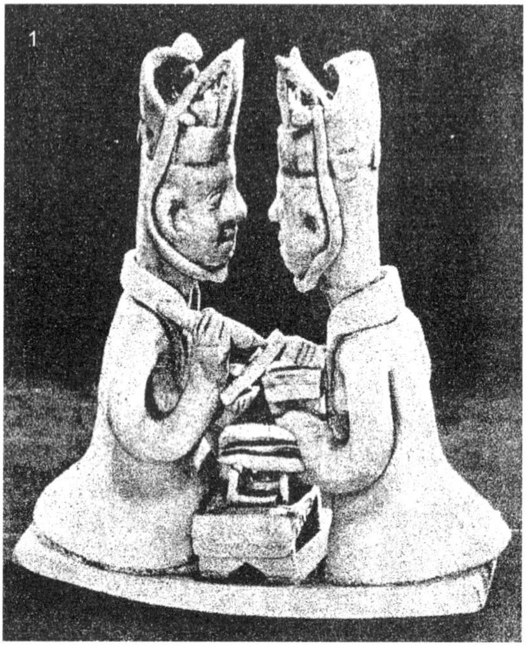

2

圖8-2 持牘與持紙的書寫者

1. 西晉對書俑，湖南長沙金盆嶺出土
2. 東晉・顧愷之《女史箴圖》

樣很接近，可能就屬於雞距筆之類（圖8-3）。這種短而硬的筆頭的流行，對於唐代書法有相當的影響；考慮到這方面的因素，就可理解為什麼杜甫說「書貴瘦硬方通神」了。北宋中葉以後，由於高桌椅的普及，寫字的姿勢逐漸發生變化，但這時劉松年所繪《西園雅集圖》中的蘇軾仍然懸肘書寫。到了元代，浙江湖州（今吳興）筆工馮應科等人用本地所產山羊毫製作的羊毫或兼毫（用羊毫配以兔毫或雞狼毫）筆開始流行，它比宣筆要柔韌一些，適宜伏案書寫。明清以來，湖筆遂成為最著名的毛筆品種。

毛筆一般蘸墨寫字。商代遺物中之墨書的字跡，經檢驗已知用的是以碳黑為主要成分的墨，與《說文》稱製墨用「煙煤」（指煙炱）相合。碳是4價的，化學性質穩定，故墨色歷久不變，優於當時西方以鞣酸（主要用的是橡樹癭屑泡的水）和鐵鹽相作用生成的含單寧酸鐵的墨水。先秦之墨尚呈粉末狀。《莊子・田子方》說眾史「舐筆和墨」。馬王堆3號墓所出《五十二病方》稱藥物的攪拌為「和」。眾史「和墨」而不「研墨」，可知他們用的是粉末狀的墨。樂浪彩篋塚所出漆硯座的抽屜中曾發現墨粉。江陵鳳凰山與廣州象崗所出西漢早期的墨為小顆粒、小圓片；雖已非墨粉，但仍未製成墨錠（圖8-4：1）。因為製墨成錠須有相當成熟的和膠技術，工藝較繁難。如施膠偏輕，則成品薄小，但較易製作。所以至北魏時，《齊民要術・筆墨》中還說製墨「寧小不大」。不過由於各地發展不平衡，雲夢睡虎地4號秦墓中已出墨錠。墨粒在漢代雖未絕跡，但墨錠漸多見，山西渾源畢村西漢墓與河南陝縣劉家渠東漢墓均曾出土（圖8-4：2）。《漢官儀》說尚書令等人「月給隃糜（漢代的右扶風隃糜縣在今陝西千

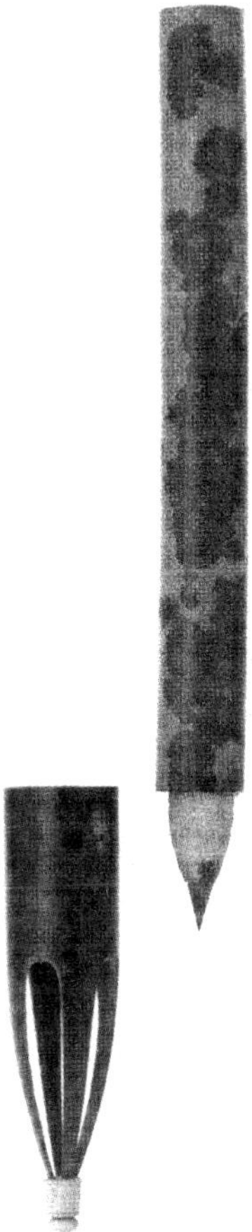

圖8-3　正倉院藏唐筆

陽，這裏當時地多松林，盛行燒煙製墨）大墨一枚，小墨一枚」。一枚即一錠，可見西漢時還有隃麋墨這種名品。東漢時，如葛龔《與梁相張府君箋》所說：「復惠善墨，下士所無，摧骸骨，碎肝膽，不足明報。」情辭若斯，其墨必更加精善。寧夏固原東漢墓所出松果紋墨錠，黑膩如漆，煙細膠清，手感輕而堅致，雖幽埋地下一千八百餘年，然而並未皴剝龜裂，其完整的程度幾如新脫模者，堪稱漢墨之極品（圖8-4 ：3）。

魏、晉、南北朝時墨的品質繼續提高。三國時韋誕製出了被譽為「一點如漆」的墨。《齊民要術》中且總結出「合墨法」，認為製墨要用「好醇煙」，並以細絹過篩，再配合好膠、解膠的「梣皮水」（梣樹即白蠟樹，其樹皮亦名秦皮）、蛋白及防腐劑麝香等，共「下鐵臼中」，「搗三萬杵，杵多益善」。製墨之所以強調用純煙並精篩、熟搗，是因為墨的黑度與碳黑的純度及顆粒的大小有關；碳墨愈純，灰分愈少，粒子愈細，分散度愈高，則墨色愈黑亮。唐代著名墨工奚超是易水人，這裏是製墨之鄉，出過張遇等名家。奚超於安史亂後移居歙州。「其造墨，堅如玉，紋如犀」

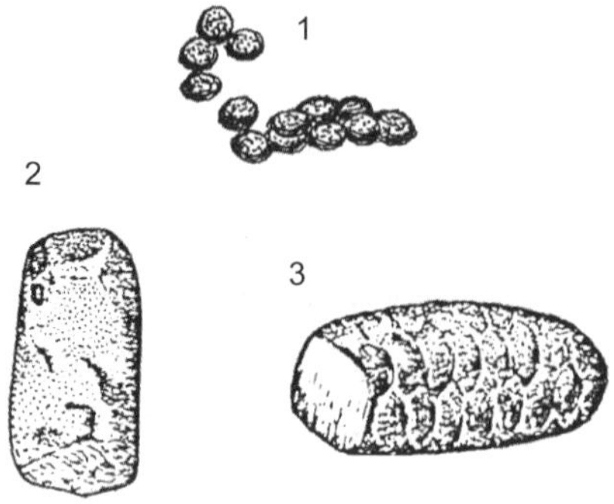

圖8-4 漢墨

1. 西漢小墨粒，廣東廣州象崗出土
2. 東漢墨錠，河南陝縣劉家渠出土
3. 東漢松果形墨錠，寧夏固原西郊出土

（《澠水燕談錄》）。其子奚廷珪進一步改進技術，受到南唐後主的賞識，賜姓李氏。他製作的墨被大書法家蔡襄稱為天下第一品。「宣和間，黃金可得，而李墨不可得也」（《邵氏聞見後錄》）。現代之所謂李廷珪墨殆無真品。但日本正倉院藏有一錠唐墨，有記年款，為開元四年（716年）所製。墨長29.6釐米，近1唐尺，與「李超墨一挺，長近尺餘」（明・麻三衡《墨志》）的記載相合。此墨長方形，但兩頭變窄，近牛舌形，又與明・方瑞生《墨海・古墨圖記》所收李廷珪「祖記墨」的式樣相近。可見這件藏品雖非李墨，但也是難得一見的唐墨了。宋時，「李墨」的產地歙州改名徽州，後來這裏產的墨遂稱為「徽墨」。

中國早期的墨用松煙製作，即如曹植詩所說：「墨出青松煙。」宋代發明用動物油煙、漆煙製墨，更提高了墨的質量。沈括在《夢溪筆談》中還提到用石油煙製墨，說這種墨「黑光如漆，松墨不及也」。至明代，用桐油燒煙製成的油煙墨受到推重，雖然《天工開物》說這時油煙墨只占墨產量的十分之一，但書法家仍多用油煙墨。高級墨且添加珍貴的藥材和香料，以延長墨的貯存時間，防腐防霉防蛀，並增強滲透作用和光澤。

明清墨是徽墨的天下。明代的製墨大家方于魯和程君房都是徽州歙縣人。清代製墨四大家中，曹素功、汪節庵、汪近聖也是歙縣人；胡開文雖是休寧人，但亦為徽州所轄之縣。他們製作的精鑒墨、集錦墨，既可實用，又供鑒賞。這類墨大都是成套的，有的是仿製歷代各家名墨，也有詩畫墨、博古墨等。其質地優良，模刻精工，造型美觀，裝潢華麗，不僅用作文具，而且是備受重視的工藝品。

墨和硯配套使用。原始的硯只是一塊較平整的河光

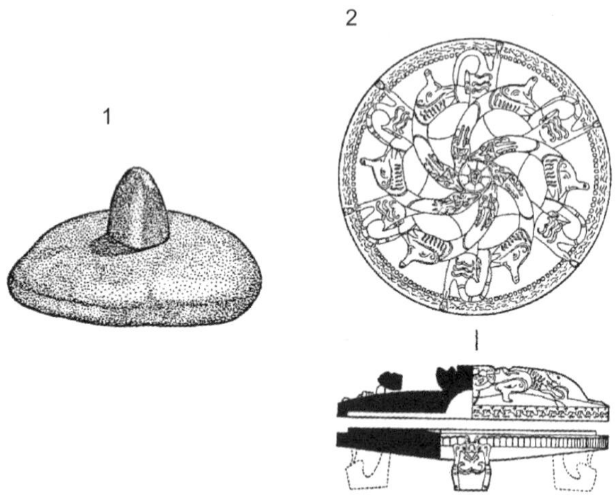

圖8-5 漢代石圓硯
1. 西漢河光石圓硯與硯子，廣東廣州玉子崗出土
2. 東漢透雕蟠螭蓋三足石圓硯，河南南樂宋耿洛出土

石，故《說文》將「硯」解釋為「石滑也」（圖8-5：1）。又由於原始的墨為粉末狀、顆粒狀或薄片狀，無法握持，因而要用「研子」壓住它們才好研磨。已知最早的硯是湖北雲夢睡虎地秦墓出土的，硯及研子均就河光石的原形略作加工而成，二者都帶有磨痕和墨跡；所附研子相當大，幾占硯面面積的1/4。硯子多為石製，但樂浪彩篋塚所出漢代石硯的研子卻係木製，廣州漢墓出的研子還有瑪瑙的和陶質的。湖北江陵張家山漢墓的遣冊中說「研（硯）一，有子」之「子」即此物。有些考古報告統稱之為「研石」，就不全面了。漢代石硯的造型較前規整，主要有圓形和長方形兩種，研子的體積較前縮小。圓硯多附三足且有隆起之蓋，蓋底當中留出凹窩，以備蓋硯時容納硯子。精緻的石圓硯有的在蓋面上鏤出旋繞的蟠螭紋，如河北望都所藥村、河南南樂宋耿洛等地的漢墓所出者（圖8-5：

2）。而在湖北當陽劉家塚子漢墓還出過一件此式陶硯。長方形硯原來只是一塊石板，如洛陽燒溝632號漢墓所出之例。這種硯常被稱作「黛硯」，實不盡然。因為在居延金關，此式石硯與屯戍遺物同出；根據出土地點的軍事性質，其硯顯然非畫眉之需。連雲港市海州漢．西郭寶墓中，長方硯與毛筆和簡牘同出，是作為文具使用的。同出之《衣物疏》稱其硯為「板硯」，應該是它的正式名稱。精緻的石板硯或附以木硯盒。山東臨沂金雀山11號漢墓出土者，硯盒髹漆，蓋、底兩面均繪有雲氣禽獸紋。漢代還有一種裝在銅硯盒裏的石硯，硯盒常做成獸形，安徽肥東與江蘇徐州各出一例。徐州的獸形銅硯盒通體鎏金，滿布鎏銀的雲氣紋，雜嵌紅珊瑚、綠松石和青金石，奇特而華麗。盒內置石硯，附柱狀石研子。

晉代流行瓷硯，起初為圓形三足，形制大體沿襲漢代的圓硯，但已不再使用研子。南北朝時的瓷圓硯下部附一圈柱足，又被稱作辟雍硯。辟雍本指周圍環水的學宮建築。班固說，「辟者璧也，象璧圓，以法天也。雍者壅之以水，象教化流行也」（《白虎通義》）。辟雍硯在唐代仍常見。初唐．楊師道《詠硯》詩：「圓池類璧水，輕翰染鉛華。」徑以辟雍硯作為硯之代表性的品種。總章年間的李爽、嗣聖年間的李徽、神龍年間的李重潤等唐代前期的大貴族的墓中出土的都是辟雍硯（圖8-6）。稍後又選用美石製硯。這時由於製墨技術的進步，墨錠很堅實，從而要求硯石具有較大的硬度。但以硬石製硯，如表面粗糙則易傷筆毫；如表面太滑又不利於發墨。故硯石須兼備堅硬、細膩、易發墨等特點。根據這些標準，唐代首先選擇了廣東肇慶所產端溪石製硯。端硯石質地優良，磨墨無

圖8-6 唐辟雍硯，湖北鄖縣馬壇山唐．李徽墓出土

聲，貯水不耗，膩而不滑，發墨而不損毫。《唐國史補》稱，端溪紫石硯「天下無貴賤通用之」。詩人更給予熱情的謳歌。李賀詠端硯說：「端州石工巧如神，踏天磨刀割紫雲。」劉禹錫詠端硯說：「端州石硯人間重，贈我應知正草玄。」1965年廣州動物公園出土了一方唐代風字形端硯，現藏廣州市博物館。因為辟雍形多足硯對於石材來說不易加工，低平的風字硯較適於鑿製。最早的風字硯出土於西安郭家灘，有東魏武定七年（549年）銘文。可知唐代風字硯的造型亦有所本。端石之外，唐代也已開發利用了安徽婺源的歙溪石，合肥唐開成五年（840年）墓中曾出箕形歙硯。此外，唐代還製出了澄泥硯，山西絳州的產品最著名，據說採用的原料是用絹袋淘洗過的汾河中的細泥。韓愈《瘞硯文》中「土乎成質，陶乎成器」的話，就是指澄泥硯說的。此類硯多作風字形；也有製成龜形的，硯蓋呈龜的背甲狀，別具情趣。

到了宋代，端、歙、魯、洮等石材所製之硯已被廣泛採用，形式除長方形的抄手硯外，還有各種象形硯及特製的蘭亭硯、石渠硯等。這時還注重石材的紋理美，如歙石貴金星、羅紋。端石則珍視石眼，如鴝鵒眼、鸚哥眼。國家博物館所藏宋代百一硯，其上有一百零一顆圓形石眼，綠色熒熒，光潤鮮活，是端硯中的極品。宋代並出現了研究硯的專著，米芾撰寫了中國最早的一部《硯史》。

明清石硯除以石質取勝外，還特別注意雕刻造型，有鼎形、琴形、竹節、花尊、馬蹄、新月、蓮葉、古錢、靈芝、蟾蜍等，式樣繁多，逞奇鬥勝，蔚為大觀。

研墨時須向硯中注水，所用的器具有兩種：一種是硯滴或水注，另一種是水盂。漢代的名硯雖為數不多，卻留下了一批精美的硯滴。河南偃師、焦作與廣西昭平均曾出獸形銅硯滴，還有若干傳世品，宋人或稱之為「天祿硯匜」（高似孫《緯略》）（圖8-7：2）。四川開縣與大邑出土的硯滴作龜蛇合體的玄武形，河南偃師大口鄉出土者作龜形。傅玄《水龜銘》稱：「鑄茲靈龜，體象自然。含源未出，有似清泉。潤彼玄墨，染此弱翰。」即指此類硯滴而言。廣西梧州出土的銅硯滴呈兔形，很少見（圖8-7：3）。有的硯滴在出水口加塞子。還有些硯滴在頂部的入水口處裝柱形圓塞，圓柱中心有貫通上下的直孔。空氣由此孔進入，則硯滴中的水可以流出；如按緊此孔，阻斷空氣，水流就被控制住了。河南焦作出土之例，頂上的

圖8-7　東漢硯滴
1. 獸形銅硯滴，河南焦作出土
2. 獸形玉硯滴，傳世品
3. 兔形銅硯滴，廣西梧州出土

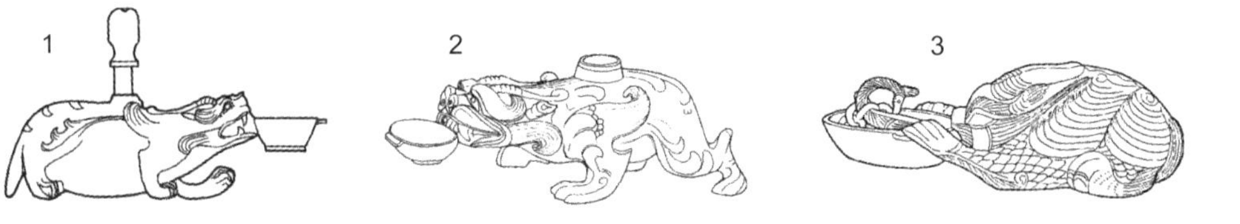

塞子保存完整，製作富有巧思（圖8-7：1）。唐代還有以水注即小壺作硯滴者。貫休《水壺子》詩云：「良匠曾陶瑩，多居筆硯中。」「不應嫌器小，還有濟人功。」明摹宋人《十八學士圖》中，就在筆硯之旁放了一件小水注。此外，也可用小勺從盂中酌水注硯。水盂又名水盛。宋・林洪《文房圖贊》稱之為「水中丞」，「盛」、「丞」是同音字；給水盛封一個「中丞」的官銜，本屬詼諧之詞，後來卻將「水丞」作為它的正式名稱了。明代的高濂、屠隆、文震亨等鑒賞家，都認為「圓口甕腹，下有三足，大如一拳」的水盂，造型「極佳」。對「缽盂小口」、「甕肚圓足」等式樣也有好評。

硯旁尚須配置筆架，呈山形的則叫筆山。名氣最大的當推米芾的筆山，由於此器在山間鑿有硯堂，故又稱硯山。陸游說，「李後主買一硯山，徑長才逾尺，前聳三十六峰，大猶手指，左右則引兩阜坡陀而中鑿為硯。及江南國破，因流傳數十家，為米元章所得」（《避暑漫鈔》）。從而大米寫出了蜚聲書壇的名跡《硯山銘》。流傳至元代，此硯山歸陶宗儀，在其所著《南村輟耕錄》中載有它的圖像。這類器物，特別是其渾若天成，不露斧鑿痕者，更具觀賞價值。文士置之几案，每一擱筆，便如親嵐光岫影。在發掘品中，浙江諸暨宋・董康嗣墓所出石筆山有二十峰，江西臨川宋・朱濟南墓所出銅筆山有十二峰，均聳秀可觀（圖8-8）。後來多稱筆山為筆架，峰數亦減少。明清的筆架通常為三峰式、五峰式，千篇一律，就很難進入藏家的法眼了。

擱筆用筆架，貯筆則用筆筒。筆筒的前身是書筒、詩筒等物，唐人已用竹筒儲存文字材料。唐・錢起因為受贈青

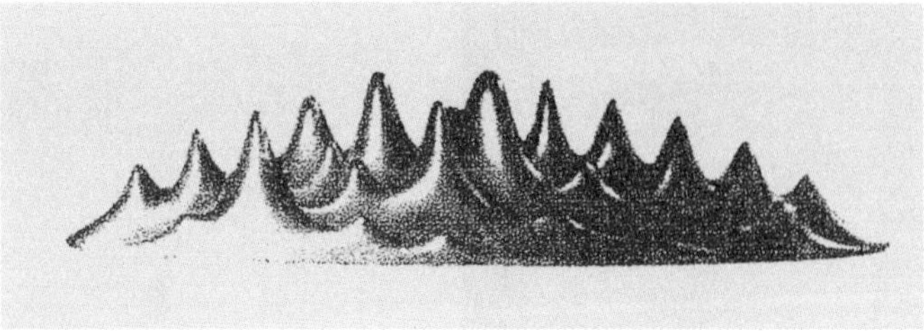

圖8-8　宋代石筆山，浙江諸暨宋墓出土

竹筒而寫的詩中有云：「楚竹青玉潤，從來湘水陰。緘書取直節，君子知虛心。」是說用竹筒盛書卷。元代始以竹筒貯筆，創製出筆筒。明中葉以降，嘉定三朱、金陵濮陽等竹刻名家輩出，他們刻的竹筆筒譽滿天下，此物遂不脛而走，風行於世。由於太常見，彷彿古已有之，說者或不免將它的年限放得過寬。1990年在北京舉辦的「中國文物精品展」中參展的一件刻有蹋球圖的象牙筆筒，標出的年代為宋（圖8-9：1）。然而那上面花紋與元至順本《事林廣記》中的蹴毬圖、特別是《水滸全傳》第一回的插圖極相近（圖8-9：2、3）。加以選材用象牙，筆筒初出時難得如此豪奢。看來更像是晚明的作品。筆筒有特大型的，多以癭木製作。它不僅能插寫擘窠大字的抓筆，還可以插卷軸，通常稱為畫斗，堪稱文具中的偉丈夫。在書齋一角立一尊大畫斗，虬幹怒節，驍軀雄風，將使室內平添一派英邁之氣。

談完了書寫工具，再說書寫材料。

中國古代的書寫材料主要是竹木簡牘，遠在商代已然如此。《尚書·多士》：「惟殷先人有冊有典。」說得再清楚不過。在甲骨文中冊字作，是象若干支簡編聯成冊之形。當時稱呼史官就叫「作冊」。有人說：「據史載和考古發現，在紙發明之前，我們的祖先記事時，一般把文

1

2

3

圖8-9 筆筒與踢球圖

1. 象牙筆筒，安徽省博物館藏
2. 「蹴毬圖」，據元至順本《事林廣記》
3. 明刊《水滸全傳》插圖，北京大學圖書館藏

字刻在烏龜背殼、野獸骨頭和青銅器上。」實不盡然。甲骨以卜兆示吉凶，它本身被視作靈物，不能只看成是書寫材料。上面刻的是卜辭，普通記事不能採取這種方式。至於青銅器，在當時非常珍貴，平民百姓甚至低級貴族都沒有可能為了記錄什麼事情就鑄一件青銅器。儘管商周簡牘迄今尚未見過，卻不能否定其存在；考古發現有偶然性，將來它們忽然出土面世，不是沒有可能的。依質地分，簡牘有竹、木兩類。《論衡・量知》說：「截竹為筒，破以為牒。」牒就是通常所稱竹簡。《說文・竹部》：「簡，牒也。」與竹簡的寬度相仿的木條則名札。《漢書・司馬相如傳》顏師古注：「札，木簡之薄小者也。」竹簡和木札在用途上並無區別，所以木札也可以稱為簡。不過竹簡修治好了以後，還要烤乾竹材中所含汁液，以防蠹並防止變形，叫「汗青」或「殺青」。文字則寫在篾黃（《說文》稱為笨）的一面，是為簡的正面。篾青（《說文》稱為筤）是簡的背面，篇題有寫在這一面的；因為捲起來之後，它反而露在外面。木簡則無須殺青，它的材質有松木，即揚雄《答劉歆書》所稱「松槧」。有柳木，即《楚國先賢傳》所稱「楊柳簡」。從對居延簡的分析得知，其中用毛白楊木的也不少。修治木簡比破竹成簡費事。《量知》說：「斷木為槧，析之為板，力加刮削，乃成奏牘。」因為這時中國尚無架鋸和刨子，無論製寬的牘或窄的簡均須刮削。曾有人拿了些假漢簡想賣給博物館，鑒定者在1米開外就識破了它的底細。因為假簡是現代人用電鋸、電刨加工而成的，整整齊齊，觀感與古代人用鏩（刮刀）刮出來的加工面截然不同。再一看簡文的字體和內容，果然是百分之百的贗品。

以多支竹木簡書寫長文時，須先編聯成冊。編繩視簡的長短，從二道、三道、四道，直到五道不等。編繩多數為麻繩，它的專門名稱叫「書繩」（居延簡，乙258）。西北各地所獲簡冊之猶存編繩者，皆為麻繩。講究的簡冊用絲繩編聯。西晉時出土的汲塚竹書用「素絲編」（荀勖《〈穆天子傳〉序》），南齊時出土的《考工記》用「青絲編」（《南齊書・文惠太子傳》）。劉向在秘府中見到的《孫子》，「編以縹絲繩」（劉向《別錄》）。還有用革條的。《史記・孔子世家》說孔子讀《易》「韋編三絕」，意思本來很清楚。有學者卻以為應作「緯編三絕」。則讀書時當第一道編繩斷開，乃至第二道編繩斷開，均不加理睬，不作處理；必須等「三道編繩都斷了」，才大加張揚並公之於眾。則夫子之沽名釣譽，何汲汲乃爾！

根據書寫的內容不同，簡的長度亦有別。最長的三尺簡是「書法律」用的，故漢人有「三尺律令」（《漢書・朱博傳》）、「三尺法」（《漢書・杜周傳》）的說法。居延所出5.3、10.1、13.8、126.12號等殘簡，可綴合成一條長67.5釐米的簡，適合漢尺三尺，其內容正是詔令的目錄。書寫儒家經典要用漢尺二尺四寸的簡。《論衡・謝短》說：「二尺四寸，聖人文語。」《孝經鉤命決》說：「六經之策，皆長二尺四寸」（《春秋左傳序》孔疏引）。甘肅武威磨嘴子6號東漢墓中出土的《儀禮》簡冊，長55.5—56.5釐米，正合漢尺二尺四寸。皇帝的策書長二尺，敦煌懸泉置漢簡中曾提到「二尺兩行」（II 0114[3]. 404）。《後漢書・光武帝紀》李賢注引《漢制度》：「帝之下書有四：一曰策書。」「策書者，編簡也，其制長二尺，短者半之，篆書。」蔡邕《獨斷》中的記載相同。策書用篆書，直到晉代仍然如此。晉博士孫毓說，「今封建諸王，裂土封藩，為冊告廟，篆書竹冊」（《通典》卷五五引）。由於未見到策書的實例，或對它是否真用篆字書寫表示懷疑。甚至認為：「秦漢時期，用篆更少，篆書幾乎變成一種裝飾的文字。」其實不然。秦代「書同文字」，統一於小篆，它是當時的正體字。漢因秦制，小篆之正體的地位並未改變。漢代宮廷銅器的銘文以及錢幣、瓦當上的文字皆用篆書，可證。不過皇帝之策書的正本不易得，傳抄之本就不一定那麼規範了。策書以下的制書、詔書、誡敕等用的簡短些，為漢尺一尺一寸，稱「尺一詔」（蔡質《漢儀》，《後漢書・周景傳》），或簡稱「尺一」（《後漢書・李雲傳》又《楊政傳》，《續漢書・五行志》）。一般一支簡上只寫一行文字，尺一簡較寬，寫兩行文字，故又稱「兩行」（《後漢書・光武帝紀》李賢注引《漢制度》）。居延10.8、10.9號簡上也有此名稱。普通簡的長度則多為23釐米左右，合一漢尺。1930—1931年出土的舊居延漢簡和1972—1974年出土的新居延漢簡共兩萬餘枚，長度大都如此。《論衡・書解》稱諸子書為「諸子尺書」，《謝短》稱記載漢代當時之事的書為「尺籍短書」；這些書用的也應是一尺長的簡。牘比簡寬，用它記小事可以「一板書盡」，「不假連編」，所以常用來寫信。雲夢睡虎地4號秦墓所出中國最早的兩封書信就是寫在牘上的，其中完整的一件的長度也是23.1釐米，故稱書札為「尺牘」（《漢書・陳遵傳》）。不僅寫信的牘常以一尺為度，寫信的帛也常採用這個規格。漢詩《飲馬長城窟行》就說：「呼兒烹鯉魚，中有尺素書。」如果再短些，如河北定縣八角廊漢墓出土的《論語》簡，長16.2釐米，相當漢尺八寸。《儀禮・聘禮》賈公彥疏引鄭玄《〈論語〉

序》說：「《易》、《詩》、《書》、《禮》、《樂》、《春秋》策皆二尺四寸，《孝經》謙半之。《論語》八寸策者，三分居一，又謙焉。」出土物與此說正合。比八寸再短、如若短到六寸，那就不用作簡札而用作算籌了。不過話又說回來，簡牘之長雖然可以分成不同的等級，但民間自行削制時仍有很大的自由度，出土物中不能依上述標準歸類者亦不在少數。

簡牘上如出現誤筆，則用書刀刮去。《史記‧孔子世家》說：「至於《春秋》，筆則筆，削則削。」《漢書‧禮樂志》顏師古注：「削者，謂有所刪去，以刀削簡牘也。筆者，謂有所增益，以筆就而書之。」《考工記》：「築氏為削。」鄭玄注：「今之書刀。」可見當未有專用的書刀之前，曾用銅削修簡。廣西貴縣風流嶺漢墓所出銅書刀，猶近削形。在江陵鳳凰山168號墓的竹筒中，此式削形刀與簡牘、筆、硯同出，可知確為書刀。河北滿城漢墓出土的鐵書刀，或裝銀首，或錯金，或附象牙鞘。它可以隨身佩帶，漢畫像磚、石中常見佩書刀的人物。當時以蜀產金馬書刀最有名。《漢書‧文翁傳》顏師古注引晉灼曰：「蜀郡工官作金馬書刀者，似佩刀形，金錯其柎。」1925年洛陽出土過這種刀的殘件，刀身的錯金花紋作馬形，「金馬」之名即由此而來。這種刀很鋒利，上述殘金馬刀的銘文中說它是用「卅湅」的鋼鐵製作的。李尤在《金馬書刀銘》中，也用「巧冶煉剛」的句子來讚美它。成都天回山漢墓所出者，刀身錯有鳳紋，為光和七年（184年）所制，也是重要的實例（圖8-10）。

在使用簡牘的時代中，不僅出現了與之配套的文具如書刀；還根據簡牘的特點，形成了一套獨特的緘封制度。為

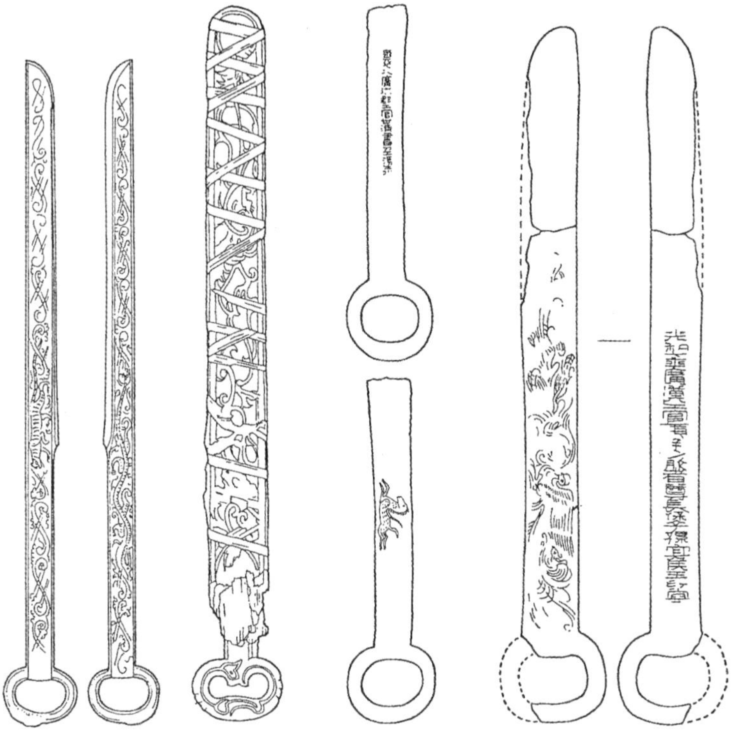

圖8-10 書刀
1. 西漢削形書刀，廣西貴縣風流嶺出土
2. 西漢象牙鞘銅柄鐵書刀，河北滿城出土
3. 東漢金馬書刀，河南洛陽出土
4. 東漢錯金鳳紋書刀，四川成都天回山出土

了使書信的內容保密，要用一塊木板蓋在上面，此板名檢。《說文》：「檢，書署也。」徐鍇系傳：「書函之蓋，三刻其上，繩緘之，然後封以泥，題書其上而印之也。」則檢相當於信的封套，「題書其上」則稱為署。然後將檢與牘用繩捆在一起，而於緘繩的交叉處押封泥；若被他人開啟，便有痕跡可查。多數封檢上只押一枚封泥。書牘內容重要的，押兩枚封泥，稱為「重封」（《獨斷》）。押三枚的，稱「參封」；押四枚的，稱「累封兩端」；押五枚的則稱「五封」（均見《漢書・平帝紀》如

淳注引《漢律》）。緘封所用之繩因為在書函拆開後便成棄物，故不像編冊用繩那麼講究。據雲夢簡《司空律》，秦代封書可用菅、蒲、藺等草或麻枲。漢代仍沿襲此制，漢簡中屢見有關「蒲封」的記事。王獻唐《臨淄封泥文字敘目》謂自封泥背面觀察，封書繩的材料有雙股細麻線、麻皮或葛藤等，足見古人對物力的愛惜。出土的封泥有的堅硬如陶片，所用之泥當經過淘洗，其背面多有緘封之繩留下的印痕（圖8-11）。但由於緘封的方式不同，遺存之封泥的形狀也不一樣。早期封泥多直接押在檢面上，稱「平檢」，常作不規則的扁圓形。之後，在檢面上刻出橫斷的凹缺，稱「印齒」，用它押封後留下的封泥之上下兩端與印齒平齊，左右兩側則自然外溢。再後，在檢面上挖出方槽，稱「璽室」，封泥填在方槽中，四邊都受到約束，從而較方整，叫「斗檢封」；這也是最牢固的封書之法。以上幾種封泥的背面皆有繩痕，有時由於繩壓入泥中，遂留下繩孔。不過也有的封泥背面並無繩痕，比如「露布」文書以及官頒的標準量器等，均無須用緘繩捆紮，那上面的封泥屬標記性質，背面當然也就沒有繩痕了。貯泥之器有銅製的泥筩，常與石硯共存，洛陽燒溝、山西太原及朔

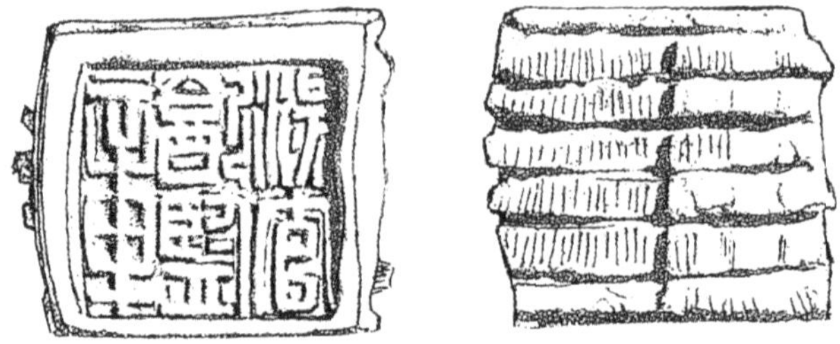

圖8-11　漢「湯官飲監章」封泥，陝西西安漢未央宮遺址出土

縣、河北望都等地的漢墓中均曾發現。朔縣趙十八莊1號漢墓中的泥箭，出土時其中尚貯有暗紅色的泥。

用簡牘作為書寫材料，竹木可就地取材，供應充足，自有其方便之處，缺點是太笨重。古人雖然也有用帛代替簡牘的，但絲織物價昂。東漢時當過濟北相的崔瑗有一部書要送人，猶自稱「貧不及素」，即用不起帛來抄寫。這些情況促使中國發明了紙。《說文》：「紙，絮一箈也。」段玉裁注：「按造紙昉於漂絮，其初絲絮為之，以箈薦而成之。」即在漂絮時，下面放著一件竹箈（即澈絮簀，是淺而平的竹筐子），細碎的絲絮落入其中，積結成一層薄膜，揭下晾乾以後有點像紙。《漢書・外戚傳》中提到在包藥用的赫蹏上寫字的事。顏注引應劭曰：「赫蹏，薄小紙也。」師古曰：「赫字或作繫。」《說文》：「繫，繫褫也。一曰惡絮。」則赫蹏即漂絮的副產品惡絮紙，但它和通常說的紙是完全不同的東西；把它再浸入水中，就會重新解散成絲纖維。因為絲纖維是動物蛋白，不像植物纖維那樣，於打漿抄製後能在纖維間產生氫鍵結合而成為紙。可是造紙源於漂絮之說卻廣泛流行，這裏面存在著誤會；因為「紙」字最初指的不是植物纖維紙，而是縑帛。《後漢書・蔡倫傳》說：「自古書籍多編以竹簡，其用縑帛者，謂之為紙。」古人也清楚，指縑帛而言的紙和後來說的紙不一樣。王隱《晉書》說：「魏太和六年（232年），博士河間張揖上《古今字詁》，其巾部：『紙，今帋也，其字從巾。古之素帛，依書長短，隨事截絹。枚數重沓，即名幡。紙字從糸，此形聲也。後和帝元興中，中常侍蔡倫以故布擣剉作紙，故字從巾。是聲雖同，糸、巾為殊。不得言古紙為今紙』」（《御覽》卷六〇五引）。江西南昌東湖區永外正街東晉・吳應墓出土衣物券所記隨葬品中有「帋一百枚」。北涼承平七年（449年）寫本《持世經》尾題：「用帋廿六枚。」可見早期文獻中用字還是有分寸的。後來《廣韻》說：「帋同紙。」致使絲帛紙和植物纖維紙的區別遂迷失在這兩個同音字中間。理清了它們的來龍去脈，可知赫蹏即惡絮紙與植物纖維紙毫無關係，更談不上前者是後者的淵源。或以為從理念上造紙曾受到漂絮的啟發，但這層意思太寬泛，就不好具體說了。

不過，西漢時確已有紙。1933年在新疆羅布淖爾的西漢烽燧遺址中，1973—1974年在居延金關西漢宣帝時的遺物中，1978年在扶風中顏西漢晚期窖藏中，1979年在敦煌馬圈灣西漢烽燧遺址中均發現過西漢的粗紙。它們以破舊的麻絮、麻布、繩頭等為原料，已經過簡單的切、舂、打漿和抄造，然而纖維交織狀態差，紙面粗糙不平，大約只用作包裝材料。但西漢也有品質較好的紙。1986年在甘肅天水放馬灘5號西漢文、景時的墓葬中，出土了紙質地圖殘片，紙面平整，上用細墨線繪出山脈、河流、道路等圖形。1998年在敦煌小方盤城（玉門關址）以南出土的遺物中有一張信紙，字跡頗佳，竟是帶波磔的隸書。同出的木簡有綏和二年（前7年）紀年。表明這時的紙無疑已作為書寫材料進入社會。對西漢紙的研究中還有一個插曲，1957年在西安灞橋一座武帝時期的墓葬中出土之銅鏡外附著的麻布上，揭下了一片所謂紙，名之為「灞橋紙」。當時經輕工業部造紙研究所檢查後，認為它不是紙。其中一項最具直觀性的理由是：這片紙邊緣的弧度與鏡子的圓形相近，通過顯微觀察，大多數纖維在邊緣處並不斷開，而是繞過邊緣又折回來。造紙所並發表了其邊緣處纖維折回狀況之放大七十倍的照片（《文物》1980年第1期）（圖8-12）。它應是一層被壓成薄片的麻絮，原來是放在鏡子底下作為襯墊物用的。雖然後來有的研究者仍力主它是紙，甚至稱之為世界上最早的紙，但對於上述現象卻始終未能作出有說服力的解釋。所以「灞橋紙」根本不是紙。

到了東漢前期，在蔡倫主持下，造紙技術出現了一次飛躍。這時在原料中增加了樹皮和魚網。用樹皮造紙是一項新技術，它開闢了木漿紙的先河。可是要把樹皮製成紙漿，僅用類似漚麻的石灰發酵法是不夠的，還必須反覆舂搗、脫膠，並以強鹼液蒸煮。魚網的網結硬，也必須施以強化的機械處理和化學處理；而這一套新技術推廣到麻紙生產上，又必然使後者的品質得到改進。1974年在甘肅武威旱灘坡出土的東漢晚期字紙，是一種單面塗布加工紙，厚約0.07毫米，塗層均勻，紙面平整。它的纖維帚化程度高，交結緊密，是已經發現的東漢最精工的紙張。建安年間出現了著名的造紙家左伯。左伯是東萊人，東萊一帶遂成為中國最早

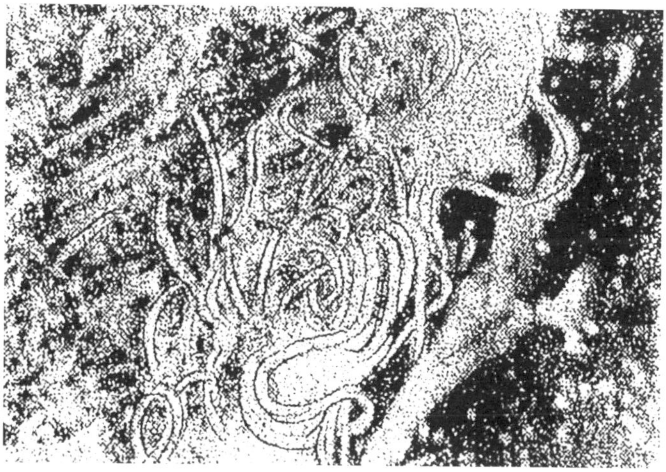

圖8-12　「灞橋紙」的邊緣，纖維自然折回

的優質紙產地。齊・蕭子良稱其紙「妍妙輝光」（《與王僧虔書》），即精細、潔白、光滑。陳・徐陵《〈玉台新詠〉序》中也推崇「五色花箋，河北、膠東之紙」。

根據新疆發現的古紙實例考察，造紙技術下一步的改進是：晉代已在紙外塗一層礦物質白粉，如吐魯番發現的晉寫本《三國志》用紙。繼而採用植物澱粉糊。之後，又將澱粉糊直接摻到紙漿中，成為懸浮劑；可使紙漿中的纖維均勻分散，便於抄造。西涼建初年間（405—417年）的墓葬中出土的紙就是這樣的。採用這些措施的目的都是為了堵塞紙面上纖維間細微的孔隙，使運筆時不致滃暈走墨。此外，還先後採用施膠、染潢、加蠟、砑光等法對紙張進行加工。其中染潢是以黃檗汁染紙。黃檗（黃波羅）是芸香科的樹木，其韌皮中含有小檗鹼。用黃檗液染過的紙呈淡黃色，防蛀。由於紙是黃色，書帙（書套）隨之也用黃色。即《〈文選〉序》所稱「飛文染翰，則卷盈乎緗帙」的緗帙。潢紙還可以用雌黃塗改誤筆，起到簡牘時代的書刀的作用。雌黃與潢紙的顏色相近，誤寫處「一漫即滅，仍久而不脫」（《夢溪筆談》）。後來並衍生出「信口雌黃」的成語，指任意竄改和胡編亂造。染潢後加蠟砑光的紙叫硬黃紙。宋・張世南《游宦紀聞》說：「硬黃謂置紙熱熨斗上，以黃蠟塗勻，儼如枕角，毫釐必見。」這種紙堅硬光滑，書寫流利，抗蛀防水，是唐代最高級的紙張品種。以上種種改進，在天寶十載（751年）唐與大食的怛羅斯（在今吉爾吉斯斯坦的Aulie Ata）戰役之前均已完成。此役中被俘唐軍帶去的造紙術，是一種充分成熟了的技術。其優越性為西方此前使用過的各種書寫材料（如莎草紙、泥板、貝葉、羊皮紙、樺皮等）所無法比擬。怛羅斯戰後不久，在撒馬爾罕開始造紙。793年巴格達開始造紙。900年左右埃及開始造紙。之後，約在1100年造紙術傳入摩洛哥，約在1150年傳入西班牙，1180年傳入法國，1271年傳入義大利，1312年傳入德國。再往後到1567年，俄國才學會造紙。到1790年北美才在費城建起第一座造紙廠。中國發明的紙為全世界的文化傳播和教育普及提供了重要的物質保證。

唐代造紙手工業遍及全國，品種眾多。9世紀初李肇《國史補》說：「紙則有越之剡藤、苔箋，蜀之麻面、屑末、滑石、金花、長麻、魚子、十色箋，揚之六合箋，韶之竹箋，蒲之白薄、重抄，臨川之滑薄。」其中沒有提到的是宣紙，這是唐代在宣州涇縣生產出的高級書法用紙，純以檀樹皮為原料（清代在原料中加入少量稻草漿）。所謂「紙壽千年」的紙，主要指的是宣紙。另外，這裏提到的「竹箋」，這時剛剛問世。由於竹質堅硬，不易碎爛；造竹紙比造麻紙、楮紙、藤紙要困難些。直到10世紀，蘇易簡在《文房四譜》中仍說江浙一帶的竹紙，「無人敢折發之，蓋隨手便裂，不復粘也」。但到了13世紀初卻被譽為「今獨竹紙名天下」（《嘉泰會稽志》）。竹子生長迅速，具有原材料供應上的優勢。明代宋應星的《天工開物》中較詳細地介紹了造竹紙的方法。清代福建造的竹紙中並出現了「連史」、「毛邊」等行銷全國、適宜印刷的品種。但這時中國造紙技術從總體上說未出現重大突破。直到1891年上海開辦「倫章造紙局」，轉過來引入西法，中國才走上了機製紙的新階段。

紙多了，書也就多；手抄遲緩，滿足不了需求，最後導致印刷術的發明。談到雕版印刷的起源，往往會追溯到印章。雖然二者的關係很密切，但技術上存在著差別：印章係捺印；雕版多為刷印，反而和碑刻的拓印更接近。不過印章出現得早，有理由把它看作是雕版印刷的前身。在漢代，印文可長達二十字，如：「黃昌之印。宜身至前，迫事毋間。唯君自發，印信封完」（圖8-13）。內容宛若短柬。晉・葛洪《抱朴子》中還說，道士入山時所佩用於辟邪的木印刻有一百二十字，其印文更與小幅印品相似。南北朝時期佛教流行。國家圖書館所藏敦煌卷子中的東晉寫本《雜阿毗曇心論》卷一〇，紙背捺有方形佛印，為環繞梵文經咒的西方三聖像；比《抱朴子》中說的大木印，更接近雕版印刷（圖8-14）。同一面上還鈐有「永興郡印」。此郡為北周時置，轄區相當今甘肅玉門市，隋開皇初廢，見《元和郡縣圖志》卷四〇。上述佛印應與之同時，即不會晚於隋。舊題唐・馮贄所撰《雲仙散錄》一書，其中有

圖8-13 漢黃昌封書印

圖8-14 《雜阿毗曇心論》紙背所捺佛印，國家圖書館藏

引自《僧園逸錄》的一段話：「玄奘以回鋒紙印普賢像施於四眾，每歲五馱無餘。」這是一條關於初唐時已有印刷品的記事。不過宋人或以為《雲仙散錄》是一部偽託的著作。但八千卷樓藏有此書的開禧元年（1205年）印本，自序中所記成書的年代為天成元年（926年），故係唐人之作。而如上述，既然隋代（或稍前）已有捺佛印之實例可據，則玄奘於顯慶年間（656—661年）印普賢像也是合理的。況且高宗、武后朝在長安弘法的僧人法藏（643—712年）所撰《華嚴經探玄記》中討論悟道有無先後時說：「如印文，讀時先後，印紙同時。」又說：「如世間印法，讀之則句義前後，印之則同時顯現。」他說的印文、印紙、印法都指雕版印刷而言。用一塊印版印出的文字，讀起來雖有先後，卻是同時印上去的。法藏的這些話含義十分明確，沒有產生誤解的餘地。法藏與玄奘生活的時代相近，因此更證明初唐時確已有了雕版印刷。

然而國內卻未曾出土此時期之書籍的印品，目前已知這類實物之最早的例子是韓國慶州佛國寺釋迦塔中出土的《無垢淨光大陀羅尼經》。它是用十二張印紙粘接成的長卷，長610、高5.7釐米，卷首末裝木軸，軸端塗朱漆，經文字體端正，墨色亦清晰（圖8-15）。據《開元釋教錄》記載，此經是由唐代兩位高僧彌陀山、法藏於「天后末年」譯出。而佛國寺建於751年。故美國學者善富（I.C. Goodrich）認為此經卷是704—751年間刊印的；他定的年代跨距稍大。在慶州狼山皇福寺塔出土之舍利函上的銘文稱，今主大王（聖德王）將「《無垢淨光大陀羅尼經》一卷，安置石塔第二層」，其時為神龍二年（706年）。年代與出土地如此接近，名稱又完全相同的兩卷經，有理

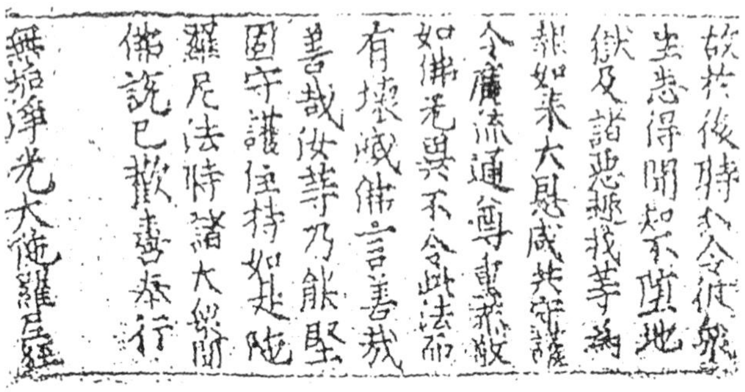
故於後時亦令彼衆
生悉得聞知不墮地
獄及諸惡趣我等為
報如來大慈咸共守護
令廣流通尊重恭敬
如佛無異不令此法而
有壞滅佛言善哉
善哉汝等乃能堅
固守護住持如是陀
羅尼法時諸大衆聞
佛說已歡喜奉行
無垢淨光大陀羅尼經

圖8-15 唐印本《無垢淨光大陀羅尼經》，韓國慶州佛國寺釋迦塔出土

由認為它們是相同的印本。則此經之年代的下限不能晚於706年。不過從文字上看，此經應是在「天后末年」譯出後旋即在中國刊印的。武后於載初元年（689年）造出制字十八個，當時普遍推行。制字字形古怪，有類符咒。在此經卷中有時用制字，有時不用。這種現象應是武后朝的制度已趨鬆弛，然而舊習尚未盡廢之際才會出現的。有韓國學者認為，佛國寺釋迦塔出土的《無垢淨光大陀羅尼經》不僅是世界上最早的印刷品，而且還是在新羅刻印的。此說不確。因為此經的譯者之一就是撰寫《華嚴經探玄記》的法藏，譯此經時法藏已年逾花甲，而《探玄記》中的比喻則應以其平日的見聞為據，那裏說的印本當然比此經要早。再者發現此經的佛國寺，是8世紀中葉在唐朝工匠參預下建成的。據朝鮮古文獻《慶尚道江左大都護府慶州東嶺吐含山大華嚴宗佛國寺古今歷代諸賢繼創記》說：「傳創寺時，匠工自唐來人。」本來新羅就有自唐取經的傳統，貞觀十七年（643年）新羅僧慈藏自唐帶回《三藏》四百餘函，是當時的一件大事。這時在請唐匠建寺的情況下，於釋迦塔中奉納自唐傳來的佛經，更在情理之中。何況，朝

鮮古文獻中並無於8世紀時有印刷活動的記載。朝鮮半島最早的印刷品是1007年由高麗總持寺刊印的《寶篋印陀羅尼經》。如果說新羅在不晚於706年已能印出像《無垢淨光大陀羅尼經》這樣的經卷，而在其後的近三百年間一片空白，恐將難以解釋。

相反，在8世紀和9世紀中，中國之有關印刷的資料無論文獻或實物均有案可尋。《舊唐書・食貨志》說，建中四年（783年）行除陌法，「市牙各給印紙，人有買賣，隨自署記，翌日合算之」。此記事又見載於《舊唐書・盧杞傳》、《冊府元龜》卷五一〇等處，文字基本相同，可謂情況清楚，年代明確。說明8世紀後期連政府的文書也有使用印紙的。9世紀時，雕版印刷的史料劇增。在這裏，首先遇到的是元稹於長慶四年（824年）所寫《〈白氏長慶集〉序》。其中說，當時揚州和越州一帶將白居易的詩和他的詩「繕寫模勒，炫賣於市井」。自注：「揚、越間多作書模勒樂天及予之雜詩，賣於市肆之中也。」研究者或把文中的「模勒」解釋為刊刻。雖然這一時期的印刷史料極其珍罕，片言隻語研究者均不能輕易放過；但此說卻靠不住。當年傅增湘先生就發現宋版《元微之集》所收元氏此文的自注中，「模勒」二字本作「模寫」（《國立北平圖書館館刊》第4卷第4號，1930年）。宋・宋敏求《春明退朝錄》卷下稱：「唐白文公自勒文集，成五十卷、後集二十卷，皆寫本。寄藏廬山東林寺，又藏龍門香山寺。」又說：「《香山集》經亂，亦不復存。後唐明宗子秦王從榮，又寫本，置院之經藏；今本是也。」言明其書是寫本。故唐時元、白之詩已有印本之說了不足據。從印刷品的發展歷程上看，9世紀初還未到文人學士刊印文集的時候。當時一些重要的書，如皇帝和達官貴人的作品，仍多採用寫本的形式。因為早期的印刷品，總的說來品質還不夠高，且常有漫染之弊，比不上那些精緻的寫本：它們的書體秀逸，裝裱講究。《舊唐書・經籍志》說，開元時，「凡四部庫書，兩京各一本，共一十二萬五千九百六十卷，皆以益州麻紙寫」。強調的仍是寫本。明・邵經邦《弘簡錄》卷四六稱，唐太宗於長孫皇后逝世後，覽其所撰《女則》，「令梓行之」。此說因史源不明，常為論者所詬病。其實邵經邦根本不瞭解，長孫氏貴為皇后，她的著作在這時是只能抄寫不能刻印的。天寶十四載（755年）唐玄宗撰《韻英》，下詔令集賢院抄寫，將寫本傳佈天下。同年他又將所注《道德經》令各地「傳寫」，再分發到各道教宮觀中去。盛唐時尚且如此；初唐時如把皇后的著作拿來「梓行」，簡直是貶低她了。

但隨著印刷水準的提高，傳統的抄寫方式終於不能不在新技術的優越性面前讓步。根據宿白老師在《唐五代時期雕版印刷手工業的發展》這篇著名論文中的研究成果，參以近年的考古收穫，可知能大致確定時代為9世紀的印刷史料已為數不少。如：1. 太和九年（835年），東川節度使馮宿奏准禁私印曆版（見《舊唐書・文宗紀》）。2. 會昌五年（845年）滅佛前，洛陽寺院中有印本《律疏》（據司空圖《一鳴集・為東都敬愛寺講律僧惠礭化募雕刻律疏印本》一文推知）。3. 大中元年（847年），日本留學僧惠運攜回《降三世十八會》印子一卷（見《大正藏》卷五五）。4. 大中元年至三年（847—849年），紇干泉「作《劉宏傳》，雕印數千本」（見唐・范攄《雲溪友議》）。5. 1944年，成都四川大學唐墓出土的印本《陀羅尼咒》。根據同出的六枚「益字錢」，其年代不能早於大中時（847—860年）。其後，於1967年、1974年、1975年，在西安灃西造紙廠、西安柴油機械廠與西安冶金機械廠發現的唐墓中，分別出土三件印本經咒。經咒屬於佛教密宗系統，廣泛佩帶經咒要到中晚唐才形成風氣。特別是1967年出土的那一件，在中心方框內繪有戴硬腳幞頭的男子，表明是中晚唐時之物。其他兩件的時代應相仿。6.敦煌石室所出唐寫本《新集備急灸經》卷末題：「京中李家於東市印。」可知此寫本是據印本過錄的。其背面有咸通二年（861年）寫的陰陽書。7. 咸通九年（868年）日本留學僧宗睿攜回經籍一百三十四部，編有《新書寫請來法門等目錄》，其中有「四川印子」《唐韻》五卷、「印子」《玉篇》三十卷。8.敦煌石室所出咸通九年（868年）王玠刊印的《金剛般若波羅蜜經》一卷，長488、寬30.5釐

圖8-16　唐咸通九年刻印的《金剛經》，1900年發現於莫高窟藏經洞

米，由七個印張粘接而成。此經卷首尾完整，刻印精美，已流入英國，現存倫敦大英博物館（圖8-16）。9.敦煌石室所出乾符四年（877年）與中和二年（882年）曆書兩種。已流入法國，現存巴黎法國國家圖書館。10. 中和三年（883年），柳玭《〈家訓〉序》說，他在成都看到的陰陽雜說、占夢相宅、九宫五緯、字書小學等書，「率雕版印紙」（柳玭之書已佚，引文見《舊五代史》卷四三、宋人《愛日齋叢鈔》卷一、宋・葉夢得《石林燕語》卷八）。11. 1906年在新疆吐魯番發現《妙法蓮華經》的部分印本，今藏日本書道博物館。經啟功先生鑒定，亦應為中晚唐時之物。可見，在8、9兩個世紀的二百年中，唐代的印刷事業一片生機，欣欣向榮，前後相繼，綿延不絕；和當時朝鮮半島印刷活動寂然無聞的狀況，誠不可同日而語。考慮到這樣的歷史背景，則慶州之《無垢淨光大陀羅尼經》的刊印之處，似乎也就不證自明了。

統上所述，可知中國雕版印刷的出現不晚於隋末唐初，起先大約只印單張的佛像、經咒、納稅憑單等小件。及至9 世紀中後期，出現了長達三十卷的《玉篇》之類宏編巨帙和王玠的《金剛經》之類圖文並茂的精印本時，印刷品的品質已大為提高，達官宿儒也不得不刮目相看了。後唐長興三年（932年）國子監開始校刻儒家經典，後周廣順三年（953年）刊畢，即宋人所說的舊監本。這批印本雖已亡佚，但宋、明時所刊經注八行本，均直接間接出自五代監本，其書至今仍有存世者。五代監本的刊刻，表明雕版印刷已得到當時的國家的正式認可，成為刊佈書籍之最重要的方式。往後自宋迄清，雕版印刷在中國成為全國性的、大規模的文化工程，雕版印刷的書籍浩如煙海。詳情見版本學、目錄學方面的各家著作，此處莫能細說。

在印刷活動的長期實踐中，中國又發明了更為進步的活字印刷術。它是宋慶曆年間（1041—1048年）畢昇所創，《夢溪筆談》中對此有清楚的記載。畢昇的活字用膠泥刻制，「火燒令堅」。印刷時將活字排在鐵板上，用松脂、臘、紙灰的混合物予以固定，壓平後便可付印。畢昇的發明比德國人谷騰堡的活字版要早四百年。但有人認為普通黏土製的泥活字會一觸即碎，不能用於印書。提出製作泥活字的原料應是道家煉丹用的「六一泥」，其成分包括石脂、白礬、滑石粉、胡粉、牡蠣、鹽、鹵、醋等。但這種設想把事情過分複雜化，並不符合實際。中國科技大學張秉倫先生等人作過模擬實驗，他們用黏土製字入爐經600℃的溫度焙燒，成品堅固適用，印樣字跡清楚。可見沈括的記載是可信的。

畢昇發明的泥活字印過何書，文獻失載。後來詩人周必大於紹熙四年（1193年）曾用泥活字印出他的著作《玉堂雜記》（見《周益國文忠公集》卷一九八）。但宋人的這類印本均無實物流傳。中國已發現之最早的活字本為西夏時所印。1908—1909年，俄國人科茲洛夫於今內蒙古額濟納旗黑水城發現的大量西夏文書中就有西夏文泥活字印本，但已流出國外。1991年在寧夏賀蘭縣方塔中又發現了西夏文木活字印本《吉祥遍至口和本續》，共九冊，白麻紙印，蝴蝶裝。這是一部從藏傳密宗經典譯成西夏文的佛經。字形方正典雅，印刷清晰。雖非足本，但仍存有約十萬字。

到了明代，除泥活字、木活字外，又出現了銅活字，以無錫華氏會通館所製者為最早。華氏所印之書可考者約十八種，在明人的銅活字印本中數量首屈一指。其中弘治十三年（1500年）以前印的《宋諸臣奏議》、《錦繡萬花谷》等書，相當於歐洲的「搖籃本」，特別珍貴。

清代用銅活字印的書，以雍正六年（1728年）內府所刊《古今圖書集成》為最著名。此書連目錄共一萬零四十卷，分裝五千零二十冊，全書達一億六千萬字，為第十一版《大英百科全書》的四倍，是當時世界上規模最大的百科全書。但清代更多的還是用木活字。乾隆朝修《四庫全書》時，準備刊印從明代《永樂大典》中輯出的古佚書。因為數量多，遂用木活字排印，並稱之為「聚珍版」。當時刻成棗木活字二十五萬三千多個，先後印成《武英殿聚珍版叢書》一百三十四種，二千三百多卷。不過印這些書都是以國家的力量為後盾，民間的活字印刷始終流傳不廣；就整體而言，仍以雕版印刷為主流。直到清末鉛字排印技術興起後，情況才徹底改觀。

另外，從廣義上說，樂器也是一種文化用品。下面介紹一下這方面的情況。

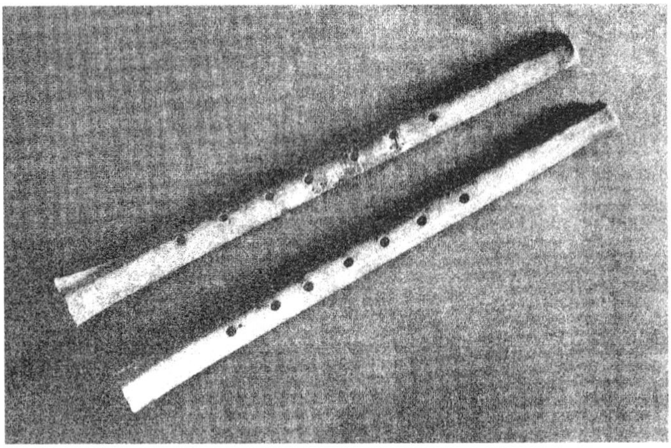

圖8-17　新石器時代的骨笛，河南舞陽賈湖出土

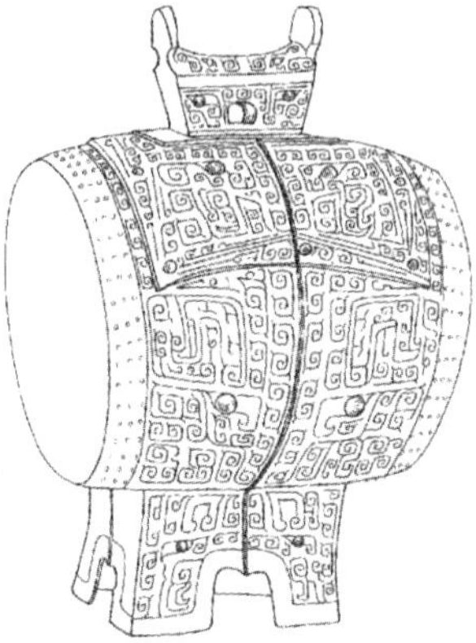

圖8-18　商代銅鼓，湖北崇陽白霓出土

中國已發現的最早的樂器是浙江餘姚河姆渡出土的骨哨。骨哨進一步發展為骨笛，以河南舞陽賈湖新石器時代早期遺址出土的件數為多，製作也精。其中有的用鶴骨製成，有七個按孔，已能吹奏出有旋律的曲調（圖8-17）。哨向另一個方向發展為塤。山西萬泉荊村、陝西西安半坡、臨潼姜寨、安徽蒙城尉遲寺等遺址中均曾出土陶塤，有單音孔的，也有多音孔的。此外，河南陝縣廟底溝與淅川下王崗出土陶鈴。山西夏縣東下馮還曾出土打製石磬一具。也就是說，管樂器和打擊樂器在夏代以前均已出現。

進入商代以後，新樂器不斷被創出。為敘述之便，分成三個階段來說。

第一階段，從商到漢。這個階段中管樂器如篪、簫、笙、竽，打擊樂器如磬、鼓、鐃、鐘，弦樂器如琴、瑟、箏、筑等，地位都十分重要。不過其中弦樂器出現得晚些，商代有沒有這類樂器，目前還是個存疑的問題。但商代的管樂器與打擊樂器比原始社會時已有長足的進步。商代的塤已經發展出五個音孔，可吹奏出十一個音。河南輝縣出土的陶塤以大小三枚為一組，大、小塤的調高正相差一個大三度。甲骨文中還有（龠）字，是一種編管吹奏樂器的象形，可能是後來的排簫的前身。在打擊樂器方面，商代雖多用單個的石特磬，但也有一墓出五磬者，如殷墟西區93號墓之例。甲骨文中磬字作，左半像懸石，右半像手執槌敲擊。這時的鐃為青銅製，已有三至五枚為一組的編鐃。青銅鼓在商代遺物中也曾發現，湖北崇陽所出者高74.7釐米。鼓身橫置，兩人可相向操撾（圖8-18）。甲骨文中的（鼓）就是這種鼓的象形：當中是鼓身，上部是鼓飾，下部是鼓座。洛陽龐家溝出土的西周方彝上有鼓字的繁文作[illegible]，顯示出從兩面擊鼓的情形。

周代樂器增多，見於《詩經》的就有二十七種。商代的鐃這時已發展為鐘。鐃本是口朝上「執奏」的，但大鐃很重，手不能執，最後改成「懸奏」。《尊古齋所見吉金圖》一書收錄的商「亞矣鐃」，在柄末端就鑄出供懸掛用的旋；陝西寶雞竹園溝13號西周早期墓出土的鐃也在柄上

圖8-19　戰國大型銅編鐘，湖北隨州曾侯乙墓出土

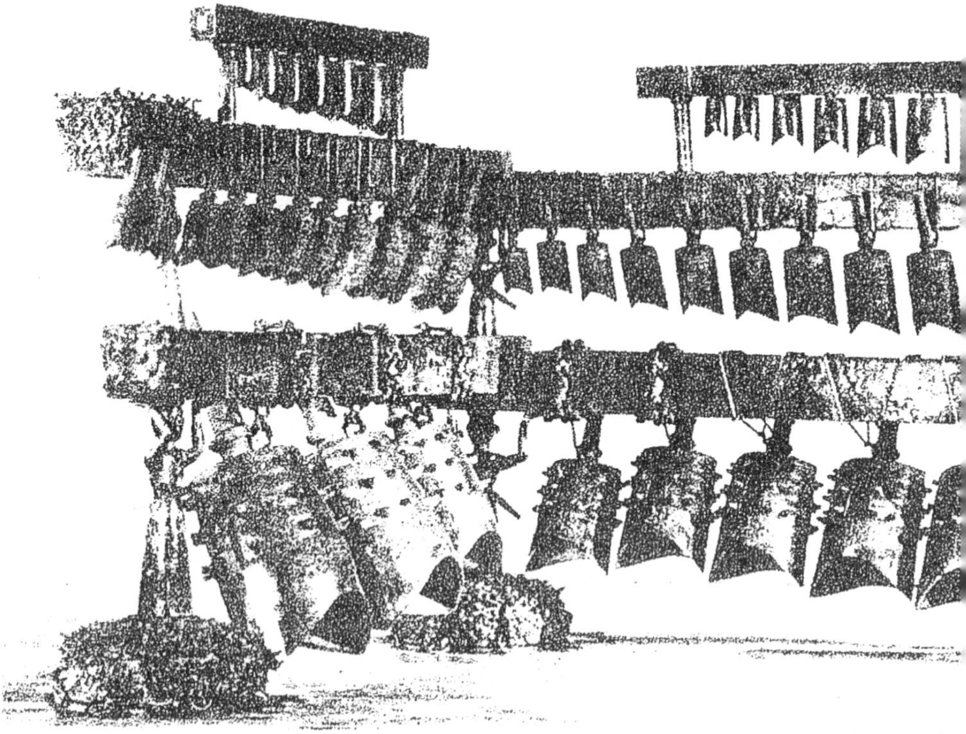

設旋。西周鐘的前身應即懸奏之鐃。仍保留著從鐃那裏傳下的柄（此柄對鐘說來並非絕對必要）的鐘叫甬鐘，是西周鐘之主要的類型。特別值得注意的是：鐘和鐃乃至早商銅鈴的截面都呈合瓦形，這是中國古代此類樂器之獨特的傳統。只有呈合瓦形，發出的音衰減較快，才有可能成為旋律樂器；也才有可能奏出雙音。擊圓鐘時，餘音悠長，

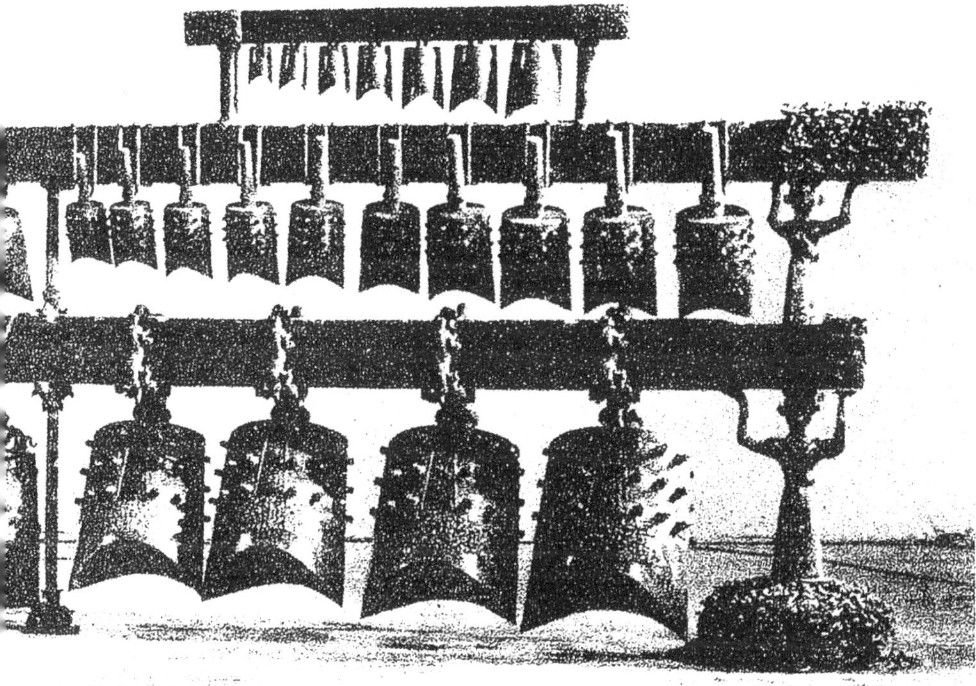

縱使成編也無法演奏樂曲。漢以後雙音鐘之製失傳。沈括《夢溪筆談・補筆談》說：「後人不知此意，悉為圓鐘，急叩之多晃晃爾，清濁不可辨。」雖然宋徽宗時仿照出土的「宋公戌鐘」鑄造過合瓦形的「大晟鐘」，但都只能發單音，與先秦樂鐘不同。不過先秦樂鐘起初也並不全是雙音。陝西扶風齊家村西周中晚期窖藏出土的八件「柞鐘」與八件「中義和鐘」，有的只在敲正鼓部時發一音，但有的在敲右鼓部時還發出另一音；也就是說有雙音鐘也有單音鐘。1977年在對陝、甘、晉、豫四省出土古樂器進行大規模測音後，黃翔鵬先生提出了西周鐘使用右鼓音的可能性和春秋鐘使用右鼓音的證據。事有湊巧，第二年也就是1978年，湖北隨州出土了戰國早期的曾侯乙編鐘，計鐘六十四件，鎛一件。編鐘有的要配上一件鎛。《周禮・小胥》賈疏稱，在編懸整套的鐘磬時，鎛「惟縣（懸）一而已」。《國語・晉語七》說鄭伯送給晉國的禮物中就有「歌鐘二肆及寶鎛」，也只是一件鎛。因為「奏樂以鼓、鎛為節」（《儀禮・大射》鄭注）。擊鎛表示樂章的段落；用於此目的時，一件足矣。但新鄭春秋墓中曾出四鎛，葉縣春秋墓中曾出八鎛，這些鎛亦應演奏樂音，起的作用與上述諸例有別。難得的是，在曾侯乙編鐘各鐘的正鼓部和右鼓部都有標音銘文，經測試證明標音與音響相符。它們不但全部都是雙音鐘，而且總音域極寬，跨五個八度，只比現代鋼琴的音域兩端平均各少一個八度（圖8-19）。雖有同音重複和聲部重疊之處，但中心音域的十二個半音齊備，且具有一定的旋宮轉調的能力。進一步的研究又證明：各鐘之所以能發出雙音，是由於其幾何形狀決定的。敲擊其正鼓部與右鼓部，會產生不同的振動模式，從而發出不同的音響。加之在振動節點的內壁還可以銼出隧槽進行調試，更有可能將兩個基頻的音分準確地加以控制。其定音頻率為256.4赫茲，與現代鋼琴中央C的振動頻率（256赫茲）幾近密合。重新發現古雙音鐘之製，是新中國成立後音樂史研究上的一大成就。與編鐘同出的還有一架石磬，懸磬塊三十二件。鐘磬合奏時，確可如《孟子》所說「金聲而玉振」，動人心魄。

除大型編懸樂器外，周代的另一個進步是弦樂器的創製。但這時的弦樂器只是撥彈樂器，如瑟和琴；還沒有弓擦樂器。瑟只彈散音，一弦一音，通常為二十五弦。調弦時，由於瑟弦纏在四枚瑟枘上，諸弦共進退，所以只能大致先調為同一音高；然後再按照一定音階（或調式）的調弦需要，由低而高依次在每條弦下施柱來解決。調弦後，由雙手並彈，清正相和以成樂曲。琴和瑟不同，它是利用按弦時變更振動弦分，在一根弦上奏出不同的音，這是演奏技法的一次大飛躍。琴一般為七條弦。琴體的面板和底板起初用桐木和梓木製作。即《淮南子・修務》所說：「山桐之琴，澗梓之腹。」不過琴材的品種並非一成不變，唐琴有桐面杉底的；杉面梓底的更多。民國時，四川琴人裴鐵俠的百衲琴「引鳳」，被認為是五代時所製，竟以竹、木拼合而成。所以只要是植物中傳聲性能優良的共振板材，就有可能被選用。此外，還應當注意到，魏、晉以前的琴尾為實木，而且琴腹的底板是活的。因為這時的琴弦通過岳山外的弦孔直達軫池，弦繫在琴軫上，而軫的末端包容在琴腹之中，從外面接觸不到。琴不設柱，必須逐弦調試。於是調弦時只能打開底板，用一種特製的工具「琴軫鑰」卡住琴軫末端，以旋動琴軫將弦擰緊。

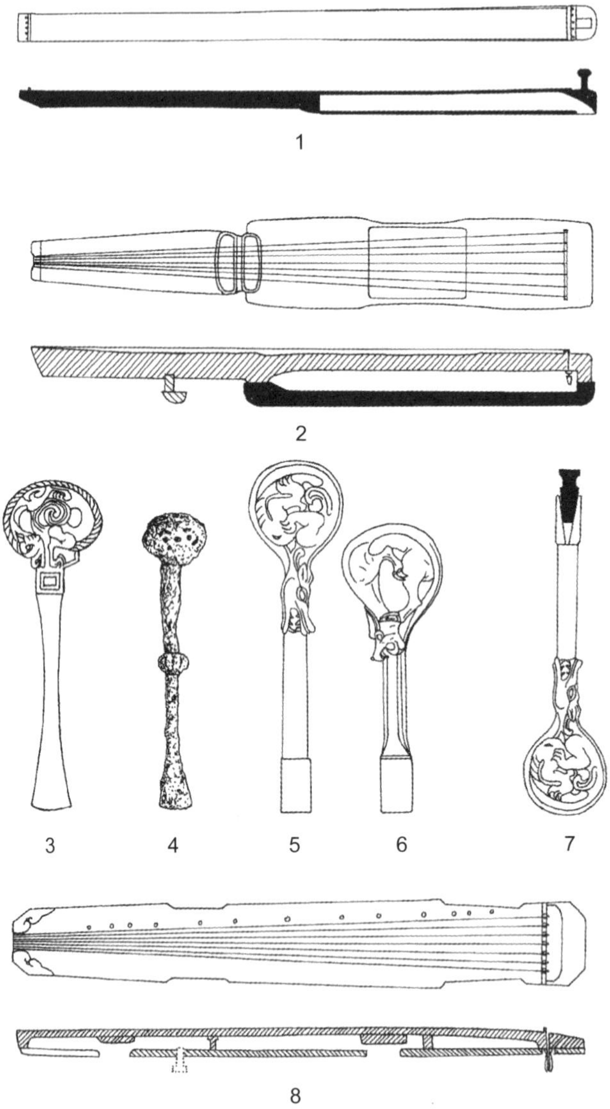

圖8-20 琴與琴軫鑰

1. 曾侯乙墓出土的五弦琴
2. 馬王堆3號墓出土的七弦琴
3. 江蘇徐州東甸子西漢墓出土的銅軫鑰
4. 滿城2號西漢墓出土的錯金鐵軫鑰
5. 西漢南越王墓出土的銅軫鑰
6. 山東臨淄商王村出土的西漢銅軫鑰
7. 琴軫鑰卡住琴軫用以調琴
8. 唐以後的古琴

魏、晉前的古琴出土之例不多，但無論隨州曾侯乙墓和長沙五里牌3號等戰國墓或長沙馬王堆西漢墓出土的琴，都是這種形制（圖8-20：1、2）。甚至在東漢畫像鏡上看到的彈琴者，所彈之琴仍顯示出琴尾為實木。有的古琴演奏家認為：「楚地出土半截琴箱的琴確與傳世的七弦琴沒有關係。」進而將上述出土古琴稱為「南琴」或「土琴」。但木質的琴體雖不易保存，而銅質的軫鑰卻出了不少。山西長治分水嶺7號、山東臨淄商王2號等戰國墓及廣州南越王、江蘇徐州東甸子、安徽渦陽嵇山、河北滿城等西漢墓均曾出土（圖8-20：3-6）證明當時這些墓的主人彈的或聽的都是這種「半截音箱的琴」。徐州後樓山8號西漢墓還出土了與軫鑰配套使用的銅琴軫四件，有的在上面刻出「司樂府」銘文，字體純然漢風，應是當地主管音樂事務的官署所製。總不能把長治、臨淄也劃為楚地，更不能把漢代的滿城、徐州之大貴族墓出土的以金屬琴部件所代表的琴都算作「土琴」吧！何況「傳世的七弦琴」早不過唐，哪能以唐琴概括此前千餘年的全部古琴呢！所以我們還是要用歷史的眼光來看待這個問題。早期的琴面沒有徽，大約至西漢晚期裝徽的琴才比較常見。琴徽一般是十三個，代表弦音的主要分割點。居中的第七徽往往最大，最明顯，兩側漸小。演奏者用左手依徽按弦，右手撥弦，如蔡邕《琴賦》所稱：「左手抑揚，右手徘徊。」從而形成了較複雜的指法，如嵇康《琴賦》描寫的「飛指馳騖」、「摟批擽捋」、「間聲錯糅」、「駢馳翼驅」那樣的情況。戰國後期又出現了較瑟為小的箏和一手按弦、一手用竹尺敲擊發音的筑。

管樂器在周代也多起來了，除陶塤外，在龠的基礎上發展出排簫和笙、竽等。排簫每管一音，直接用口唇吹奏。笙則是將多根竹管編排在匏斗中，竹管下端裝簧片，利用簧片與管中氣柱的共振作用發音。排簫和笙的實物最早也見於隨州曾侯乙墓。此外，重要的管樂器還有竽。竽的形制與笙基本相同，但管多而長，一般為二十三至三十六簧。先秦時代的器樂合奏，常用竽定音，故《韓非子》說竽是「五聲之長」，「竽先，則鐘瑟皆隨；竽唱，則諸樂皆和」。

漢代在管樂器方面很重視笛，此物雖早已出現，但直到漢代的橫吹樂中，它才和角一同大顯身手。另外，一些少數民族的樂器如羌笛（接近現代的簫）、笳（接近現代的管）等，這時也較常見。西域傳入的箜篌和琵琶在文獻裏面雖已提到，不過還不太流行。從漢代歌舞俑和畫像石中見到的鐘、磬、鼓、竽、瑟等仍是當時主要的樂器。

魏、晉至唐代是中國古代樂器發展史上的第二階段。這時舊式的大型編懸樂器急劇隱沒，瑟竽等也不常見了。而自十六國以來，大量少數民族內徙，帶來了多種樂器，其中影響最大的是琵琶。它起源於西亞的美索不達米亞，東漢末傳入中國。甘肅嘉峪關市魏晉墓所出畫磚上繪有彈琵琶的樂師。但早期琵琶腹小，頸長而直，與西亞的原型有所不同。到了南北朝時，由於胡樂流行，琵琶的地位日益重要，它的音域廣闊，能彈出所謂八十四調中的八十一調，舊有的樂器很難做到。曾侯乙墓所出編鐘的音域雖然也很寬，但那是一套重二千五百多公斤的龐然大物，要由好幾名樂工共同演奏，其表現力就不好和琵琶相比了。唐代常見的琵琶為梨形腹，曲項，橫抱，多用撥子彈奏。本來很早就有用手指彈琵琶的，如在雲崗第16窟雕出的伎樂天中之所見，但這種彈法不普遍；所以不用撥而用手彈者仍使人感覺有新意。當然也不排除其中還包含著技巧高低的因素。史稱：「案舊琵琶皆以木撥彈之，太宗貞觀始有手彈之法，今所謂琵琶也」（《舊唐書・音樂志》）。這位開手彈之風的音樂家據劉餗《隋唐嘉話》所記乃是裴洛兒。他本名裴神符。《唐會要》說：「貞觀中，有裴神符者，妙解琵琶，作《勝蠻奴》、《火鳳》、《傾杯樂》三曲，聲度清美。太宗深愛之。」其功力自非尋常可比。早期琵琶無相無品，後來有的在頸部裝四品。還有的在面板的承撥之處貼一層薄片，有金、銀、象牙、玳瑁等各種材質，叫「捍撥」。「撥」指撥子；「捍」有捍衛、保護之意。捍撥上飾以花紋。李商隱在一首詩中描寫琵琶時說：「上貼金捍撥，畫為承露雞。」日本奈良正倉院所藏唐「螺鈿楓木琵琶」的捍撥上繪「胡人騎象鼓樂圖」，極精妙，是重要的文物（圖8-21）。段安節《樂府雜錄》說西域來的安國樂所用琵琶，「其捍撥以象牙為之，畫其國王騎象」；與上述正倉院藏品相近。明清的琵琶則有四相十三品，並改横抱為豎抱。近代琵琶更增至六相二十四品，都用手彈，且早已不貼捍撥了。

不過就自南北朝到隋唐器樂合奏的情況而論，琵琶雖然占主要地位，而笙、排簫、笛、箏等固有樂器也頻頻出現。此外，一些外來樂器如豎箜篌（接近現代的豎琴）、篳篥（接近現代的管）等也常用。它們參加到樂隊中來，對於擴大音域、豐富音色、增強表現力等方面都起到顯著作用。在打擊樂器中，這時增添了許多小型鼓類，如腰鼓、羯鼓、雞婁鼓、答臘鼓等，從圖像上樂人的手勢看，不難想見其敲擊動作和輕重緩急的變化多樣。一些節奏樂

圖8-21 正倉院藏唐代琵琶上的捍撥

器如銅鈸、拍板等這時也出現了。然而值得注意的是，在這些大合奏的場合中卻不見琴的蹤影。無論陝西三原唐・李壽墓石槨線刻《樂舞圖》中的二十四名演奏者，還是河北曲陽五代・王處直墓石雕《散樂圖》中的十二名演奏者，都沒有人彈琴。正如白居易《五弦》詩中所說：「嗟嗟俗人耳，好今不好古。所以綠窗琴，日日生塵土。」是不是琴在唐代已經衰落了呢？當然不是。存世唐琴如「飛泉」、「九霄環佩」、「大聖遺音」、「枯木龍吟」等，多為鹿角霜胎，金徽玉軫；製作之精，裝飾之美，令人歎為觀止，一點沒有衰落的樣子。何況從漢末起，斫琴技術較前更有起色，作出了不少改進：共鳴箱已延長至整個琴體；底板與面板已固定在一起；琴軫加長，直通琴底；使琴的音量和音色都有所改善。在外輪廓的造型上也越發講究，斫出各種曲線，創出伏羲、神農、仲尼、連珠等諸多琴式（圖8-22）。後來到了明代，袁均哲在《太音大全集》中收琴式三十八種，清初徐祺、徐俊父子的《五知齋琴譜》中更收錄五十餘種。雖然琴式與音響的關係不是太大，但新樣迭出畢竟是興盛的氣象。那麼為什麼它在合奏中不再露面？答案只能從其演奏特點的發展趨向上去尋找。

從先秦到西漢之所謂「半截音箱的琴」，尚具有一定的民間性。《詩・周南・關雎》：「窈窕淑女，琴瑟友之。」《小雅・鹿鳴》：「我有嘉賓，鼓瑟鼓琴。」可見談情或宴賓時都用得上琴；更不必說司馬相如以「綠綺」琴彈《鳳求凰》，去追求新寡的卓文君了。所以他們彈的應該是一些民間曲子，甚至當時的小調。即蘇軾所說：「琴正古之鄭衛。」但如上所述，像嵇康描寫的彈琴的指法已相當複雜。至唐代，指法系統已經建立，如右手彈弦

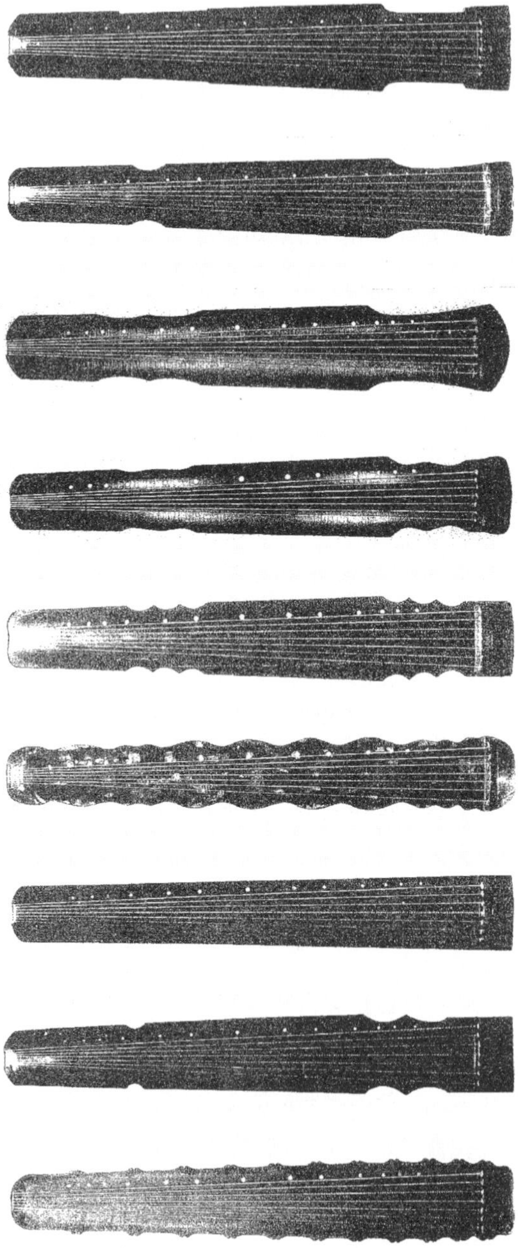

圖8-22　琴式
1. 仲尼式
2. 神農式
3. 伏犧式
4. 宣和式
5. 連珠式
6. 落霞式
7. 正合式
8. 子期式
9. 此君式

的勾、剔、抹、挑、輪、滾等，左手按弦的吟、猱、綽、注、淌、撞等，變化多端。並通過雙手之指法的組合編配，即所謂「雙鸞對舞，兩鳳同翔」（薛易簡），形成了一個複雜的體系。不僅有實音、泛音，還能奏出一些滑音和遊移音；寥朗蒼古，娴娴依依。這就使琴曲產生了朦朧隱約、不易捉摸、內向而含蓄的色彩。

琴曲的這種特色又受到其記譜法的推波助瀾。起初琴譜只是對弦序、徽位、指法等的敘述性的文字記錄。「其文極繁，動越兩行，未成一句」（《太音大全集》）。現藏日本京都西賀茂神光院的《碣石調・幽蘭》，就是存世之最早的古琴曲的「文字譜」（圖8-23：1）。唐代曹柔將難讀的文字譜改成「減字譜」。即把文字譜中的各項內容逐一用簡單的符號表示，再把這些符號組合成方塊字的形狀（圖8-23：2）。可是形式雖然改變，內容卻沒有多少補充，減字譜仍未具體標明每個音的音高和時值，是一種不反映節拍的指位譜。這樣就為古琴的節奏和拍子留出了相當大的彈性空間，如果用現代通行的記譜法加以規範，反而限制了它追求行雲流水式之「天籟」的音樂生命。彈琴者面對減字譜，需要根據自已的理解加以表達甚至發揮，叫「打譜」。同一個譜由不同的琴師打出的曲調會出現若干差別。這種即興性使演奏成為一次再創作，使世俗樂手望而卻步，引領琴壇的只能靠高人逸士。在這些人的引領下，彈琴逐漸變成了雍容典雅、不食人間煙火的小眾藝術。

唐代的情況正是如此。唐詩中提到琴，不是說「泠泠七弦遍，萬木澄幽陰」（常建）；就是說「泠泠七弦上，靜聽松風寒」（劉長卿）。總之，它只適於獨奏，而不宜

1

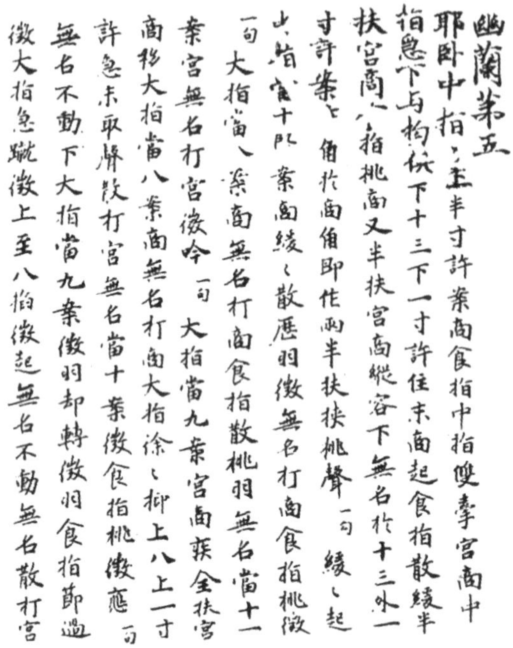

幽蘭第五
耶卧中指十上半寸許案商食指中指雙牽宮商中
指急下與構俱下十三下一寸許住末商起食指散緩半
扶宮商食指挑商又半扶宮商縱容下無名於十三外一
寸許案上角於商角即作兩半扶挾挑聲 一句 緩緩起
無名當十臥案商緩緩散歷羽徵無名打商食指挑徵
一句 大指當八案商無名打商食指散挑羽無名當十一
案宮無名打宮徵吟 一句 大指當九案宮商疾全扶宮
商移大指當八案商無名打商大指徐徐抑上八上一寸
許急未取散打宮無名當十案徵食指挑徵應 一句
無名不動下大指當九案徵羽却轉徵羽食指節過
徵大指急蹴徵上至八指徵起無名不動無名散打宮

2

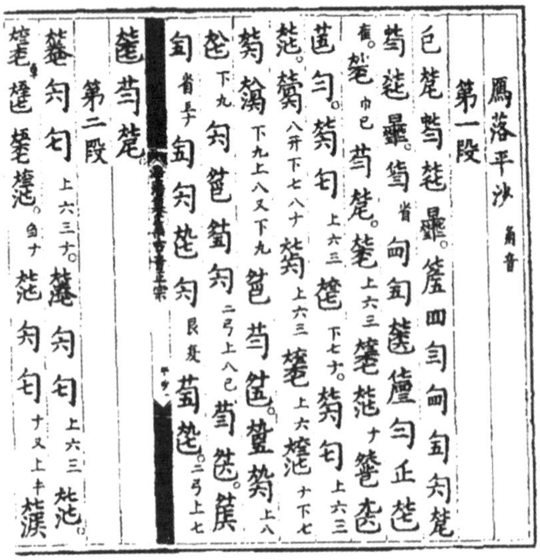

圖8-23 琴譜

1. 文字譜，唐寫本《碣石調・幽蘭》
2. 減字譜，明刊本《古音正宗》中的《雁落平沙》

雜以歌管笙簧，在大庭廣眾之間合奏。到後來，乃如蘇軾詩中所稱：「千年寥落獨琴在，有如老仙不死閱興亡。」《紅樓夢》第八十六回中，林黛玉講了一番彈琴的大道理：「若要撫琴，必擇靜室高齋，或在層樓的上頭，在林石的裏面，或是山巔上，或是水涯上。」「若無知音，寧可獨對那清風明月、蒼松怪石、野猿老鶴撫弄一番，以寄興趣；方為不負了這張琴。」雖經考證，這段話是從明·楊表正《重修正文對音捷要真傳琴譜》中套來的，但林黛玉說得更質白。她的見識確與唐人相通。撫琴之際，根本無須聽眾在旁。「獨坐幽篁裏，彈琴復長嘯。林深人不知，明月來相照」（王維）。這等境界已完全超脫凡俗。有一種英譯本將此詩的後兩句譯作：

No ear to hear me, save my own,

No eye to see me, save the moon.

還原成中文，似可作：

沒有一隻耳朵聽到我，除了我自己；

沒有一隻眼睛看見我，除了天上的月。

英譯的音步很整齊，但意思滿擰。王維是不要人聽，不要人看。譯出來卻是埋怨沒有人聽，沒有人看。作者之出世的情懷與譯者之戀世的情結反差如此之大。從這當中，就不難體會到中國古琴的性格了。

再談第三階段即宋、元、明到鴉片戰爭以前的清代。這一階段的樂器與戲曲、說唱音樂的關係很緊密。比如銀字笙，是由伴奏宋代說書中的唱段而發展起來的，所以當時又把說書叫作「銀字兒」。三弦是伴奏雜劇演出而發展起來的。胡琴和軋箏等也都從遊藝場所「瓦舍」裏成長起來。特別應當提到的是，這一階段中弓擦弦樂器繁榮起來了，在中國樂器發展史上有重要的意義。

中國在弓擦樂器出現之前，先產生了棒擦樂器，如唐代出現的奚琴和軋箏。軋箏後來一直用棒擦，奚琴的形制卻不斷在改進。「奚」是中國古代東北地區一個少數民族。他們創製的奚琴有兩根弦，用竹片在兩弦之間摩擦發音。宋人改用馬尾弓，故又稱之為馬尾胡琴。南宋宮廷的教坊樂隊中，彈琵琶的只有八人，拉奚琴的卻有十一人；奚琴居然超過了雄視樂壇的琵琶。胡琴用弓擦奏，發音輕快柔曼、婉轉抑揚，用以襯墊人聲，較撥彈樂器更覺貼合，所以在戲曲音樂中被廣泛應用。以後出現的四胡、胡胡、板胡、京胡、大胡、墜胡、椰胡等都由胡琴演變而來。

弓擦弦樂器之外，這時還出現了一些新型的撥彈弦樂器，如火不思、三弦等。火不思創製於古代西亞地區，彎頭長頸，四弦無品，軫排列在一側，共鳴箱下半部蒙以蟒皮。它在唐代已傳入中國西北地方，最先見於新疆吐魯番招哈和屯所出唐畫，但直到元代才在中原地區流行。明代徽劇之「高撥子」用它作為主要的伴奏樂器，其勁拔高亢的聲調，頗聳動一時之聽聞。三弦則是中國自創，出現於元代，起初和琵琶、笙、笛、鼓、板等一起用於雜劇的伴奏。至明代，它又分化成大、小兩種：大三弦即北方伴奏曲藝用的；小三弦又名南三弦或弦子，腹小而圓，盛行於江南，多用它伴奏彈詞或用於絲竹合奏。16世紀中葉，這種樂器傳入日本，日人稱之為「三味線」。

在管樂器方面，第三階段中最重要的新樂器是嗩吶。嗩吶原流行於波斯、阿拉伯一帶，約於明初傳入中國。它是一種簧管樂器，音色明亮熱烈，中國起初將它用於軍樂，後來也用於戲曲、歌舞的伴奏。在民間，鑼鼓樂隊中大都離不開嗩吶。小型的嗩吶又名嘰吶或海笛。

至於打擊樂器，這一階段中出現的板鼓、書鼓、八角鼓、漁鼓、雲鑼、梆子、竹板等，都在戲曲、說唱音樂或民間器樂合奏中得到應用。

這一階段還傳入了一些西洋樂器。其中有元代傳入的管風琴，名「興隆笙」，有竹風管九十枚。18世紀末19世紀初，趙翼在北京宣武門內的天主堂裏見到的管風琴，裝的是鉛風管，似乎更進步一些。現代鋼琴的先型——擊弦古鋼琴，曾在1600年由利瑪竇帶入中國。形狀與現代小提琴相近的「得約總」，也在乾隆時由緬甸樂隊傳入，並載於《大清會典圖》。不過這些樂器當時使用的範圍狹窄，影響不大。

總之，中國古代在樂器方面既善於創造，又樂於吸收。幾千年來中不少域外樂器先後加入進來，與固有的樂器相輔相成，相得益彰，從而使中國的民族音樂不斷壯大。

九武備

武備是格鬥武器和防護裝具的統稱，內涵比單說「武器」寬泛些。

提起中國上古的武器，首先會想到干（盾）戈，商代金文的象形字中就有一手持戈、一手執干的人物，代表當時用常規武器武裝起來的士兵（圖9-1）。這類武器在原始社會中已經出現，石刀裝了柄就成為戈，石斧裝了柄就成為鉞。鉞比戈尊貴，在河南臨汝出土的陶缸上、山東莒縣出土的陶尊上，還特意畫出鉞的形象。江蘇海安青墩還出土了一件陶製的石鉞模型（圖9-2）。製作石戈、石鉞的技術要點之一是如何將石器與木柄連接結實。簡單的做法只

圖9-1 金文中的象形字，執干戈的武士

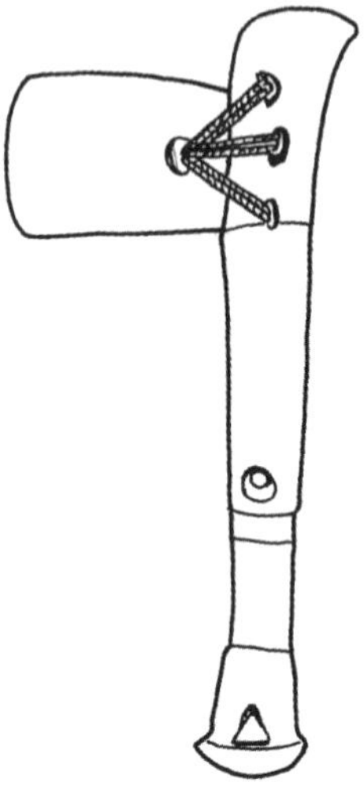

圖9-2 陶製石鉞模型，江蘇海安出土

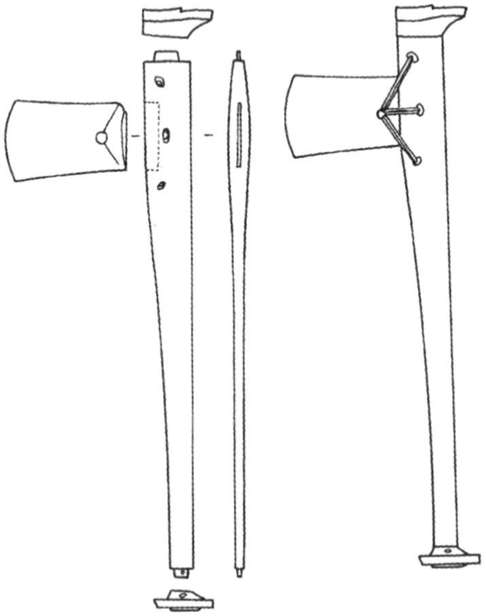

圖9-3 玉鉞的部件與復原的器形，據上海福泉山出土實物，柄後配（仿張明華）

是將二者捆在一起，複雜的則在石器器身和柄上都打孔，再用繩子穿孔縛牢。困難在於木柄上部既要挖出容納刃體末端的槽口，又要穿孔，故容易開裂，是一個薄弱環節。因而木柄的這個部位常變粗，頂上還裝冒，用以加固。在浙江餘杭反山良渚文化墓地中出土的青玉鉞，鉞上刻有神徽紋，並配以白玉的冒和鐓。不過應當指出的是，這些玉冒、玉鐓都是裝飾性的。玉冒與柄以榫卯相接，起不到箍緊頂端的作用（圖9-3）。表明華貴的玉鉞並不用於實戰。

上述難題一直遺留到歷史時期。與厚重的石器不同，從夏代起開始使用銅兵器。河南偃師二里頭遺址已出青銅戈，直援，無闌，形制還比較原始。但青銅製品比石器薄而堅固，銅刃穿過木柲（戈、鉞之柄）的窄縫時，造成劈裂的可能性要小些。刃體的尾部叫內，新石器時代的石戈已有在內上穿孔用於縛結的。商戈沿用了這種方法，但又不斷改進。商代曾作出用銎裝柲的嘗試，但銎管中的木柲磨損後戈頭會鬆動，不夠牢固。商戈起初無胡（圖9-4：1）。後來出現了胡，胡本指「頷下懸肉」，像在牛脖子下面看到的；戈胡與之肖似。在戈援之下刃的後部延伸出一段胡，胡上開穿孔，使縛結點增多，效果更好。此法在商代得到發展，商戈有胡上一穿的、二穿的、三穿的，有的相當超前，甚至達五穿（圖9-4：2-6）；戰國戈的長胡上最多也只有五穿（圖9-4：7）。但常見的商周銅戈大都為中胡二穿。

與戈相配合的武器還有矛，應是從尖木棒即原始的耒發展而來。商以前多用石矛、骨矛，已發現之最早的銅矛出土於湖北黃陂盤龍城商代遺址，矛體如柳葉，稱柳葉式矛。商代後期的矛主要有兩種：一種將柳葉形演變成三角

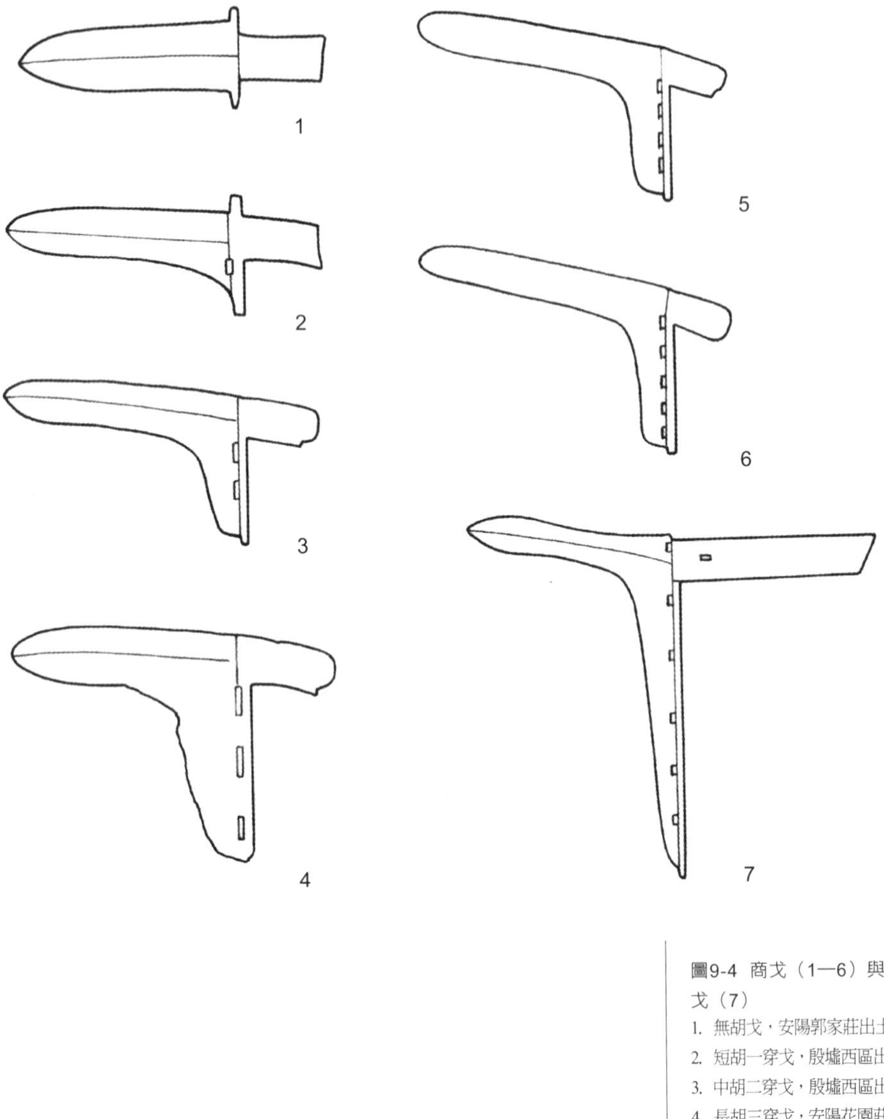

圖9-4 商戈（1—6）與戰國戈（7）

1. 無胡戈，安陽郭家莊出土
2. 短胡一穿戈，殷墟西區出土
3. 中胡二穿戈，殷墟西區出土
4. 長胡三穿戈，安陽花園莊出土
5. 長胡四穿戈，殷墟西區出土
6. 長胡五穿戈，安陽郭家莊出土
7. 長內長胡五穿戈，江陵武昌義地出土

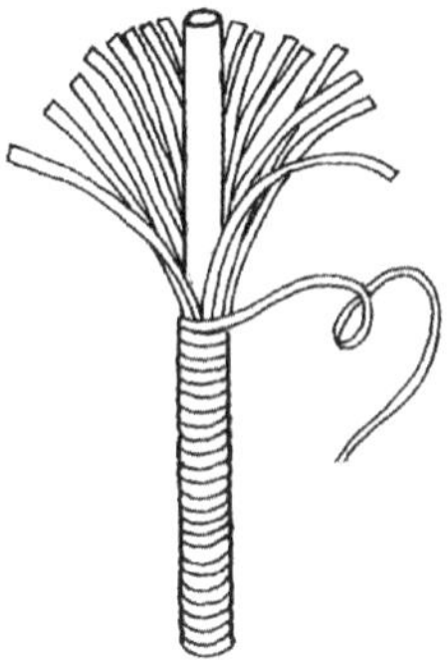
圖9-5 積竹柄的構造

形，另一種呈亞腰形；骹部都很長。據安陽大司空村商墓所見矛柄痕跡，商矛通長一般在1.4米左右。而按照楊泓先生的計算，當時兩輛戰車錯轂交戰時，側面的間距最近處為1.6米左右；所以商矛在車戰中發揮的作用不大，仍屬步戰用的武器。商代大墓中出土戈的數量比矛多。安陽侯家莊西北崗1004號大墓中出土了一些成捆的矛頭，是一個孤例，其中或有特殊原因。安陽婦好墓出土了九十一件戈，卻沒有矛。經過西周，到了春秋、戰國時期，矛柄開始加長。湖南長沙瀏城橋春秋墓出土的矛通長2.97米，湖北隨州戰國曾侯乙墓出土的矛長4.36米，可以和西方著名的馬其頓長矛（長3.96—4.2米）相伯仲，但它是車戰的武器，而馬其頓矛是步兵用的。應當注意的是，戈是勾兵，格鬥動作以勾、啄為主；矛則是刺兵。戰國時矛柄（矜）加長，矛葉變窄，它的衝刺的功用似已更被看重。不過矜加長後，隨之而來的是防止折斷的問題。於是採用積竹柄，即以木棒為芯，外包竹篾，再纏絲塗漆（圖9-5）。《淮南子・兵略》說：「伐棘棗而為矜。」則當中的木芯選用的多是棗木。積竹柄強韌而富有彈性。可是這種複合材料製的柄不太適合充當戈柲，因為戈內要從柲中穿過去；而積竹柄已被外層的竹篾占去一圈空間，當中的木芯不太粗，再挖通一道扁孔，就影響它的牢固程度了。雖然發現過個別以積竹法做的戈柲，卻只能看作是特例。又，戈柲和矛矜的形制不同。執戈時為了憑手感就能知道戈援所指，所以戈柲的斷面略近卵形，較鈍的一面代表內的方向，較銳的一面代表援的方向（圖9-6：1）。矛是刺兵，不存在這個問題，故矛矜呈圓形（圖9-6：2）。繼而這種區別又影響到柄底端之金屬包頭的樣式。裝在戈柲下面的

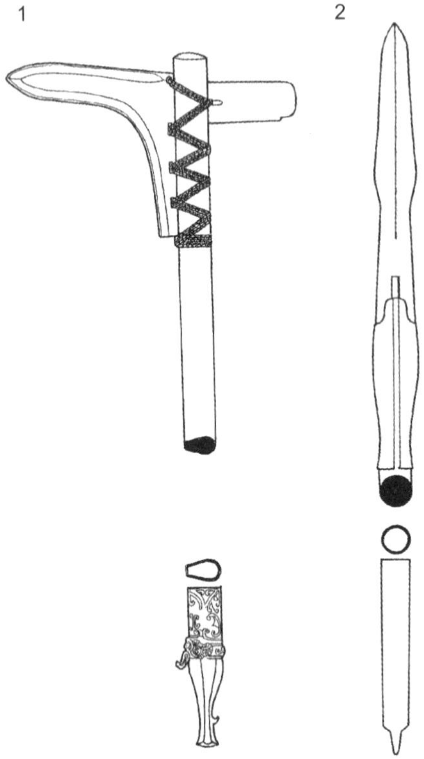

圖9-6 戈柲與矛矜
1. 湖北江陵望山戰國墓出土戈
2. 湖北隨州戰國曾侯乙墓出土矛

圖9-7 縛英飾的長兵器
1、2. 戈與矛，湖北荊門包山戰國墓出土
3、4. 執戟者與執矛者，據「水陸攻戰圖鑒」

叫鐓，它的器口也接近卵形，而底面是平的。《禮記・曲禮》鄭玄注：「平底曰鐓。」後來直到宋代的《集韻》仍然這麼說。而裝在矛矜底端的鐏，器口則是圓的，並多為尖底。中國古代士兵集合時，有將矛插在地上的習俗，如《尚書・牧誓》說「稱（舉）爾戈」，「立爾矛」。《曲禮》鄭注也說：「銳底曰鐏。」《釋名》則認為，矛「下頭曰鐏，鐏(蹲）入地也」。但《說文》卻將鐓、鐏互訓，造成了一些混亂。就實物所見，戰國矛鐏下端多呈尖鋒狀。漢代矛鐏下端或呈三鋒狀，或呈圓錐狀。我們應以卵口銎一平底和圓口銎一尖底作為區別戈鐓和矛鐏的基準。不過雖然是平底，但銎口呈圓形，多數仍應為矛鐏。此外，戈、矛的柄部常縛有幾層羽毛，羽尖向上戧起，用以承阻從刃部流下來的血，防止漆柄變滑而失手；即《詩・鄭風・清人》所稱「二矛重英」。湖北荊門包山楚墓中出過這類實例。在河南汲縣山彪鎮等地之戰國墓出土銅器上的花紋中也表現出長兵器柄上的英飾（圖9-7）。可是當鏖戰之餘，刃缺旗靡，染血的英飾也就拖垂下來了。

戈、矛相結合就成為戟。已知最早的青銅戟見於河北藁城台西7號商墓，在商代遺存中這是唯一的例子。它屬於戈矛聯裝的類型。西周時曾出現整體鑄造的十字形戟，但流行的時間不長。不過應當注意的是，既然戟起初由戈、矛聯裝而成，所以有的以戈為主，有的以矛為主；這一點從柄的形制上也可以看出來。以戈為主者，柄全同戈柲，呈卵形。如在長沙瀏城橋春秋墓及隨州戰國曾侯乙墓出土的戟上所見者。格鬥時，這類戟仍以勾啄為主。特別是一些異形戟：有的戟內上翹復下偃，底部還有曲刃；有的在胡下出孑刺；有的在柲上再裝一條鉤距；此類裝置都只能在揮斫勾啄時才發揮作用。但也有的以矛為主，柄也依照矛矜的形狀，斷面呈圓形或稍近橢圓，如在江蘇六合程橋、安徽舒城九里墩等地所見者（圖9-8）。它們的格鬥動作自應以擊刺為主。文獻中多次出現「戟矜」（或作「棘矜」，《詩・小雅・斯干》鄭箋：「棘，戟也」）一詞，見《說文・竹部》「籣」下、《史記・陳涉世家》又《主父偃列傳》、賈誼《過秦論》、《漢書・陳勝項籍傳》等處。可見形如矛矜者是戟柄的主流。隨著時間的推移，步騎兵成為

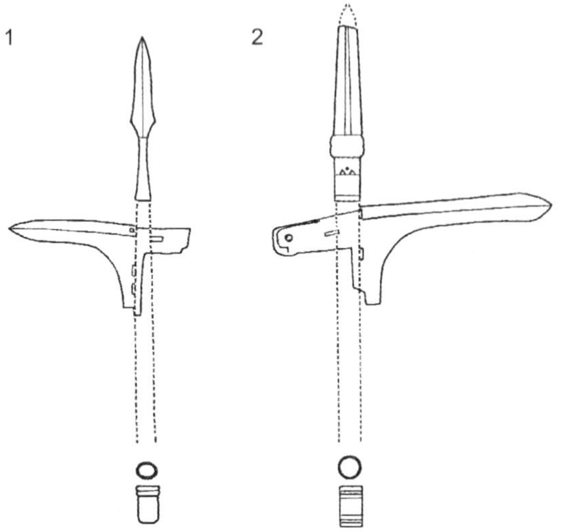

圖9-8 春秋時期的戟矜
1. 江蘇六合程橋出土戟
2. 安徽舒城九里墩出土戟

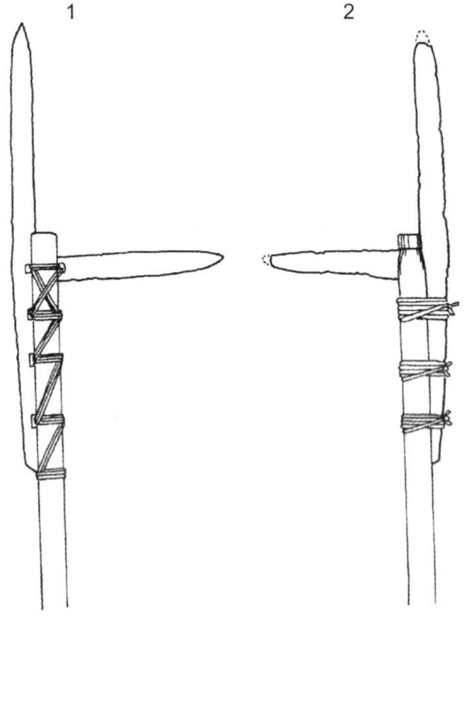

圖9-9 燕國和秦國的卜字形戟
1. 河北易縣燕墓出土
2. 甘肅秦安秦墓出土

圖9-10　戟刀，據《武經總要》

戰場上的主力，戟的功能遂愈益偏重於後一種。山西長治分水嶺14號墓出土的聯裝戟，銘文中自名為「棘戟」。這個棘字則訓刺。《方言》說，凡草木刺人，「江湘之間謂之棘」。戟銘標出「棘」字，強調的也是其刺的功能。再發展一步，卜字形戟就出現了。這種戟只有上昂的直刺和旁出的橫枝。《釋名》謂戟「旁有枝格也」，即指此式戟而言。它最早出現於河北易縣燕下都44號叢葬墓中，戟頭長達48.2釐米，而且是鋼鐵製品。七國時常說強秦弱燕，連燕國都用卜字形戟，秦當然不會落後；甘肅秦安上袁家秦墓出土的卜字形戟，和燕下都的基本一樣（圖9-9）。到了漢代，卜字形戟的使用範圍更廣，幾乎可以看作是裝備士兵的制式武器了。這種戟顯然主要用於向前扎刺，從而改變了向內側勾啄的手法。後來文獻中說到用戟時，也多稱其動作為「叉」或「刺」，見《後漢書·虞延傳》。

過去在流散文物中，戟上之戈形和矛形的兩部分金屬件常互相分離，以致清代學者往往弄不清戟的形制。像戴震這樣的大學問家，在《考工記圖》一書中畫出的戟，竟全然不得要領。特別是京劇舞台上常把宋《武經總要》中的「戟刀」當成戟，影響很大，對全社會起了誤導的作用（圖9-10）。

下面再插敘一下多戈戟。由於在曾侯乙墓中出土了很漂亮的實例，所以其知名度頗高。多戈戟有裝兩個戈，也有裝三個戈的；第二、三個戈沒有內，援的長度則依次遞減，戟柲卻達3米以上，可見是車戰的武器（圖9-11）。但如果只為了勾擊對方的車士，用不著裝下面的戈頭，因為這些戈只能殺傷接近戰車的目標。所以多戈戟不僅用於車戰，還能對付敵方攻擊戰車的步兵。而且多戈戟與多援

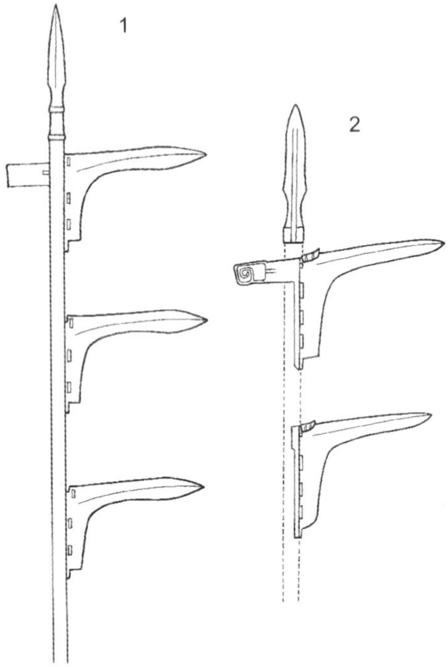

圖9-11 多戈戟
1. 湖北隨州曾侯乙墓出土
2. 江蘇鎮江諫壁吳墓出土

圖9-12 執多援戈者
1. 江蘇淮陰高莊戰國墓出土銅器殘片刻紋
2. 湖北隨州曾侯乙墓出土漆棺上的彩繪

戈不同，後者在頂端不裝戟刺，柲短，應是步戰用的武器（圖9-12）。當戰車陷入步兵的重圍時，會喪失其機動性和衝擊能力。在《左傳》中，戰車的指揮員多次發出不易擊退步兵的慨歎。如隱公九年鄭伯與戎人作戰時，就說：「彼徒我車，懼其侵軼我也。」昭公二年晉國的魏舒與狄人作戰時也說，「彼徒我車，所遇又阨」，因而「毀車以為行」，在戰術上作出了重大的改變。

漢末至南北朝時，矛和戟進一步合流，出現了更有威力的矟（槊）。《釋名》：「矛長丈八尺曰矟，馬上所持。」矟就是帶兩刃的大矛。這時它連已改為翻翹向上的戟枝也去掉了，似乎為的就是使向前衝擊的力量更集中。建安年間呂布發動兵變要殺董卓，李肅先用戟刺他，「卓衷甲不入」，「布應聲持矛刺卓，趣兵斬之」（《後漢書・董卓傳》）。可見想刺穿鐵甲，矛比戟有效。呂布用的矛應與矟差別不大。十六國時的「隴上健兒」陳安，武藝高強，民歌中說他「丈八蛇矛左右盤」（《御覽》卷三五三引《趙書》）。而此民歌在《靈鬼志》中卻作「丈八長矟左右盤」（《御覽》卷三五四引）。漢末，公孫瓚「自持兩刃矛，馳出沖賊」（《後漢書・公孫瓚傳》）。南北朝時，梁大同三年（537年）少府製成了長二丈四尺（合5.988米）的兩刃矟，請羊侃試矟。「侃執矟上馬，左右擊刺，特盡其妙」（《梁書・羊侃傳》）。當時圍觀的人很多，有的爬上樹。「梁主曰：『此樹必為侍中折矣。』俄爾果折，因號此矟為『折樹矟』」（《御覽》卷三五四）。兩刃矟和兩刃矛大約形制相同。莫高窟285窟西魏壁畫「五百強盜成佛」中的具裝甲騎均手執長矟，那些持刀、盾的「強盜」顯然不是對手（圖9-13）。然而反過來說，矟又恰恰是對付此類重裝

圖9-13 持矟的具裝甲騎攻擊步戰者，莫高窟285窟西魏壁畫

騎兵的武器。這種騎兵人、馬都披甲，橫沖直驅，來勢洶洶；另一方只有挺起長矟才好抵擋。另外，這時馬鐙在中國已經普及，也是使用馬矟的必要條件。否則持矟前衝的力量很大，而騎者在馬上缺少穩固的支撐，必將自顧不暇了。從戈到戟到矟，其戰鬥動作由勾啄逐步演變為擊刺，反映出的正是步騎戰取代車戰的大背景。

自3世紀至7世紀，從曹操的「橫矟賦詩」到唐將程咬金的「善用馬矟」（《舊唐書・程知節傳》），矟一直是武器中的驕子，風光了將近五百年。但始終未曾出土實物。《唐律》中禁止私人持有矟，可能也是原因之一。將來如果發現了接近6米的長矟，復原後陳列出來，將是何等壯觀！

戈、矛、戟、矟就整體而論可以算作長兵器。下面再談談短兵器。

先說劍。短劍多用於衛體。甘肅東林、永昌等地的馬家窯文化遺址中曾出土嵌石刃的骨短劍，年代為前三千年代中晚期。到了商代，四川廣漢三星堆及江西新干大洋洲出土的玉短劍與銅短劍，劍身皆呈扁平的柳葉形。西周時，陝西長安張家坡、岐山賀家村、寶雞竹園溝，甘肅靈台白草坡，河南洛陽龐家溝等地周墓出土的劍均為扁莖柳葉形銅短劍，顯然是馬家窯石刃骨短劍及商代柳葉形劍之胤裔（圖9-14）。在中國東部的大汶口文化中，一種環柄短劍出現的年代更早。江蘇邳縣大墩子339號柳林型墓葬中所出環柄骨短劍，可以上溯到前四千年代至五千年代。它的鋒部很短，造型很原始，出土時尚握在墓主手中。新石器時代以後的長時期中，這種劍很少見。但河北邢台葛家莊116號西周早期墓卻出土了一柄形制相同的青銅短劍，其上還有銘文「省命」二字。可見環柄劍在上述出土物的空

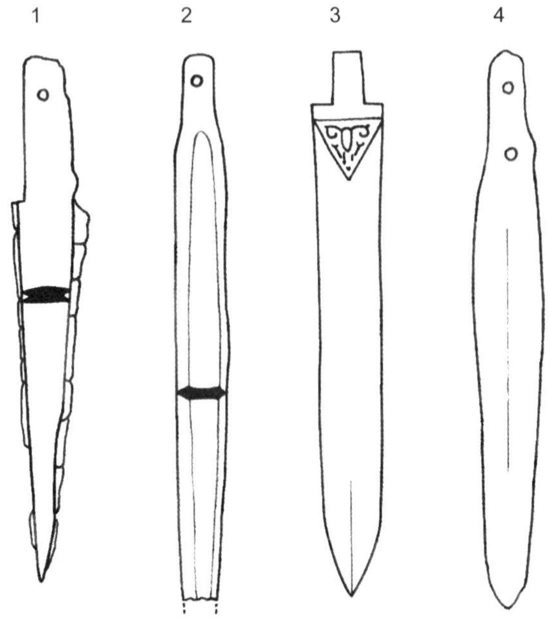

圖9-14　扁莖柳葉形劍

1. 石刃骨劍，馬家窯文化類型，甘肅永昌鴛鴦池出土
2. 玉劍，商，四川廣漢三星堆出土
3. 銅劍，商，江西新干大洋洲出土
4. 銅劍，西周，陝西長安張家坡出土

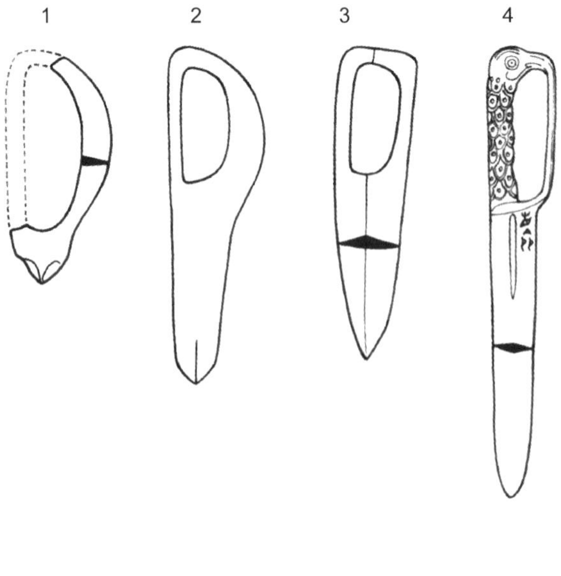

圖9-15　環柄劍

1. 骨短劍，大汶口文化劉林類型，江蘇邳縣大墩子出土
2. 石短劍，大汶口文化花廳類型，出處同上
3. 骨短劍，大汶口文化大汶口類型，山東泰安大汶口出土
4. 「省命」銅劍，西周，河北邢台葛家莊出土

白期中，傳承和使用並未停止，只不過更多的實例有待發現而已（圖9-15）。此外，在中國北方地區出土的曲柄或直柄銅短劍，有鈴首、獸首、鳥首、蕈首等多種式樣。它們與歐亞草原西部諸文化顯然有關聯；但這類劍在西方的出現不早於前二千年代，與中原古劍分屬不同的文化系統。春秋早期，出現了有圓形首、柱形莖的柱脊銅劍，從而使中原地區的先秦古劍形成自己獨特的風格。這種劍在河南三門峽市上村嶺的虢國墓中曾出土數件。稍晚一些，在河南洛陽中州路春秋墓中出土了配以象牙柄、鞘的銅劍，鞘中部還雕出凸起的璏，用來穿上帶子繫佩，說明當時中國已採用璏式佩劍法。不過這些劍都相當短，長度一般在30釐米左右。使用時以直刺為主，稱為「直兵」。

銅劍在水網縱橫的南方吳、越地區特別受重視，這裏的軍隊與當時中原以戰車兵為主要兵種的情況不同，乃以配備劍、盾等兵器的步兵為主。故其銅劍的製作技術得到長足發展，劍身明顯加長，大多超過了50釐米。古文獻中經常提到吳越的寶劍，在考古發掘中已經得到證實。出土的吳王劍和越王劍都以其高超的工藝水準為世所珍。戰國時期還鑄出了脊部和刃部具有不同的銅錫配比的複合劍，脊部強韌、刃部鋒利，增強了殺傷力。陝西臨潼秦始皇陵兵馬俑坑出土的青銅劍，最長的達94.8釐米，劍身窄而薄，優勢更明顯。

當銅劍的使用和製作達到高峰的時候，鐵劍也已問世。前面提到過的燕下都44號叢葬墓中就出土了十五把鐵劍，最長的達100.4釐米，是用塊煉鐵滲碳鍛打而成的鋼件，雖然含碳量不甚均勻。劍身增長，使用時除直刺外，又強調旁擊即劈斬的用法。所以《墨子・節用》說：「為刺則入，擊則斷，旁擊而不折，此劍之利也。」

西漢時的鐵劍均已鍛冶成鋼。本書談「冶金」時提到過的滿城劉勝墓出土的佩劍。此劍長104.8釐米。它不僅折疊鍛打的次數多，而且其刃部經過淬火，剛硬而鋒利，脊部卻並不淬火，仍保持較好的韌性，起到剛柔相濟的效果。鍛冶技術的提高也反映在劍身的長度上。江蘇銅山出土的建初二年（77年）「五十湅」鋼劍長109釐米。《漢書・景十三王傳》中說廣川王劉去「作七尺五寸劍」，合172釐米，這麼長的漢劍雖無實例出土，但在漢畫像磚、石中見過那類「修劍拄頤」的長劍。說明當時鍛造此種長劍是有可能的。

古代最豪華的劍是玉具劍，創始于東周時。玉劍具共四件：玉首（劍柄頂端的玉飾件）、玉鐔（玉劍格）、玉（玉劍扣）和玉珌（劍鞘尾端的玉飾，漢代叫玉摽）。其中首和鐔裝在劍上，璏和珌裝在鞘上。已發現的時代最早之例是春秋晚期前段的，但只有玉首和玉鐔。春秋晚期後段的劍上出現了玉璏和玉珌。一劍而四件玉具齊備的例子到漢代才有（圖9-16）。玉劍具上大多有紋飾，還有的以高浮雕的手法雕出神禽異獸的形象，美觀而高貴。中國的玉劍具還曾傳播到遙遠的西方，在南俄和黑海的刻赤半島曾經出土。至南北朝後期，由於佩劍的方式發生變化，這類劍具遂不再出現。

再說刀。從西漢中期開始，刀在戰場上已逐漸代替了劍的地位；這是適應騎兵在馬上揮砍的需要而產生的變化。刀背可以製作得比劍脊厚實，不易折斷。洛陽西郊漢墓中有二十三座墓均出環首刀，長度由85至114釐米不等。作為武器使用的刀，從一開始就以鐵制的為主。洛陽燒

（右頁）

圖9-16　劍與劍上的玉具

1. 劍上各部位的名稱
2. 玉劍首，河北滿城出土
3. 玉劍鐔，河北滿城出土
4. 玉劍璏，青海大通上孫家寨出土
5. 玉劍璏，湖南長沙伍家嶺出土
6. 玉劍璏，河北滿城出土
7. 玉劍摽，河北滿城出土

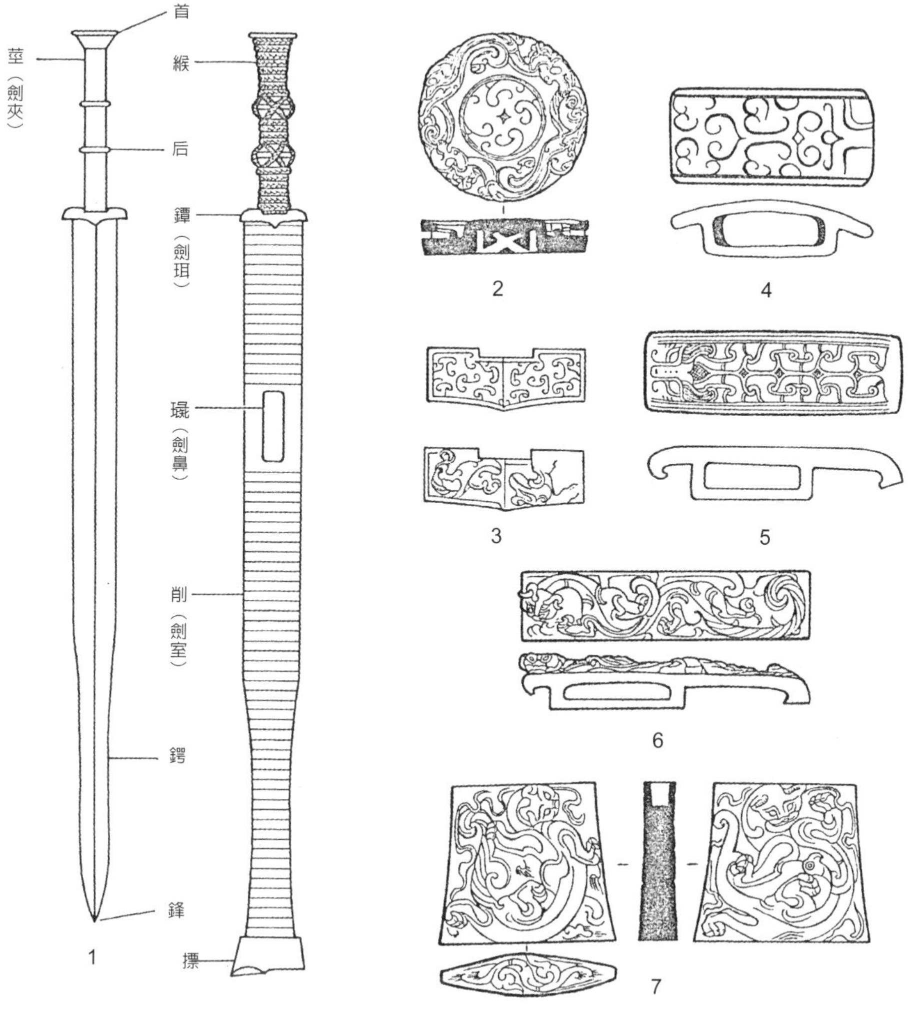
首
莖（劍夾）
緱
后
鐔（劍珥）
璏（劍鼻）
削（劍室）
鍔
鋒
摽
1
2
3
4
5
6
7

溝漢墓中出土的少量銅刀，體型輕薄，當係儀仗中所用。同時，由於刀的用法主要是擊即砍，如《釋名》所說：「刀，到也，以斬伐。到其所，乃擊之也。」與劍相較，它在刺、擊兩法之中只強調擊，所以刀上一般不裝鐔。漢刀的刀身較直，刀首幾乎無例外地均呈環形，環中有的飾以禽獸。這種形制一直延續到唐代（圖9-17）。刀鞘下端多裝銅摽，寬度一般與鞘取齊，不像劍摽之向外侈出。南北朝以後，劍除在儀仗、佩飾、武術和宗教法術中仍繼續使用外，在制式兵器中已被淘汰。《唐六典》「武庫令」中有刀制而無劍制。明・茅元儀《武備志》說：「古之言兵者必言劍，今已不用於陣，以失傳也。」現代長篇小說《李自成》中，大批騎兵揮劍馳騁戰場，這在當時是無從想像的。

在射遠武器中居第一位的是弓箭。山西朔縣峙峪舊石器時代晚期遺址中出土了一枚用很薄的燧石片打製的石鏃，說明在中國的土地上使用弓箭的歷史已近三萬年。原始的弓只用單根木材或竹材彎曲而成，即「弦木為弧」的

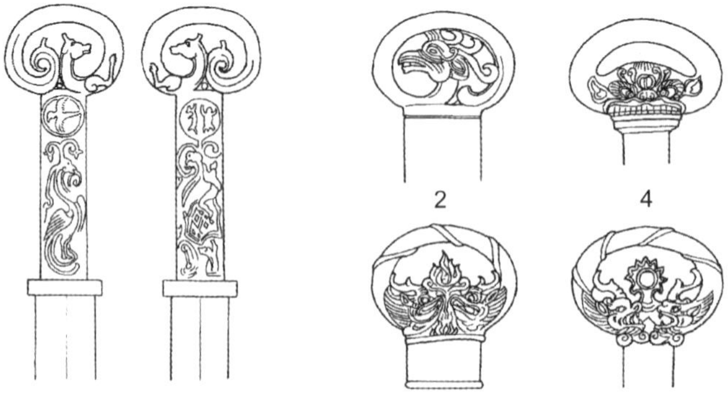

圖9-17 刀環

1. 河南南陽楊官寺出土
2、3. 河南洛陽出土
4. 陝西西安唐大明宮玄武門出土
5. 唐大明宮三清殿出土

單體弓。但它可以將開弓時存儲在弓體上的能量於發射時一下子釋放出來，構造簡單而有效。至商代，根據安陽殷墟商代墓葬中的弓體灰痕，結合甲、金文中有關弓的象形字考察，可知商弓是用兩層材料粘起來的合體弓。至戰國時，已發展為複合弓。湖南長沙楚墓中出土過保存較好的戰國弓，其中一件全長140釐米，最寬處4.5、厚5釐米。兩端裝角質弭，弓體為竹質，中間一段用四層竹片疊成，兩面粘有呈薄片狀的動物筋、角，再纏絲塗漆。它的用料與《周禮・考工記》所說，製弓要用幹（竹、木）、角、筋、膠、絲、漆等「六材」的要求相合。這類弓在竹、木製的弓體上傅角被筋，強度比單體弓和合體弓都大，可見當時中國的製弓技術已相當進步。在整個古代和中世紀，從結構上說，世界製弓技術均未曾超越過這個水準。漢代的弓與戰國弓相仿，大多數為複合弓。一般都在弓體的外側用魚脬膠貼牛筋，內側貼牛角。因為弓體外側受的是拉力，牛筋具有抗拉性。弓體內側受的是壓力，牛角密度大，能承受壓力。當中的竹或木胎則能承受其內切力。將幾種不同的材料黏合在一起，利用它們各自的特性，會產生更好的彈射效果。

東周時製弓技術已經規範化。《考工記・弓人》是總結這方面的經驗的文獻，其中對材料的選擇、加工的方法、部件的性能與組裝，都提出明確要求；對製弓時應防止的弊病，也作出透徹分析。這些原則到漢代仍被遵循。所用之箭，一般只剩下箭鏃。商、西周時用的是有脊雙翼鏃。春秋前期出現了三翼銅鏃。戰國時除三翼鏃外，三棱鏃也很流行。但這類鏃常裝鐵鋌，以節省銅材。漢代將三棱鏃稱為「羊頭」鏃，是最常見的型式。但由於箭的消耗量大，三翼鏃和三棱鏃的造型仍嫌複雜，不易用鐵大量鍛製，而必須用昂貴的銅材鑄造。這時為鏃找到一個適合用鍛打生產的鏃型，就成為一個關鍵問題。解決這個問題經歷了不少歲月。滿城西漢劉勝墓中出土了一批後部呈圓柱形、前端呈四棱形的鐵鏃。經金相檢驗，它們是鑄造成型後，再退火脫碳而成。但因其毛坯為生鐵鑄件，不太規整；大量鐵鏃同時退火，脫碳程度亦難一致。所以它們的硬度和鋒利程度都不夠理想，尚不足以取代青銅鏃。直到東漢後期，才出現了鋒部呈銳角三角形的扁平鐵鏃，如四川新繁與安徽亳縣的東漢墓中所出之例。這種形狀既適合鍛造，又有較強的穿透力，遂為後世長期沿用，也最終使鐵鏃代替了銅鏃（圖9-18）。

漢代強調使用強弓勁弩。計算弓力的單位是斤（圖9-19）。《後漢書》所記蓋延、祭彤等猛將所用強弓為「三百斤」，約合75公斤；引滿這種弓，要用相當於提起75公斤重物之力。由於張弓是很吃力的，故挽弓時需戴扳指，名韘，將它套在拇指上勾弦。山東巨野和廣州的漢墓中均曾出土玉韘。此外，在食指、中指、無名指上可套以皮革製作的指套，名極，見《儀禮・大射禮》。

中國古代輕裝騎兵的武器以弓、刀為主。至唐、宋時，騎兵仍使用強弓，開滿即射，即唐・王琚《射經・馬射總法》所說：「勢如追風，目如流電。滿開弓，緊放箭。」明代以後的射法理論則主張用軟弓長箭，認為如果持硬弓則剛剛引滿就須發箭，不能久持，命中率反而降低。戚繼光在《紀效新書・射法》中說：「力勝其弓，必先持滿」，「莫患弓軟，服當自遠。」因而製弓技術的發展方向不再單純追求挽力強度的增加。《天工開物・弧矢》

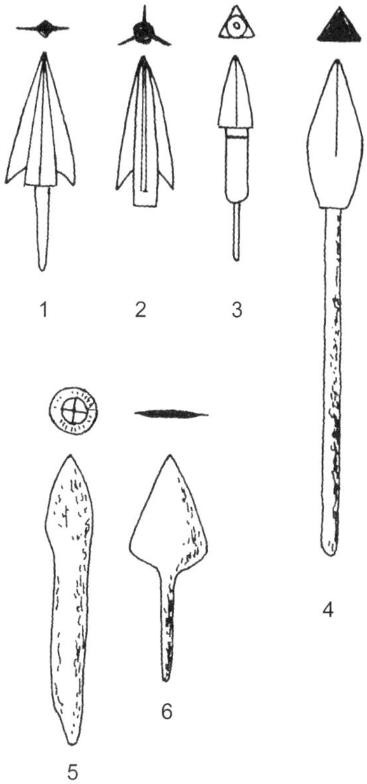

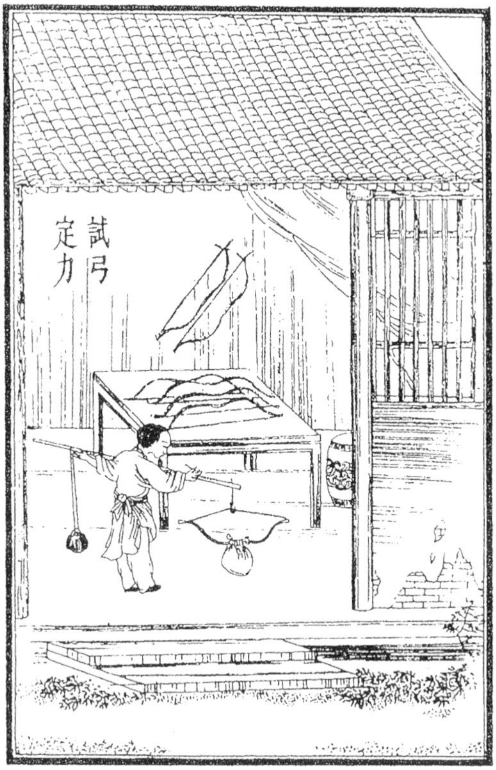

圖9-18 箭鏃
1. 商雙翼銅鏃
2. 西周三翼銅鏃
3. 戰國三棱銅鏃
4. 西漢鐵鋌銅羊頭鏃
5. 西漢鑄鐵脫碳鏃
6. 東漢鍛鐵鏃

圖9-19 試弓定力，據《天工開物》

說：「凡造弓視人力強弱為輕重，上力挽一百二十斤。」折合起來，比漢代的三百斤尚略小。清末大量使用火器後，弓箭遂被淘汰。

在西亞和歐洲，單體弓、合體弓和複合弓在紀元前均已得到長足發展。但西方的所謂地中海式射法與東亞式射法不同。前者將右手的食指、中指和無名指彎過來拉弦張弓，發箭時將鏃置於弓弣左側。後者將右手的食指、中指壓在勾弦的拇指上（所以韘也套在拇指上），發箭時將鏃置於弓弣右側（圖9-20）。兩種方式各有所長。然而就總體而言，中世紀之前西方對弓箭的重視程度不如東方。以步兵方陣和騎兵方陣的形式作戰的古羅馬軍團，並不將弓箭作為重要武器。只是到了6—7世紀，在拜占庭和阿拉伯的騎兵當中，弓箭才成為致勝的重要手段。到了13—16世紀，英國大弓（有效射程近320米）才在歐洲戰爭史上寫下了輝煌的一頁。

在弓的基礎上發展起來的強度更大、射程更遠、命中率也更高的射遠武器是弩。《吳越春秋》說，「弩生於弓」，「橫弓著臂，施機設樞」，乃成為弩。可見先有弓，它和弩臂互相獨立，只要尺寸相當，配上弩臂就組合成弩。湖南龍山里耶出土的J1（8層）147號秦簡稱：「遷陵已計，卅四年（前213年）餘見弩臂百六十九。」「凡出七，今□月見弩臂百六十二。」這是縣武庫藏品的清點記錄。值得注意的是，這裏記的只是弩臂的件數，發出的也只是弩臂而非整弩。故可推知並不是每張弩上都有固定的弓，二者可以臨時搭配。《吳越春秋》說的機、樞都裝在臂上。機指弩機，最早出土於山東曲阜魯國故城，是戰國早期的器物。以後在湖南、江蘇、河南、河北及四川等地的戰國中、晚期墓葬中，不僅發現了很多銅弩機，而且有些弩也較完整地保存至今。如湖南長沙掃把塘138號墓出土之例：它的弩臂為木質，塗黑褐色漆，長51.8釐米；弩機為銅製，包括望山（與牙相連）、鈎心、懸刀等件，用栓（鍵）把它們組合在弩臂上挖出的槽內；弩弓為竹製，已乾縮，復原長度約120—130釐米。同出的箭為竹竿，通長63釐米。使用時，手拉望山，牙即上升，鈎心隨著被帶起，其下齒卡住懸刀的缺口，遂使弩機呈閉鎖狀態。這樣就可以用牙扣住弓弦，將箭置於弩臂上的矢道內，使箭

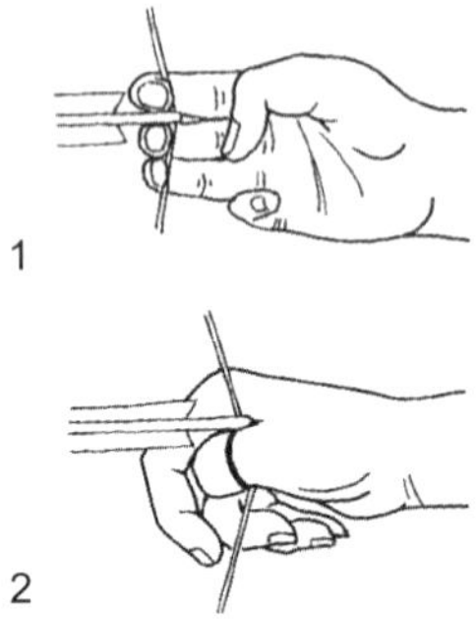

圖9-20　東西方的兩種張弓方式
1. 地中海式
2. 東亞式

圖9-21 弩
1. 弩的全形
2. 弩機的結構

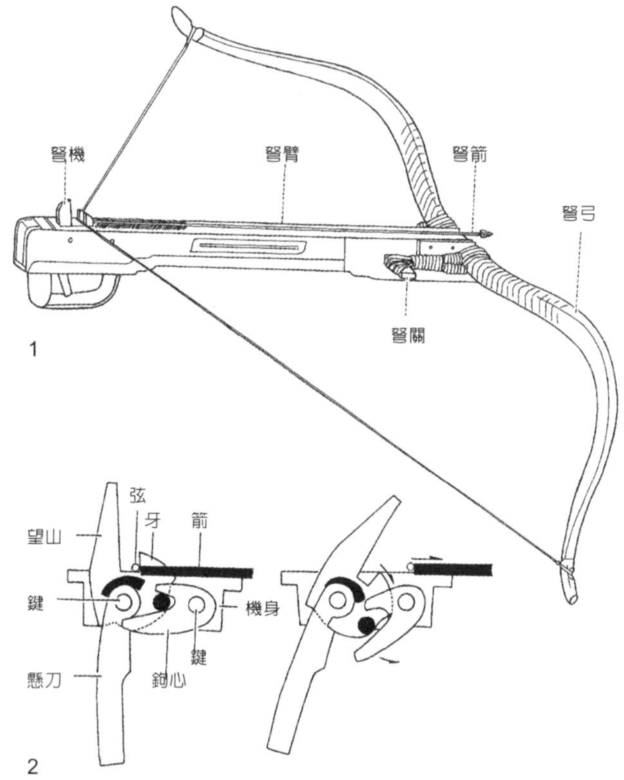

栝頂在兩牙之間的弦上。發射時，往後扳動懸刀，牙即下縮，箭乃隨弦的回彈而射出（圖9-21）。這種弩靠射手的臂力張弓，叫擘張弩，射程為80米左右（圖9-22：1）。為了增加弩的彈射力，弩弓做得更強更硬，以致用臂力難以開張。於是將弩豎立在地上，雙足踩住弓背，用雙手向上拉弦。這種用手足合力來張弓的弩叫蹶張弩，發明於戰國晚期，射程相當擘張弩的二至三倍（圖9-22：2）。弩在漢代得到較大發展，於抗擊匈奴的戰爭中，弩是漢軍之得力的武器。漢武帝元狩二年（前121年），名將李廣

與匈奴作戰時，在眾寡懸殊的情況下，用大黃弩射殺對方將領而扭轉戰局。漢代郡國還組成以弩手為主的步兵兵團「材官」，其指揮員的官號有的就叫「強弩將軍」。漢代不僅廣泛使用擘張弩和蹶張弩，還發明了腰引弩。使用腰引弩時，弩手坐在地上，兩足向前蹬弓，用繫在腰間之帶鉤子的繩曳弦張弓。由於它以弩手的兩腿和腰部的合力為動力，從而可使用更強的弩弓，射程更遠（圖9-22：3、4）。

隨著弩弓強度的增加，弩機的結構也得到改進。這時，在弩機的外面增設銅郭。此物呈匣狀，把機件組裝進去，然後嵌入弩臂的槽中。這就使貫連弩機各構件的銅栓，不

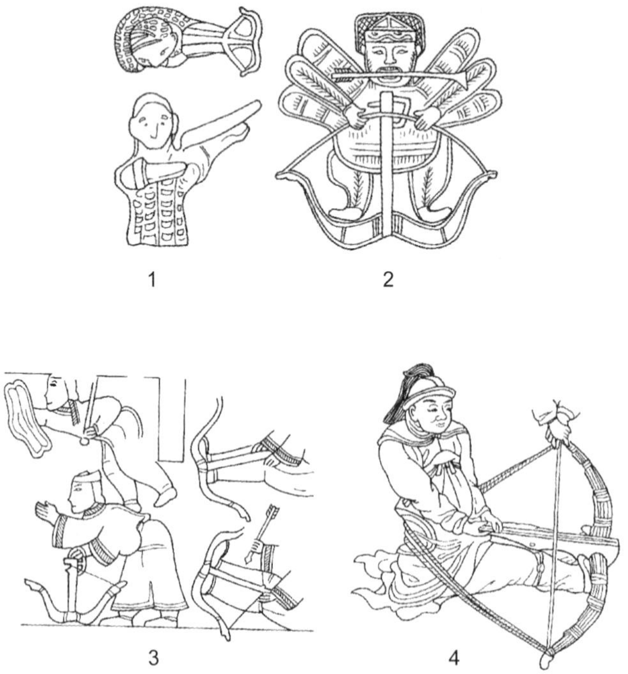

圖9-22　三種張弩法

1. 擘張弩，據河南陝縣劉家渠漢墓出土陶俑
2. 蹶張弩，據山東沂南漢墓畫像石
3. 腰引弩，據山東嘉祥東漢武氏祠畫像石
4. 明代《武備志》中的「腰絆上弩圖」（用作漢代腰引弩射法的參照）

僅穿在弩臂之槽的木框上，同時也穿進銅郭的孔中，所以能承受更大的張力。其次，漢代弩機在望山上加刻分度。望山用於瞄準，刻出分度後，則可以根據目標的距離調整發射角，提高命中率。另外，漢代弩臂的末端增設把手，式樣與現代的槍柄接近。

漢弩以石作為計算強度的單位，引滿一石之弩，需相當於提起一石（約30公斤）重物之力。自漢簡中看到，漢弩有一、三、四、五、六、七、八、十石諸種。常用的是四石弩。八石弩即唐・李筌《太白陰經》中說的「八擔」，代表強弩。其上還有超強之弩。又據漢簡上記載的射程推算，三石弩約為189米，四石弩約為252米。以此類推，十石弩的射程可達600米以上，在當時的世界上是很驚人的射遠武器了。漢簡中還發現過校驗弩力的記錄，石下面還記有斤數和兩數，可見當時對弩的使用和管理非常認真。

弩力增強以後，裝箭的速度相應減慢。特別像蹶張、腰引等弩，騎兵在馬上均不便使用。即使在步兵中，弩手也要分成「上弩」（裝箭）、「進弩」（待發）、「發弩」放箭）等三組，在其他兵士掩護下輪番發射（圖9-23）。所以弩逐漸轉用於防守。彀弩持滿，居高憑險，以逸待勞，尤足制敵。特別是西漢時發明的床弩，更主要是一種防禦性的武器。

床弩是將一張或幾張弓安裝在弩床上、用絞動輪軸引繩張弓的大型弩。《六韜・軍用篇》中曾提到「絞車連弩」，應即床弩。東漢的《論衡》中也提到「車張」之弩。早期的床弩只裝單弓。但《後漢書・陳球傳》說，他使用的弩「羽矛為矢」，即用長矛當箭；發射這麼大的箭，用的應該是多弓床弩。《宋書・殷孝祖傳》中所記

圖9-23 蹶張弩的輪流發射
1. 張弩
2. 進弩
3. 發弩（據《古今圖書集成・戎政典》）

「二十五石弩」，弩力約合750公斤，亦非多弓床弩莫屬。1960年在南京秦淮河出水的南朝大型銅弩機，長39、寬9.2、高30釐米，復原後弩臂之長當在2米以上，顯然也是床弩上用的。床弩在唐代文獻中仍稱為「絞車弩」或「車弩」。宋代始通稱「床弩」（圖9-24）。《武經總要》所記床弩，裝弓二至四張，種類很多。唐代還出現過「八弓弩」（《通鑒・武德四年》）。張弦絞軸的人數，小型的用五至七人；大型的如三弓床弩，又名「八牛弩」，要用一百人以上，瞄準和擊牙發射都有人專司其事。「箭用木杆鐵翎」，號稱「一槍三劍箭」。這種弩還可射出「踏橛

圖9-24 床弩

1. 明刊本《武經總要》中的三弓床弩
2. 三弓床弩結構復原圖（孫機復原）

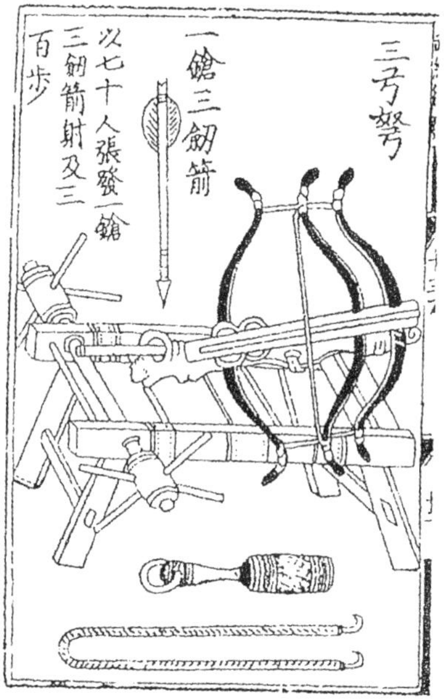

1

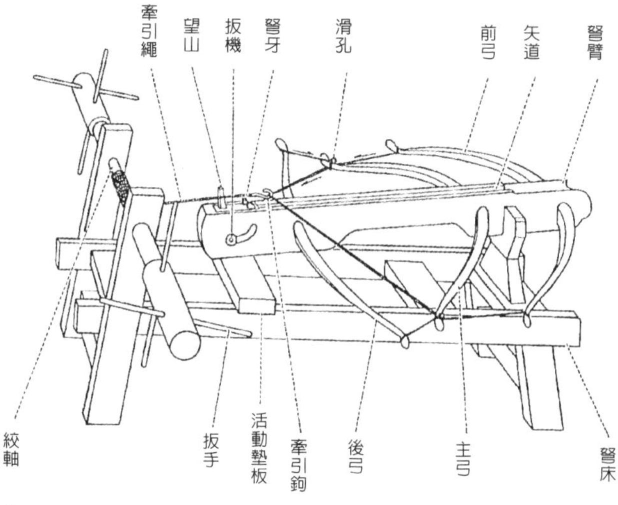

2

箭」，即將好幾支箭由低而高成排地射在夯土城牆上，攻城者可攀住露在牆外的半截箭杆登城，猶如頃刻間架起一座雲梯。北宋開寶年間（968—976年）魏丕對床弩作了一些改進。《宋史・魏丕傳》說：「舊床子弩射止七百步，令丕增造至千步。」宋代的一千步約合1536米。在中國冷兵器時代的射遠武器中，這是最遠的射程記錄。據《契丹國志》等書記載，在景德元年（1004年）的澶淵之戰中，宋軍用床弩射殺遼軍主將蕭撻覽，從而促成宋遼和議，保持了之後百年的和平。

重型的射遠武器則有拋石機，此物又名砲或礮。魏明帝《善哉行》：「發砲若雷。」晉・潘岳《閒居賦》：「礮石雷駭。」砲、礮皆受義於拋。礮又名旝。《說文》：「旝，一曰建大木置石其上，發以機，以追敵。」它是在大木架上裝梢杆，杆的後部繫著許多繩索，前端用繩連結著一個盛石彈的皮窩。發射時，由許多人猛曳繩索，石彈就被拋出。約在西漢時成書的《范蠡兵法》，一處說：「飛石重十二斤（2.7公斤），為機發行二百步（約280米）」（《漢書・甘延壽傳》張晏注引）。另一處說：「飛石重二十斤（4.5公斤），為機發行三百步（約420米）」（《文選・閒居賦》李善注引）。兩處的數位雖有出入，但可以大致看出這種武器在當時的性能。不過拋石機的體量雖大，卻仍可以裝輪推行。建安五年（200年），曹操攻袁紹時曾動用「霹靂車」，據李賢說：「即今拋車也」（《後漢書・袁紹傳》注）。唐・李勣在遼東戰場上，也曾「列拋車，飛大石過三百步，所當輒潰」（《新唐書・東夷傳》）。它不但有一定的機動性，還可以編成序列。唐・李靖《衛公兵法》中就指出，要將「轉關小拋」和「轉關大拋」輕重配合。

宋代還有一種將砲柱埋進地下，柱頂安轉輪，「左右前後皆可運轉」（宋・許洞《虎鈐經》），可以打到各個方向的「旋風砲」。至元八年（1271年）蒙古軍攻打襄陽時，使用了亦思馬因造的「回回砲」，「砲石大數尺，墜地陷入三四尺」（宋・鄭思肖《心史》）。元末明初徐達攻蘇州時，還用過這種砲，但已改稱「襄陽砲」了。宋代還發明了泥質砲彈，雖有一定的殺傷力，但落地即碎；不像石彈，敵方或可拋回來還擊。火器出現以後，有時仍用拋石機拋擲火藥彈。《武經總要》說，凡砲「若燔芻糧積聚及城門、敵棚、頭車之類，則上施火毬」。這時管狀火器剛剛出現，還不足以立即排斥彈射拋出之法。但隨著火炮的改進，及至明末清初拋石機就退出戰場了。

上面說的都是進攻性武器，下面談談防護裝具。

在這方面首先碰到的是干，干就是盾。不過細說起來，干是小盾，中盾叫瞂，大盾叫櫓。小盾高約60釐米，大盾應能遮蔽全身，中盾則介於其間。安陽侯家莊1003號大墓中疊壓放置了許多盾，是在木框上蒙覆多層織物、皮革而成，再塗上漆，並施彩繪。這些商盾略近梯形，高度在68—98釐米之間，底邊長度在61.4—77.5釐米之間。在侯家莊1001號大墓中還出土盾面的銅飾件——鍚，像一枚圓形銅泡，但盾體已朽失不存。西周墓中仍出銅鍚。河南浚縣辛村68號墓出土的鍚上有銘文「衛𠂤（師）昜（鍚）」，清楚地表明了它的用途。陝西岐山賀家村4號墓出土的鍚作人面形（圖9-25：4）。而北京房山琉璃河西周墓所出之鍚將人面分解成眉、目、口、鼻等七個部件，在盾上鑲嵌時再組合起來。東周時的盾多為弧肩弧腰的凸字形，輪廓像一件小坎肩。湖南長沙五里牌、左家公山，湖北荊門包山等地的楚墓中所

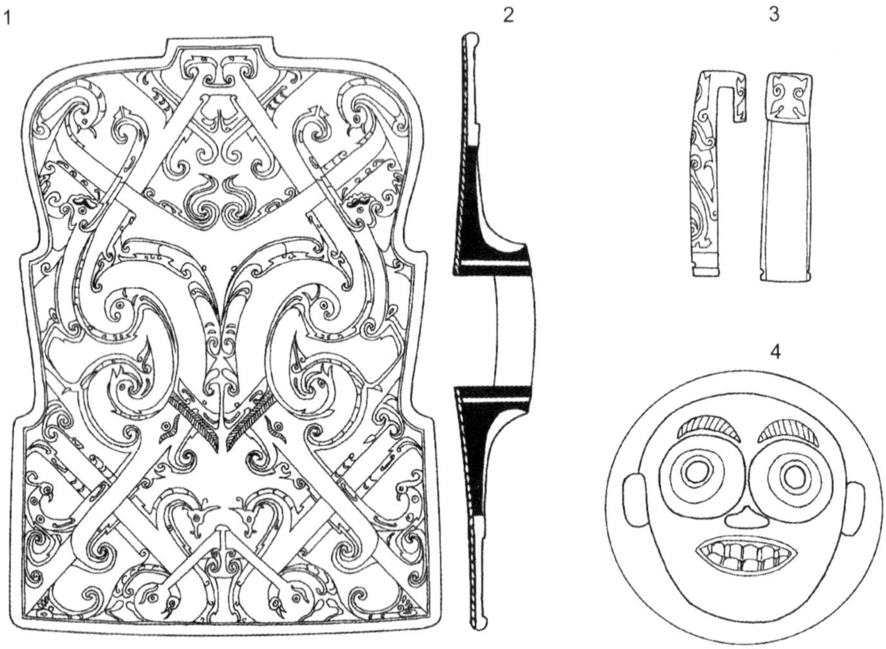

出此型漆革盾，髹飾甚精美（圖9-25：1）。其盾面微鼓，中間的脊棱名盾瓦。《左傳・昭公二十六年》：「射之中楯瓦。」杜預注：「瓦，楯脊。」脊的背面豎嵌木條，其中部屈曲呈高起的橋形，是用手執盾處，名盾握（圖9-25：2）；兩端套有銅盾鼻。盾鼻頭部折屈若鉤，用它向外鉤住盾面，可使木條附著得更緊，也使盾體與盾握結合得更牢固。長沙五里牌406號楚墓中曾出錯銀的銅盾鼻（圖9-25：3）。始皇陵兵馬俑坑出土的明器銅盾，盾脊之弧度的設計頗具匠心，其下部外凸，上部內凹，形成兩個曲面。射來的箭會從曲面上滑落，不致傷及執盾者。西漢盾與戰國盾區別不大。山東臨淄齊王墓陪葬坑所出者與長沙

圖9-25 盾（1.盾面 2.盾握 3.盾鼻 4.盾錫）

1、2. 湖北荊門包山戰國墓出土

3. 湖南長沙五里牌戰國墓出土

4. 陝西岐山賀家村西周墓出土

楚墓的盾形制基本相同，也同樣都是革盾。馬王堆3號墓的遣冊中曾提到「執革盾」，可見西漢多用革盾。臨淄盾在黑褐色的漆地子上繪朱色花紋，應即廣西貴縣羅泊灣西漢墓所出《從器志》中說的「丹畫盾」。戰國時有木盾，漢代也有。咸陽楊家灣大墓陪葬坑所出步兵俑拿的盾，有的呈兩半扇相拼合再以繩絡結之狀，應即《釋名》所說「以縫編版者，謂之木絡盾」的那一種。鐵盾見於沂南畫像石，其中刻出一具飾以獸面之盾，榜題「鐵楯」。此盾較瘦長，其形制為以後的北朝長盾所取法。廣州龍生崗4013號墓出土的東漢漆盾呈橢圓形，略殘，原物之長徑僅40釐米許，與東漢晚期的畫像鏡上之騎馬人物所執者相近。《釋名》說：「狹而短者曰孑盾，車上所持者也。孑，小稱也。」車上、馬上所持之盾應無大殊，故這種小盾即孑盾。在河南唐河、成都曾家包等地所出東漢畫像石中，也能看到這種盾。其形制為以後南朝的圓盾所承襲。北朝的武士俑常用飾以獸面的長盾。莫高窟285窟西魏壁畫還繪有立盾，盾支在地上，有如掩體，後面的武士仍可持兵器格鬥。唐代稱盾為「彭排」，以革製和木製者為主。宋代則稱之為「旁牌」，而且將步兵用的和騎兵用的分得很清楚。《武經總要》說：「步兵牌長可蔽身，內施槍（戧）木，倚立於地。騎兵正圓，施於馬射，左臂繫之，以捍飛矢。」明中葉以後出現了藤牌，為清代所沿用。

中國古代還有一種將盾與鉤複合而成的兩用兵器，名鉤鑲。《墨子・魯問》說公輸般作鉤拒，「退者鉤之，進者拒之」，此物就是鉤鑲。河南鶴壁出土的漢代鐵鉤鑲，全長61.5釐米，與小盾的長度相仿。它有上下兩鉤，釘在中間的盾體上。背面有握，以供把持（圖9-26：1）。

河北定縣漢代中山穆王劉暢墓出土的鐵鈎鑲上且有錯金花紋，可見對它的重視。鈎鑲能兼起鈎、推的雙重作用。其中部所裝小盾可抵禦敵刃，而鈎則可以鈎束敵方武器，以利己刃殺出。所以鈎鑲常和環首刀配合使用（圖9-26：3、4）。江蘇銅山漢畫像石中的格鬥場面：使用鈎鑲者一手將對方的長兵鈎住，另一手則揮刀砍去，使他那持戟的對手完全陷於被動的境地（圖9-26：2）。直到晉代仍使用鈎鑲，江蘇鎮江東晉隆安二年（398年）墓所出畫像磚上，還有一手執鈎鑲、一手執刀的獸首人像。然而再往後，這種武器就很少見到了。

在古代戰爭中披甲比持盾的防護作用當然要周密得多。商代起初用的是皮甲，較原始之整片的皮甲曾在安陽侯家莊1004號墓中出過。由於這種類型的甲穿用不便，後來遂將皮革裁成甲片，再編綴成型。湖南長沙瀏城橋等地的春秋墓中出過皮甲片，但均未能復原。目前已復原之最早的皮甲出土於湖北隨州曾侯乙墓，由身甲、甲裙和甲袖三

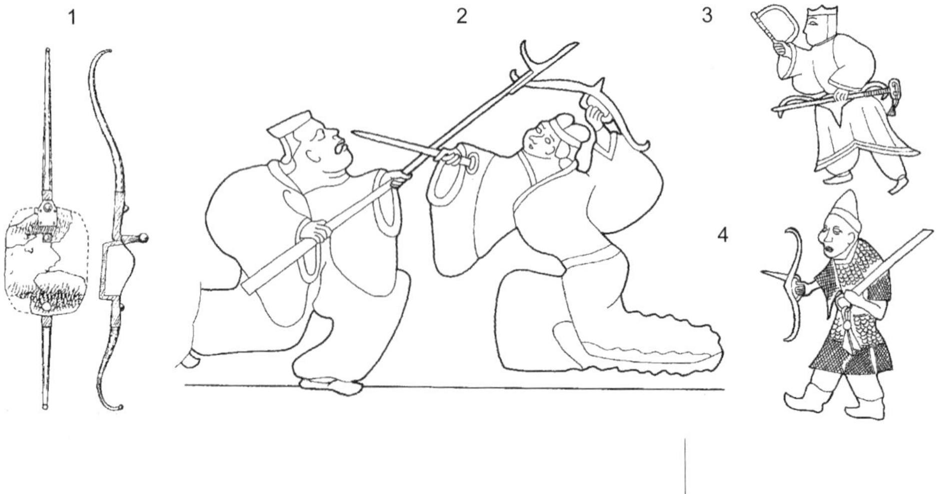

圖9-26　漢代的鈎鑲
1. 鐵鈎鑲，河南鶴壁出土
2. 持刀與鈎鑲者與執戟者格鬥，江蘇銅山周莊出土漢畫像石
3. 持刀與鈎鑲的從者，山東泰安出土漢畫像石
4. 持刀與鈎鑲的甲士，山東臨沂白莊出土漢畫像石

部分組成。其甲袖用活動編綴法編成，袖筒可以伸縮。這裏出的皮冑也用甲片編成。中有脊樑，下有垂緣護頸。商周是青銅時代，但從未發現過商代的銅甲，然而卻出土了許多商代的銅冑，僅安陽侯家莊1004號墓中就出土了一百四十頂以上。皆為範鑄，冑頂有銅管，可插纓飾。正面多鑄出獸面紋。但也有在冑的兩側鑄出兩朵大渦旋紋，當中實以龍紋的。其式樣很典型，位置很特殊，似乎有以龍當作紋章的用意。除了安陽的商代銅冑外，北京昌平白浮西周墓也出銅冑，頂部有網紋長脊，冑面光素。此外在內蒙古、東北等地也曾發現銅冑，多為東周時東胡族的遺物。至西周時則不僅有銅冑，也有銅甲。陝西西安普渡村西周墓中出土一襲由四十二片銅甲片編成的甲，復原後呈長方形，僅掩前身，如同兩當甲的前片。山東膠縣西庵西周車馬坑中出土的銅甲飾，應是釘綴在皮甲上的，主要起裝飾作用。及至戰國晚期，鐵甲在文獻和實物中均已出現。《呂氏春秋・貴卒》提到「鐵甲」。燕下都44號墓出土了用八十九片鐵甲片編成的鐵兜鍪，現已復原。燕下都13、21、22號遺址還曾出土同類型的散落的鐵甲片。為了與皮甲相區別，鐵甲也被稱作鎧。《周禮・司甲》鄭玄注：「古用革謂之甲，今用金謂之鎧。」

秦代鐵甲的實物未見，只在始皇陵兵馬俑坑中發現了眾多甲士俑。從形制上看，陶俑所披之甲有的仿皮甲，有的或仿金屬甲。由於兵馬俑坑中出土的鐵器極少，陶俑身上的甲是否有些是模仿鐵甲，很不容易斷定。但甲的形制卻值得注意。這裏的軍吏甲僅有前片，用帶子在背後交叉繫結。騎士甲前後身相連，後身稍短，均以長方形甲片編成，無披膊。將軍甲的前身為一整片，胸部光素，腰以下綴甲片，下擺拖出尖角。後身較短，僅在腰部綴甲片，後背的上部與披膊均未綴甲片。將軍甲的防護部位並不特別周到，或與其負責指揮運籌，無須經常冒白刃、沖矢石有關。禦者甲的甲身較長，且在頸部增加高起的「盆領」。左右兩肩的披膊向下延伸至腕部，其前還接出由三枚甲片構成的舌形護手。可見駕戰車的禦者經常處在戰場的最前沿。

漢代的鐵甲又名玄甲。《漢書・霍去病傳》說他「元符六年薨，上悼之，發屬國玄甲，軍陣自長安至茂陵」。咸陽楊家灣西漢大墓陪葬坑所出陶甲士俑，所代表的或即送葬的軍陣。除了這種場合外，漢代人也以「玄甲耀日，朱旗絳天」（班固《封燕然山銘》）之類話，描寫軍容之威武；可見鐵甲是漢代軍隊最精良的防護裝具。整領的鐵甲，在臨淄齊王墓陪葬坑、廣州南越王墓、安徽阜陽雙古堆1號墓、洛陽西郊3023號墓、內蒙古呼和浩特二十家子古城窖藏、西安漢城武庫遺址等處均曾出土。至於零星甲片，各地出土的亦為數不少。漢代的鐵甲片有大有小。大型甲片作圓角長條形，長約25釐米，有類一枚簡札，故稱為甲札；用它編成的甲則叫札甲。小型甲片下緣平直，近匙頭形，長度一般不超過3釐米。用它編成的甲，甲片排列緊密，有如魚鱗，故稱魚鱗甲。編甲時，大致是先橫編後縱聯。橫編時是從中心一片向左、右編綴；縱聯時則由上向下。所以鎧甲片一般是上排壓下排，前片壓後片。根據部位的不同，又有兩種編法。一般部位是縱橫都固定編綴；但在特殊部位，如肩部、腰胯等處需要活動，則採用活絡編綴。即將編甲的繩條留有可供上下活動的長度，使甲片可上下推移，伸縮自如。總之，甲片的編綴方法是簡單而有規律的，這是出於作戰的需要。如編綴技法過分複雜，戰爭中如有損壞，則難以及時修復。漢代披甲的武士的形象，也以咸陽楊家灣甲士俑反映得最具體。這裏有兩種式樣的鎧甲：一種用長方形的札甲編成，大抵僅有胸背甲，叫兩當甲（圖9-27：1）。另一種為魚鱗甲（腰、肩等部位仍用札甲片以活絡法編綴）。河北滿城中山王劉勝墓的魚鱗甲，共用甲片二千八百五十九片。山東臨淄齊王墓的魚鱗甲，共用甲片二千二百四十四片。札甲的甲片就少得多了。廣州南越王墓的札甲，僅用七百零九片。上述始皇陵兵馬俑坑的禦者之甲，僅用三百二十三片。齊王墓

圖9-27　漢代與唐代的甲
1. 戴武弁著兩當甲，陝西咸陽楊家灣漢墓出土陶俑
2. 戴鳳翅盔著明光甲，陝西西安唐墓出土「鎮墓俑」

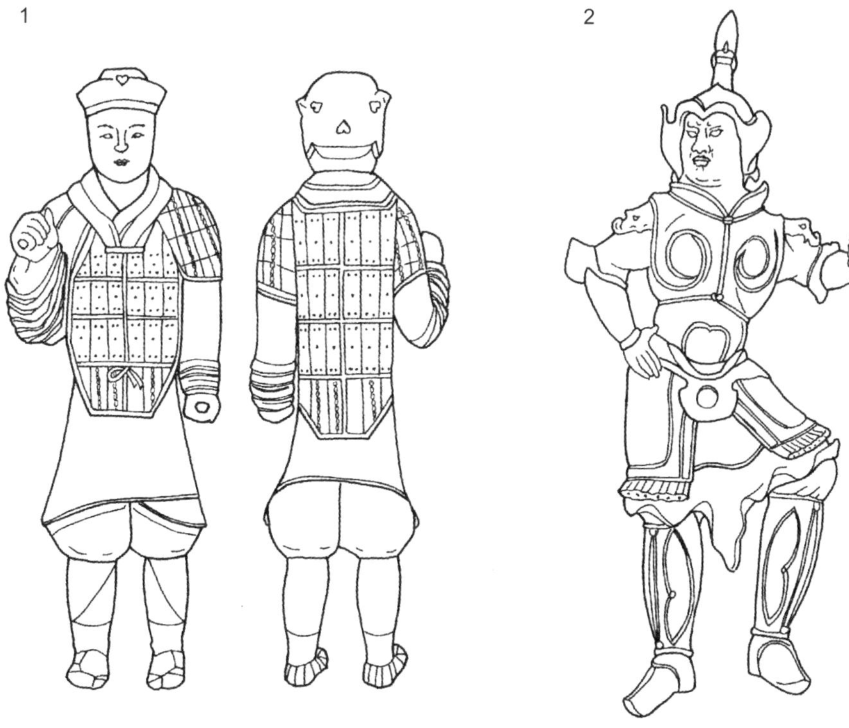

出的甲片上並飾以金銀薄片。

南北朝時馬鐙已經普及，為重裝騎兵的出現創造了條件。這時在鮮卑族統治的中國北部，出現了以配備兩橋垂直鞍、硬質箕形障泥、滿綴銅鈴或杏葉的網狀鞧帶為特徵的一套馬具。這套馬具雖然有點笨重，但滿雄壯。再披上馬甲即具裝，騎上著兩當甲的武士，更大有所向披靡的氣概。元嘉二十七年（450年）北魏與劉宋大戰，宋軍失敗，六州殘破。《宋書・索虜傳》總結這一戰役時說：「所謂『走不逐飛』，蓋以我徒而彼騎也。」南朝的步兵當然敵不過鮮卑重裝騎兵。而北魏的兩當甲和具裝甲在其中發揮的作用，亦不應小覷。

南北朝時期還曾對兩當甲加以改進，將胸部的小甲片化零為整，變成兩個大整片。由於是整片，閃閃發光，遂稱之為「明光甲」。唐代多用這種甲（圖9-27:2）。而且在胸甲上增益紋飾，將束甲的絛繩也加以美化，肩上有披膊，腰下垂鶻尾、膝裙。鶻尾用於掩蓋襠部，膝裙護大腿。下縛吊腿，護小腿。兜鍪一般有翻卷的護耳，頸部有頓項。除胸甲外，其他部分仍以甲片編綴而成。不過應當注意的是，在唐代的三彩陶俑和佛教雕塑中，經常可以看到身著華麗的甲冑者，他們在披膊上裝吞肩獸頭，兜鍪上飾展翅鵬鳥，怪異之處，不一而足。但他們的身分多為「護法神將」、「降魔天王」之類，其裝飾物不起防護作用，和唐代軍人實戰用的甲冑不盡相同。

宋代甲冑與《武經總要》中的圖示大體相合。不過宋代軍人特別是士兵經常戴笠子。笠子源於唐代的席帽。席帽是用席做的斗笠，宋代改用布、氈或皮革製作。《東京夢華錄》稱：「武官皆頂朱漆金裝笠子。」四川彭山宋・

虞公著墓中的石刻甲士，戴笠式冑，冑下有頓項。身甲較長，雙肩覆披膊。圍捍腰。當更接近實戰的裝束（圖9-28：1）。山東郯城出土的南宋寶祐四年（1256年）笠式銅冑，正可與彭山石刻畫相對照。

遼代的甲與唐時區別不大，他們的圓錐形冑卻為前代所不見，元代也用這種冑。它們和歐洲中世紀的諾曼式頭盔頗相近。元代圓錐形冑上的短帽檐及長眉庇也帶有外來的成分。此外，元代甲士也有戴接近宋式的笠式冑的。

明代兵勇多戴紅笠軍帽，也有戴紮巾的。甲多為布面

圖9-28 宋代和明代的甲
1. 四川彭山南宋・虞公著墓石刻
2. 明人繪《王瓊事蹟圖》

1
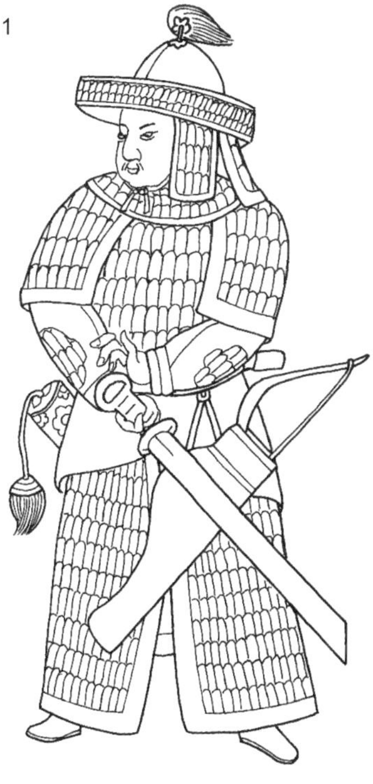

2

內襯鐵片，大體與元代相似。胄基本上是圓錐形的，如常見的「八瓣帽兒盔」（圖9-28：2）。但有的相當高大，頂上有軸管以插翎羽，通體有如尖塔。有些盔上還插小旗。正德年間，「紅笠之上綴以靛染天鵝翎以為貴飾，貴者飄三英，次者二英」（《明史・輿服志》）。

清代的盔在頂部加的裝飾更多，其插貂尾、獺尾的做法為前代所無。

最後談談火器。

黑火藥是硝石（75%）、硫黃（10%）、木炭（15%）三者之粉末狀的混合物，而硝石和硫黃正是煉丹術中常用的材料。由於此二物藥性甚猛，煉丹家又對他們進行「伏火」。就是將硝石、硫黃與炭化的皂角等物放在一起加熱，如混合物「成油入火不動者，即伏火矣」（《真元妙道要略》）。這個危險的試驗一不小心就會引起劇烈的燃燒。最後乃導致火藥的發明。此過程應完成於7世紀。

火藥被發明出來以後，將火藥包用拋石機發射出去，就是原始的火炮。唐哀帝天祐年間（904年），十國中吳的軍隊圍攻豫章（今南昌）時，「發機飛火」，燒了龍沙門（見宋・路振《九國志》）。許洞在《虎鈐經》中解釋說：「飛火者，謂火炮、火箭之類也。」1000年，唐福獻所製火箭、火球、火蒺藜給宋朝朝廷。1002年石普製火毬、火箭，宋真宗曾讓他當眾做了表演。1044年編成的《武經總要》中記載了多種火藥兵器。靖康元年（1126年）金兵攻汴梁，李綱在守城時用霹靂炮擊退了敵人。但這些戰例用的都是拋火藥包的方法。紹興二年（1132年）李橫亂軍進犯德安（湖北安陸），守城的知府陳規「以火砲藥造下長竹竿火槍二十餘條」（宋・湯璹《德安守禦錄》）。這是世界上最早的管狀火器。但這種「竹竿火槍」只能噴火而不能射出子彈。這時即便是將火藥裝入容器，也不過是陶瓶之類，爆炸的威力有限。13世紀發明了鐵炮彈。宋・趙與袞《辛巳泣蘄錄》記嘉定十四年（1221年）金人攻蘄州（湖北蘄春）時用的炮彈，作「匏狀而口小，用生鐵鑄成，厚有二寸」。鐵殼強度高，殼內氣體壓力大，爆炸力更強。開慶元年（1259年），壽春府（安徽壽縣）「又造突火槍，以巨竹為筒，內安子窠。如燒放，焰絕然後子窠發出，如砲聲」（《宋史・兵志》）。突火槍能發射子窠，雖然仍是竹筒，但比陳規的竹竿火槍又前進了一大步。北方的金國也在1232年使用過能射鐵滓、磁末的「飛火槍」，不過其槍管是紙筒（《金史・蒲察官奴傳》）。拿它和突火槍相較，孰優孰劣，很難判斷。後來蒙古軍隊從金人和宋人那裏學會了使用和製作火器的技術。1274年元軍渡江進攻南宋時，曾使用過一種可以燃放的火炮（《新元史・伯顏傳》又《張君佐傳》）。1287年元王朝平定乃顏叛亂時，使用過火力更強的炮（《元史・李庭傳》）。這種炮有可能是一種金屬管狀火器。在這次戰爭的戰場之一，黑龍江阿城縣阿什河邊半拉城子出土的形制原始的銅銃，雖無銘文，但有可能就是平定乃顏之戰留下的遺物，它的年代或不晚於13世紀末。這一判斷雖不能完全確定，但近年在內蒙古錫林郭勒盟正藍旗發現的銅銃上有八思巴文「大德二年（1298年）」銘記，正鑄造於這一時期，應為目前世界上可以確認的最早的一門銅火炮。它比原來排位領先的至順三年（1332年）銃（國家博物館藏）還早三十四年。

15世紀中葉開始，歐洲的火炮製造技術迅速發展，歐

圖9-29 佛郎機銃

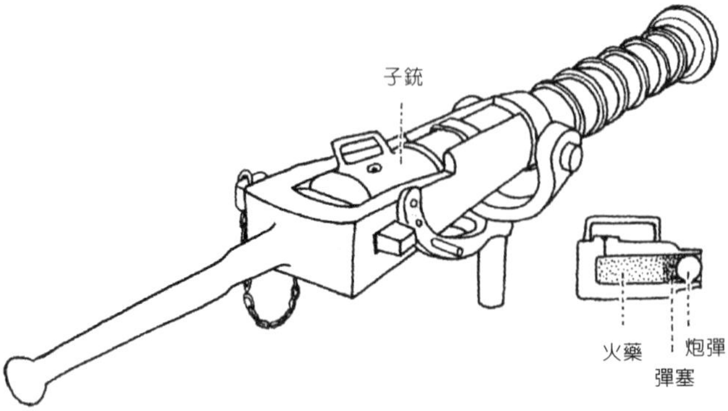

洲火器也傳入中國，影響較大的有佛郎機銃，鳥銃和紅夷炮。這裏說的佛郎機指葡萄牙。1517年葡萄牙商人到廣東通商，1521年左右白沙巡檢何儒買了他們的銃。佛郎機銃是一種帶子銃的後裝火銃。子銃填藥後放進母銃中發射（圖9-29）。這種銃由於子銃裝藥量小，母銃口徑不大，威力有限。鳥銃是明代對火繩槍和燧發槍的統稱。鳥銃的槍管較長，口徑較小，發射圓鉛彈，射程較遠。並設有準星和照門，可以瞄準後再發射。但發射時要經過裝藥、搗實、裝鉛彈、搗實鉛彈、開火門蓋、下引火藥等一系列程式。所以作戰時要分組輪流裝填舉放。鳥銃傳入後經中國仿製改進，性能有所提高，成為裝備明清軍隊的主要輕型火器之一。紅夷炮於明末引入中國。天啟元年（1621年）、二年（1622年）明朝先後從澳門買了這種大炮，為葡人從在澳門附近擱淺的英艦上拆下的，是英國在16世紀後期生產的大型前裝滑膛炮。這種炮口徑大、管壁厚、管身長，是當時火力最強的炮。天啟六年（1626年）努爾哈

赤攻打寧遠（遼寧興城），被袁崇煥用紅夷炮擊傷，終於不治。當時明與後金都大力仿造這種炮，並給予各種「將軍」的封號。過去在故宮端門和午門之間擺著兩尊這種炮。炮上刻的文字和鑄的圖案已模糊不清。根據此炮未剝蝕前的舊拓片，文為「天啟二年總督兩廣軍門胡題解紅夷鐵銃二十二門」證明它們就是最初引進的那批炮的實物。清人諱「夷」，改稱「紅衣炮」。

十　科學技術

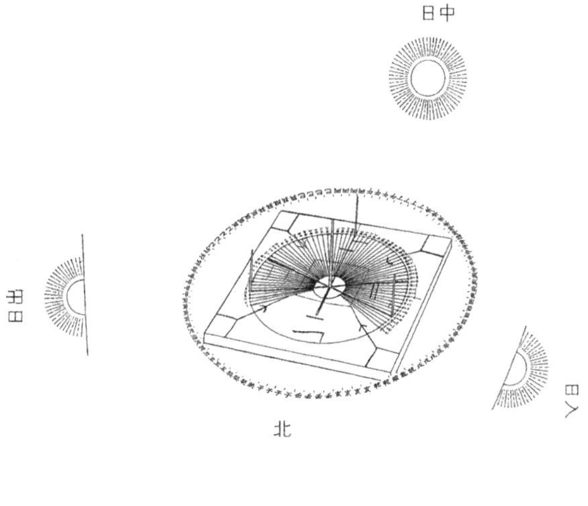

科學技術的作用廣泛之至，生產、生活的各個領域中無處不在，難以劃定範圍。這裏只就計算、曆象、地學、磁學等方面舉幾個例子；而且不是講這些學科的原理，只談與之相關的器物。

先說用於計算的器物。計算是處理數量關係的，是科技活動的基礎。中國直到宋代都用籌算。籌算用的工具叫算籌，它還有一個專門名稱叫「筭」。即清・段玉裁所說：「筭為算之器，算為筭之用。」宋代通稱為「算子」。算籌一般為竹質，也有木、骨、象牙或金屬的。最早大約用的是草莖。一般而言，越古老的時代人們越迷信，中國上古時代的人常進行占卜。卜是龜卜。占則是占筮，就是用蓍草的莖算卦。亦即《禮記・曲禮》所說：「龜為卜，蓍為筮。」蓍是菊科的鋸齒草，又叫叢蓍，生長緩慢，如果一叢蓍草有一百根莖，則稱作「靈蓍」，被認為占筮時會非常靈驗。古人用長短不同的蓍草莖「十有八變而成卦」（《易・繫辭・傳》）。其參伍排比的方法，從形式上看確與籌算有類似之處，所以籌算的出現應與占筮有關。

漢代算籌的實物，如湖北江陵鳳凰山168號西漢墓所出竹籌長約七漢寸。廣州南越王墓出土的象牙籌，長度接近六漢寸。而陝西千陽出土的西漢骨籌，長13.5釐米，正合六漢寸（圖10-1）。《鹽鐵論・貧富篇》說：「運之六寸，轉之息耗。」「六寸」指算籌，可見漢籌以六寸為常制。但算籌無須太長，長了並不方便，所以漸漸變短。河北石家莊東漢墓所出算籌的長度不到四漢寸。《數術紀遺》北周・甄鸞注說籌長四寸，反映的就是這一趨勢。再後來《隋書・律曆志》說籌長三寸，就更短了。已發現的算籌一般只有十根八根，不成一整套。按照《漢書・律曆志》的說法，算籌以二百七十一根為一套，叫一握。後來數量減少，如元・耶律楚材在《湛然居士集》中所說，一套只有九十一根。整套的算籌可以盛在算袋裏，這是一種長橢圓形的袋子。唐・段成式《酉陽雜俎》中提到墨魚的時候說：「昔秦王東遊，棄算袋於海，化為此魚。」清・周亮工《閩小記》中仍稱：「墨魚一名算袋魚。」可見它與墨魚的輪廓近似。唐代官員在腰間的革帶上佩算袋。此物流行的時間相當長，將來很有可能被發現。

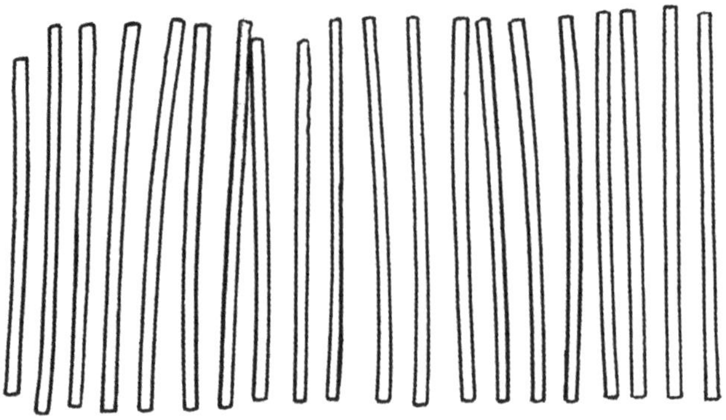

圖10-1 西漢骨算籌，陝西千陽出土

籌算是布籌改碼，通常不在紙上留算草。所布之籌碼分縱式和橫式：

縱式	𝍠	𝍡	𝍢	𝍣	𝍤	𝍥	𝍦	𝍧	𝍨
橫式	𝍩	𝍪	𝍫	𝍬	𝍭	𝍮	𝍯	𝍰	𝍱
	1	2	3	4	5	6	7	8	9

布籌時縱橫相間，即如《孫子算經》所說：「凡算之法，先識其位。一縱十橫，百立千僵。千十相望，萬百相當。」比如6614布作𝍮𝍥𝍩𝍣，86021布作𝍧𝍮 𝍪𝍠。零數留出空位。加減時直接添籌、減籌，乘除時則借助九九歌訣運算。由於籌算在社會上通行，所以就連標榜復古的王莽所鑄「十布」，其上的數字除「五」字和「千」字外，用的也是籌碼（圖10-2）。

籌算是十進制又是位值制。十進位，今天看來好像是

圖10-2 王莽十布

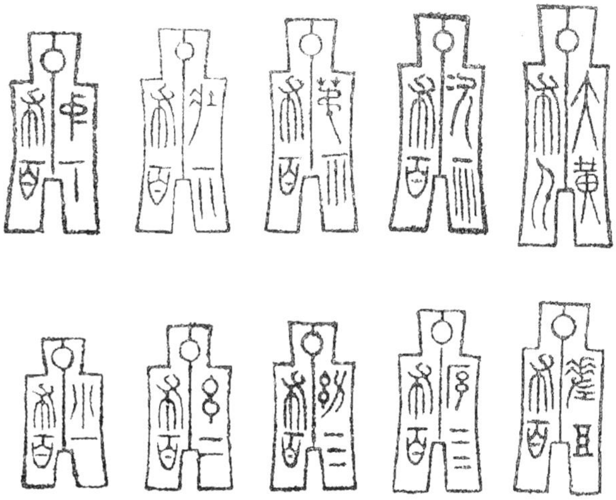

天經地義，其實它不是自然的而是人為的。進位制不一定都是十進。中國的老秤一斤是十六兩。英國一英磅等於二十先令，一先令等於十二便士，一磅則等於二百四十便士。上世紀70年代以前，咱們國家去英國的人帶的多半是美金，還要在腦子裏換算成人民幣。買東西計價卻用磅、先令、便士，常常買不了幾件就給繞糊塗了。後來英國人也認識到這一點，1971年宣佈改為一英磅等於一百便士，這就和十進制不矛盾了。而位值制就是一組數字中有個位、十位、百位等之別，同一個數字在不同的位置上代表的數值不同。位值制的概念並不是古代各國的記數法裏都有的。羅馬用I、V、X、L、C、D等字母代表1、5、10、50、100、1000等數字。123在中國的籌算中可以布作丨＝Ⅲ，在羅馬可不能寫成ⅠⅡⅢ，而要寫成CXXIII，因為他們不用位值制。

籌算在長期使用中演算方法逐漸簡化，產生了可以在一個橫列裏演算乘除的做法。宋代沈括說，數學的方法是，「見繁即變，見簡即用」。當各種簡捷演算法出現以後，特別是「九歸歌訣」和「撞歸歌訣」等的產生，較繁的除法也變得容易了，從而使演算者覺得布籌改碼不夠方便，不夠得心應手。這樣便導致了算盤的發明。在電腦出現以前，算盤是一種構造極簡單而效率奇高的計算器。

清末，一般研究者都認為明代程大位的《算法統宗》（1592年）是刊載算盤圖的最早的著作（圖10-3）。上世紀30年代，李儼指出，柯尚遷的《數學通軌》（1578年）中所載者更早。到了1957年，在日本內閣文庫中找到了徐心魯訂正的《盤珠算法》（1573年）中的算盤圖。以後又在美國哥倫比亞大學圖書館發現《新編對相四言》

圖10-3 明．程大位《算法統宗》中的算盤圖

（1436年）一書，其中載有九檔算盤圖。1963年錢寶琮在《中國數學史》中又舉出國家文物局收藏的《魯班木經》（1425年）中的算盤圖。上世紀70年代在日本還發現了一部明刻本《魁本對相四言雜字》（1371年），在這部圖文對照的蒙學讀物中，已刊有上二珠、下五珠、中有橫樑的算盤圖。《魁本對相四言雜字》是洪武四年刻的，距離元代只有幾年。目前雖未發現元代的算盤圖，但元代文獻中卻曾提到算盤。元・劉因《靜修先生文集》中有《算盤詩》。陶宗儀《南村輟耕錄》中記有拿算盤作的比喻，稱：「凡納婢僕，初來時曰『擂盤珠』，言不撥自動。稍久曰『算盤珠』，言撥之則動。既久曰『佛頂珠』，言終日凝然，雖撥亦不動。」這段話雖然充滿歧視傭工的心理，但說明算盤在當時已是常見之物。再如元曲《龐居士誤放來生債》中也有「算盤」一詞，故元代已用算盤當無疑問。

問題是算盤的發明能不能上溯到宋代？證據是有一些，但不十分明確。如《清明上河圖》中所繪行醫的「趙太丞家」，在當門的櫃子上擺著一個長方形分檔之物，有學者認為它就是算盤（圖10-4）。又如1921年在河北邢台宋巨鹿故城曾出土類似算盤珠之物。此城是北宋大觀二年（1108年）因黃河改道被淹沒的，發掘時出土包括木桌、木椅在內的日用什物多件。這枚木珠直徑2.11釐米，中有孔，但其孔略近三角形；所以有人認為它就是算盤珠。也有人對這兩個例子都表示懷疑。

在這裏還應當說明的是，籌算時代的算籌也可以布列在「算盤」上。盤上畫有方格，置於個位者是個位數，置於十位者是十位數，空位不置籌。見明・吳敬《九章詳注比類演算法大全》（1450年）。此「算盤」是布籌所

圖10-4 《清明上河圖》中趙太丞家的櫃子上擺著類似算盤的分檔之物

用，但也有在裏面放算珠的。《算法統宗》卷末所載《算經源流》中，有一個宋、元、明三代數學著作的書目，其中有《盤珠集》和《走盤集》兩種，記為宋代的著作。從書名看，當與一種珠算算法有關，但二書今已失傳。又東漢・徐岳《數術紀遺》中曾說：「珠算控帶四時，經緯三才。」甄鸞注：「刻板為三分，位各五珠，上一珠與下四珠色別。其上別色之珠當五，其下四珠各當一。」這種珠算仍是籌算時的輔助用具。木板只分了格，很難說清它的運算方法。但其上一珠當五，則與籌算布籌時之「滿六以上，五在上方」相一致，而此制正為後來的算盤所繼承。故早期的珠算雖然沒有實物流傳，也不知其詳，卻無疑應是後來的算盤的先導者。可是從另一方面也應看到，籌算和珠算只求快捷，不留算草，以致抽象化的數學語言在中國未能充分發展，則是其不足處。

下面說說天文曆法方面的器物。

中國古代對於物候和以天象為標誌的農時非常重視，即所謂觀象授時。在對天象的觀測中，出現得最早，沿用得也最久的測象儀器是圭表。表是立於地面的標杆，圭是平置的尺。表放在圭的南端，二者互相垂直。每當正午時，表影就落在圭面上。太陽雖然每天東升西落，但在不同季節，出沒的方位和正午的高度是不同的，並有著周期變化的規律。用圭表測量、比較和標定日影的周日、周年變化，可以定方位、測時間、劃分季節，求得周年常數，進而制定曆法。圭表作為傳統天文學的一項主要觀測手段，從上古一直使用到清代。因此，中國古天文學或被稱為靠測影起家。

遠在西周初年，中國已有用圭表進行觀測的記事。《逸周書・作雒》說：「周公將致政，乃作大邑成周於土中。」這裏說的是周公為成王在洛陽地區營建成周城的事。城址選擇在「土中」，土中又稱「地中」。《周禮・地官・大司徒》：「日至之景，尺有五寸，謂之地中。天地之所合也，四時之所交也，風雨之所會也，陰陽之所和也。然則百物阜安，乃建王國焉。」鄭眾注：「土圭之長尺有五寸。以夏至之日，立八尺之表，其景適與圭等，謂之地中。」也就是說表高八尺，夏至這天中午影長為一尺五寸之處，就是地中。陝西寶雞所出《何尊》的銘文稱，成王「初遷宅於成周」時說，武王滅商後曾言：「余其宅茲中國。」意思是要建都於天下的中心。這個中心既叫土中、地中，也叫中國，認為其自然條件無比優越。我們中國的名稱就是從這裏來的。

表高八尺，這個數值後來長期沿用。古代為什麼選用這樣一個數值呢？看來與人體的高度有關，古人大約是從觀測自己的身體的影子開始這項活動的。商和西周時，尺度短小，男子的身高約合當時的一丈，故有「丈夫」之稱。東西周之交，尺度加長，身高約合八尺；表高八尺大概就是這時定下來的。東周末以至秦漢時，一尺的長度已增到23釐米左右，所以就稱為「七尺之軀」了。

表高八尺，這是一個適中的數值。因為從理論上講，以圭表測影之法求二至，是能夠得出準確的結果的。但在實際觀測時卻遇到困難。正如清・江永所說：「測影之臬，不可過短，過短則分寸太密而難分；過長則取景虛淡而難審。」表低了，投影也短，長度量不精確；表高了，則影端虛淡，也不好測量。正式觀測所用之表，高度多為八尺。晉・郭延生《述征記》說，長安靈台之銅表「高八尺」（《三輔黃圖》卷五引），即是一例。

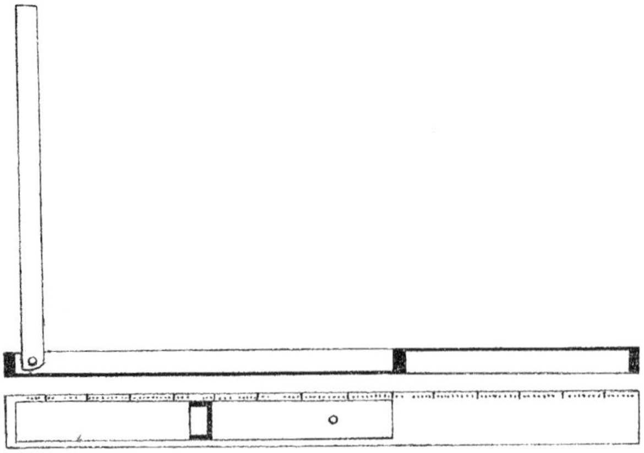

圖10-5 東漢銅圭表，江蘇儀征出土

現存最早的圭表是1965年在江蘇儀征石碑村1號東漢墓出土的，銅質，表高19.2釐米，即漢尺八寸。它是當時正式的圭表縮小到1/10倍的袖珍件（圖10-5）。雖然因為尺寸小，精度不高，但它把圭表合為一體，便於攜帶，是圭表的使用已相當普遍後的產物。而且由於它的表高正是八尺的1/10，也可以反證出漢代用八尺之表的記載是可信的。

中國古代以圭表測影之最重要的遺跡是河南登封的「測景台」，位於縣城東南15公里的告成鎮（古稱陽城）相傳這裏就是周公測日影之處，至今仍保存著唐開元十一年（723年）南宮說所立「周公測景台」石表。因為這裏是所謂「地中」，千百年來，中國的天文工作者曾長期在此進行觀測。現存的測景台是元代郭守敬於至元年間（1294年前後）主持修建的。台高9.46米，台前有31.19米的石圭，俗稱「量天尺」，它實際上就是一座巨大的磚石結構的圭表。儀征銅圭表是八尺之表縮小到1/10，測景台卻將它放大了五倍，表高增為四十尺。這樣，「舊一寸，今申而為五，厘毫差易分別」（《元史・天文志》）。但表影模糊的老問題卻更突出了。如何解決呢？郭守敬採取了一系列很巧妙的方法。首先，他不再測表端之影，而把表端改為由二龍「上擎橫樑」；日光照射橫樑的投影比表端投影易於分辨。其次，他在圭面上加了一個叫「景符」的部件。此物用銅片製作，「中穿一竅，若針芥然」。日光通過針孔投射到圭面上，大小「僅如米許」，其中橫樑的投影細如髮絲，十分清晰。景符是利用光學中微孔成像的原理來顯示橫樑的投影，類似近代儀器中的微讀裝置。在郭守敬修建的這座測景台上，景符的設計是一個重大的突破。用這種方法測影，精確度可以達到

±2毫米以內，相當太陽天頂距誤差的1/3角分；比此台建成後三百年內西方最精密的天文測量還要精確，其成就可以說是達到了人類用圭表測影的峰值（圖10-6）。

中國早期的圭表測影曾與漏壺配合使用。《史記・司馬

1

2

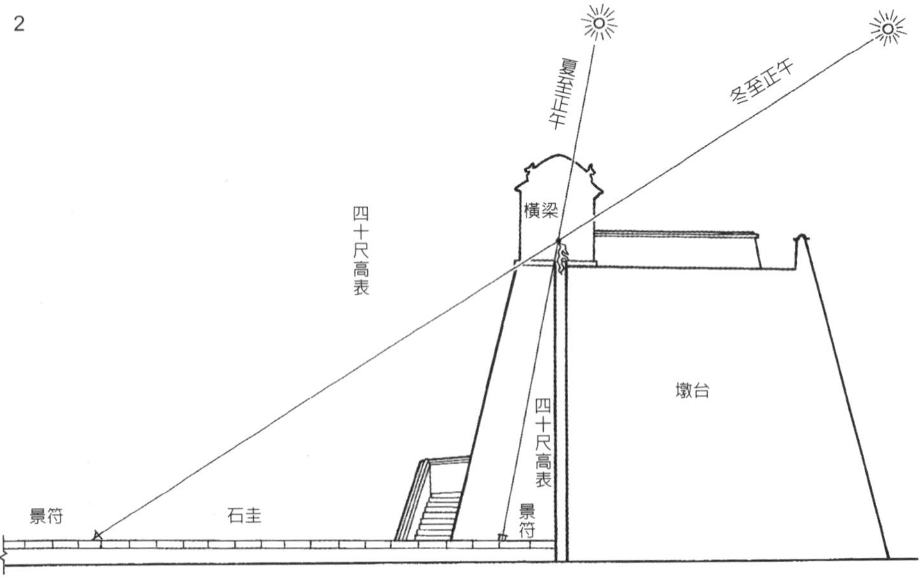

圖10-6　河南登封元代測景台
1. 外觀
2. 觀測情況示意圖

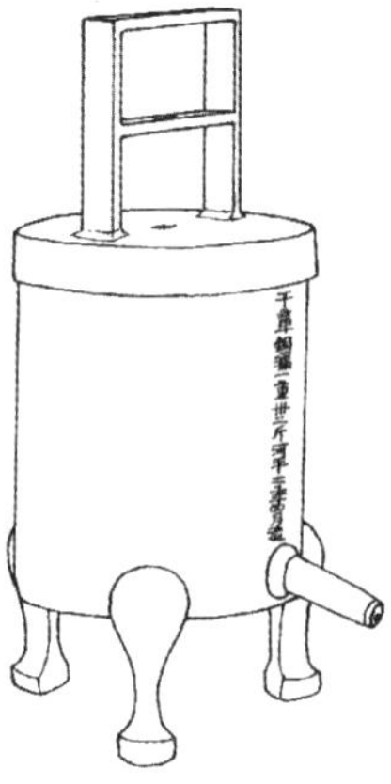

圖10-7　西漢干章銅漏壺，內蒙古伊克昭盟杭錦旗出土

穰苴列傳》說，穰苴與莊賈約定「日中會於軍門」。穰苴先到達指定地點，「立表下漏待賈」，「日中而賈不至，穰苴則僕表決漏」。索隱：「按立表，謂立木為表以視日景；下漏，謂下漏水以知刻數也。」可見實際應用時二者的功能可以互相補充。漏壺的出現雖不晚於春秋時，但已發現的早期實例都是漢代的。在陝西興平東門外空心磚墓、河北滿城1號墓及內蒙古伊克昭盟杭錦旗的沙丘中，曾先後出土三件西漢銅漏，都是單壺泄水型沉箭漏。其中以杭錦旗出土者體積最大，通高47.9釐米，壺身作圓筒形，下有三蹄足。接近器底處有一出水管，上有雙層提梁。在壺蓋和雙層提梁當中有上下相對的三個長方孔，用以安插並扶直浮箭（圖10-7）。此壺內底鑄出「干章」二字。壺身外側有刻銘：「干章銅漏一，重卅二斤，河平三年（前26年）四月造。」干章即今山西省臨汾市鄉寧縣，西漢時為西河郡所屬之縣。漏壺上的兩個「干」字十分明確，但在《漢書・地理志》中誤作「千章」，介紹這件漏壺的文章也多稱之為「千章洞漏」，應依壺銘改正。

早期銅漏使用時，壺內之水從出水管逐漸滴出，浮箭隨之下沉，從而可根據箭上的刻度看出時間的變化。但當壺中盛滿水時，因壓力大而滴得快；水量減少水壓降低後，滴水的速度又變慢，這對測時會產生不利影響。為了解決這個問題，古人曾對出水管口加以控制。興平銅漏出土時內壁上還粘附著一塊圓形雲母片，當年可能是用它阻擋部分出水口用以調節流量的。雖然如此，但如何使漏壺中的水位和水壓保持均衡，在漢代尚未能解決。

為了解決漏壺泄水不均的問題，後來在漏壺上再加一只漏壺，用上壺的水補充下壺的水量，就可以使下壺泄水

圖10-8 元延祐銅漏壺

時更加穩定。為了使上壺的水也趨穩定，又再加補給壺，於是形成多級漏壺。國家博物館所藏元延祐銅漏壺，鑄造於1316年，是現存最早的多級受水型浮箭漏。原來放置在廣州城拱北樓上，清咸豐七年（1857年）拱北樓失火，漏壺略有損壞，咸豐十年（1860年）修復。這組漏壺通高264.4釐米，共四壺：日壺、月壺、星壺、受水壺；除受水壺不計，乃是一組三級漏壺，置於階梯式架座上。受水壺蓋中央插銅尺一把，長66.5釐米，刻劃十二時辰。銅尺前再插木質浮箭，下為浮舟；舟浮箭升，度尺計辰（圖10-8）。這種類型的三級漏壺在中國晉代已經出現。晉・孫綽《漏刻銘》中就曾描寫過「累筒三階，積水成川」的漏壺。唐・呂才設計了四級漏壺。北宋・燕肅又發明了另一種方法，他在中間一級壺的上方開一孔，上面來的過量的水可從分水孔自動溢出，使水位保持恒定，漏壺的功能也就更加完善了。

不過要使漏壺能準確報時，還須解決兩個問題：1.起漏的時刻；2.流速的調整。而這兩個問題都需要用日晷來解決。漢・桓譚《新論・雜事》說，漏刻「晝日參以晷景，暮夜參以星宿，則得其正」。《續漢書・律曆志》也說，漏是用來「節時分」的，「當據儀度，下參晷景」，「以晷景為刻，少所違失」。因知早期的日晷本是漏刻的校準器。

現存早期日晷完整而可靠的只有一例，即國家博物館所藏托克托日晷。另外還有一件著錄在周進《居貞草堂漢晉石影》一書中，山西右玉出土，但僅存一小角殘石。托克托日晷於清光緒二十三年（1897年）出土於內蒙古呼和浩特以南的托克托縣，用緻密泥質大理石製成，因石質瑩潤細膩，過去曾被稱為「玉盤日晷」，還在許多書中把它的出土地點誤記為貴州紫雲縣。此晷邊長27.4釐米，晷面中央為一圓孔，以中央孔為心刻出兩個同心圓，內圓與外圓之間刻有六十九條輻射線，占去圓面的大部分，而餘其一面未刻。輻射線與外圓的交點上鑽小孔，孔外繫以一至六十九的數字，字體為謹嚴的漢篆。各輻射線間的夾角相等，補足後可等分圓周為一百份，正與一日百刻之數相當。晷面之所以只刻出六十九條線共六十八刻者，是因為夏至最長的晝漏只有六十五刻，故晷上的刻線已足夠測影之用（圖10-9）。另外還有加拿大安大略博物館收藏的一件，與托克托日晷極相似，傳說是洛陽金村出土的。由於以前發表的都是小尺寸的照片和摹本，對它的若干細節難以看得清楚。上世紀70年代史樹青先生從加拿大帶回該日

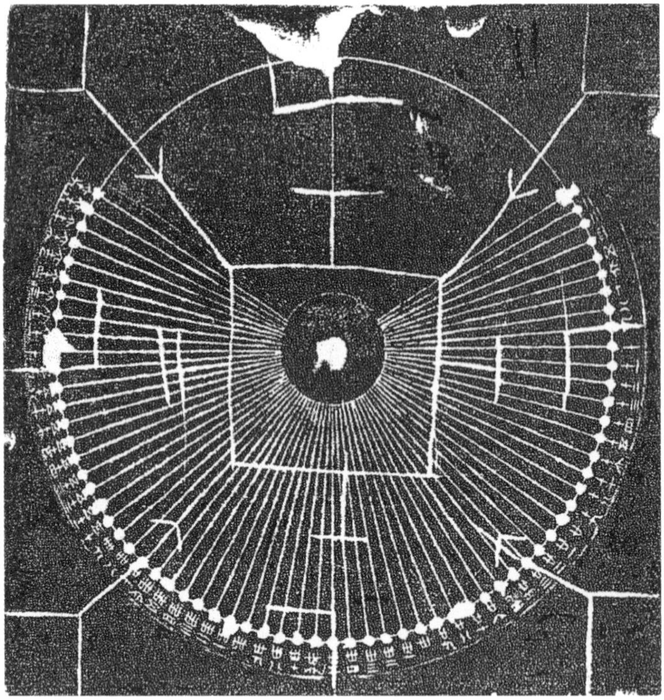

圖10-9　托克托日晷拓本

晷的拓片。審視後發現，那上面刻的字雖與托克托日晷相彷彿，但書體呆滯，完全沒有漢篆的神氣。托克托日晷外緣的大圓弧本是刻數字時所加輔助線，並非日晷刻度中必須具備者，但安大略日晷上不僅也有這條輔助線，其起迄的部位也與托克托日晷一致。而且方形晷面的大小本無定制。托克托日晷每邊為27.4釐米；漢尺每尺約合23釐米，27.4釐米在漢代不是尺寸的整數。但安大略日晷的一側卻也是27.4釐米，僅另一側稍長，為28.1釐米。托克托日晷外圓上所鑽小孔之孔徑為0.4釐米左右，安大略日晷也大致相同。更有甚者，將兩件晷的拓片摞在一起透光觀察，發現不少文字的位置和筆道竟能基本重合。這些現象出現在

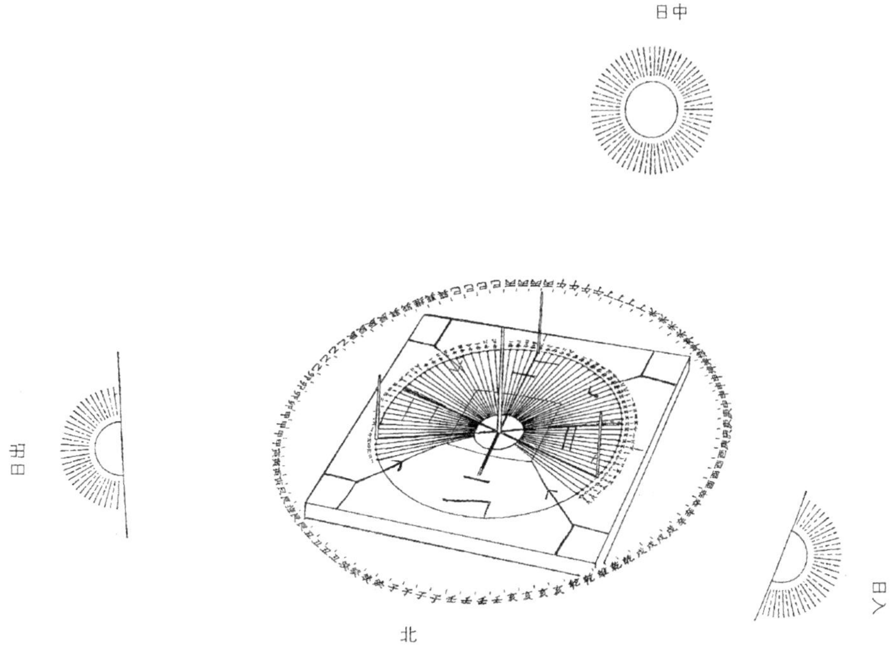

圖10-10　托克托日晷的使用

不同時間、不同地點、不同匠師的製品上，未免太不可思議了。唯一的解釋是，後者應是以托克托日晷為底樣仿製的贗品。

使用托克托日晷時，須先將晷體面南放正擺平，在晷心的大孔中立「正表」，在外圓的小孔中立「游儀」。二者均為細棒，插在孔裏。將正表通過游儀照準日出、日入的位置，其間夾角的度數（亦即刻數）加上晨昏蒙影各2.5刻，即為這天晝長之刻。百刻減去晝長即為夜長之刻。與《周髀算經》所稱，「置以定，乃復置周度之中央立正表」，「立一游儀於度上，以望中央表之晷。晷參正則日所出之宿度」的說法基本一致（圖10-10）。得出了上述讀數後，掌漏的人員則可據以調整晝夜漏刻，確定換箭日期。漏壺的流速也可以根據日晷測日中或用渾儀測中星求出夜半加以校準。

不過，有些學者對托克托日晷的功能有不同的看法。一種意見認為它只用於測定方向。然而此說對晷面上何以標出代表一日百刻的刻度卻無法解釋。何況中國在發現磁北之前，早已能根據日出、入時表影頂端的連線，定出正東西；與其垂直的線，即正南北。就測定方向而言，全無製作如此複雜的日晷的必要。另一種意見則認為它是赤道式日晷，不僅能測定時刻，還能測定節氣。這種看法也是不能成立的。因為赤道式日晷在中國出現得比較晚，最早見於南宋初年曾敏行所著《獨醒雜誌》。這種日晷是斜置的，晷面與地平面之間有一個相當於當地餘緯度（90°-ϕ）的夾角，使晷面與赤道面平行。這樣，立於晷面中央的表（晷針）便直指北極，從而可根據晷面刻度盤上的日影讀出時刻。北京故宮太和殿前的明代日晷便屬於這種類型。平置的托克托日晷與赤道式日晷完全不同。

再說地學，有關地學之最重要的文物是地圖。地圖在中國的出現也很早。上面說到的西周初年想在伊洛地區建都時，周公就曾遣人以「所卜地圖」與「所卜吉兆」獻給成王（《尚書・洛誥》疏）。在《周禮》中多次提到地圖。《地官・大司徒》：「掌建邦之土地之圖。」《春官・職方氏》：「掌天下之圖。」鄭玄注：「如今司空輿地圖也。」這些圖都是全國性的大地圖。也有專業性的地圖，如《地官・卝人》有金、玉、錫、石產地之圖。以及更小範圍的地圖，如《春官・冢人》的職務是管理王家墓地，則掌有《兆域圖》。兆就是「塋域」（《春官・小宗伯》

鄭玄注）。1977年河北平山戰國中山王陵出土的金銀錯銅板《兆域圖》，正是一幅陵園的規畫圖。當然，這是特殊的豪華型，一般《兆域圖》仍應畫在牘上或帛上。此外，《周禮・地官・小司徒》中還說：「地訟，以圖正之。」鄭玄注：「『地訟』，爭疆界者。『圖』謂邦國本圖。」曹魏時發生的一件事恰可與這個說法相印證。正始年間，孫禮被授為冀州刺史。到任前，太傅司馬懿對他說：「今清河、平原，爭界八年，更二刺史，靡能決之。」要求孫禮去了就加以解決。孫禮說：「當以烈祖初封平原時圖決之。」「今圖藏在天府，便可於坐上斷也，豈待到州乎」（《三國志・魏志・孫禮傳》）？可見所謂的邦國本圖頗具權威性。但這些圖久已失傳，長期以來所能看到的最古老的正式大型地圖要推西安碑林所藏石刻《華夷圖》和《禹跡圖》，兩圖刻於齊阜昌七年（南宋紹興六年，1136年），已經是12世紀的作品了。出人意料的是，1973年在湖南長沙馬王堆3號墓出土了三幅西漢文帝時的地圖，為前2世紀所繪，比《華夷圖》等早了一千三百餘年。三幅圖中最大的《地形圖》，96釐米見方。圖中主區為當時長沙國的南部，即今瀟水流域、南嶺、九嶷山及其附近。主區的比例尺約1：18萬。地貌、水系、居民點、交通網等四大要素都表示得比較清楚。《地形圖》的方位是上南下北，將它顛倒過來與現代地圖對比，可以看出其河流的骨架、流向及主要彎曲均大體與今圖相同。山脈如觀陽、桃陽以東的都龐嶺的走向也基本正確（圖10-11）。南嶺、九嶷山一帶，山重水複，地形複雜，圖中能表達出這樣的精度，應有相當準確的測量資料為依據。考古工作者且以《地形圖》上所標城邑的位置為線索，經過實地勘查，找到了漢

1

圖10-11 馬王堆3號墓出土
《地形圖》（1）
與現代地圖（2）的比較

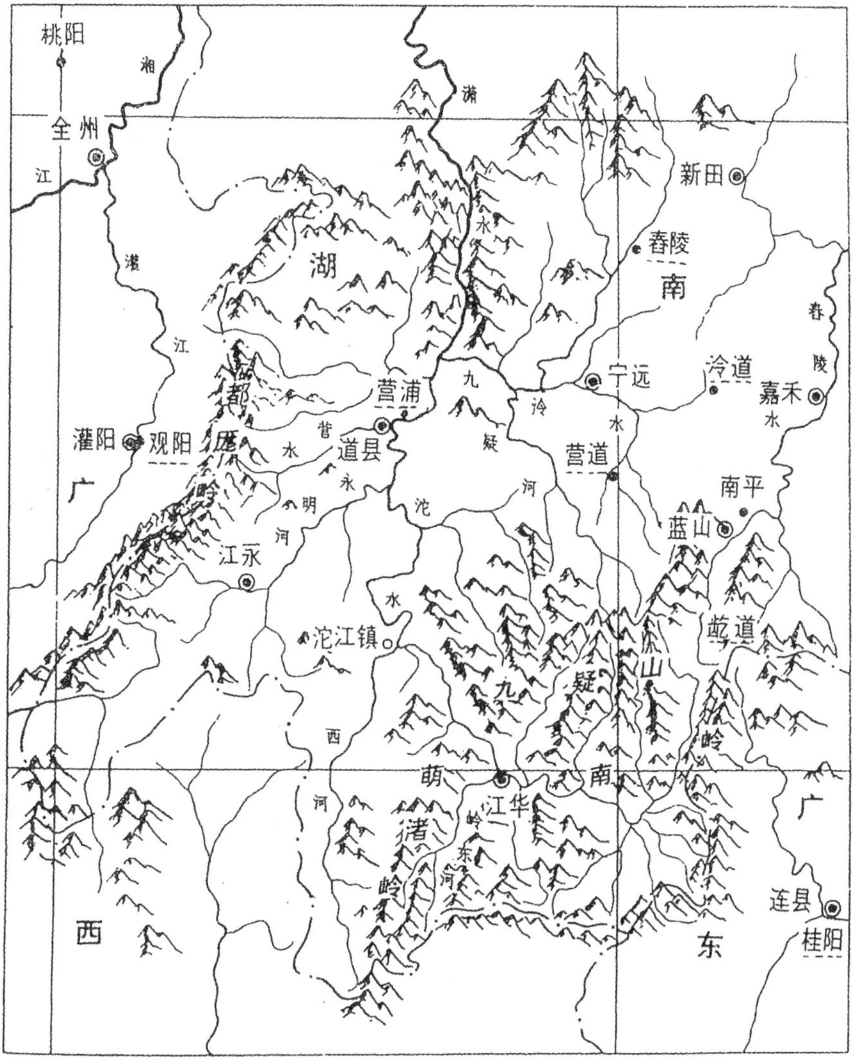

桃阳
湘
全州
江
潇
新田
水
春陵
湖
南
灌
春
江
陵
宁远
冷道
都
营浦
九
嘉禾
冷
水
灌阳
观阳
庞
背
道县
疑
营道
水
广
水
永
南平
岭
明
沱
河
蓝山
河
江永
水
萌
沱江镇
山
道
九
疑
西
岭
萌
江华
南
广
河
渚
岭
东
河
岭
连县
西
东
桂阳

2

代的營浦、泠道、舂陵、南平、觀陽等古城的遺址，更足以證明《地形圖》的可靠性。但圖中所繪鄰區即南越國地區，南北距離過分壓縮，精確性很差。而且漢代的地圖尚未能以網格的形式將其分率表現出來，致使裴秀作出「雖有粗形，皆不精審」的批評。

西晉地理學家裴秀曾主持編繪《禹貢地域圖》和《方丈圖》。在總結前人經驗的基礎上，他提出了繪製地圖的六項原則——「製圖六體」，即：分率（比例尺）、準望（方位）、道里（距離）、高下（相對高程）、方邪（坡度起伏）、迂直（坡度與平面距離的換算）。這就為中國傳統的地圖製圖學奠定了理論基礎。特別是在分率的應用上，裴秀的《方丈圖》以「一寸為百里」，開闢了中國地圖「計里畫方」的先河。如碑林的《禹跡圖》上，共畫出五千一百一十一方，比例尺是「每方折地百里」，科學性大為提高。元代朱思本參校當時存世的圖籍，加上他本人實地調查所得，編成著名的《輿地圖》二卷。明代羅洪先將它改成分幅圖，名《廣輿圖》，這是中國現存最早的地圖集。

至於在大地測量的基礎上繪製全國地圖，則要到清康熙四十七年（1708年）才開始進行。這時還聘請了西洋教士協助測繪。測量時使用了帶有望遠鏡的象限儀等儀器，測定了六百三十個經緯點，並採用了一種特殊的梯形投影法。測繪工作於1718年完成，所繪之圖名《皇輿全圖》，比例尺為1：140萬。此時歐洲的大地測量方在啟蒙時期，至1730—1780年，法國才在歐洲國家中最先進行全國性的大地測繪。

地學方面之另一種著名的儀器是漢代張衡發明的候風地動儀。《後漢書‧張衡傳》說：「陽嘉元年（132年），

（張衡）復造候風地動儀。以精銅鑄成，員徑八尺，合蓋隆起，形似酒尊，飾有篆文、山、龜、鳥、獸之形。中有都柱，傍行八道，施關發機。外有八龍，首銜銅丸。下有蟾蜍，張口承之。其牙機巧制，皆隱在尊中，復蓋周密無際。如有地動，尊則振，龍機發吐丸，而蟾蜍銜之。振聲激揚，伺者因此覺知。嘗一龍機發，而地不覺動，京師學者，咸怪其無徵。後數日驛至，果地震隴西，於是皆服其妙。後乃令史官記地動所從方起。」此儀雖久已失傳，但這段記載合理可信，所以引起中外學者的注意。1875年日本學者服部一三最先對張衡的地動儀進行復原研究，此後從事這項工作的不下十餘家，其中以王振鐸先生的復原方案最著名。王氏自1936年至1963年長期關注和研究這一課題。他製作的模型外觀典雅，流傳甚廣（圖10-12：1）。不足的是，此模型在研製過程中從未做過模擬實驗。近年把它放在專業的高精度的DK-5雙向液壓振動台上檢驗時，發現王氏模型中的都柱（即直立杆）在垂直顫動時便會傾倒，而且方向是隨機的，不具有可重複性，完全不能反映「震之所在」；甚至對各種非地震所造成的地面垂直震動也沒有分辨能力，與張衡的地動儀在性能上幾乎沒有共同之處。另一派學者則認為都柱指懸垂擺。馮銳先生等於2004—2005年製作的模型，將懸垂擺掛在儀器腹中。受到地震引起的地面作水平晃動、振幅較大且持續時間較長的瑞利波的激發，會使都柱擺動，其方向大體與地震射線的走向平行（圖10-12：2）。但由於後續的瑞利波的反覆作用，此都柱會在入射面的±45°的範圍內搖擺。因此產生的問題是：由於擺動是雙向的，如震源來自東方，而都柱所觸發的龍首吐丸，卻既可在東，

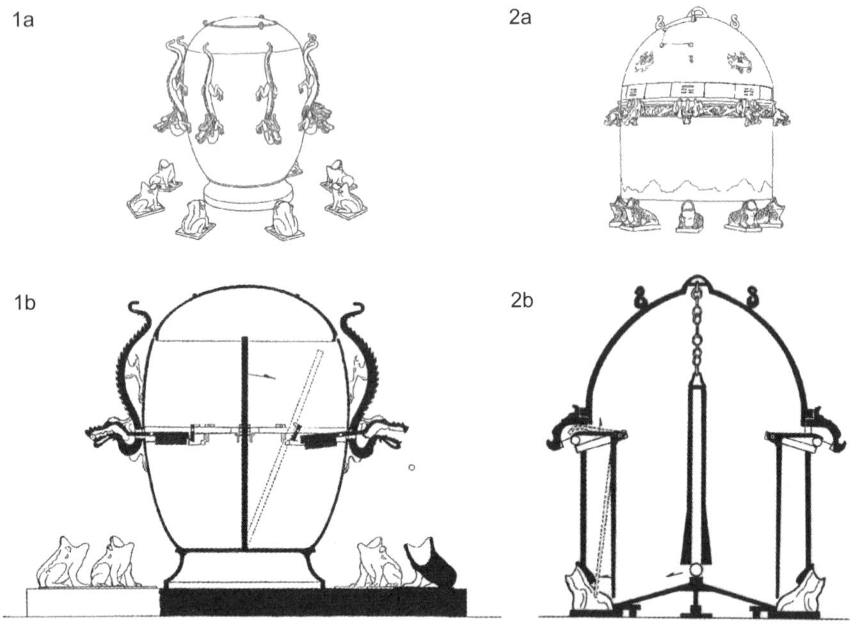

圖10-12 地動儀的兩種復原方案

1. 王振鐸的復原方案（a. 外觀 b. 內部結構）
2. 馮銳等的復原方案（a. 外觀 b. 內部結構）

亦可在西；甚至不排除或東北、或東南、或西北、或西南之四道中的某道亦發生吐丸現象的可能。所以它同樣無從測知「震之所在」。而張衡的地動儀卻既能驗知地震的發生，還能測出其發生的方位。對此不僅《後漢書》言之鑿鑿，司馬彪的《續漢書》也說：「如有地動，樽則震，尋其方面，知震所在。驗之以事，合契若神」（《御覽》卷二三五引）。袁宏《後漢紀》也說它能夠「知地震所起從來也，合契若神。自此之後地動，史官注記，記所從方起」。諸家眾口一詞，他們對張衡地動儀之性能的記載應是可靠的。當然，2004—2005年的模型有驗震的功能，勝王氏之作一籌，但仍不能測向。對此，研製者解釋說，這種儀器「其主要作用還是檢驗地震的發生，不是定方向。對地動儀的定向作用要客觀認識，不能講過頭」（《張衡地動儀的科學復原》，中國地震台網中心，2005年）。果真如此，則張衡地動儀上何必安排內部的「八道」和外部的「八方兆」（見《後漢紀》），以及八龍、八丸、八蟾蜍等用以反映震源方向的設施呢？更何況如果不能測方向，史官的「記地動所從方起」又從何談起？這是見載於眾多史籍的政府行為的記錄，是不能視而不見、置之不理的。因此，這一方案仍不能作為可資信據的張衡地動儀的復原模型來看待。要真正復原出張衡的地動儀，還有一段路要走。

最後再談談有關磁學的指南針。《辭海》「指南針」條說：「在戰國時已有用天然磁鐵礦琢磨成的指南針，稱為『司南』。最早的記載見於《韓非子・有度》，其著作年代約在西元前3世紀。」《辭源》「司南」條也說司南是「指南針、羅盤一類測定方向的器具」。這些權威辭書的上述說法，其實完全不正確。我們先看看《韓非子・有度》是怎麼說的：「夫人臣之侵其主也，如地形焉，即漸以往，使人主失端，東西易面而不自知。故先王立司南以端朝夕。」韓非子以行路作比喻，漸行漸遠，方向會發生偏移，甚至完全轉向，而行者不自知。即清・王先慎所說：「此謂人之行路，積漸不覺而已易其方。」上面的引文中的司南為何物，首先要看說這話的具體語言環境，即所談論的是行路。其次，解釋古書應尊重舊注。舊注的作者距原書的時代較近，較有條件通曉原意。現存《韓非子》之最早的注解是唐人李瓚所作，他說：「司南即司南車也。」《晉書・輿服志》則說：「司南車一名指南車。」可見「司南」是「司南車」的略稱。車為行路所用，與上引《有度》的敘述完全相合，故李注可從。司南車上裝有能自動離合的齒輪繫，連接車上的木人，它的手臂平舉，作指向狀；車雖轉向，但木人一直指南。

另一方面，中國很早就發現了磁石的吸鐵性。《呂氏春秋・精通》說：「慈石召鐵，或引之也。」《淮南子・說山》也說「慈石能引鐵」。但認識磁石的吸鐵性容易，而認識其指極性就比較困難。因為如果未製作出可以自由轉動的輕而細長的磁體，它的這項性能是很難直接觀察到的。宋代以前，中國古文獻中完全不曾提到過磁石的指極性。不瞭解磁石有指極性，缺少了這一前提；所以宋代以前的人，無從產生製作磁體指南儀的想法。可是王振鐸先生卻從東漢・王充《論衡・是應》中檢出「司南之杓，投之於地，其柢指南」這十二個字，據以製成了那件很有名

圖10-13　東王振鐸所設計的「司南」

氣的「司南」（圖10-13）。王氏對這十二個字的一種理解是：「如勺之司南，投轉於地盤之上，勺柄指南。」

既然王氏依據古文獻立論，那就不能不接受版本和校勘方面的考察。王氏的引文所據之《論衡》的通行本，應是自明嘉靖通津草堂本遞傳下來的。但此外還有更古的本子。前北平歷史博物館舊藏殘宋本，存卷一四至卷一七，為1921年清理清內閣檔案時揀出的。抗戰前夕古物南遷，此書隨之而南，今歸南京博物院，《是應》恰在其內。可注意的是，通行本中的「司南之杓」，宋本作「司南之酌」。朱宗萊校元至元本也作「酌」。酌訓行、用。《逸周書・大武篇》：「酌之以仁。」清・潘振《周書解義》：「取善而行曰酌。」《廣韻・入聲・十八藥》也說：「酌，行也。」「投之於地」則與《孫子兵法・九地篇》「投之亡地然後存」之前一部分的用語類似。而這句話在《史記・淮陰侯列傳》中引作「置之亡地而後存」，則「投之於地」即「置之於地」，「地」指地面；並不是把它放置在小小的占栻的銅地盤上。「柢」字在《字林》、《玉篇》、《廣韻》中都說它是「碓衡也」。碓衡是一段橫木，正與司南車上木人指方向的臂部相當。所以宋本《論衡》中這十二個字的意思很清楚，就是說如使用司南車，把它放置在地上，其橫臂就指向南方之意。作為王氏立論之基礎的通行本中的「杓」，其實是一個錯字。總之，《是應》中這句話說的是當時人所習知的司南車的性能，王充尚無法談論當時的人所不曾謀面的磁體指南儀。

王氏根據他的理解設計的「司南」，是在占栻的銅地盤上放置一個有磁性的勺。但這個勺是用什麼材料製作的呢？他說：「司南藉天然磁石琢成之可能較多。」可是天然磁石的磁矩較小，製作過程中的振動和摩擦更會使它退磁，這是難以克服的困難。王氏於是採用了另外兩種材料：一種是以鎢鋼為基體的「人造條形磁鐵」，另一種是「天然磁石為雲南所產經傳磁後而賦磁性者」。漢代根本沒有人工的電磁鐵，自不待言。他用的雲南產天然磁石也被放進強磁場裏磁化，使其磁矩得以增強。這兩種材料均非漢代人所能想見，更不要說實際應用了。而長期在博物館裏展覽的「司南」中的勺，就是用人工磁鐵製作的。新中國成立後，」1952年錢臨照院士應郭沫若要求做個司南，當作訪蘇禮品。他找到最好的磁石，請玉工做成精美的勺形，遺憾的是它不能指南。由於磁矩太小，地磁場給它的作用不夠克服摩擦力。只得用電磁鐵做人工磁化」（陳慧余《指南針物理學》，載《黃河文化論壇》第11輯，2004年）。郭沫若院長和錢臨照院士在20世紀中尚且做不到的事，前3世紀之《韓非子》的時代和西元1世紀之《論衡》的時代中的匠師又如何能夠做到？王氏在既沒有考古學上的證據，又沒有可靠的古文獻依據，且沒有技術上的可能性的情況下，竟動用幾千年後才問世的電磁材料「復原」出漢代的「司南」。這種做法太不可取了。

前面說過，只有在能夠自由轉動的條狀磁鐵上才有條件觀察到它的指極性。而古代為檢試磁石的磁力，常以吸針為驗。《名醫別錄》說：「好磁石能懸吸針，虛連三四為佳。」這些針會因與磁石的接觸而磁化。到了宋代，就發現感磁的針能指南。沈括《夢溪筆談》說：「方家以磁石磨針鋒，則能指南。」然而如何使它自由轉動呢？沈括又介紹了水浮、指甲旋定、碗唇旋定、縷懸等四種方法。之

圖10-14 持羅盤的陶塑人物
1. 江西臨川南宋・朱濟南墓出土
2. 江西臨川撫北鎮南宋墓出土

後，磁體指南針很快得到應用。中國的堪輿羅盤最早見載於宋・楊維德的《塋原總錄》（1041年）。航海羅盤最早見載於宋・朱彧的《萍洲可談》（1119年）。1985年和1997年在江西臨川的南宋墓中兩度出土手持羅盤的陶塑人物。前一例的年份為1198年，人像座底書「張仙人」。後一例的時代相近，人像座底書「章堅固」，也是一個仙人的名字（圖10-14）。二者在現實生活中均應代表看風水的堪輿師。此類陶塑的屢屢出土，表明用於看風水的羅盤這時已然習見。以上情況證實磁體指南針在中國的出現不晚於11世紀，用於航海應不晚於12世紀初。而指南針在歐洲文獻中最早見於英人尼坎姆（A. Neckam）於1190年間的記載，已經是12世紀末葉了。故指南針無疑是中國最先發明的，這是值得中國人民驕傲，並博得世界人民欽敬的科學成就。無須平添一個並不存在的「以司南勺定位」的階段。因為添油注水、移花接木，拼湊一齣假像，虛張一番聲勢，只能製造一場混亂；在科學上並無正面建樹可言。

後 記

2007至2009年，中國國家博物館進行大規模改擴建。閉館期間，館領導為提升員工的業務水準，在安排施工之餘，每周都舉辦學術講座。筆者作為館內的一名科研人員，理應盡力。乃不揣淺陋，承乏講座中「中國古代物質文化」各專題的講課任務。本書的基本內容即當時的講稿。此前，有些相關的題目也曾到台南藝術學院和香港城市大學講過。然而無論在館內或去館外，這種場合都是和出席者交流互動的良機。通過提問、討論、分析、歸納，筆者受到很多啟發。之後，於2012至2013年，在中央文史研究館的組織安排下，對舊稿又作了通盤修改擴充，完成了這本小書。

面對「中國古代物質文化」這樣的大課題，這本小書與之實難相稱。但有次和一位青年同學閒聊，談起這方面。他說，我看古代沒有什麼不得了的，四大發明不就是放了個炮仗造了張紙嗎？聽到這話不禁心底一震。中國古代的物質文化成就是我們這個東方大國五千年輝煌歷史中重要的組成部分，是基本國情；本應成為常識，本宜家喻戶曉。對這位青年而言，無論用大專著或小冊子替他補補課，似乎都是必要的。因此使我有勇氣將這幾篇不成熟的文字發表出來，聊供讀史者格物之一助。其中的疏失之處，尚希同志們不吝賜教。

孫 機

於中國國家博物館，2013年

中國古代物質文化 / 孫機著. --
--初版. -- 臺北市 : 華品文創, 2017.01
432 面 ; 17.5×23 公分
ISBN 978-986-93817-8-9(平裝)

1. 古物 2. 物質文化 3. 文化史 4. 中國

797 105025605

華品文創出版股份有限公司
Chinese Creation Publishing Co.,Ltd.

《中國古代物質文化》

作　　者：孫　機
總 經 理：王承惠
總 編 輯：陳秋玲
財 務 長：江美慧
印務統籌：張傳財
美術設計：vision 視覺藝術工作室
出 版 者：華品文創出版股份有限公司
地址：100台北市中正區重慶南路一段57號13樓之1
讀者服務專線：(02)2331-7103　(02)2331-8030
讀者服務傳真：(02)2331-6735
E-mail：service.ccpc@msa.hinet.net
部落格：http://blog.udn.com/CCPC
總 經 銷：大和書報圖書股份有限公司
地址：242新北市新莊區五工五路2號
電話：(02)8990-2588
傳真：(02)2299-7900
網址：http://www.dai-ho.com.tw/
印　　刷：卡樂彩色製版印刷有限公司
初版一刷：2017年1月
定價：平裝新台幣500元
ISBN：978-986-93817-8-9